Successful Qualitative Research

A Practical Guide for Beginners

质性研究
初学者实用指南

［新西兰］弗吉尼亚·布劳恩　　　［英］维多利亚·克拉克　　　｜　著
Virginia Braun　　　　　　　　Victoria Clarke

王锐俊　｜　译

世界图书出版公司
北京　广州　上海　西安

图书在版编目（CIP）数据

质性研究初学者实用指南 /（新西兰）弗吉尼亚·布劳恩，（英）维多利亚·克拉克著；
王锐俊译 . —— 北京：世界图书出版有限公司北京分公司，2024.2
ISBN 978-7-5232-0199-2

I. ①质… II. ①弗… ②维… ③王… III. ①社会科学—研究方法—指南 IV. ① C3-62

中国国家版本馆 CIP 数据核字（2023）第 027981 号

书　　名	质性研究初学者实用指南
	ZHIXING YANJIU CHUXUEZHE SHIYONG ZHINAN
著　　者	［新西兰］弗吉尼亚·布劳恩　　［英］维多利亚·克拉克
译　　者	王锐俊
责任编辑	程　曦
特约编辑	何梦姣
特约策划	巴别塔文化
出版发行	世界图书出版有限公司北京分公司
地　　址	北京市东城区朝内大街 137 号
邮　　编	100010
电　　话	010-64038355（发行）　　64033507（总编室）
网　　址	http://www.wpcbj.com.cn
邮　　箱	wpcbjst@vip.163.com
销　　售	各地新华书店
印　　刷	天津鸿景印刷有限公司
开　　本	710mm×1000mm　1/16
印　　张	28
字　　数	411 千字
版　　次	2024 年 2 月第 1 版
印　　次	2024 年 2 月第 1 次印刷
版权登记	01-2023-0835
国际书号	ISBN 978-7-5232-0199-2
定　　价	88.00 元

如有质量或印装问题，请拨打售后服务电话 010-82838515

目 录
CONTENTS

第一部分
成功开始质性研究

001

第一章　一些非常重要的起始信息 / 002

第二部分　成功收集质性资料　097

第四部分
成功完成质性研究

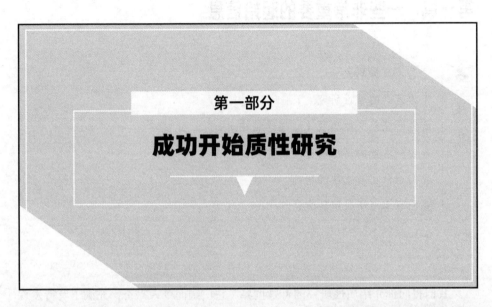

第一部分

成功开始质性研究

SUCCESSFULLY GETTING STARTED IN QUALITATIVE RESEARCH

第一章　一些非常重要的起始信息

概述

什么是质性研究

作为范式的质性研究

质性研究范式的出现（心理学领域）

成为一名好的质性研究者需要具备什么

我们为什么喜欢质性研究

我们写本书所采用的方法

我们将向你介绍质性研究的奇妙世界。它广阔而令人兴奋，充满了有待发现的新领域。我们希望你能学着去爱它，并像我们一样对它充满激情。因为我们知道并非每个人都能做到这一点，因此我们希望你能感觉到你真的理解了它：你理解了质性研究的目的和前提，而且，最重要的是，你知道如何真正去做一个质性研究项目。为了实现这一点，你可能需要把你对什么是研究的想法放在一边，像一个探险家一样，只有不从自己文化的视角和价值观来看待和判断一个完全不同的文化，才能理解这种文化。

什么是质性研究

质性研究最基本的定义是，它使用话语作为**资料**（data）（参见第二章），以各种方式对其进行收集和分析。相比之下，量化研究使用数字作为资料，并使用统计技术对其进行分析。"质性研究"一词既指技术（资料收集或资料分析），也指进行研究的更广泛的**框架**（framework）或**范式**（paradigm）。范式指的是一个研究共同体共享的信念、假设、价值观和实践（参见 Kuhn, 1962），它为研究提供了一个总体框架。正如我们所定义的，质性研究不仅仅是关于资料和技术的，它是关于质性范式中质性技术的应用，质性范式与量化范式有很大的不同（参见表 1.1）。这被称为**大 Q 质性研究**（Big Q qualitative research），与**小 q 质性研究**（Small q qualitative research）（Kidder & Fine, 1987）不同，小 q 质性研究使用的是特定的质性资料收集和技术，不（一定）在质性范式内（参见框 1.1）。

表 1.1　质性范式和量化范式之间的一些*广泛*差异

量化范式	质性范式
以数字作为资料	以话语——书面和口头语言——（和图像）作为资料
试图识别变量之间的关系，进行解释或预测——目的是将研究结果推广到更广泛的人群	试图理解和解释更多的地方意义（local meanings）；识别在某一背景中收集的资料；有时产生的知识有助于更普遍的理解
生成"浅显"但广泛的资料——不是从每个参与者那里获得很多复杂的细节，而是有很多参与者参与（以产生必要的统计功效）	生成"狭窄"但**丰富的资料**（rich data）、"**深度描述**"（thick description）——每个参与者详细而复杂的描述，参与的人不多
寻求共识、规范或一般模式，通常旨在减少对平均反应做出的多样性反应	倾向于寻找模式，但会容纳和探索资料中的差异和分歧
倾向于理论检验和演绎	倾向于理论生成和归纳（从资料中得出）
重视超然、公正（客观）	重视个人的参与和倾向（主观性、自反性）
有固定的方法（一旦开始收集资料，就很难改变焦点）	方法不太固定（可以在同一研究中适应焦点的变化）
可以快速完成	往往需要更长的时间来完成，因为它是解释性的，没有公式

改写（并扩展）自托里奇和戴维森（Tolich & Davidson, 2003）

框 1.1 小 q 质性研究实例

在质性范式之外使用质性技术（小 q 质性研究）有以下不同的方式：

- 质性研究项目可以采用现实主义、实证主义的方式进行，不采用大 Q 质性研究的价值和假设。

- 质性方法可以作为量化研究的先导。例如，在一项关于抑郁经历的影响的研究中，美国精神病学和护理学教授詹姆斯·科因（James Coyne）和玛格丽特·卡拉科（Margaret Calarco）（1995）进行了两个焦点小组讨论，并将参与者的陈述按主题组织成 8 类，以此为基础展开一项调查，他们用这些调查生成了他们分析的资料。

- 它可以与量化方法一起使用，作为**混合方法**（mixed method）设计的一部分（参见 Mertens, 2005）。在许多混合方法设计中，质性成分可能包含在一个主要是量化的、现实的项目中，很少是大 Q 质性研究。例如，在食品和农业研究者夏洛特·韦瑟罗尔（Charlotte Weatherall）及其同事（2003）关于英国消费者对食品、农业和购买当地所生产商品的看法的研究中，来自 6 个焦点小组的质性资料被用来确定消费者购买食品时的优先级、对农业 / 食品供应的看法和对当地食品生产的兴趣，并告知量化调查的进展。根据量化结果进行质性分析和解释。该分析描述了所说的内容，假设人们所说的和他们所相信的（和所做的）之间有直接的关系。

- 质性资料可以转换成数字表示，并进行量化分析。例如，公共卫生研究者玛丽·斯托里（Mary Story）和帕特里夏·福克纳（Patricia Faulkner）（1990）整理了 11 个最受欢迎的美国黄金时段电视节目的片段，并根据提到的食物对这些节目的文本进行编码。她们比较了编码的频率，并用其来确定黄金时段食物和饮食的信息。总的来说，她们报告说，"随处可见"对食物的提及（p.740），其中大部分都与低营养价值的零食有关，并得出结论，这些节目和广告助长了不良营养行为。这里的典型方法是内容分析，将质性资料编码并进行数字分析，关于它是不是或是否可以是一种质性方法存在争议。许多人说不是，例如《赛吉质性研究手册》（*The Sage Handbook of Qualitative Research*，Denzin & Lincoln, 2005b）很少讨论它。我们在这本书中不考虑它，因为我们想关注完全质性的方法。内容分析中的量化焦点受到了实质性的批评（Mayring, 2004），更多的解释性形式发展起来，通常被称为**质性内容分析**（例如：Hsieh & Shannon, 2005; Mayring, 2004），类似于**主题分析**（thematic analysis）。

作为范式的质性研究

大量的特征和假设构成了一个非实证主义的质性研究范式。有一点绝对是最基本的，那就是它倾向于不假定只有一种正确的现实或知识。相反，它认为有多种现实——即使是对同一个人来说也是如此——而且这与它们发生的情境密切相关。大多数质性研究者会争辩说，我们不应该，甚至绝对不能在知识产生的情境之外考虑它。这既指资料生成的情境，如**访谈**（interview）环境，也指研究的更广泛的社会文化和政治情境。新西兰心理学家默里·伯恩斯（Maree Burns）和妮古拉·加维（Nicola Gavey）（2004）关于体重、体型和身体**实践**（practices）的意义和**话语**（discourses）的研究为这一点提供了一个很好的例证〔他们实际上将其纳入他们的**研究设计**（research design）中〕。他们通过分析宣传"健康体重"（作为对"肥胖流行症"的回应）的公共健康信息，将对患有暴食症妇女的谈话的分析置于情境中，并论证了"健康体重"与苗条之间在观念上的联系。患有暴食症的女性用这一常识的意义来解释和证明她们的催吐和补偿行为（如呕吐、过度锻炼）：她们以为通过这些行为可以获得"健康"（苗条）的身体。通过将这些妇女的描述置于情境中，并具体分析公共健康信息，他们的分析提供了一个令人信服的见解，即在一个领域中似乎有用的信息——"健康体重"——实际上可以以非常"不健康"的方式在另一个领域中使用。

质性范式的其他要素包括（Silverman, 2000: 8）：

- 质性资料的使用和对不可简化为数字的话语的分析。
- 使用更"自然"发生的、更接近真实生活（相比于其他可能性，如实验）的资料收集**方法**（method），这是因为我们不能孤立于情境来理解资料。
- 对意义感兴趣，而不是对行为或内心认知的记述和方法感兴趣。
- 运用归纳、理论生成的研究方法。
- 拒绝把自然科学作为研究的模式，包括拒绝客观（无偏见）的科学家的想法。
- 承认研究者将他们的**主观性**（subjectivity）（他们理解世界的观点、视角与框架，他们的政治立场，他们的热情）带入研究过程中，这被视为一种优势而不是弱点。

因此，质性范式与量化范式有很大不同。根据你在研究中所处的位置和你正在研究的内容，这可能会与你所学的构成良好研究的内容相矛盾，即受控的、严谨的、可靠的、经过验证的、量化的和实验性的。我们教给你的是一个完全不同的研究世界，它是对那种研究模式局限性的回应和挑战。

质性研究范式的出现（心理学领域）

量化方法和"科学方法"主导了心理学（在某种程度上，其他社会科学并非如此）。人们很容易从以下两个方面看到质性研究：（1）作为一个新的发展；（2）仅仅是为量化心理学提供一个补充的资料收集和分析工具。我们要警惕这两个结论，并提供一个非常简短的心理学质性研究的历史来说明为什么。

自 19 世纪后半叶心理学作为一门学科出现以来，一个明显的特点就是，就对心理学研究对象进行研究和理论化的"恰当"方法是什么这一问题，研究者意见不一。有关心理学本身的研究焦点、研究主题和研究目的也有类似的争论，但我们不在这里讨论。质性的观点和方法从一开始就是心理学的一部分。然而，首先是20世纪初行为主义的兴起，然后是20世纪下半叶认知革命的出现，（后）实证主义、实验范式中使用的量化方法主导了这一学科（Ashworth, 2003; Howitt, 2010）。这些方法与早期心理学中更主观的、解释性的内省（质性）技术相对立，早期心理学被归类为"不科学的"。从某些方面来讲，这是对质性研究的批评，这种批评一直持续到今天，当然，尽管这取决于我们如何定义科学本身（Kvale, 1996）。我们对心理学的看法，以及如何研究心理学，都受到了行为和认知传统的强烈影响。在这些方法中，心理学应该寻求理解和确定一个可观察的、客观的（普遍的）心理现实。

行为主义和随后的认知实验主义的主导地位意味着，直到20世纪80年代，质性方法才在心理学的一些领域重新站稳脚跟，并随后繁荣起来（它们在社会学等其他社会科学领域的历史是不同的，例如Vidich & Lyman, 1994）。质性方法的（重新）出现反映了社会科学中一些对立方法的发展，这些方法挑战了主流（后）实证主义和经验主义的研究设计和实践，也挑战了心理学和其他社会科学理论化和概念化及其学科的基础（Ashworth, 2003; Howitt, 2010）。这些方法涉及**女权主义**（feminism, Crawford & Unger, 2004）、**后结构主义**（poststructuralism, Gavey, 1989）、**后现代主义**（postmodernism, Gergen, 1990）、**社会建构主义**（social constructionism, Burr, 2003）、**诠释学**（hermeneutics, Schwandt, 2000）**和现象学**（phenomenology, Langdridge, 2007），它们以不同的方式质疑或否定了可观察的、独立的（单一的和普遍的）现实的观念，而人类被认为是不断对外部和内部的影响做出回应。相反，这些理论认为人是在一个主观的、被解释的世界中行动的，这个世界的组织是现实的某种形式。人与环境之间的关系被认为更具流动性和互动性，影响是双向的。质性方法被吹捧为可以接触到人们的主观世界和意义，以及被边缘化（例如，由于性别、性、种族/族群/文化）的群体，而且质性方法在西方心理学中往往是无关紧要的。质性方法被视为发现现实的不同建构形式并将其理论化的关键，也被视为人们被现实所建构以及作为现实的建构者的方式的关键（经典例子见框 1.2）。在很多情况下，质性范式的使用是对量化实验心理学的价值观、假设和实践的一种隐性的，但往往是明确的否定（参见 Michell，2004），这种否定来自从理论信念到政治社会变革议程的任何方面。

框 1.2　质性心理学研究的典范

英国社会心理学家迈克尔·比利希（Michael Billig）（1978a, 1978b）对英国极右翼组织国民阵线（National Front）成员的访谈研究，让我们深刻地洞察了该组织的性质，以及国民阵线成员在谈论种族、种族主义以及他们对只有白人的英国的理想时所运用的意义和逻辑框架。像其他许多被证明"做着种族主义的事，但却不是种族主义者"的人一样，国民阵线成员经常否认他们是种族主义者，相反，他们辩称，他们的立场是对越来越多的非白人移民到英国的情况的合理回应。比利希的研究同时为这一群体提供了令人信服的见解，并证明了社会认知框架（例如态度）在解释这些见解方面的局限性，他的研究处于社会心理学新方法发展的前沿，为对即将成为话语心理学（Potter & Wetherell, 1987）和修辞心理学（Billig, 1987）的批评和替代方法提供了基础（见第八章）。

我们想强调的是，质性研究在心理学中虽然历史悠久却一直处于边缘地位，而且它在最近几十年在某些地方（例如英国）的强劲崛起反映了这门学科基础的动摇。这就解释了为什么在某些情况下，对质性研究的反应是敌对的。要做质性研究，你不需要了解很多这方面的历史，但重要的是，不仅要明白质性研究是量化研究范式的补充方法，还要明白为什么它是量化研究范式的补充方法。

质性研究学习背景

在心理学本科课程中，质性方法往往被排除在外，取而代之的是量化方法，这就是当时的历史。这种情况甚至在英国也有发生，英国心理学会（British Psychological Society, BPS）认证的心理学课程都被要求使用量化方法。如果在课程中教授质性方法，通常分配用于质性方法的时间要比用于量化方法的时间少得多，而且质性方法通常被视为单一的方法，而不是一个像量化方法那样多样化的领域。质性方法通常也是在介绍了量化方法和实验设计之后才教授的。如果是这样的话，质性研究充其量只是一种文化冲击（Howitt, 2010）；在最坏的情况下，质性研究被视为"不科学"或引发焦虑，因为它缺乏量化研究和实验的清晰度和控制力，而量化研究和实验的清晰度和控制力通常被视为卓越研究的顶峰。要想成为一名优秀的质性研究者，就需要有一种不同的研究思维方式。

成为一名好的质性研究者需要具备什么

显然，你需要知道的有很多，你将通过这本书学习到这些。你需要大量的技术技能吗？不一定。如果你是一名勒德分子[1]（Luddite）（像维多利亚一样），那么你已经在质性研究中找到了归属！假设你掌握了基本的文字处理技能，并熟悉互联网，那么质性研究不太可能带来技术挑战。然而，如果你是一个精通科技的人（弗吉尼亚正努力做到这一点），那么质性研究同样会让你找到归属。质性研究可以通过低技术或高科技进行，所以每个人都有适合自己的东西。但有一件事非常重要：培养质性研究敏感性。

---

[1] 指19世纪英国工业革命时期，因机器代替了人力而失业的技术工人，现在通常指持有反机械化以及反自动化观点的人。——编者注

质性研究敏感性

质性研究敏感性指的是研究的方向——在研究问题和资料分析方面——符合质性范式。构成质性研究敏感性的某些技能或方向包括以下几个方面：

- 注重过程和意义，而不是因果关系。

- 对生活和知识采取一种批判和质疑的态度。你不会从表面上看待事物，简单地接受它们的本来面目，而是要问为什么它们会这样，它们服务于谁的利益，它们可能会有怎样的不同。

- 具备反思并走出你的文化成员身份的能力，成为一名文化评论员，这样你就可以看到并质疑构成某个特定社会成员的共同价值观和观念。这包括确定你自己的观念，然后把它们放在一边（也就是暂不考虑），这样你的研究就不会自动地被这些影响了。这很难做到，但对于能够深入了解质性资料至关重要。

- 培养双重意识或分析性的"眼睛"或"耳朵"，你可以专心倾听，同时批判性地反思所说的话（例如，在访谈中，能够同时关注所说的内容和其中可能的分析性想法），这有助于产生更好的（更复杂的，更丰富的）资料。

- **自反性**（reflexivity），即对研究过程和自己作为研究者的角色的批判性反思（Finlay, 2002a, 2002b），包括我们各种局内人（insider）和**局外人**（outsider）立场（Gallais, 2008）。当我们与**参与者**（participant）共享一些群体身份时，我们就是局内人身份（例如，研究男性的男性研究者就是局内人），而当我们不与参与者共享群体身份时（例如，研究亚洲男性的白人男性就是局外人），我们就是局外人身份。但对于任何研究，我们可能会有多重局内人和局外人的立场。

- 良好的互动技巧，包括热情和友好的态度，这使人们感到轻松自在，有助于建立**融洽**（rapport）和信任的关系。这并不意味着你需要变得非常外向和活泼。

其中一些形成敏感性的技能或方向对你来说可能是自然而然的，而另一些则可能是一种挣扎，但假以时日，慢慢地你就能掌握了。此外，要成为一名优秀的质性研究者，需要在你已有的和正在培养的质性敏感性基础上增加以下几点：

- 基本掌握一些资料收集和分析的方法，从而加深理解。

- 对质性方法的概念性理解。

你在做质性研究时培养的技能不仅仅适用于这个领域，还会使你学会：批判性地阅读和处理信息；从大量信息中辨别和提炼出至关重要的东西；积极倾听；撰写和呈现有趣而且引人入胜的"故事"。所有这些技能都将在真实世界以及质性研究中对你大有裨益。

我们为什么喜欢质性研究

我们喜欢质性研究：它丰富、令人兴奋，在很多方面都具有挑战性；它抓住了现实世界的复杂性、混乱性和矛盾性，同时也让我们能够理解意义的模式。根据自反性和情境化对质性研究的重要性（参见第二章），你可以在框 1.3 和框 1.4 中找到一些关于我们每个人喜欢质性研究的原因，以及我们每个人作为研究者为它带来了什么。

框 1.3 了解弗吉尼亚·布劳恩

我在心理学领域做了超过 15 年的质性研究，研究主题包括宫颈癌预防政策（例如 Braun & Gavey, 1999）、女性生殖器整容手术（例如 Braun, 2010）以及（异性）性健康与"风险"（例如 Braun, 2008）。吸引我从事质性研究的并不是因为我讨厌统计学，我喜欢并且一直擅长数学和统计学。但是，从我在本科的几节课中最初了解到质性研究时起，质性研究就深深地吸引了我。我觉得质性研究捕捉到了认识的方式，以及真实复杂生活的丰富性，这是量化方法无法做到的，我不得不使用它。我从未回头。虽然我总是强调，你使用的方法必须由你的研究问题决定，但我发现，尽管我偶尔也会涉足量化研究，我的问题通常还是最适合质性方法。从了解质性研究的第一堂课开始，我对质性研究的热情就与日俱增。

质性研究强调我们会从某个角度看问题。那么我受到的一些影响是什么呢？作为一名研究者，我有着源自传统和非传统的背景，传统之处在于，在经历了一个"无聊且无意义"的间隔年之后，我上了大学，获得了学士、硕士（都在新西兰的奥克兰大学）和博士学位（在英国的拉夫堡大学），然后直接投身于一份学术工作中。我享有各种特权，因为我是白人、中产阶级、异性恋、身体健全、身材苗条。然而，这一表面现象掩盖了一个更复杂的背景，那就是我的"左翼"政治背景和我对社会公正的坚定承诺，以及我对这些特权地位的认识和反思。我的父母（母亲：教师；父亲：学者）在我很小的时候就分开了；从八岁到我十几岁的时候，我和母亲（以及其他人）住在一个非常偏远的嬉皮士社区，那儿没有电，也没有冲水马桶。要走半个小时才能到达公路，但我们没有汽车，也没有公共交通工具。我不像同龄人那样了解流行文化。我生长在西方文化的边缘，同时占据特权地位和边缘化的地位。上小学的时候，我处于社会最底层，经常受到老师和学生的排斥和欺负。我对白人特权的体验也受到我的位置的影响：作为一名欧洲血统的（Pākehā）新西兰人，白人身份不可能是一个没有问题或毋庸置疑的特权类别，而且理所当然地是这样！新西兰的殖民往事（和现状）继续严重负面地影响着曾被像我这样的人殖民的毛利人，因此存在一个特权集体，它一直享有特权，而我就是其中一员。我是个女人，尽管我的母亲坚强、令人惊叹、忙碌、成就斐然，我接受过另类的中学教育，但直到上了大学，我才发现女权主义。这是一种天然的契合，并与**批判心理学**（critical psychology）一起提供了一个框架，将所有这些结合在一起。我无法摆脱这样一种倾向，即对强化不公平社会安排、边缘化和歧视（以及特权）的**表述**（representations）和**构念**（constructs）进行社会性和系统性的批判性分析，而不是个别分析。

框 1.4　了解维多利亚·克拉克

在学校时，虽然我的数学和科学很好，但我真的很喜欢像英国文学和历史这样的学科，这些学科不是探讨答案的对错，而是更多地在于解释。在攻读 A 级时，我对社会学中关于范式和方法论的辩论以及对科学的批判着迷。因此，当我开始在英国布鲁内尔大学学习心理学时，我已经致力于质性和解释性的研究方法，以及它们对知识的临时性、多重性和情境限制性的强调。此外，我被质性方法所吸引，因为它们给我们提供了一个特权，让我们有机会洞察没有直接亲身经历的世界，即做质性研究让我看到了与我自己的生活相去甚远的生活方式，听到了丰富而生动的细节。和弗吉尼亚一样，我已经做了超过 15 年的质性研究，研究主题包括女同性恋和男同性恋育儿（例如 Clarke, 2001）、伴侣关系（例如 Clarke, Burgoyne & Burns, 2006）以及性取向和外表（例如 Clarke & Turner, 2007）。虽然我总体上坚定地致力于质性方法，但我并不像许多研究者那样执着于一种特定的质性方法；相反，我的观点是，不同的质性方法可以捕捉到我们所生活的复杂而混乱的世界中一些有用和有趣的东西。

和弗吉尼亚一样，我的研究深受左翼政治和对社会正义的承诺的影响。在很多方面，我的生活受到作为白人、中产阶级、从事在大学讲课这样"受人敬的"职业的群体一员而拥有的这些社会特权的影响，然而，这些特权地位与社会边缘化的经历交织在一起，比如作为非异性恋者、一名女性，以及目前作为残疾人（由于慢性健康状况）。与弗吉尼亚不同的是，我在相当传统的环境中长大，即和我的父母一起生活在郊区。我们住在伦敦郊外的一个以工人阶级为主的小镇上，有一个很大的南亚（印度次大陆）移民社区，我很快对种族和种族主义问题变得敏感起来，因为我经常是唯一参加南亚同学生日聚会的白人孩子。在我十几岁的时候，我是一个充满激情的女权主义者，一位老师让我读希拉·杰弗里斯（Sheila Jeffreys）等激进女权主义者的书，这进一步激发了我的热情。我在 20 岁出头的时候出柜，那时我正在攻读本科学位，这对我选择女同性恋和男同性恋育儿作为我在英国拉夫堡大学博士阶段的研究主题产生了很大的影响。我在质性研究方面的训练几乎完全没有受到以下重要框架的束缚，比如女权主义、社会建构主义、后结构主义和话语分析。这种训练，加上我个人对批判性和社会公正的信念，意味着我的大部分研究都是从批判性的角度进行的。

我们写本书所采用的方法

学习做质性研究被一些人视为类似骑自行车。英国心理学家乔纳森·波特（Jonathan Potter）（1997）将**话语分析**（discourse analysis）方法（参见第八章）比作一种"技艺"，它不仅需要时间学习，而且需要"去做"，这表明它不能通过遵循方法来学习，也不能从"如何做"的指导中学到。其他人对质性研究的看法大体相同。相比之下，一些人（例如 McLeod, 2001）认为，明确的指导对于揭开质性研究的神秘面纱，让每个人都能接触到它至关重要，近年来，人们越来越注重实际指导（例如 Smith, Flowers & Larkin, 2009）。这两种观点都是正确的：明确的指导方针对学习很重要，但做质性研究仍然是学习过程中必不可少的一部分。一位英国学生在谈到他学习质性方法的经验时很好地表达了这一点："你（质性研究）做得越多就越好，这是实践，就像艺术一样，你必须通过实践来学习，你不能只是坐在那里读一本书，然后想，'哦，我就是这样做的'，这不同于你拿起一本手册，然后去想我是如何分析这一点，这不同于统计。"（ PD in Shaw, Dyson & Peel, 2008: 187 ）

我们把这本书设计成质性研究的实用入门指南，服务于对该领域相对陌生的读者。本书的目的是揭开质性研究过程的神秘面纱，并帮助质性研究新手发现他们如何才能成为一名成功的质性研究者。我们的经验告诉我们，以实用为导向的信息和使用真实研究项目中的例子对于富有成效的学习体验至关重要。正因为如此，我们在这本书中做了一些与大多数其他质性教学指南不同的事情：

- 我们把实践置于理论之上，目的是在没有深入地研究理论的前提下，将做质性研究所需的从研究设计到资料收集、分析和报告撰写的知识传授给你。显然，理论是重要的，这对于更全面、更深入地理解质性方法和**方法论**（ methodology ），以及我们能从所使用的方法中获得什么样的知识和不能从中获得什么样的知识绝对重要。但是，如果你之前对质性资料没有一些基本的了解，也没有对质性资料做一些分析，那么这些讨论是不可能进行的（也没有那么有意义）。一开始就要求进行深入的理论讨论实际上会使过程变得模糊复杂，使质性研究（通常）变得更难理解。与往常的学习理论模式相比，我们认为，通过开始实际做质性研究的过程，也就是，用资料收集和分析来"弄脏你的手"，这个理论可以更容易变得清晰和相关。我们建议你在开始质性研究之前只需要掌握有限的理论知识，因此，我们对理论的讨论仅限于第二章中的介绍，以及第八章关于某些分析方法的特定理论。一旦你觉得自己已经了解了什么是质性研究的基本知识，以及做质性研究的方法，我们便会鼓励你开始更深入地阅读相关理论知识（例如：Burr, 2003; Guba & Lincoln, 2005; Nightingale & Cromby, 1999），以提高你的分析能力。

- 我们认为质性资料分析会采用以下三种基本形式或框架中的一种：寻找模式、

研究互动作用和研究故事。我们专注于基于模式的分析，将其作为最基本和最常见的（心理学）质性方法，并教你在这种模式框架下分析质性资料。我们的目标是教授"基本的"和"一般的"质性研究技能和知识，这些技能和知识可以应用于不同的分析方法。因此，我们没有为不同的分析方法提供几个章节，而是系统地向你介绍一种基本的主题方法，并将其与其他相关的方法进行比较和对比。这种不同的教学分析方法确保你理解基于模式的质性资料分析方法的核心前提和目的、不同方法之间的异同，以及它们的语言和概念。

- 我们的目的是指导你完成质性研究的整个过程。为了与本书的实用方向保持一致，我们使用了大量真实的研究实例，无论是文本本身还是在配套网站上都是如此。

本书面向的读者

本书首先为攻读心理学学位学习质性研究的学生（本科生或研究生）而写（我俩都是心理学家）。这本书包含质性方法的教学模块，从研究设计的过程到报告的撰写，为学生做质性研究项目提供资源。在其他社会和健康学科的背景下学习做质性研究的学生和比较资深的研究者第一次遇到或做质性研究时也会觉得这本书有用。虽然我们都是心理学家，很多材料都是有关心理学的，但质性心理学没有明确的学科界限，它跨越了相关学科的边界，如社会学、社会工作、咨询、护理、教育学、社会人类学、社会法律研究和社会地理学。因此，我们使用心理学领域内外的例子，从全球各地的质性研究中吸取教训。为了与质性心理学强调知识是情境性的特点相适应（参见第二章），我们总是注意研究例子的来源。

我们的立场、本书包含的内容和不包含的内容

为了便于阅读和理解本书，此处还有其他一些具体的说明：

- 当谈到质性研究时，我们并不采取中立的态度，我们认为质性研究非常棒！更具体地说，我们提倡特定形式的质性研究，即那些在情境主义或建构主义方向上的研究（见第二章），通常是大 Q 方法的一部分。鉴于此，我们不讨论以（后）实证主义（小 q）方式进行的质性研究。

- 为了让人觉得有连贯性和可比性，我们的许多例子都来自与体重、饮食、节食和肥胖相关的研究，包括我们在第九章至第十一章分析的**焦点小组**（focus group, FG）资料。你很快就会发现我们经常使用肥胖这个词。对于一些读者来说，"肥胖"一词可能听起来令人震惊，可能会被认为是贬义。相反，与肥胖政治相一致的是，"肥胖"并不是一个"肮脏的字眼"（Wann, 2009）——也不是一种肮脏状态的体现——为了对抗"肥胖恐惧症"，我们必须摆脱与肥胖相关的委婉语言。像"肥胖症"这样的术语，虽然有医学中立的光环，但实际上也远非中立，它传达了大量（有问题的）价值观和观念。

- 鉴于质性研究是一个多元化的领域，也鉴于这是一本入门教科书，我们不可能涵盖所有内容。我们对包括和不包括什么的决定是基于以下一系列因素：（1）通常被认为是质性心理学核心的方法；（2）我们认为在有限的时间内可以实际使用的方法；（3）只需要有限资源的方法，因此适合学生项目；（4）不需要太多技术专长的方法；（5）主要基于文本的方法。这意味着我们不会深入讨论日益流行的会话分析（例如 Hutchby & Wooffitt, 2008）、话语心理学（例如 Edwards & Potter, 1992）、**叙事分析**（narrative analysis）（例如 Riessman, 2007）或视觉方法（例如 Frith, Riley Archer & Gleeson, 2005），各种参与性或行动研究方法（例如 Kemmis & McTaggart, 2005），包括记忆工作法（例如 Willig, 2008）和民族志（例如 Griffin & Bengry-Howell, 2008），或模糊质性和量化界限的方法，如 Q 方法论（Q-methodology）（例如 Watts & Stenner, 2005）或凯利方格法（repertory grids）（例如 Jancowicz, 2004）。

- 在整本书中，我们提到了小型、中型和大型项目。为了举例说明其含义，我们在表 1.2 中提供了我们自己大学的学生项目的例子。

表 1.2 不同国家的项目规模

国家	小型项目	中型项目	大型项目
英国（西英格兰大学心理学系）	本科最后一年项目 •7个半月的非全日制 •1万字报告*	理学硕士学位论文 •1年非全日制 •1.5万字报告* 研究型硕士学位论文 •18~36个月（全日制） •4万字报告* 专业博士学位论文 •3年非全日制 •3万~4万字报告*	博士学位论文 •3~4年全日制 •8万字报告*
新西兰（奥克兰大学心理学系）	荣誉学位论文 •7个半月非全日制 •0.8万~1万字报告（长度仅作参考）*	文学硕士/理学硕士学位论文 •9~12个月全日制 •3.5万~4万字报告	专业博士学位（临床心理学）论文 •3年非全日制 •6万字报告 博士学位论文 •3~4年全日制 •10万字报告

*不包括参考文献和附录

我们组织这本书的方式

质性研究有三种类型的问题：

1. 你的研究问题：你想要找出什么。

2. 为得到资料而向参与者提出的问题（注：仅限于从参与者那里收集资料的质性研究）。

3. 为了回答你的研究问题，你对你的资料提出的问题。

每种类型的问题都是不同的，它们是研究过程中不同阶段的重点。本书或多或少按顺序指导你完成整个研究过程，从构思和设计质性研究，到收集和分析质性资料，以及撰写、评估和传播质性研究报告。

- 第一部分　成功开始质性研究涉及质性研究中的一些基本问题，涵盖规划和设计的各个方面。如果你（相对而言）不熟悉质性研究，或者根本不了解研究，我们建议你一定要先阅读这些章节。

- 第二部分　成功收集质性资料涵盖了各种资料收集方法。由于互动方法（研究者与参与者互动以产生资料）非常常见，因此有两章专门讨论其中使用最广泛的方法（访谈和焦点小组）。这部分还包括一些文本方法，这些方法对于小规模、时间有限的项目特别有用。

- 第三部分　成功分析质性资料包括五个章节，首先描述**转录**（transcription）的过程，然后介绍不同的分析方法，最后进入对分析阶段的实际讨论和演示。

- 第四部分　成功完成质性研究涵盖了一个非常重要的问题，即如何确保你的质性研究是在卓越的标准上完成的，以及如何通过报告和陈述来传播你的结果。

这种结构为质性研究提供了一个从设计到完成的简单、定向的过程，就像爬楼梯一样，从一个点开始，到另一个点结束，不可能偏离路线。质性研究是这样的吗？根本不是这样，对不起！质性研究是一个循环的过程，而不是线性的过程，它通常可以横向进行，也可以顺向或逆向进行，以找到你正在寻找的答案。虽然你可以从头到尾地阅读这本书，但你也可能想来回翻阅它，以适应你在学习或研究过程中所处的位置，并且随着你学到更多的知识，你肯定会重新审视理论问题（第二章和第八章）。

你会在书中找到教学特色

本书包含一系列鲜明的教学特色，可以帮助你学习。

- 每章的简明概述和总结。

- 与每章重点相关的扩展资源建议（例如，扩展阅读、在线资源、配套网站上的内容）。

- 问题讨论和课堂练习——通常每章至少提供 4 个。

- 研究实例——演示特定方法的使用。

- 表格——便于比较和参考。

- 框——突出显示特定的信息。

- 术语汇编——揭开质性研究里一些行话的神秘面纱，首次出现在书中的术语用**黑体**标示。

- 研究设计表——帮助确定研究项目的范围，并确保质性项目所有方面之间能很好地契合（表 3.1—表 3.3）。

- 材料示例——帮助你获取所需的研究材料。

本书由一个内容全面的配套网站（www.sagepub.co.uk/braunandclarke）支持和扩展内容，该网站涵盖多个附加资源，包括：

- 内容广泛的质性资料档案。我们在本书中进行的体重和肥胖焦点小组访谈的完整**转录本**（transcript）；关于人体艺术的第二个焦点小组的完整转录本和音频文件；各种样本文本**资料集**（datasets）。

- 广泛收集材料资源，提供不同质性研究文献的例子（有些附加说明）。

- 关于附加文本资料收集方法的信息［**情境技术**（vignettes）］。

- 关于质性研究陈述和质性研究海报的例子。

- 每章学习资源，包括某些框和表格的扩展示例。

- 每一部分的自测多项选择题。

- 互动式抽认卡词汇表。

- 某些章节练习的答案。

- 推荐扩展阅读的 Sage 期刊文章的链接。

章节总结

本章主要内容：

- 简要介绍什么是质性研究。

- 介绍研究范式的概念，并概述质性范式。

- 简要总结质性研究（心理学领域）的出现。

- 解释最重要的质性研究敏感性问题。

- 介绍我们自己和我们的观点。

- 介绍本书的方法和范围。

扩展资源

扩展阅读：

为了便于了解质性心理学的历史和出现，我们推荐阅读：Ashworth, P. (2003). The origins of qualitative psychology. In J. A. Smith (Ed.), *Qualitative psychology: A practical guide to research methods* (pp. 4–24). London: Sage。

Howitt, D. (2010). Part 1 Background to qualitative methods in psychology, especially Chapter 2, How qualitative methods developed in psychology. In *Introduction to qualitative methods in psychology*. Harlow: Prentice Hall。

在线资源：

有关以下信息，请参阅**配套网站**（**www.sagepub.co.uk/braunandclarke**）：

- 与第一部分相关的自测多项选择题。

- 抽认卡词汇表——测试本章中使用的关键术语的定义。

- 扩展阅读（来自 Sage 期刊的文章）。

第二章　质性研究的十项基本原则

　　如果你去一个完全陌生的国家旅行，一些基本的知识，比如说这个国家说什么语言、它的文化和礼仪的关键方面是什么对一次成功的旅行至关重要。本章介绍了质性研究这方面的内容，这样你就可以自信地、脚踏实地地走下去，而不是在质性研究的荒野中跌跌撞撞，迷失方向或犯一些根本性的错误。在你开始做质性研究之前，我们会介绍十件你真正需要知道的关于质性研究的基本事情，然后讨论你如何确定对于一个项目而言，质性研究的适合性问题。

　　在我们开始之前，重要的是要注意到质性研究是一个丰富、多样和复杂的领域（参见 Madill & Gough, 2008）。质性研究的目标可以是做一件或多件不同的事情：向一群人或某个问题"发出声音"；对事件或经历进行详细描述；发展理论；探究文本中的意义；识别话语或展示文本的话语特征；进行社会批评。质性研究并不是一件单一的事情，尽管不了解它的人通常会把它当作一件单一的事情来对待。

质性研究是关于意义而不是数字的研究

简而言之，如果被问及质性研究作为一个领域区别于其他领域的核心特质是什么，我们的回答是，它涉及并感兴趣的是意义。质性研究的核心是捕捉社会或心理世界的某些方面。质性研究记录现实生活的混乱，围绕现实生活建立了一个组织框架，并以某种方式对其进行解释。

了解质性研究是什么、不是什么也很有帮助。如第一章所述，质性研究和量化研究的侧重点和目的截然不同，产生的知识和主张也截然不同。框 2.1 对同一广泛主题的两项研究进行了有用的比较，一项采用质性方法，另一项采用量化方法，另见第一章表 1.1。质性研究不是检验假设，也不是典型的寻求组间比较，这并不是说你不能在质性分析中进行比较，而是说只有量化的方法才能提供一个以任何具体或绝对的方式来测试组间差异的框架。无论是质性研究的原则，还是保障质性研究质量的标准，都不以重复为目的（参见第十二章）。由于注重知识来源于它产生的情境（参见下文），质性研究并不假设任何研究者每次都会产生相同的解释。

框 2.1　质性方法与量化方法比较

在这里，我们对比两项研究（Christianson, Lalos, Westman & Johansson, 2007; Herlitz & Ramstedt, 2005），这两项研究都是在同一个国家（瑞典）就同一（广泛）主题——性风险——进行的，这两项研究让你对量化研究和质性研究产生的不同类型的理解有一个认识。

量化研究	质性研究
《对瑞典民众的性行为、性态度和性风险的评估（1989—2003）》（Herlitz & Ramstedt, 2005）	《"大开眼界"：瑞典艾滋病毒阳性青年的性行为和风险》（Christianson et al., 2007）
研究目的：确定随着时间的推移瑞典民众对艾滋病毒和艾滋病的态度、知识、信念和行为的变化。具体假设：（1）性风险行为将会减少；（2）由于面临感染艾滋病毒和患艾滋病的风险，对于性的态度将更加保守。	研究目的/问题：探讨艾滋病毒阳性青年对性风险的认知，以及他们对感染艾滋病毒原因的理解。
样本：1989 年、1994 年、1997 年和 2003 年从普通人群中随机抽取按年龄分层的样本（每年总数 =4000 人），2000 年随机抽取城市居民样本（数量 =6000 人）。总有效率为 63%，总数为 13860。	样本：对 10 名艾滋病毒阳性瑞典居民（5 名女性，5 名男性；7 名出生在瑞典，3 名出生在国外）进行**目的抽样**（purposive sampling），年龄在 17 岁至 24 岁之间。参与者是通过 3 家艾滋病诊所组织招募的。
资料收集方法：量化问卷（封闭式回答选项），由 85~90 个问题组成，邮寄给抽样群体。一共发出三封催信。	资料收集方法：深度半结构化访谈（参见第四章）；录音；逐字逐句转录（所有话语都按口语转录）。

资料分析方法：统计分析。多元逻辑回归，一种统计方法，可以确定多个变量（如年龄、性别、教育水平）对特定结果（如进行不安全性行为）的（相对）影响，以预测该结果的可能性。

资料分析方法：扎根理论（参见第八章）。从第一次访谈开始进行**编码**（coding）和分析。分析包括多个阶段的（开放式）编码和重新编码，并将资料组织成核心类别和子类别。为了提高可信度，4名参与者还阅读了初步分析报告并对其进行了评论［第十二章讨论"**成员检查**"（member checking）］。

主要结果：两种假说都不成立：1989年至2003年期间，不使用避孕套的随意性接触和多性伙伴的数量显著增加；2003年，人们对情侣关系之外性的态度比1989年更宽容；在接受随意性行为方面，态度比行为更自由；在随意性行为中，年轻的参与者比年长的参与者更有可能使用避孕套。

主要结果：确定了两组限制个体在性行为中发挥能动性作用的主要因素：（1）"*社会文化盲点*"，指的是使安全性行为成为难以讨论的话题的因素，比如认为"恋爱"可以防止性风险；（2）"*从两相情愿到强迫性行为*"，指的是从两相情愿的接触中存在的因素，比如愉悦和信任，到胁迫，这个因素导致了危险的性行为。

结论：需要持续、广泛的性教育来帮助减少性风险，而性风险可以通过一些行为（如使用避孕套）来控制。

结论：这些资料和分析强调了性体验和性行为受环境约束的本质，以及权力和性别对大多数性体验产生影响的方式。与一个能对自己的行为做出（明智）选择的理性能动者的观点（其观点促进健康）相反，这些研究表明，这种能动性会受到个人无法控制的各种因素的影响。

这类研究可以表明：性态度和性行为（在人口层面）的变化；可能预测研究者会感兴趣的特定结果的产生因素，量化研究益于针对性的干预。	这类研究可以表明：（报告中的）真实生活经历的丰富性；各种陈述的细微差别和多样性；陈述之间的模式。可以让我们深入了解到协商更安全的性行为的现实复杂性。有助于了解年轻人如何以及为什么有感染艾滋病毒的风险。
这类研究不能说明：不同经历的意义，以及为什么会发生这些变化。	这类研究不能说明：整个人口的一般模式；因果关系。
评估：这类研究对于了解大规模人口层面的行为模式很有用——它增加了知识的"广度"。关注因素之间的关联对于针对性干预非常有用。然而，这类研究不能提供关于性态度、风险感知或行为的"深刻"或"丰富"的理解，因此不能提供人们为什么要这样做的理由。	评估：这类研究有助于让生活中的个体真正明白性风险和性安全（或任何其他话题）到底是什么样的。这类研究为人们弄清有关性风险和性安全的科学"事实"并将其付诸实践提供了丰富而深刻的理解。虽然它可以为干预措施提供信息，但不能推广到所有人，因此不能用于在人口层面上提出关于性安全和性风险的主张。

质性研究不提供单一的答案

如果你喜欢确定性，质性研究会给你带来一些挑战。大多数质性研究者普遍认为，从我们分析的资料中获取意义的方法不止一种，这意味着没有单一的"正确"答案。一些量化研究者对质性研究的批评之一是，如果是这样的话，那么我们的分析就是"编造"的，质性研究没有告诉我们任何有意义的东西；在质性研究中，"什么都可以"。事实显然不是这样。对质性资料的分析就是讲述关于这些资料可以讲述的许多故事中的一个。分析就像讲故事，这种看法是个有用的观念，但不要认为这意味着分析是虚构的。想象一下，你和家人一起去度假了。当你回来的时候，你关于假期发生的故事可能与你父母的故事截然不同，他们可能度过了一段美妙的时光，而你却无聊得不知所措。每一个都是关于这个假日的真实故事。质性研究者认识到，我们的资料分析就像讲片面的而且是**主观的**（参见下文）故事。但任何好的分析都必须是可信、连贯的并以资料为基础。你不需要声称自己说出了唯一或绝对的真相，就能说出关于资料令人信服的"真相"。

质性研究重视情境

质性研究的另一个关键原则是，认识到信息和知识总是来自某个地方。质性资料并非凭空产生的。相反，质性资料被看作是在特定的情境下产生的，由来自特定情境并处于特定情境中的参与者产生。这是什么意思？这意味着，与能够获得"无污染"知识、消除所有偏见的实证主义/量化理想相反，质性研究认识到这些偏见的存在，并将其纳入分析。质性资料承认了我们分析的资料的主观性和我们的分析的主观性。主观性基本上是指我们所看到和理解的东西反映了我们的身份和经历——我们所处的情境，这个概念有时也被称为"视角主观性"（Kvale, 1996: 212）。质性研究并不把这种主观性视为要从研究中消除的**偏见**（bias），而是倾向于进行情境化分析，将主观性考虑在内。

质性研究可以是经验性的，也可以是批判性的

质性研究是探索性的、开放式的和有机的，并产生深入、丰富和详细的资料，从而提出主张。作为一个领域，质性资料可以分为两大阵营（Reicher, 2000），我们称之为经验性和批判性。**经验性质性研究**（experiential qualitative research）验证资料中表达的意义、观点、看法、经验或实践。我们称质性研究为经验性的，因为参与者的**解释**（interpretation）被优先考虑、接受和关注，而不是被用作分析其他事物的基础。**批判性质性研究**（critical qualitative research）对资料中所表达的意义或经历持质问态度，并用它们来探索其他一些现象。通常，批判性质性研究试图理解影响因素和所表达的特定意义或**表述**（representation）的效果。我们称质性研究为批判性的，因为它不从表面价值上看资料，这意味着分析者的解释比参与者的解释更重要。我们将更详细地解释这两个阵营。

经验性质性研究："实事求是地说"

经验性研究的驱动力是想要了解人们自己的视角和意义，了解人们头脑，并在报告研究时优先考虑它们。研究变成了一个收集这些信息的过程，然后围绕资料所表达的内容建立一个有组织的、解释性的框架。

当试图理解人们的意图时，质性方法比量化方法更合适，原因如下：

- 质性方法让我们能够关注人们自己围绕问题形成的框架和研究者自己的权限范围，而不是他们预先设定的框架（如问卷中的项目）。

- 与使用数字相比，质性方法能够更丰富（更充分、更多方面）或更深入地理解一种现象，这主要是因为人们的意图或经历的复杂性在质性资料中得以揭示和保留。

- 对人们来说，现实、意图和经验往往是混乱和矛盾的；质性研究可以"接受这种混乱"（Shaw et al., 2008: 188）。参与者通过语言可以揭示"混乱"和矛盾，这是量化方法无法做到的。

- 由于质性研究可以是开放性的、探索性的、有机的和灵活的，因此质性方法可以发展以适应项目的需要（例如容纳参与者所表达的意料之外的想法）。

- 通过收集和分析这些资料，我们可以发现我们可能从未想象过的问题；但如果用量化方法，就发现不了这些问题。这意味着知识和理解的范围大大拓宽了。

我们可以通过质性研究理解的内容，并不受研究者的想象和该领域现有知识的限制。相反，参与者的经历和意义（个人和更广泛的社会意义）推动了经验性质性研究。例如，想要对年轻女性和饮食有更多了解的研究者可能会通过访谈或焦点小组的方式，来了解"食物"对一小群年轻女性的意义、食物在她们生活中的位置以及她们吃（或不吃）食物的体验，而不是让年轻女性完成一项有关食物和饮食的量化调查，这将包括让她们对研究者预先确定的类别和选项做出回应。

因此，经验性质性研究试图从人的角度来理解世界是如何被看待、理解和体验的。语言被视为一扇通向人内心世界的窗户；它被理解为是一种人们直截了当地报告他们的经历、实践和意图的方式；它是研究者用来探索和理解内心世界的工具。研究通常涉及所谓的"绘制"或"表达"人们生活的丰富多彩的织锦——分析提供了对意图和经验"丰富"或"深度"的描述（参见框 2.2）。

框 2.2 "深度"或"丰富"的描述

质性研究应该提供丰富描述的想法来自美国人类学家克利福德·格尔茨（Clifford Geertz）20 世纪 70 年代的民族志著作（Geertz, 1973）。当描述行为情境时，描述是"深度的"；当情境被排除在外时，描述是"单薄"的。"深描"随后在质性研究中以不同的方式被采用，现在经常等同于"丰富描述"，指的是对研究对象进行详细描述，包括参与者生活故事的复杂性和矛盾性。

批判性质性研究：质问我们收集的故事

相反，在批判性的质性研究中，重点不是将语言作为进入大脑的一种手段，而是看其在外部世界中的使用。它感兴趣的是语言如何塑造某些社会现实，以及这些现实的影响。虽然批判性的质性研究本质上是将语言作为一种交流方式，但人们的兴趣却从仅仅关注语义内容（词语所指的对象）转移了。相反，语言被理解为创造现实世界的主要方式，因此，这一传统中的研究者使用语言来探索现实世界被创造的不同方式。他们对语言采取的是所谓的构成性或生产性的观点；其中心前提是语言创造而不是反映现实（Weedon, 1997）。例如，一个与年轻妇女和饮食有关的项目可能会考察年轻女性谈论食物的方式，这些方式围绕不同的食物类型和饮食模式和习惯**建构**（construct）了不同的类别（明显的类别可能是：健康／不健康；好／坏；发胖／不发胖；控制／不控制）。与经验性质性研究不同，批判性质性研究并不认为这样的谈话能让我们了解这些年轻女性对食物／饮食的真实感受。相反，谈话被看作是通过她们谈论食物的方式来描述她们正在创造或建构的有关食物的现实，这反映了在她们的社会文化情境下可以获得的更广泛的理解方式（有关这种方法的更多信息，请参见第八章）。

在这种方法中，研究大致可以分为对**表述**（representation）和**建构**（construction）感兴趣的研究和对**语言实践**（language practice）感兴趣的研究。对表述和建构的兴趣就是对生成或创造意义的因素以及特定意义模式的效果和影响的兴趣。语言是表述和建构的主要手段之一，因此质性研究是对这些感兴趣的研究者的理想选择。通过质性研究，我们可以理解用语言（或意象）讲述有关**研究对象**（research objects）特定故事的方式（研究对象——我们研究的事物——可以是具象的，比如衣服，也可以是抽象的，比如爱情）。我们来继续前面的例子，一个关于年轻女性和饮食的项目可以去分析青少年杂志中关于体重和节食的表述方式，以及杂志里关于食物、体重和饮食的显性和隐性观点。一种常见的表述可能是，食物对健康、自我和幸福构成威胁，这意味着应该谨慎对待进食，以有节制的方式食用正确种类的食物。一个重要的观念是，有许多方法可以表述研究对象，对个人和社会来说，不同的表述有不同的意义（Hall, 1997）。比如，有人将身材表述为基因和激素的结果，有人将身材表述为饮食和运动的结果，这两种表述暗含着不同的逻辑假设。对于一个肥胖的人来说，如果原因是基因和激素，意味着他们对自己的肥胖没有责任；如果原因是饮食和锻炼，会使他们认为自己有潜在的责任，认为自己应当被指责。这一传统中的一些研究涉及**解构**（deconstruction）的实践（Norris, C., 2002a; Parker, 1988），据此文本被"拆解"，它们所依赖的显性和隐蔽（或对立）的观念也受到质问。

在语言实践方面，质性研究试图考察语言被用来创造特定现实类型的方式。分析的焦点范围很广：有些是非常微观的，侧重于语言使用的细节，如谈话和文本的独有特征的功能（Hutchby, 2002）。例如，中国香港语言学家埃米·徐（Amy Tsui）（1991）研究了在会话中表达"我不知道"的方式，它不仅用来表达认知状态，还用来避免或改善某些微妙的行为，如对某事发表不同意见或做出的评价（也可参见 Potter, 1997）。有些则更宏观，考虑语言产生某种现实的方式。例如，研究者研究了人们在对话的不同时刻使用不同身份建构的方式，发现这些不同的建构方式背后说话者的不同目的（Edley & Wetherell, 1997，所展示的关于异性恋男子气概的那样）。例如，假设一个胖子和医生谈论他想减肥的愿望。在谈话的某一时刻，他可能会使用暗示他是一个"处于控制之中"的独立人士的语言，他可以选择以决定自己体重的方式行事。在另一时刻，他可能会使用暗示他的肥胖不是他的错的语言，而是由他无法控制的力量造成的，比如生物或文化。每一种建构都有不同的意义，使医生因他的体重责怪他或不责怪他，并且自信地提出一系列减肥建议。

简短总结与理论介绍

质性研究关注的是话语，有时是图像，通常是经验性的或批判性的。每个阵营都有不同的关注点，例如，批判性阵营关注的是表述、建构或语言实践。无论采取何种形式，质性研究者都能获得我们所处世界的丰富性——无论是存在于"我们头脑中的"世界，还是我们外部的社会和物质世界。不管质性研究属于哪个阵营，质性研究总体上都倾向不同于量化和实验研究的理论立场。不同的质性方法论也有自己独特的理论框架，用资料做不同的研究。在制定研究实践的框架时，方法论依赖于**本体论**（ontology）和**认识论**（epistemology）（Ramazanoglu & Holland, 2002），这些听起来复杂的词，分别指关于现实或存在的本质和关于知识的本质的理论。每个词都界定了什么可以被算作有意义的知识，什么不能被算作有意义的知识，并告知了我们方法论和产生这些知识的过程。在这两个方面，质性研究往往与量化研究大相径庭。

质性研究以本体论假设为基础

本体论的立场规定了世界与我们人类的解释和实践之间的关系。本体论决定了我们是否认为现实的存在完全脱离了人类的实践和理解——包括我们为找出这些东西而进行的研究——或者我们是否认为它不能脱离人类的实践，因此知识总是会反映我们的观点。沿着一个连续体有许多不同的观点，从"现实"完全独立于人类认识它的方式的观点——被描述为"独立于意识的真理"（Tebes, 2005）[被称为**现实主义**（realism）]——到现实完全依赖于人类的解释和知识的观点[被称为**相对主义**（relativism）]（参见图 2.1）。

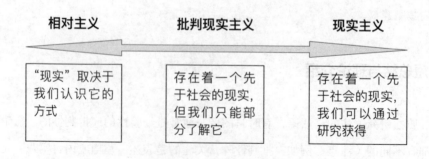

图 2.1　本体论连续体

现实主义假定了一个可知的世界，这个世界是可以通过研究理解的——真理（只有一个）是存在的，可以通过研究技术的恰当应用来获取。在其最极端或"朴素"的情况下，它被称为"真理的对应理论"（a correspondence theory of truth）（Madill, Jordan & Shirley, 2000: 3），其中我们观察到的事情被认为真实地反映了存在。现实主义是支持大多数量化研究的本体论，但它很少影响质性研究。相对主义则相反，它认为存在多重建构的现实，而不是单一的、先于社会的现实或独立于意识的真理，我们永远无法超越这些建构（Cromby & Nightingale, 1999）。"真实"的东西并非广泛适用，而是随着时间和情境的不同而不同，因此我们所知道的东西反映了知识产生的地点和方式。相对主义本体论支持一些质性的方法，包括一些类型的话语分析，但它很少影响量化研究。在现实主义和相对主义之间，存在着批判现实主义立场，这种立场现在在质性研究中相当普遍，它还唤起了一个真实的、可知的世界，这个世界存在于研究者可以获取的主观的和以社会为导向的知识的"背后"（Madill et al., 2000）。因为知识被认为是受社会影响的，它被认为反映了一个我们只能部分获得的独立现实。批判性现实主义立场认为，我们需要断言存在某种"真实的"现实，以产生可能"产生影响"的知识（Stainton Rogers & Stainton Rogers, 1997）。例如，我们需要能够断言（一些）肥胖人士在飞机座位上经历的羞耻和尴尬（Farrell, 2011）是真实的，才会产生可能意味着航空公司改变标准座位尺寸的知识。在这种情况下，一个外在的现实（人的羞耻感）为知识提供了基础。批判现实主义立场支撑了许多不同的质性方法，包括**主题分析**、**扎根理论**（grounded theory）、话语分析和**解释现象学分析**（Interpretative Phenomenological Analysis, IPA）。这些不同的立场在框 2.3 中用类比说明。

框 2.3　透过镜子看本体论

一个观点的类比可以用来说明现实主义、相对主义和批判现实主义。现实主义就像在你的房子里透过一扇完美的玻璃窗看风景。你从这扇完美的玻璃窗获得的信息与外面的情况完全一致：如果你走到外面，你看到的小路和花园就在外面；你可以沿着这条路走，闻闻玫瑰的香味，从而验证你所看到的事实。你的窗户提供给你一种途径来确定存在于它之外的现实，一种判断那里有什么的途径。囚犯们从他们的囚室里看外面的景色，这更能体现相对主义。关押在不同牢房的囚犯会看到不同的监狱外的景色，但没有办法优先考虑一个囚犯看到的景色比另一个囚犯看到的更真实。此外，尽管这些景色看起来真实，但它们可能是投影或全息图。囚犯没有办法确定他们所掌握的关于监狱外情况的真实性。他们不可能走到外面去确定他们看到的景象是否与外面的真实风景相一致；他们没有办法判断自然景观和对它的感知之间的关系，因此也没有办法知道它有多真实。批判现实主义就像是看一个只有通过棱镜才能看到它的景象，所以看到的东西会因棱镜的形状（棱镜是文化、历史等）而有细微差别。如果你能摆脱这个棱镜，你就能看到隐藏在它后面的东西（真相），但你永远无法超越它。

在本体论连续体中的位置决定了是否认为不能从正在研究的东西中移除知识产生的过程（相对主义——我们只能从某种角度来看待场景，永远不知道我们所拥有的关于它的知识是唯一的还是"正确的"），或者是否认为能从正在研究的东西中移除知识产生的过程（现实主义——只要我们使用正确的工具，即透过一扇完美的玻璃窗，我们就可以确定场景的真实性质）。

质性研究以认识论假设为基础

认识论的中心问题是，什么才算正当的"知识"：在一个存在各种知识的世界里，我们怎么知道哪些是可信的，哪些是有意义的？举个例子，我们可以考虑两种关于我们是怎样的人的观点：人格理论和占星术。占星术告诉我们，我们的"本质"来自我们出生时天文天体的排列——最基本的是，通过年（在中国生肖中）或月（在西方星座中）的排列。弗吉尼亚和维多利亚都是（西方占星学的）天秤座，这意味着我们有很高的审美品位、犹豫不决、憎恨冲突、渴望和谐。占星术根据行星和其他排列，对我们每天（甚至一生）的经历进行预测。这样的占星术预言很受欢迎，在大多数西方主流媒体上都有报道。相比之下，从科学心理学发展而来的人格理论认为，心理测试可以确定我们在人格的某些维度上的位置，最"突出"的是"大五"特质：神经质、外向性、随和、尽责性和经验开放性（Digman, 1990）。这些特征构成了我们作为一个人的稳定的核心本质，可以用来预测我们在世上的行为方式。虽然当代西方许多人可能会嘲笑占星术——不到四分之一的英国人相信占星术（Gill, Hadaway & Marler, 1998），并认为占星术是一种无效的理论化人类人格和理解人类人格的方法，但鲜有人会质疑心理科学的有效性。除了一些"批判性心理学家"（参见 Burr, 2002），没有多少西方人质疑我们每个人都有人格的观点。这是因为科学的认识论是目前西方占主导地位的认识论立场：真正的知识是由科学决定的；其他形式的知识被框定为有偏见、不值得信赖和不科学的。所以，认识论决定了在一个群体中什么是有效的、值得信赖的、"真实的"知识；反之，也决定了什么是无效的知识。如果我们生活在真正的知识不是由科学决定而是由占星家决定的这样一种文化中，那么人格理论可能会受到许多人的嘲笑，就像占星术受到很多人的嘲笑一样。

所以，认识论是关于知识的本质的，它解决了可能知道的是什么的问题。对于知识的界定决定了如何产生有意义的知识（以及知识代表着什么）。认识论也可以是现实主义的或相对主义的：现实主义的认识论立场认为，通过有效的知识获得"真理"是可能的；相对主义的认识论立场认为，从理论上讲，知识总是视角化的，因此不可能有单一的绝对真理。认识论立场之间的一个基本区别是，我们认为现实（无论是外部的还是个人的）是通过研究过程发现的，还是认为现实是通过研究过程创造的。在（后）实证主义阵营中，我们可以将研究者描述为一名考古学家，他挖掘以发现一种完全独立存在于他的实践的现实（知识）。在建构主义阵营中，我们可以把研究者描述为一个雕塑家，他通过雕塑创造了一个现实，因此参与了这个现实的生产。我们将简要概述在心理学和社会科学中发现的这两个广泛的认识论立场，以及第三个认识论立场，即**情境主义**（contextualism）（Henwood & Pidgeon, 1994）。

实证主义

实证主义（positivism）假定在世界与对世界的认知之间存在直接的关系。它与**经验主义**（empiricism）紧密结合，将观察的实践、观察者和被观察的事物区分开来，并要求通过客观（无偏见）的资料收集来说明现实。有效的知识通过使用既定的科学方法获得，这些方法控制变量并消除各种形式的干扰和偏见。如果我们恰当地使用科学方法会发现"存在的真相"。在社会科学领域，现在很难找到坚持纯粹实证主义形式的人；相反，被称为后实证主义的不那么纯粹的形式往往占据主导地位。**后实证主义**（postpositivism）最早出现于卡尔·波普尔（Karl Popper, 1959）等学者对科学的批判中，它仍然坚持寻找真理，并认为这大体上是可以实现的。但是，后实证主义认为，研究者受到他们所处情境的影响，并影响着研究；事实不是对真理的中立反映，而是在理论上受到影响（Clark, 1998; Guba & Lincoln, 2005）。后实证主义与建构主义认识论的不同之处在于，后实证主义研究者仍然相信并致力于了解这一独一无二的真理，从而寻求尽可能控制或消除对知识生产的主观影响，质性研究有时是在这种范式下进行的。一些人认为，后实证主义应该作为质性研究的一种恰当的认识论被采纳（Michell, 2004）；其他人则不同意这种看法。

建构主义

　　其他方法质疑知识是对现实的客观（或尽可能客观）反映的观点，但却认为知识将我们认识世界的方式与我们生活的（社会）世界联系在一起。建构主义认识论认为，世界和我们所知道的世界并不反映"外在"世界的真实本质（或等待被发现的"内在的"真实心理），我们所知道的世界、我们自己和世界中的其他事物，是通过我们所有人都存在于其中的各种话语和意义系统来建构（产生）的（Berger & Luckmann, 1967; Burr, 2003; Gergen, 1985,1999）。真理随着这些变化也在变化，这意味着没有一种真理可以通过某种方法获得，知识有多种，而不是一种。人们用来理解世界的词语被认为与特定的社会、文化情境有关。知识被看作是社会的产物，因此被看作是社会的、文化的、伦理的、**意识形态的**（ideological）和政治的。对于感知到的真理和被认为是理所当然的知识，建构主义者往往采取批判的立场。鉴于这一立场，有许多可能的方法来创造真理。然而，作为认识论立场的建构主义并不是说知识只是"虚构的"和"万物皆可"，也不是说"文本之外"什么都不存在，这意味着没有关于物质或经验的现实存在（Edley, 2001b）。对事物的了解是我们对事物的理解的产物，例如，人们确实有人格这一"知识"，是长期对"人"进行理论化和人格研究的产物，而不是独立的事实（Burr, 2002）。知识产生的过程仍然（通常）是实证的，因为它以资料为基础，并且寻求某种理解。建构主义与现实主义和实证主义立场的不同之处在于，理论上并没有单一潜在的现实为真正的知识提供基础——建构主义是一种非基础性的知识观。

情境主义

　　在建构主义和现实主义这两个极端之间，有点类似**批判现实主义**（critical realism）的情境主义是另一种同时涉足这两个阵营的认识论（Henwood & Pidgeon, 1994）。底比斯（Tebes）引用佩珀（Pepper）（1942）的文章将情境主义的中心隐喻描述为"情境中的人类行为"（2005: 216）。情境主义可以被视为建构主义的一个类型［（极）精简版的建构主义］，因为它不假设单一的现实，认为知识是从情境中产生的（因此叫情境主义），并反映了研究者的立场，因此是局部性的，在某种背景下的，因此总是临时性的（Madill et al., 2000; Tebes, 2005）。但情境主义确实保留了理解真理的兴趣，因此具有现实主义维度。情境主义者认为，虽然没有一种单一的方法可以得出真相（Tebes, 2005），但在某些情况下，知识将是真实的（有效的），所以它保留了建构主义所排斥的"真理"的概念。

本体论、认识论、方法论与方法

本体论和认识论远不是相互独立的，它们引入特定的方法论，共同制约适合你的研究方法。例如，如果你持相对主义/建构主义立场，你不认为"人格"或"态度"是驻留在人们头脑中的稳定结构，独立于情境或独立于发现它们的过程而存在，那么你就不能用人格测试或态度量表来"衡量"它们。与其把"人格"或"态度"视为个体变量（现实主义/实证主义观点），不如将其理解为使我们在世界上展现自己并与他人互动变得有意义的因素，这些因素可以通过观察语言和话语来理解、捕捉和分析（参见 Burr, 2002; Potter & Wetherell, 1987）。这里的重点不是说这些方法中的一种在本质上是正确的，另一种是错误的（尽管许多人赞同其中一种，并确实这样认为），而是说不同类型的知识是在不同的理论和方法论框架内产生。正如美国心理学家珍妮·马雷切克（Jeanne Marecek）（2003: 54）所观察到的那样，这是关于提出（和回答）这样一个问题："我对听到什么样的真相感兴趣？"重要的是你的整体研究设计中的连贯性（参见第三章）。

质性研究涉及质性方法论

在谈到研究时，经常交替使用的两个术语是方法和方法论，但两者并不相同。方法是指收集或分析资料的工具或技术：访谈和调查是收集资料的方法；主题分析和方差分析是分析资料和数据的方法。方法非常具体，并以特定的方式应用。方法论更宽泛，指的是我们进行研究的框架。方法论包括我们如何进行研究的理论和实践。它提供了一系列关于什么是研究、如何进行研究的看法，以及你根据你的资料提出的各种主张。它告诉我们哪些方法适合我们的研究，哪些不适合。方法论可以理解为一种理论，说明研究需要如何进行以产生关于心理和社会世界的有效知识。它使我们的研究有意义，无论是在研究设计方面，还是在研究过程方面。

方法论为你对研究做出一系列决定提供了一个框架，包括：

- 如何选择参与者？
- 什么样的资料收集和分析方法是合适的？
- 谁可以或应该进行研究？
- 研究者的角色是什么？

那么，显而易见的问题是，质性方法论的特点是什么。不幸的是，对于这个问题没有单一的答案。关于质性研究，你很快就会了解一件事，那就是简单、直接的答案并不常见。对不起！这是因为"质性研究充满了模糊性"（Patton, 2002: 242），因为有很多方法论，而且许多质性资料分析方法被更准确地理解为方法论。例如，解释现象学分析不仅仅是一种分析资料的方法，它为进行研究设定了一个完整的框架，同样，扎根理论和话语分析也是如此。虽然每种质性方法论都是独一无二的，但它们都有许多相似的特征，就像一个大家庭中的兄弟姐妹，有些方法论比其他方法论更相似，而且与其他方法论"相处"得更好（它们有相似的核心假设）。这源于这样一个事实，即它们都属于质性范式的范畴（见框2.4）。

框 2.4　方法论和范式

质性范式为界定质性研究提供了基本的和通用的标准。但是，每一种具体的方法论都有所不同，从而为如何进行实际研究和解释资料提供了一个框架。不同的方法论与一般质性范式有许多共同特点，但不一定是全部，而且它们的表达方式也可能不同。可以把这种关系想象成制作蛋糕的一般标准和特定食谱细节之间的区别。蛋糕一般由糖、黄油、鸡蛋、面粉和发酵剂组成。糖和黄油加奶油，打入鸡蛋，然后轻轻加入干料。将混合物倒入一个罐中，然后立即在预热的烤箱中烘焙。几乎所有制作的蛋糕都会与这个过程相似，但具体细节会有所不同：可以用油代替黄油；可以先把鸡蛋分开，把蛋白打散；可以添加不同的配料（如巧克力、胡萝卜、香草）来增加风味和质地。由此产生的结果显然是一块蛋糕，无论是制作过程还是结果，都与其他蛋糕不同。同样，使用像话语心理学这样的质性方法论进行的研究也是质性的，但与使用不同的质性方法论（如解释现象学分析）进行的研究有很大的不同（参见第八章）。

小　结

通过旋风般的介绍，你已经了解了一些你需要知道的关于什么是质性研究、什么不是质性研究的基本知识，并了解了书中最复杂的理论讨论。现在你应该明白，质性研究不仅是收集和分析质性资料，而且涉及一系列不同的方法论，这些方法论为开展研究和产生有效知识提供了框架。质性范式告诉我们的是，有用的知识可以通过研究来自小样本的意义而产生，研究者不应该片面认为自己应缺席这个过程或被排除在外。质性范式还认为知识受限于情境，总是局部的，并且与特定的理论信念和方法论信念相联系。

质性研究使用各种资料

资料是社会科学的基石，是我们用来回答问题，对世界现象产生新的、有用的理解的工具。没有资料，我们都是理论家。并不是说做一个理论家有什么错，而是社会科学处于实证传统中，在这种传统中，知识是以资料为基础的。质性研究和量化研究一样是实证的，因为它的知识产生也是基于资料的。

在质性研究中，你收集的资料相对来说是"自然主义"的，因为它们没有被归入已有的类别——它们在收集时没有预先编码和分类（就像对问卷上量表的回答一样）（Lincoln & Guba, 1985）。**原始资料**（raw data）（未编码）保留了现实生活的混乱。然而，它们不一定是"自然的"，因为我们通常产生自己会用到的资料〔什么是**自然主义的资料**（naturalistic data）在质性心理学某些领域存在争论，例如：Potter & Hepburn, 2007; Speer, 2002a〕。资料收集的可能性似乎无穷无尽，最常见且非常有用的资料收集方法是个别访谈（例子请参见 Ahmed, Reavey & Majumdar, 2009; Whitehead & Kurz, 2009）和小组讨论（例子请参见 Augoustinos, Tuffin & Every, 2005; Schulze & Angermeyer, 2003），这两种方法通过面对面、电话或电子邮件进行。资料也可以来自日记（例如 Milligan, Bingley & Gatrell, 2005）、**质性调查**（qualitative survey）（例如 Toerien & Wilkinson, 2004）、议会辩论（例如 Ellis & Kitzinger, 2002）、女性杂志（例如 Roy, 2008）、互联网讨论网站（例如 Wilson, Weatherall & Butler, 2004）、电视纪录片（例如 Hodgetts & Chamberlain, 1999）、晚餐对话（例如 Wiggins, 2004），甚至儿童牙膏上的文字（例如 Parker, 1996）。其他人也越来越多地使用视觉图像，从照片启发技术，即照片与访谈结合使用（例如 Oliffe & Bottorff, 2007），到视觉图像本身的使用，例如，《心理学质性研究》（*Qualitative Research in Psychology*）上关于这一主题的投稿（Frith et al., 2005），但是，正如第一章所指出的，我们主要关注本书的文本。

什么可以算作资料

那么，在看似无穷无尽的可能性下，我们如何知道什么可以算作资料呢？资料的产生要么是通过生产，也就是我们让参与者自己完成指定的任务来产生资料，要么是从现有的材料中选择，比如媒体报道或博客。在资料生产方面，我们制定了资料产生方式和参与者人选的标准；在选择方面，我们制定了选择系列特定实例的标准，这些实例将成为我们的资料。下一章将讨论抽样标准，以及需要多少资料的问题，这是质性研究中的一个棘手问题（Morse, 2000）（参见第三章中的设计表，表 3.1—表 3.3）。

并非所有的资料都一样

你怎么知道资料是否好呢？如果资料选得很好（参见第三章），那就是一个很好的开始。如果你可以很容易地捕捉到你所关心的与资料相关的东西，这也是一个很好的迹象。另一个经常被谈论的方面是丰富的或匮乏的资料——**丰富的资料**（rich data）通常是好的。匮乏的或单薄的资料指的是那些只真正触及某个主题表面的资料，即关于这个话题的日常或显而易见的故事；丰富的资料是那些提供关于这个话题的更全面、更深思熟虑或出乎意料的评论的资料。想象一下两个朋友吃了他们很喜欢的一顿饭。当你问他们味道如何时，一个人说，"我的牛排真的很棒"，另一个人说，"我吃了一份芦笋和柠檬味意大利烩饭，简直令人难以置信，太好吃了。它融合了不同的颜色、味道和口感，是一种完整的饮食体验，对我的眼睛、鼻子和嘴巴来说都是天堂。对我来说，口感是一顿饭中最重要的，甚至比味道更重要。米饭变软时芦笋也刚刚煮熟，所以芦笋一下子变得松脆而柔滑。我停不下来，但不得不放慢节奏细细品味每一口，这样才不会结束。唯一的问题是，他们给的不够多。这是我吃过的最好吃的东西"。第一个描述很单薄，第二个描述很丰富。

在质性研究中，最好使用丰富的资料。它们是深入表面之下的资料，使研究者能够深入了解感兴趣的主题。例如，资料可以由参与者以深思熟虑的方式反思他们的经验而产生（Morse, 2000），由访谈者提出批判性的探索性问题而产生，由深入阐述某个主题的主要意义（或超越这些意义）的文本而产生。重要的是，资料的丰富性还取决于情境、目的和资料收集的方式：质性调查中算作丰富的资料与深度访谈中算作丰富的资料完全不同。不幸的是，很难提供一个绝对的定义来说明什么使得资料丰富，但是有了经验，你在看到它时就会知道是什么使资料丰富了。**配套网站**上的体重和肥胖焦点小组包含丰富的资料——请参阅萨利（Sally）的第一个摘录（从第 79 行开始），也包含我们如何为我们的解释现象学分析示例（第九章表 9.3）的资料进行编码，以示范如何获取丰富的资料。

为了更好地发挥作用，资料也必须服务于研究目的。最重要的是，这些资料能让你解决你的研究问题（参见第三章）。我们来继续谈论健康饮食的想法，例如，如果你对什么可能会妨碍男性健康饮食感兴趣（例如 Gough & Conner, 2006），那么最好从男性自身以及他们的言论开始进行研究。无论我们使用什么资料，我们总是需要为我们选择的资料做出解释：我们为什么与如何选择这些资料或产生这些资料，以及它们为什么对我们回答研究问题有用？

质性研究需要质性思考

研究是一种文化，不同的文化有不同的研究范式和方法。一段时间后，你就会融入文化，了解当地的语言，不知不觉地理解一种特定研究文化的规范和做法。例如，如果你学了很多心理学知识，在某种程度上，你可能已经融入到另一种量化研究文化中（Gough, Lawton, Maddill & Stratton, 2003: 5），这种文化以科学实验为卓越研究的顶峰。这种文化包含对假设、客观性、偏差、统计显著性、重复实验等的规范和预期。阅读这种心理学需要理解这些概念；要做好这种研究需要将其付诸实践；撰写意味着使用恰当的语言和格式。质性研究文化是非常不同的（例子请参见 Marecek, 2003），要成为一名质性研究者，要做到的其中一件事就是学习质性思考（Anderson, 2008; Morse & Richards, 2002）。在这一节中，我们将讨论一些质性研究的语言和概念，使你开启这个过程。

正如我们已经讨论过的，质性研究的目的是理解或探索意义以及人们创造意义的方式，而不是证明一个理论或确定各种因素之间的关系。也就是说，虽然质性研究有研究问题（参见第三章）、目的和对象（尽管有时用不同的语言表达），甚至是研究的理论，但通常没有经过实证检验和证明（或证伪）的假设。因此，在制订一个质性的方向和项目时，你需要把"理解"作为你的关键驱动力。例如，你的项目可能以"理解胖女人在买衣服时的情感体验"（Colls, 2006）为目标。

完成资料分析后，你应该如何讨论你的分析性观点？量化研究使用的是"结果"（result）和"发现"（finding）这样的语言，这些词语对于质性研究来说可能是有问题的，比如"表明了"（revealed）、"发现了"（discovered）和"揭示了"（uncovered）。这是因为它们都源于（实证主义经验主义者）作为挖掘过程的研究模式——如同考古学——如果你以有组织的方式深入挖掘，使用恰当的技能和工具，你就会发现隐藏在其中的真相。质性研究方法来源于一种不同的研究模式，这更类似于雕刻或拼布工艺缝被子的过程，有些人认为质性研究者应该被视为一个被子制作者（Denzin & Lincoln, 2005a）。让我们来看看拼凑的类比。你从一个位置开始，在那里你有很多形状的布料（你的资料），其中一些类似于其他的，有些则不同，然后你把它们安排成一个特定的模式来讲述一个特定的故事（你制作的有图案的被子，即分析结果）。这个比喻在处理质性研究中"怎么都行"的建议时很有用。虽然我们可以在被子上制作不同的图案，但通过以不同的方式使用织物（资料），最终产品仍然可以代表我们最初使用的东西（原始资料）。此外，一些缝制的图案会"效果不错"（例如，看起来很棒、协调且组织良好），而其他图案则不会（例如，看起来不好、随意或混乱）。所有这些图案都会受到原材料的限制，就像质性资料分析。虽然这在一定程度上是一个品位的问题，但这并不仅仅是个人的问题，群体一般对于什么是好的和坏的被子会有一致的看法

（比赛得到评判，奖品得到颁发），有评判的标准，质性分析也是如此（参见第十二章）。

学习质性研究语言的最好方法之一是阅读质性研究，但请记住，我们在这里介绍的是质性研究报告的最佳实践。人们并不总是这样做，即使是非常有经验的质性研究者也会发现很难"放手"进行量化训练，有时学术期刊，尤其是不那么欢迎大 Q 质性研究的学术期刊，可能需要使用更多的量化语言。

质性研究重视主观性和自反性

在沉浸于质性研究文化之前，还有另外两个重要的问题需要把握：第一个是研究的主观性；第二个密切相关的是自反性。在重视客观性的实证主义-经验主义研究模式中，避免偏见是首要关注的问题。偏见指的是研究者可能（无意中）影响了结果，因此结果不可信。这可能是由于样本选择不当，工具设计糟糕，或由于他们的研究实践，例如，访谈者效应，也就是说访谈者的特质可能会影响资料的收集（例如 Singer, Frankel & Glassman, 1983）。在质性范式中，"研究怎么会存在偏见？"这一问题没有什么意义，因为所有的研究活动都被认为是受到影响的，而研究者的影响只是众多影响之一，尽管通常是一个重要的影响。

客观性在量化范式中受到重视，同样，主观性在质性范式中也受到积极重视（例如：Fine, 1992; Hollway, 1989）。研究被认为是一个主观的过程，作为研究者，我们把自己的历史、价值观、看法、观点、政治观和习惯带到研究中，我们不能把它们留在门外。我们感兴趣的研究主题、我们提出问题的方式、资料中让我们兴奋的方面（和许多其他因素）反映了我们是谁，反映了我们的主观性。因此，任何产生的知识都将反映这一点，即使只是以一种非常微小的方式。对我们研究的参与者来说也是如此，他们为研究带来了自己的经验、观点和价值观。他们不是机器人，我们也不是机器人，我们都是有生命、有呼吸、主观的人，知识偏颇，而且有缺陷。这有问题吗？简单的回答就是，这绝对没有问题。在质性研究的知识模型中，机器人是一个糟糕的研究者；在质性研究中，我们的人性，我们的主观性，可以作为一种研究工具。然而，如果要做好质性研究，并以这种方式运用主观性，就需要深思熟虑。

要做到深思熟虑，就要进行自反。自反性是好的质性研究的基本要求，而且有用的是，有些书致力于帮助我们变得具有自反性（例如：Etherington, 2004; Finlay & Gough, 2003）。自反性是指在一个研究背景下，批判性地反思我们产生知识的过程，以及我们在产生知识中所扮演的角色。区分两种形式的自反性很有用，即功能性的和个体性的（Wilkinson, 1988）。功能性自反性包括对我们的研究工具和过程可能影响研究的方式给予批判性的关注。例如，考虑人们讲述的节食故事可能会怎样受到我们所选择方法的影响，通过焦点小组收集的资料和研究者指导的日记收集的资料可能会有所不同：焦点小组涉及与他人面对面的互动和讨论，他人的评论和身体可能会影响任何一个参与者分享的内容；日记调用一种直接但某种程度上私密的讲述模式，研究者较少直接在场（参见第五章和第六章）。

研究中的个体自反性是指将研究者带入研究，使我们成为可见的研究过程的一部分，这与量化研究不同，量化研究中的研究者通常是隐形的（机器人）。至少，这可能包括承认我们作为研究者的身份（就像维多利亚和弗吉尼亚在第一章所做的那样）。除此之外，自反性还涉及考虑诸如我们的外在因素（我们的身体和我们对身体的处理）如何影响研究中知识的产生（例如 Burns, 2003, 2006; Rice, 2009），或者我们的假设如何影响产生的知识。例如，弗吉尼亚（Braun, 2000）在她的博士学位论文，包括她自己的研究和她的参与者的研究中探讨了假设每个人都是异性恋者的**异性恋主义**（heterosexism），讨论了这一假设如何"关闭"可能的研究途径，以及对更广泛的研究实践的影响。自反性在所有的质性研究中都必不可少，并且可以被看作是质性研究中"质量控制"的一部分（参见第十二章）。也就是说，这不容易做到，特别是如果你深陷于量化研究文化中，所以我们鼓励你马上开始这个过程。其中一个方法就是写一份研究日志，记录你的想法、感受和对过程的反思。我们鼓励所有的质性研究者在研究过程中坚持记录自反性研究日志，无论经验如何（参见第三章）。

基于目前你对质性研究的了解，质性研究适合你的研究项目吗

研究者选择研究方法是出于认识论、政治和实际的综合原因。认识论界定了可能的方法类型。政治可以引导研究者选择能够给出基于特定目的的答案的方法。实际因素，例如我们的技能和我们拥有的资源，则以各种方式限制研究设计。即使像"我想知道什么？"以及"我为什么想知道？"这样的问题推动我们的研究，问题本身往往也已经反映了认识论、本体论和政治立场。例如，如果你想通过衡量挪威的种族主义水平来了解 2011 年 7 月发生在挪威的极右恐怖袭击事件，其中安德斯·贝林·布雷维克（Anders Behring Breivik）杀害了 77 名挪威青少年，你的研究就已经处在一个后实证主义框架中；如果你曾试图通过极右翼组织成员在网上发布的帖子来分析挪威民族认同的建构，从而理解这一行为的话，那么你的研究就属于质性范式。因此，根据你的理论信念、你想知道的内容和为什么想知道，质性方法可能不合适你。质性方法可能不合适你，因为你想在各种因素之间建立某种关系，比如美国的抑郁症患病率和种族 / 族群之间的关系（Riolo, Nguyen, Greden & King, 2005）。质性方法可能不适合你，因为你想要确定某些现象在特定人群中有多普遍，例如，饮食失调在挪威青少年中的流行率（Kjelsås, Bjørnstrøm & Götestam, 2004）或在女同性恋者、男同性恋者和双性恋者群体中的流行率（Feldman & Meyer, 2007）。第三章对研究问题进行了更深入的探讨。

一旦你确定了质性方法的好处，那么你就必须确定范式中的哪些特定方法最有用。一些质性研究者将质性研究的（理想）过程描述为一种拼接的过程，即处于情境中的、主观的、知识渊博的、有创造力的研究者从他们所掌握的各种工具、技术和理论中选择并使用最好的工具、技术和理论来收集资料，并讲述关于

他们的研究对象的故事，以回答他们的研究问题（Denzin & Lincoln, 2005a）。这本书将使你有信心理解和使用一系列质性方法和途径。

章节总结

本章主要内容：

- 介绍了在开始进行质性研究之前，你需要掌握的十项基本原则，包括：
  - 知道质性研究是关于意义的研究。
  - 认识到质性研究并不寻求单一答案或单一真理。
  - 认识到情境对于质性资料的理解非常重要。
  - 认识到质性研究不是单一的途径或方法，不同的形式有不同的目的。
  - 认识到本体论和认识论对研究的重要性，并了解心理学中的一些主要变化。
  - 掌握方法论的概念。
  - 了解哪些不同类型的资料适合质性研究，哪些是好的质性资料。
  - 理解什么是质性思维。
  - 理解为什么主观性和自反性很重要。
- 讨论了如何确定质性研究是否适合特定的研究问题。

问题讨论和课堂练习

1. 你正在研究环境可持续实践（例如，公共交通的使用、循环利用、购买地方食品或减少能源消耗），这是心理学研究的一个日益重要的领域（Kurz, 2002）。基于你迄今为止对质性研究的了解，自己一个人列出质性研究可能有助于你理解和提高环境可持续性的五个原因。然后，以小组为单位，列出五个关于环境可持续实践的适合质性研究方法的研究主题，以及五个不适合质性研究方法的研究主题。把这些反馈给全班，并解释为什么它们适合或不适合进行质性研究。

2. 质性研究的研究者不是机器人，这是什么意思？

3. 根据你目前所知，讨论你对质性研究存在的任何问题、担忧和批判。试着找出这些问题、担忧或批判中的每一个都与什么有关。你是否从量化 / 实证的角度来评价质性研究？

4. 英国心理学家凯蒂·戴（Katy Day）、布伦丹·高夫（Brendan Gough）和马热拉·麦克法登（Majella McFadden）在《女权主义媒体研究》（*Feminism Media Studies*）的一篇文章中分析了媒体对女性和饮酒的表述。读他们的文章，在这一章的基础上，讨论他们的研究（作为质性研究的一个例子）不同于量化研究的方式（大的和小的方式）。

5. 作为一名研究者，很难做到自反，但这对于质性研究必不可少。花十分钟思考你影响研究过程的所有不同方式。首先，试着想想可能导致参与者对你做出假设的可见因素（例如，你的外表和声音暗示了你的什么？），试着列出至少十个。然后转到"看不见的"因素，即你对生活或研究主题的假设。其他人不一定能看到这些，但他们可能会在某些方面影响研究。一个例子是，假设做一个全职母亲是一种牺牲，因为这意味着有限的带薪工作；另一个例子是，假设养育孩子的理想家庭环境是有两个（不同性别）的父母。试着找出至少五个这样的假设。识别这些因素是自反性的第一步。一旦你完成了，就和班上的其他人（最好是你不太熟悉的人）配对。轮流聊几分钟你在周末做什么或者你最喜欢的电影和电视节目，然后试着列出五个假设——你可能会对这些话题做出十个假设。如果你是一个研究参与者，这些假设可能会影响你对这些话题的反应。比较你们的观点：他们自己的反思观察和你对他们的假设是否相似？有重叠吗？你有没有做过任何内在的假设，或者都是外在的？讨论这些因素对质性研究的影响方式。

扩展资源

扩展阅读：

多年来，已经有很多不同的方式来绘制质性研究领域（心理学领域）版图。三部有用的著作在这方面提供了不同的"理解"，包括对范式、认识论、本体论、方法论和方法的讨论，它们是：Henwood, K. & Pidgeon, N. (1994). Beyond the qualitative paradigm: introducing diversity within qualitative psychology. *Journal of Community & Applied Social Psychology, 4*, 225–238; Madill, A. & Gough, B. (2008). Qualitative research and its place in psychological science. *Psychological Methods, 13*, 254–271; Marecek, J. (2003). Dancing through the minefields: toward a qualitative stance in psychology. In P. M. Camic, J. E. Rhodes & L. Yardley (Eds), *Qualitative research in psychology: Expanding perspectives in methodology and design* (pp. 49–69). Washington, DC: American Psychological Association。

你可能想在以后的时候再回来阅读更多关于理论的内容。关于社会建构主义的全面而易懂的介绍，请参阅：Burr, V. (2003). *Social constructionism* (2nd ed.). London: Psychology Press。

有关社会建构主义的简要介绍，请参阅：Potter, J. (1996). Discourse analysis and constructionist approaches: theoretical background. In J. T. E. Richardson (Ed.), *Handbook of qualitative research methods for psychology and the social sciences* (pp. 125–140). Leicester, UK: BPS Books。

有关社会建构主义的批判现实主义方法，请参阅：Willig, C. (1999). Beyond appearances: a critical realist approach to social constructionism. In D. J. Nightingale & J. Cromby (Eds), *Social constructionist psychology: A critical analysis of theory and practice* (pp. 37–51). Buckingham, UK: Open University Press。

有关更多的经验理论框架的介绍，请参阅：Chapter 2, The theoretical foundations of IPA. In J. A. Smith, P. Flowers & M. Larkin (2009). *Interpretative phenomenological analysis: Theory, method and research* (pp. 12–39). London: Sage。

有关主观性和研究的引人入胜和可理解的叙述，请参阅：Passions, politics, and power: feminist research possibilities. In M. Fine (2002). *Disruptive voices: The possibilities for feminist research* (pp. 205–231). Ann Arbor: University of Michigan Press。

在线资源：

有关以下信息，请参阅**配套网站**（**www.sagepub.co.uk/braunandclarke**）：

• 与第一部分相关的自测多项选择题。

• 抽认卡词汇表——测试本章中使用的关键术语的定义。

• 扩展阅读（来自 Sage 期刊的文章）。

第三章　规划和设计质性研究

　　研究是一项有规划、有设计的活动，质性研究也不例外：每个项目都需要一个总体设计，你可以把它看作是研究的蓝图。虽然在一些质性方法文本中的研究设计主要是指资料收集的方法（例如访谈研究、故事续成研究），但我们将其概念化为更广泛的考虑。我们鼓励你广泛地考虑设计，因为其包含了你的研究目的、理论框架、研究问题（为你提供指导）、**伦理**（ethics）以及用来产生和分析资料的方法。虽然本章内容看起来似乎不需要太多关注，但我们认为这是本书中最关键的章节之一。任何研究规划都至关重要，它有助于确定你的想法的可行性，并确保你不会因为你产生的知识无法帮助你回答问题而浪费自己的时间——以及浪费任何参与者的时间。

　　英国健康和咨询心理学家卡拉·威利格（Carla Willig）（2001: 21）指出："一个好的质性研究设计是这样一种设计，即资料分析的方法适合研究问题，资料收集的方法产生适合分析方法的资料。"这是一个很好的基本定义，因为它表明质性研究不是一个线性过程。研究问题、研究方法甚至研究理论都相互补充、相互启发，研究设计的路径很多（参见框 3.1）。表 3.1—表 3.3 可用于指导研究设计：一个表按研究问题类型组织，另一个表按资料收集方法组织（参见第四章至第六章），还有一个表按资料分析方法组织（参见第八章至第十一章）。

框 3.1　研究设计的途径：认识论的、政治的、技术的还是实际的？

项目设计是如何形成和确定的？在某些情况下，认识论信念可能会推动你的研究，这些信念将决定你项目的整个范围和性质。例如，如果你从现象学的理论立场出发，这个立场与生活经验有关，这就提供了一把伞，在伞下，只有某些类型的问题（关于生活经验）、方法（访谈或日记和解释现象学分析）和答案才合适。在其他情况下，某些政治信念或目标会推动你的研究。例如，如果你开始致力于改善监狱中女性的处境（例如 Torre & Fine, 2005），你的政治目标就决定了知识的最佳形式和类型（例如在行动研究框架内通过观察、访谈和焦点小组收集的质性资料），以及你的问题和分析。有时你的研究问题本身会决定你的研究方法论和方法的选择。在另一些情况下，你选择质性研究方法的原因可能是由技术或实际因素决定的，比如你作为一名研究者的技能，以及你知道的方法。如果你从技术技能开始，你的研究设计就会受到你所知道的和能做的事情的限制，而研究需要从这个中心点开始设计（Bryman, 1988）。

表 3.1 根据研究问题类型进行设计

以现实生活为例的研究问题类型	合适的资料类型	合适的分析方法	难易度*	合适的样本量
经历 例如：妇女对多囊卵巢综合征的经历（Kitzinger& Willmott, 2002）；受不育症影响的男性的经历和需求（Malik & Coulson, 2008）	访谈（包括面对面访谈和虚拟访谈）是理想的；研究者指导的日记、质性调查和一些次要资料来源（如公告牌、个人博客）也很好；焦点小组可能适合回答一些研究问题	解释现象学分析、主题分析（尤其是经验性的）	容易	小型/中等（大到足以令人信服地展示整个资料集的模式；小到足以保持对个别参与者体验的关注）
理解和感知 例如：航空旅行对气候变化影响的感知（Becken, 2007）；专家对男性与男性发生性关系对男性的风险迫行为的看法（Braunet et al., 2009）	焦点小组、质性调查、故事续成任务、情境技术和一些次要资料来源（如公告栏、个人博客）是理想的；当参与者与话题有个人利害关系时，例如黑人对跨种族收养的看法（注：大多数跨种族收养涉及白人收养非白人儿童），访谈很适合	主题分析、扎根理论、基于模式的话语分析	容易	中等/大型（大到足以获得一系列观点；不会大到让你淹没在资料中）

续　表

以现实生活为例的研究问题类型	合适的资料类型	合适的分析方法	难易度*	合适的样本量
习惯/习惯描述 例如：非异性恋者的外表和着装习惯(Clarke & Turner, 2007)；性别化的睡眠动态(Hislop & Arber, 2003)	访谈、焦点小组、质性调查、研究者指导的日记、一些次要资料来源(例如，公告栏、个人博客)	主题分析、扎根理论、基于模式的话语分析	容易/中等	中等/大型(大到足以获得一系列陈述，一会大到让你淹没在资料中)
影响因素 例如：确定影响人们决定继续定期进行基因筛查的因素(Michie, 1987)；影响父母食物购买行为的因素(Maubach, Hoek & McCreanor, 2009)	访谈、焦点小组、质性调查、研究者指导的日记、一些次要资料来源	主题分析、扎根理论	中等	中等/大型(足以识别相关的影响因素；不会大到让你淹没在资料中)
陈述 女性杂志中男性和女性的陈述(Farvid & Braun, 2006)；男性杂志中的男子气概和"都市美男"的陈述(Hall & Gough, 2011)	二手资料	建构主义主题分析和扎根理论、基于模式的话语分析	中等难	小型/中等

续 表

以现实生活为例的研究问题类型	合适的资料类型	合适的分析方法	难易度*	合适的样本量
建构 例如：年轻人在故事续成任务中对饮食失调的建构（Walsh & Malson, 2010）；关于健康和风险的"新西兰人"的建构（Braun, 2008）	二手资料、故事续成任务、情境技术、访谈、焦点小组、质性调查、研究者指导的日记	建构主义主题分析和扎根理论、基于模式的话语分析	中等难	小型/中等
语言实践 人们如何在晚餐时间的对话中建构、管理和破坏"健康饮食"谈话（Wiggins, 2004）；素食主义如何在网上讨论中被建构为"正常"（Sneijder & te Molder, 2009）	自然主义的资料是理想的，既可以是普通的（例如，某人家庭电话交谈的录音），也可以是机构的（例如，咨询会议的录音或录像）；一些次要资料来源（例如，广播媒体）；也使用访谈和焦点小组资料	话语心理学、会话分析和叙事分析的某些形式	难	小型/中等

* 请注意，这表明了使用不同方法的相对容易度／困难度（很少有人说质性研究是简单的！）；还有一点很重要，一些人认为使用话语分析这样"困难"的方法就像"鸭子到水中一样"，驾轻就熟！难度评级只是为了提供一个一般性的指导。

表 3.2 根据资料收集方法进行设计

方法	特定方式	难度值	小型项目需要多少资料*	一个中型项目（或一个大型项目中的研究）需要多少资料*	大型项目需要多少资料*	通常与哪些其他资料收集方法结合使用	特别适合的分析方法
互动资料收集方法	访谈	容易/中等	6~10个访谈	10~20个访谈	20+个访谈	研究者指导的日记和情境技术	主题分析、解释现象学分析、扎根理论，以及基于模式的话语分析
参与者生成的文本资料	焦点小组	中等	2~4个焦点小组	3~6个焦点小组	10+个焦点小组	情境技术，作为启发式工具的次要资源	主题分析、解释现象学分析、扎根理论，以及基于模式的话语分析
	质性调查	容易	15~50个调查	50~100个调查	100+个调查	情境技术、故事续成任务，作为启发式工具的次要资源	主题分析、解释现象学分析、扎根理论，以及基于模式的话语分析
	研究者指导的日记	中等	10~30篇日记	30+篇日记	80+篇日记	访谈、焦点小组	主题分析、解释现象学分析、扎根理论，以及基于模式的话语分析

续表

方法	特定方式	难度值	小型项目需要多少资料*	一个中型项目（或一个大型研究项目中的研究）需要多少资料*	大型项目需要多少资料*	通常与哪些其他资料收集方法结合使用	特别适合的分析方法
参与者生成的文本资料	故事续成任务	容易	15~40个故事续成任务（用于比较设计，每组至少需要10人参与）	40~100个故事续成任务	200+个故事续成任务	质性调查	主题分析，扎根理论，以及基于模式的话语分析
二手资料	印刷材料、在线/电子材料,广播媒体和电影	容易	1~100	1~200	4~400+	焦点小组,质性调查;可以用于访谈的启发式工具,焦点小组和质性调查	主题分析，扎根理论，以及基于模式的话语分析;解释现象学分析可以用来分析人们报告个人经历的一些二手资料(例如,公告牌和博客)

*推荐的资料量根据研究问题、选择的分析类型（请参阅其他表格作为指导），资料的丰富程度以及每个参与者的贡献量（例如日记和访谈）而有所不同。样本量也可能会影响可发表性，较少的样本可能被视为不足。

表 3.3 按资料分析方法设计（均适用于小型项目）

方法	难易度	合适的研究问题类型	合适的资料类型	为小项目提供足够的资料	理想样本&抽样方法
主题分析	容易（尤其是经验性主题分析）	除语言实践之外的任何一种的类型的问题与研究问题的类型联系在一起，例如，针对建构问题的建构主义主题分析）	任何资料都行，没有理想的资料	数量=6~10个访谈 数量=2~4个焦点小组 数量=10~50个参与者生成的文本 数量=10~100个一手资料	任何样本（同质抽样有助于在小样本中产生主题）
解释现象学分析	容易	经验（以及理解和感知）	访谈是理想的；也可使用研究者指导的日记、质性调查和焦点小组	数量=3~6个访谈 数量=2~4个焦点小组 数量=10~20个质性调查/研究者指导的日记	同质样本
扎根理论精简版	中等	除语言实践之外的任何一种（虽然扎根理论通常会过程而不是个人经验）；影响因素将扎根理论的类型的类型联系在一起，例如，针对建构问题的建构主义扎根理论）	任何资料都行，但访谈资料很常用	数量=6~10个访谈 数量=2~4个焦点小组 数量=10~50个参与者产生的文本 数量=10~100个二手资料	任何样本（同质抽样有助于在小样本中产生主题）
基于模式的话语分析	中等	实践叙述、表述、建构	任何资料都行，没有理想的资料	数量=1~6个访谈 数量=1~2个焦点小组 数量=10~40个参与者生成的文本 数量=1~30个二手资料	任何样本（同质抽样有助于在小样本中产生主题）

以下问题是思考质性研究设计的有用指南（许多问题也适用于量化设计）：

- 我想知道什么？

- 我为什么想知道？

- 我对研究和知识做了哪些假设（我的理论和方法立场是什么）？

- 哪种类型的资料最能回答这些问题？

- 我将使用什么类型的资料来得到我想知道的东西？（这个问题和上一个问题的答案并不总是相同。）

- 我需要多少资料？

- 如何收集资料？

- 如果我的研究涉及参与者：

  ○ 我需要向谁收集资料？

  ○ 我将如何接触和招募这些参与者？

- 为了回答我的问题，我将如何分析我的资料？

- 我需要考虑哪些特定的问题？

- 我需要考虑哪些务实或实际的因素？

在本章结束时，你应该已经对回答这些问题所需了解的内容有了一定的了解。我们使这一章尽可能地以实际为导向。本章不仅是项目设计的有用资源，也是为任务撰写研究计划，以及撰写和提交伦理审查和资助申请资料的有用资源。我们鼓励你在阅读了一些关于资料收集和分析方法的章节后返回本章，将你所选择的方法建立在一个整体研究设计的基础上。

研究主题和研究问题

你的研究主题和你的研究问题密切相关，但研究主题可能更广泛。所以你可能对年轻女性和体育这个研究主题感兴趣，但你的具体研究问题可能是："年轻女性在学校的体育课上经历了什么？"对于质性研究，研究主题和研究问题都需要与你使用的框架"契合"（参见第二章）。有些研究主题和研究问题适合质性研究，有些则不适合。研究问题很重要，因为它们指导着研究（无论是研究的设计还是研究的实施）。量化研究从一个明确而固定的研究问题开始；质性研究同样可以从一个指导设计的研究问题开始，但研究问题也可以随着研究的推进而发展和完善。事实上，在一些方法中，比如扎根理论（Charmaz, 2006），研究者预期一开始存在一个研究问题。

研究问题的范围和基本原理

在高夫等人的本科生项目指南中发现，质性研究问题"应该具有一定的社会相关性和独创性"（2003: 5）。对我们已经了如指掌的东西进行研究没有多大意义！但独创性不一定是做百分百全新的事情，它是指产生一些可能是新的知识，知识之所以新，可能是因为主题（一个全新的领域）、方法（主题从未以这种方式探索过，我们可以从中学到一些新的东西）、情境（主题从未在这个地点或时间被研究过，这可能会产生新的知识），或者样本（这个问题没有用这个特定的样本来探索）。独创性可以是以上提到的其中一部分，也可以是全部。

在这些方面具有独创性的一个很好的例子是弗吉尼亚参与的一个项目，该项目涉及同性恋和双性恋男性中的性胁迫（Braun, Schmidt, Gavey & Fenaughty, 2009; Braun, Terry, Gavey & Fenaughty, 2009; Fenaughty, Braun, Gavey, Aspin, Reynolds & Schmidt, 2006; Gavey, Schmidt, Braun, Fenaughty & Eremin, 2009）。这个项目的独创性是：有一个以前很少有人研究过的主题；先前的研究几乎都是量化的；先前的研究从未在新西兰的情境下进行过探索；不仅研究了男性本身的观点和经验，而且还研究了能够提供专业意见的专业人士的意见，这些意见以前从未被研究过。那么社会相关性呢？通过这项研究，可以揭露经常被掩盖的问题，可以了解男性的经历，可以开始仔细研究和考虑可能与这种性强迫有关的因素，以便加以预防。通过这个项目有可能产生社会和卫生机构以及包括警局在内的其他组织认为有用的知识。这个项目也打破了性强迫研究领域的**异性恋正统主义**（heteronormativity），这一研究主要集中在女性遭受男性性强迫的经历上，这是有充分理由的。

高夫等人（2003）的标准指出，需要思考我们研究的意义何在：我们将产生的答案的意义是什么？这些答案有没有使我们的研究比之前更有进展？在设计一个项目，特别是写一份研究计划时，这一"意义何在"的问题应该在学术文献和更广泛的社会政治情境下加以考虑。尽管高夫等人强调了这个"意义何在"问题的一个特定方面（社会相关性），但研究却不仅仅是关于做有明确实际应用的研究——没有这个研究也可以很有影响力。有明确实际应用的研究更是为了一个目的去思考知识，而不仅仅是为了知识本身。研究可以通过各种不同的方式来达到目的，从批评社会中被认为理所当然的规范，到发现问题并提供解决问题的方法。

这实际上是为你的研究项目建立一个明确的理由。你还需要一个理由来解释这项研究的不同要素，比如资料收集和分析的方法。因此，在提出问题时，你需要能够回答这项研究为什么以及如何有趣又重要这样的问题。想一想，你可能要如何回答"为什么现在要进行这项研究？"这个问题。

设计研究问题

在设计你的研究问题时，你首先要确定它是否适合质性研究，然后确定它适合什么形式的质性研究。一般来说，质性研究适合基于经验意义的研究问题，以及与更广泛的意义创造有关的问题。质性研究倾向于问"如何……？"而不是"为什么……？"这样的问题（Marecek, 2003），后者在量化心理学中更为常见。然而，由于质性研究的范围很广，质性研究问题本身就有各种各样的形式。表3.4提供了不同研究问题的例子，并将它们与第一章和第二章中讨论的不同类型的质性研究相联系。

表 3.4　质性研究模式对应的研究问题

研究问题的例子	质性研究的重点	广泛使用的方法
伦敦无家可归的人的日常生活是怎样的（Radley, Hodgetts & Cullen, 2005）？	经验或了解	经验性的
父母和儿童在健康饮食、体育活动和儿童肥胖预防计划方面存在哪些社会和环境障碍（Hesketh, Waters, Green, Salmon & Williams, 2005）？	看法、观点和意见	经验性的
同居的同性伴侣如何思考和管理他们的财务（Burns, Burgoyne & Clarke, 2008）？	对实践或行为的描述	经验性的
与社会经济地位较高的人相比，哪些因素会影响社会经济地位较低的人的较差饮食习惯（Inglis, Ball & Crawford, 2005）？	确定影响经历、行为、事件或情况的因素	经验性的
女性杂志如何表述男性和女性的性行为（Farvid & Braun, 2006）？	表述	批判性的（也可以是经验性的）
男性谈论健康饮食的方式建构了健康饮食的什么障碍（Gough & Conner, 2006）？	建构	批判性的
像种族主义（Wetherell & Potter, 1992）或异性恋主义（Peel, 2001; Speer & Potter, 2000）这样的偏见是如何通过语言实现的？	语言实践	批判性的

有时候，我们感兴趣的那些事情可能就是行不通。这些问题可能无法通过质性研究得到回答。我们经常遇到的一个例子是，学生们想要研究媒体的影响力。乍一看，原因似乎显而易见：我们沉迷于媒体，显然它们影响着我们，否则每年就不会有那么多的广告支出。但仔细想想，这不是一个好主题，有几个原因。主要原因是，很难找到能回答这个问题的信息。人们不一定能够确定媒体对自己行为的影响，而且，一条深入人心的社会规范是，我们要成为独立思考和行动的个体，而不是受制于媒体影响的"文化"的傻瓜。即使人们真的可以谈论它，我们

也不能宣称有明确的效果，因为我们需要一个量化的设计来做到这一点。能够从质性的角度来探讨这个广泛的主题的方法包括研究人们如何看待某个媒体或媒体如何表述某个问题。

质性研究中的研究问题、研究目的和研究目标之间的契合

如果你曾经填写过拨款申请，或者从事过实证主义／量化研究，那么你就会熟悉目的和目标的概念。研究目的明确了研究想要完成什么。研究目标是更具体、更可衡量的方面。虽然没有一个完美的重叠，但研究目的基本上包含在你的研究问题中，研究目的可能比研究问题更详细、更具体。

研究目标在研究问题和研究目的之下，而且更加具体。例如，在弗吉尼亚研究的一个性健康项目（例如 Braun, 2008）中，项目的目的是通过研究性行为的社会情境，产生详细的新知识和了解性传播感染（STIs）的方式（见**配套网站**上与该项目有关的材料示例）。作为一个规模较大的质性项目，它有很多具体的目标。这些目标包括：（1）性风险、性安全和性健康的含义；（2）性传播感染的含义；（3）性传播感染预防的框架；（4）性传播感染预防的话语和情境障碍；（5）促进安全性行为的因素；（6）制定预防性传播感染的建议。

将问题与方法和理论相匹配

研究问题也与方法论、认识论和本体论密切相关（见第二章）。在不同的框架中，某些问题有意义，而另一些则不然。理论框架和研究问题之间的不匹配是一个很容易犯的典型错误，特别是如果你是第一次尝试一个新方法的话。例如，如果你对理解人们对某件事的体验感兴趣，你需要从情境主义的角度来进行这项研究，它假设一个真理可以通过语言部分地或全部地获得（Madill et al., 2000），你需要选择适合的方法。相反，如果你对意义的建构感兴趣，你需要从建构主义

的角度来进行你的研究（Burr, 2003），它将语言视为现实的建构或生产的一部分。你需要以适当的方式收集和分析资料。有关理论、方法和主题之间匹配的问题也与导师的选择有关（参见框 3.2）。

框 3.2　为学生项目选择导师

对于某些项目，你需要选择导师。很少能找到完美的人，他拥有恰到好处的方法论、理论和主题方面的专业知识。因此，如果情况并非如此，不要绝望。试着找一个在你感兴趣的（非常）广泛的领域工作的人。例如，如果你想研究年轻男性对锻炼和活动的看法，那么，找一个从事健康、体育或性别研究的导师就很合适，他们从事的是男性或女性健康方面的工作更好。在方法上，你需要一位有指导和做质性研究经验的导师。对于一些更容易理解的质性分析方法（例如主题分析、解释现象学分析、扎根理论），他们不一定要非常熟悉某一特定的方法（例如，你热衷于主题分析，但他们使用解释现象学分析）。总体而言，在批判性量化框架中工作的导师很可能能够指导批判性的和经验性的质性项目，因为他们通常都接受过这两种方法的训练；只在经验性方法中工作的导师可能没有足够的能力来指导批判性工作。总的来说，我们认为方法论上的熟悉度和契合度可能比主题契合度更重要，但意识到对你来说最重要的是什么（例如，使用特定的方法或探索非常特定的主题），并灵活处理不太重要的部分以便与你的导师很好地契合，这也很有益。

研究主题和研究问题的意义

在思考研究主题和研究问题时，考虑研究的伦理和政治层面也很重要。我们鼓励你提出这样的问题：这项研究符合谁的利益？谁可能与结果有利害关系？这项研究可以用什么方式——好的还是坏的——来解释或使用呢？也就是说，这项研究在伦理上有多微妙，或者在政治上有多敏感？上面讨论的性胁迫项目是非常具有政治敏感性研究的一个很好例子，因为它涉及在一个已经被边缘化的社区（居民有男同性恋和双性恋男性）中发现一个负面特点，并且这一特点有可能与一些关于男同性恋性行为的非常负面的固有观念联系在一起，即男同性恋是性侵犯者。因此，这项研究有可能被用在相当负面的方面，这与我们作为研究者的意图背道而驰。我们在整个项目以及报告和出版物中都提到了这一点。对于伦理上微妙（在本章后面讨论）或政治上敏感的研究，值得仔细思考研究目的，以及你为什么要这样做，并探讨社区对研究的支持程度。如果你不是正在进行研究的那个社区的居民，这一点至关重要。除非有很多支持，否则考虑到这是你的第一个项目，这个选择不是一个好主意，可能对你的任何项目都不是。

同样重要的是，要记住并不是所有的质性研究都是从"移情"的角度来探讨它的主题，即尊重那些参与者的经验（参见第二章）。一些研究问题采取质疑甚至对立的立场。即使是经验性的质性研究也可能涉及行为和观点令人深恶痛绝和有问题的参与者，比如美国女权主义社会学家黛安娜·斯库利（Diana Scully）（1994）关于性暴力的研究，其中涉及访谈因强奸而被定罪和监禁的男子。

资料抽样问题

像任何研究一样，质性研究涉及选择资料样本，然后进行分析。在大多数情况下，我们不会对与我们的研究问题相关的所有谈话或文本进行抽样，因此我们需要回答与以下问题相关的问题：（1）我们需要多少资料；（2）我们如何选择样本；（3）如果我们需要参与者，我们如何招募参与者。总体而言，我们需要一个与我们的研究问题和研究的理论目标相适应的样本，并提供足够的资料来充分分析主题并回答我们的问题（Morse & Field, 2002）。

样本量：需要多少资料？多少参与者？

与量化研究相比，质性研究倾向于使用较小的样本，但是"质性研究没有规定样本量"（Patton, 2002: 244）。有时只对单个参与者或文本进行深入分析（例如 Crossley, 2007, 2009）。在旨在确定资料模式的研究中，15 个到 30 个个人访谈的样本量往往很常见（例如：Gough & Conner, 2006; Terry & Braun, 2011a）。在基于参与者的质性研究中，超过 50 个访谈将是一个大样本（Sandelowski, 1995），尽管在极少数情况下，访谈样本要大得多（例如 Holland, Ramazanoglu, Sharpe & Thomson, 1998）。然而，当你研究分析的是印刷品而不是通过参与者产生的资料时（见第六章），你的样本很可能要大得多（参见表 3.2）。

样本量不是一个简单的问题（Sandelowski, 1995）。样本量将受到"你想知道什么、调查的目的、有什么样的利害关系、什么是有用的、什么是可信的，以及可以利用可用的时间和资源做什么"（Patton, 2002: 244）的影响。诸如"资料质量、研究范围、主题性质、从每位参与者获得的有用信息量、每位参与者的访谈次数……以及所使用的质性方法和研究设计"等因素（Morse, 2000: 3）也会影响你需要多少资料（有关样本量的指导原则，请参见表 3.1—表 3.3）。

在质性研究需要多少资料的问题中，有一个概念是**饱和**（saturation），这个概念是从扎根理论发展而来的（Bowen, 2008）。饱和通常是指额外的资料不能产生新信息的临界点（Morse, 1995; Sandelowski, 1995）。关于达到饱和需要多少资料，莫尔斯（Morse, 2000）指出，一般来说，更广的范围需要更多的参与者；一个较难理解、更尴尬或更敏感的话题可能需要更多的参与者，因为人们可能很难谈论它。浅薄的资料需要更多参与者；从每个参与者那里收集的资料越少，需要的参与者就越多。因此，例如，一项使用质性调查（收集相对浅薄的资料，资料只收集一次）来探索男性对身体的体验（宽泛的主题）的研究，通常比一项使用重复的深度访谈（相对丰富的资料，每个参与者都产生了大量资料）来探索男性厌食症的体验（较窄的主题）的研究需要更多的参与者。你要确保的是，你有足够的资料来讲述一个丰富的故事，但又不能太多，以至于在可用时间内无法深入、复杂地接触到这些资料（Onwuegbuzie & Leech, 2005）。

在质性研究中，饱和依然是一个广泛使用的样本量判定标准——尽管这个标准并不总是准确（Bowen, 2008; Charmaz, 2005）。然而，这并不是唯一的标准。提到饱和，我们想到了一种特殊的质性研究模式（经验性的，更实证的），在这种模式下，收集资料是为了提供研究对象的完整和真实的图景，这一理论立场并不是所有质性研究者都认同的。

抽样策略

那么，在质性研究中，你是如何抽样的呢？在量化研究中，随机抽样的观念占主导地位，目的是为了**普适性**（generalisability），这意味着你将研究结果应用到更广泛的人群中；在质性研究中，典型的抽样方法是**目的性的**（purposive），旨在产生对感兴趣主题的"洞察力和深入理解"（Patton, 2002: 230）。目的抽样是指在能够提供丰富信息的基础上选择资料案例（参与者、文本）进行分析（Patton, 2002: 230）。在某些情况下，你的关注点可能很窄，比如在经验性研究中，你想要一个经历过特定现象的样本，比如斯堪的纳维亚健康研究者特雷泽·邦达斯（Terese Bondas）（2002）对芬兰怀孕妇女产前护理经验的研究，妇女需要怀孕并接受这种护理。在另一些研究中，你的标准可能要广泛得多，比如英国心理学家梅朗·托里恩（Merran Toerien）和苏·威尔金森（Sue Wilkinson）（2004）对英国女性和体毛去除的研究，参与者只需是居住在英国的女性即可。在目的性的抽样的大框架下，可以使用一系列不同的抽样策略（见框 3.3）。

框 3.3　质性研究中常见的抽样策略

便利抽样是基于参与者的研究中的一种常见方法（Patton, 2002），既有质性的，也有量化的，指的是因为研究者容易接触到而选择的样本。便利抽样的一个典型方式是，抽取回应抽样公告的一些人或所有人作为参与者。这些参与者几乎都是自己选择的，与更广泛的人群没有必然的关系。常用的便利样本是本科生（心理学专业），这是量化甚至是一些质性心理学研究所不必可少的，即便这项研究并不是专门研究本科生的经历。之所以使用这样的学生，是因为他们对学者或其他学生来说更容易接触，方便调查。便利抽样已被确定为最缺乏说服力和合理性的抽样方法（Sandelowski, 1995）。

雪球或友谊金字塔抽样也是常见的技术，通常构成便利抽样的一部分，包括通过研究者和其他参与者的网络建立的样本。最常见的雪球形式是，研究者询问参与者是否认识其他可能想参加的人（Patton, 2002）。参与邀请的人可能来自现有参与者，也可能来自研究者。如果你是针对一种可能不常见或私人的特定经历或情况（如不孕不育）进行抽样，那么这种策略不一定奏效。

分层抽样是指确保样本中包括人口中不同群体的范围和多样性的抽样。分层抽样可能与任何因素有关，例如年龄、种族/族群/文化、性取向、能力和地点（例如城市/农村）。分层的相关性取决于你的研究主题和问题。变动可能是人口统计学的（如年龄、性别），也可能是现象学的（如经验的性质或类型），或者更多的是理论驱动的（Sandelowski, 1995）。分层抽样通常用于量化研究，以产生与一般人口比例相匹配的样本，例如：如果人口中 65% 是白人，则 65% 是白人；如果人口中 90% 是异性恋，则 90% 是异性恋。在质性研究中，更多的是要确保将多样性纳入研究样本。

在**理论抽样**（在扎根理论中很常见）中，抽样成为一个反复的过程，蓬勃发展的资料分析和理论发展影响着后续参与者的选择，以阐述发展中的理论（Coyne, 1997; Marshall, 1996）。例如，作为围绕食物组织和家庭内饮食失调而发展的扎根理论的一部分，英国公共卫生研究者妮古拉·基梅（Nicola Kime）（2008）为了更好地发展和理论化代际影响，改变了她从不同世代抽样调查的框架，观察了一个家庭中的三代成员。

最后，在某些情况下，你的资料集将具有非常具体的标准，这意味着你可以针对特定事件或问题进行抽样。你可以对符合该标准的全部或部分资料进行抽样（Patton, 2002，将其称为**标准抽样**），例如所有或部分关于某一主题的议会辩论。

考虑抽样需要考虑样本的纳入和排除标准：我们想要听谁讲以及想听到什么，我们不想谁讲以及不想听到什么。质性研究者有时的目标是对视角的多样性（有时被称为"最大变异抽样"或"最大异质性抽样"，Fassinger, 2005）、视角的典型性或同质性，或介于两者之间的东西进行抽样（Patton, 2002）。重要的是，在质性研究中不会对不同类型的参与者进行抽样，这样你就可以对同一类型的所有其他人进行概括。质性护理研究者玛格丽特·桑德洛夫斯基（Magarete Sandelowski）（1995: 180）很好地表达了这一点：

当质性研究者因为年龄、性别或种族而决定挑选人时，是因为他们认为这些人是很好的信息来源，这将促使他们朝着分析的目标前进，而不是因为他们希望将其分析推广到其他年龄、性别或种族相似的人身上。也就是说，人口统计变量，如性别，变成了一个分析变量；选择一个或另一个性别的人进行研究是因为，根据他们的性别，他们可以提供某些类型的信息。

因此，质性研究样本的选择涉及理论和实用的影响，只要在你的整体研究设计情境下合理，便可以灵活应用。

"通常嫌疑人"之外

抽样时要记住的一个因素是，你的参与者代表了哪些群体。他们是不是**通常嫌疑人**（The usual suspects），即往往在很多心理学研究中占据主导地位的受过教育的白人中产阶级异性恋者（也可参见 Henrich, Heine & Norenzayan, 2010）。他们作为研究参与者的主导地位，再加上便利性和**雪球抽样**（snowball sampling）的使用，反映了大多数西方学者和学生的倾向。太多时候，这样的参与者被认为代表了任何参与者。人们并没有认为他们在文化中有特定的位置，这使他们成为特定类型的参与者；也就是说，人们不会分析他们的反应为来自受过教育的白人、中产阶级和异性恋人群。但他们确实是受过教育的白人、中产阶级和异性恋人群。只将"通常嫌疑人"包括在内会使他们在所产生的心理学知识中的优势永久化：他们的观点和经历继续被过多地表达。

那么，除此之外，你还可以如何取样？如何接触隐藏的、**难以参与**（hard to engage）或难以接触的群体（这些群体在研究中的代表性较低）？**隐藏人群**（hidden populations）是指那些群体成员身份不一定可见，和可能在某种程度上被污名化的人群，因此，该群体的已知成员身份可能会给个人带来麻烦或威胁。这类群体可能包括非法吸毒者（Kuebler & Hausser, 1997）、有隐形残疾的人（Sturge-Jacobs, 2002），以及女同性恋、男同性恋或双性恋（LGB）。难以接触或难以参与的群体可能与隐藏人群重叠。这些群体（1）可能感觉不到与研究有密切联系、对研究没有投入或了解，例如受教育程度较低或较贫穷的社区或（2）可能过去有过非常负面的研究经历，例如许多土著群体，包括新西兰的毛利人和加拿大的因纽特人（Smith, 1999c），因此不愿意参与；或是（3）经常落入抽样池之外的群体，例如，生活在乡村的人，因此可能一开始没有被邀请参加（参见 Brackertz, 2007; Meezan & Martin, 2003）；和（4）参与研究可能会给他们带来风险的群体，例如贫穷的非白人女同性恋者／男同性恋者，他们可能不会对家人宣布"出柜"（例如 Carrington, 1999）。接触这些群体很棘手，而且充满了伦理和政治问题，尤其是如果你自己不属于这类群体（例如 Wilkinson & Kitzinger, 1996）。至少，首先要知道你的样本是谁，以及参与者是（和不是）哪些群体的成员。更好的做法是考虑你想要把谁包括在你的样本中，而不仅仅是依据明显的身份类别，比如年龄或性别，并考虑如何确保你的研究是非歧视性的（参见下文）。

许多被视为隐蔽、难以接触或难以参与的群体也可以被归类为易受伤害的参与者，需要在研究方面格外小心（Liamputtong, 2007），特别是在研究敏感话题时。这些话题是私人的、个人的，可能会以某种方式败坏参与者的声誉或使他们受到牵连（Renzetti & Lee, 1993）。英国社会学家安德鲁·伊普（Andrew Yip）在谈到他研究宗教 LGB（女同性恋者、男同性恋者或双性恋者）人群的经历时，指出了"研究意义和敏感的生活经历的重要性，注重在理论和文化上对参与者的特殊性保持敏感"（2008, para 7.1）。因此，虽然无论是在产生更好的知识方面，还是在为边缘化的人"提供发言权"方面，在"通常嫌疑人"之外进行抽样都有明显的优势，但这并不是一件容易的事情，即使对局内人来说也不一定容易，也不能简单行事，而在这种情况下，对你作为研究者的角色进行不断的自反分析和解释就更加重要。

最终，你的样本是决定你在研究中"发现"什么的关键因素。这一事实体现在《你钓鱼的池塘决定了你将钓到的鱼》这一篇关于资料收集的文章标题中（Suzuki, Ahluwalia, Arora & Mattis, 2007）。

招募参与者

我们的样本是谁直接关系到招募——我们如何找到参与者并让他们参与我们

的研究。招募通常不会在研究类出版物中被详细讨论（值得注意和有用的例外包括以下出版物：Arcury & Quandt, 1999; Fish, 1999），所以我们在这里试图揭开这个过程的神秘面纱。参与者的招募可以非常容易（这不常见），也可以非常困难（谢天谢地，这也不常见）。某些话题会比其他话题更容易招募参与者。例如，对于新西兰的男性和输精管结扎术的话题来说，弗吉尼亚的博士生加雷思·特里（Gareth Terry）（Terry & Braun, 2011a, 2011b）很容易招募到了参与者——在一些媒体宣传之后，想要参与这个话题的男人数不胜数。这一话题抓住了一个男性想要谈论的共同经历（在新西兰，大约 25% 的男性最终会接受输精管结扎术）。但是，没有简单的方法可以提前知道哪些话题容易招募到参与者，哪些话题很难招募到参与者，所以，一般来说，你应该尽可能早地开始招募。如果你是在大学环境中，从学生参与者群体中进行抽样，那么其中一些问题会被回避。

招募"通常嫌疑人"往往更容易，除非我们可以接触到那些边界之外的群体，例如，如果我们属于这些群体。如果我们不这样做，招募这样的群体可能是一个复杂的过程，如美国社会学家米格农·摩尔（Mignon Moore）（2006）描述了一个深入了解纽约黑人女同性恋群体的过程——尽管她是黑人女同性恋，但她并不是这个群体的一员——在她询问研究参与的情况之前，她花了一年时间。她指出，这一群体是传统的参与者招募方法（如公告单）无法获取的群体，因此非传统做法对招募至关重要。

在最基本的层面上，潜在的参与者需要通过某种形式的宣传来了解研究情况。公告需要吸引眼球，告知参与者研究的范围，并提供详细联系方式以便能获取更多信息。创造性地思考公告和招募可以帮助你为你的项目获得最好的样本（框 3.4 列出了我们已经使用过的成功的建议和策略）。重要的一点是，无论你如何设计公告，招募材料和策略通常都需要在伦理规范下得到认可，因此需要在设计阶段及早确定。

框 3.4 在招募参与者时使用的不同策略

- 在公共场所张贴通知，例如在大学校园周围（参见**配套网站**的示例）。

- 利用大学参与者群体。

- 将研究通知发送到各种邮件讨论组和邮件群。

- 将公告单放在符合你标准的人可能会看到的地方（例如，如果你想招募即将结婚的人，就把公告单放在婚纱店），并通过医生诊所、健身房、教堂／清真寺／犹太教堂／寺庙等特定地点进行招募。虽然留下通知或详细的小册子（见**配套网站**）可能会招募到一些参与者，但如果工作人员愿意帮助招募（例如，一名准备向潜在参与者分发公告单的全科医生），你可能会幸运得多。显然，这将需要建立人际关系，例如，英国心理学家苏珊·斯皮尔（Susan Speer）与一位精神病学家合作，对变性人进行了研究（例如 Speer & Green, 2008）。

- 确定可以用来为你招募参与者的关键人员，例如与潜在参与者关系良好的个人。例如，弗吉尼亚雇用了两名拥有广泛社交网络的年轻研究助理，为她的性健康研究招募人才（Braun, 2008）。

- 去潜在参与者可能会去的地方，展示关于你的研究的口头或书面信息，包括像 LGBTQ（女同性恋者、男同性恋者、双性恋者、跨性别者、酷儿）骄傲月或婚礼博览会等大型活动，在那里你可能会找到一个地方来宣传你的研究。

- 通过一些机构（例如校园俱乐部／社团、慈善机构、青年团体、互助小组、体育俱乐部）进行招募，如在会议上发言，或在这些机构的通讯或网站上发布通知。

- 使用互联网，比如在不同的网络论坛上发布通知，或者在脸书（Facebook）等社交媒体网站上创建页面。互联网为招募提供了许

多不同的可能性以及潜在的陷阱（有关建议，请参见 Gaiser, 2008;
Williams & Robson, 2004），它提供了接触不同群体的潜在途径，这
些群体包括非常特定的群体或亚文化的群体，例如，优秀的在线游
戏玩家，否则你可能无法接触到这些群体（参见 Hamilton & Bowers,
2006）。互联网还可以提供更大的样本。

- 根据你所在的国家和项目范围，向当地或专业媒体发布新闻稿或在
  其中发布公告可能会很有用。

　在设计公告或试图通过这些方式进行招募之前，一定要检查一下是
否可以，不要指望你能免费得到所有的东西。例如，如果你通过慈善机
构，你可能要自愿抽一些时间来表示感谢。你还应该提供你的项目摘要
或你的报告副本。

奖励和答谢金

　我们经常被问到的一件事是，我们是否应该付费给研究的参与者，或者提供
某种形式的补偿。这是一个棘手的问题，我们还没有解决这个问题（由于各种原
因，我们存在分歧）。首先，一些人认为并不是所有的研究者都有资金来解决这
个问题。另一些人认为，付费给参与者完全改变了研究工作的性质，并意味着成
为研究参与者没有（其他）价值。然而，参与者确实付出了他们的时间，并且可
能会有与参与相关的成本（比如旅行费和托儿费），以及付出研究所需的时间。
以某种形式表达感谢是考虑到了这一点，因此甚至有可能使你的研究的参与者更
具包容性。总的来说，对于学生项目，我们可以说没有必要提供一些回报，尤其
是如果参与者是从获得学分本身就是某种形式的回报的参与者池中招募的。如果
提供了一些酬金，我们建议酬金数目偏小，并尽量实际一点，例如，一张 10~25
英镑的代金券。有时也可以是让所有参与者都参与的抽奖活动，例如"赢得 100

英镑亚马逊代金券"抽奖活动。是否任何报酬都要进行宣传是另一个棘手的问题。从伦理上讲，英国心理学会建议不要提供补偿或奖励（经济或其他方面），因为这些补偿或优惠可能会诱使参与者暴露在他们日常生活中不会暴露的伤害中［英国心理学会伦理委员会（Ethics Committee of the British Psychological Society），2009］，事先不提这件事就排除了这种可能性。然而，这也排除了报酬让你的样本更具包容性（或有助于招募）的可能性。

做一名有伦理道德的质性研究者

不用说，我们的研究应该具有最高的伦理标准，但这意味着什么呢？伦理涵盖了我们与参与者、与学术团体、与我们进行研究的更广泛世界的关系，以及与我们的研究实践的关系。心理学优先考虑伦理的道义论方法，是否符合伦理标准倾向于根据我们的过程——我们如何进行研究——而不是（仅仅）根据我们的结果来判断，基于结果来判断伦理是一种结果主义方法（Brinkmann & Kvale, 2008）。举个极端的例子，道义论方法认为，即使你确信你的研究会治愈艾滋病，但让人们接触艾滋病毒也是不道德的。伦理应该被视为研究中所有阶段和各个方面不可或缺的一部分，作为一名有伦理道德的研究者，不仅要遵守伦理行为准则中规定的最低标准，而且要制订一个更广泛的伦理导向，以指导你的研究实践。大多数关于伦理的讨论尤其适用于与参与者一起进行的研究，但即使是文本资料收集也会引发伦理问题（参见第六章框 6.2）。关注到的研究参与者层面的伦理被称为微观伦理；宏观伦理是指在进行研究的社会层面上应用的伦理（Brinkman & Kvale, 2005）。在研究的伦理导向中，两者都会被考虑（Lincoln, 2009）。

伦理规范、伦理委员会与研究的伦理取向

继纳粹德国恐怖的医疗实验之后，在纽伦堡（Nuremberg）战争罪行审判

期间，制定了第一个界定伦理上可接受和不可接受做法的研究和实践守则，这就是众所周知的纽伦堡法典（Nuremberg Code，1947）。这形成了世界医学会制定的医学伦理的基础。心理学的发展稍微晚一些——美国心理学协会（the American Psychological Association, APA）在 1953 年制定了第一部伦理准则（Fisher, 2009）。但是，只有美国社会学家劳德·汉弗莱（Laud Humphrey）（1970）的《茶室贸易》（*Tearoom Trade*）和美国心理学家斯坦利·米尔格拉姆（Stanley Milgram）（1974）的《对权威的服从》（*Obedience To Authority*）等研究将社会科学伦理规范推到了显著位置，研究者的伦理规范才被视为需要他人监督的东西；由于研究者在学术圈中的地位，人们不再认为他们能够自己决定什么是伦理规范。从那时起，伦理规范的覆盖面和细节都有了很大发展，正如对伦理规范准则（正在进行的）修订的讨论所显示的那样（例如 Fisher, 2009），伦理规范准则是受到回应的、活的文件。

伦理规范准则提供了普遍的原则（和实用标准），但是这些准则在不同的时间和地点以不同的方式得到应用和解释，国际心理科学联合会（International Union of Psychological Science）汇编了不同国家的准则（参见 http://www.iupsys. net/index.php/ethics/compendium-of-codes-of-ethics-of-national-psychology- organizations）。作为研究者，我们的行为受专业协会制定的一般规范制约，也受到我们机构内部伦理委员会（审查委员会）的具体要求制约，不同机构的具体要求可能有很大差异；有时，我们的行为会受到进行研究或招募参与者的地方（如医院）伦理委员会的制约——了解当地的要求很重要。申请和获得伦理批准的过程可能非常耗时，这取决于所在地和研究设计：对于英国学生来说，这可能相当快（两周或更短）；对于新西兰学生来说，通常需要至少一个月的时间。

意想不到和不幸的是，伦理被视为一个需要跨越的枷锁，一个特定的研究阶段（甚至是研究的障碍），而不是被视为应该渗透到我们整个研究实践中的内容。伦理规范准则应该被视为所需的最低水平的伦理标准，而并非追求的顶峰（Brown, 1997，对此进行了有趣的讨论）。我们鼓励你把伦理规范看作是"植根于学术实践的整体之中"（Baarts, 2009: 423）。

核心伦理要求

我们这里的讨论基于英国心理学会（2009）的《伦理和行为准则》（*Code of Ethics and Conduct*），该准则包含四个原则（尊重、权限、责任和诚信），各种"标准"都适用于这些原则。该准则反映了其他类似美国心理学协会的准则，结合了理想原则（指导伦理的理想）和可执行标准（建议行为和禁止行为）（Fisher, 2009）。大多数普遍适用于研究实践的标准都符合尊重原则，其中包括：（一般）需要保护隐私和保密性（见框 3.5）；（一般）需要获得参与者的知情同意并避免欺骗；需要自我决定权，这意味着参与者知道他们有权在研究进行期间或之后退出研究。

框 3.5　参与者的保密性、匿名性和取名

虽然保密性和匿名性的要求看起来很简单，而且非常合理，但它们可能很复杂。匿名可以保护参与者，但也可能使他们的声音消失，并可能与社会正义目标相冲突。这些因素之间的平衡取决于你的主题性质、你的参与者，以及你的研究目的和意图（有关这方面的详细讨论，参见 Guenther, 2009）。尽管有更广泛的争论，但一般来说，我们建议使用**化名**（pseudonyms）（假名）作为保护参与者匿名性的最佳做法。但重要的是，在参与者信息表中要包含有关匿名性和保密性的根本原因的信息，与参与者讨论这一问题，并允许参与者选择自己的化名或（如果合适的话）自己取名，要认识到这可能会影响其他参与者的匿名性。所有这些做法可能都需要相关伦理机构的批准。告诉参与者保密的限度很重要。例如，尽管法律在国际上有所不同，但资料可以合法地呈交法庭，如果

研究者不遵守，他们将面临监禁。此外，如果参与者披露研究者正在伤害他人，或打算伤害自己（例如自杀）或他人，参与者有义务向有关当局报告这一情况。虽然这种情况不太可能发生，但重要的是要向参与者明确说明这一点，这样他们才能意识到，并没有绝对的保密保证。

权限原则所包含的标准包括职业伦理意识、伦理决策标准和权利限度，所有这些都与成为一名有道德的研究者有关。责任原则涵盖了"不造成伤害"的基本观念。它包括对研究参与者的保护标准，其中包括需要将风险降至最低、告知参与者有关风险、告知他们有退出的权利，以及研究参与者在参与后的标准。核检（debriefing）在质性研究中并不常见，因为质性研究通常不涉及欺骗，但通过询问参与者是否有任何问题，提供支持来源的详细信息，并向参与者提供研究的简要总结（如果他们希望收到），从而完成资料的收集，这个做法可以被视为一种核检。最后，诚信原则包括诚实和准确的标准，这基本上意味着我们不会对我们的资料或我们的参与者做出不实描述，我们不会在没有承认是别人的作品的情况下使用别人的作品（抄袭）。

所有的研究者都应该熟悉他们工作所依据的相关伦理规范准则，但伦理实践的核心要求包括：获得知情同意和避免欺骗、保持保密性和隐私权、确保参与者的退出权（不用做解释也没有负面影响）、不让参与者承担（不必要的）风险，以及诚实和准确地报告研究结果。

"沼泽里的蛇"？质性研究中的伦理

伦理问题说起来容易，但当你做质性研究时就会变得复杂，而质性研究已经成为伦理讨论不断扩大和蓬勃发展的领域（Brinkman & Kvale, 2005; Lincoln, 2009）。这种情况被描述为"沼泽里的蛇"（Price, 1996: 207），与量化设计相比，这种情况可能更加不确定、更复杂、更微妙，部分原因是质性研究设计的流动性。因此，质性研究引起了额外的或特殊的担忧，并需要对伦理进行更广泛的思考：

- 人们认为存在非常广泛的潜在伤害（参见上文）。

- 需要考虑研究者的潜在脆弱性；由于我们经常收集有关敏感问题的深入、详细的资料，我们可能会因为资料而受到伤害（参见 Gough et al., 2003）。

- 知情同意成为一个更复杂的问题（Weatherall, Gavey & Potts, 2002），因为质性研究是相当开放和反复的。我们通常事先并不确切地知道将如何分析我们的资料，或者我们将对这些资料做出怎样的断言。我们只有凭借广泛的兴趣 / 方法才能获得参与者同意，而不是凭借我们最终的分析形式，有时甚至不是凭借我们确切的研究问题。知情同意被称为"对一套精简建议信息的简略承诺"（Weatherall et al., 2002: 534）。

- 即使是看似简单的保密问题也很复杂。当我们展示现实生活中个人的真实话语时，身份就更可能被认出。在匿名化资料时，我们必须对可能被认出的内容保持敏感，以及我们如何改变它以增加匿名性，但又不能改变太多，以至于大幅改变其含义（Guenther, 2009）。在参与者来自相对较小的社区的情况下，伦理和匿名问题需要格外地考虑（Gavey & Braun, 1997; Williams & Robson, 2004）。由于几乎不可能完全保证匿名性，因此，在发给参与者的材料中谨慎描述这一点是很好的（参见第五章，以及配套网站），以获取**参与者信息表**（participant information sheet, PIS）的示例。有关匿名化资料的进一步讨论，请参阅第七章。

- 录制音频或视频资料也会引发伦理问题，因为声音、身体 / 脸比印刷文本更容易辨认，而且更难匿名，重要的是，这些资料要非常安全地保存（保存在受密码保护的文件中）。

- 对经验的解释和表述的问题是另外两个与质性研究特别相关的领域。作为研究者，我们可以讲述一个与参与者所讲述的不同的故事。分析涉及解释，解释依据特定的主观和理论（和政治）视角。这意味着我们的分析结果往往与我们获得的原始资料相去甚远。一些研究者已经写过关于这会引起焦虑的文章（例如：Miles & Huberman, 1994; Price, 1996）。通过分析对资料的解释，将资料从参与者告诉我们的信息转化为关于这些信息的故事。这个故事是我们关于资料的故事，而不是参与者的故事——我们的故事可能与他们的不同。作为研究者，当我们占据比我们的参与者更强势的地位时（也就是说，我们属于比他们更有社会权力的群体），表述就变得更加值得考虑。幸运的是，有相当多的文献讨论了有关如何表述他者的伦理和政治问题（例如 Pitts & Smith, 2007）。一些研究者使用**参与式方法**（participatory method），在某种程度上回避了这些表述和解释问题，因为参与者在研究过程中是主动的合作者，但不是完全的合作者（参见 Fine & Torre, 2004）。

- 在我们的研究中，管理双重关系——了解参与我们研究的人——可能比在量化研究中管理双重关系更复杂，这是由于接触的程度以及参与者告诉我们的故事往往非常个人化和敏感（参见第四章）。
- 最后，在研究设计、规划和实践中需要考虑并仔细权衡人身安全（参见框 3.6）。

框 3.6　研究者的安全性与质性研究

将研究者的身体、心理和情感安全作为研究设计的一部分加以考虑，这一点非常重要。这涉及思考在哪里、何时、如何进行研究，谁收集资料，以及主题是什么。例如，一名年轻女子晚上在异性恋男性家中访谈他们，询问他们的性强迫行为时，就要敲响各种警钟。对于访谈来说，一个非常好的做法是同伴网络，在这个网络中，另一个人知道研究者在资料收集过程中的详细行动，但只有在出现问题时才会使用这些信息。研究者通过一个简短的通话让这位同伴知道他们什么时候正在访谈，什么时候结束访谈，并在访谈结束时查看确认。如果研究团队以外的人知道参与者的详细信息，这样的系统可能需要伦理上的批准。英国社会研究协会（UK's Social Research Association）的指南（http://the-sra.org.uk/wp content /uploads/safety_code_of_practice.pdf）和佩特拉·博因顿（Petra Boynton）2005 年的实用文本《研究伙伴》（*The research companion*）从现实世界的角度，讨论了有关研究者安全方面的许多其他方面。

综上所述，在质性研究中，伦理与研究主题、研究中的政治问题以及研究者、参与者和合作者的价值观相交叉。总而言之，这使得研究伦理问题在质性研究这一领域要复杂得多（Baarts, 2009），这就需要研究者进行复杂的思考。对于社会或政治敏感的研究主题尤其如此。

进行非歧视性研究

研究不是价值中立的活动。我们的生活充满了各种价值观和观念，这些可能会渗透到我们的研究实践中，并导致歧视性研究。除了证实负面观点的研究，例如，智力与种族在基因上的有争议的联系（例如 Jensen, 1969），当研究实践或报告包含排除某些类别的人（例如，女同性恋，男同性恋，双性恋或非异性恋者）的观念时，研究也是歧视性的，这会导致他们在社会内部进一步边缘化，并可能以非常微妙的方式发生（参见 Braun, 2000）。充分认识到差异和尊重差异是核心的伦理要求；作为研究者，我们有伦理义务在研究中不歧视（例如 Ethics Committee of the British Psychological Society, 2009），因此需要考虑如何避免这种情况。

在规划和进行研究时，你需要考虑到设计、实践、解释和表述的方式可能具有歧视性，因此，要考虑如何才能使它们不具有歧视性。《美国心理学协会出版手册》（*Publication Manual of the American Psychological Association*, 2010；也可参见 http:// supp.apa.org/style/pubman-ch03.00.pdf）为避免偏见和在撰写研究成果时使用包容、非歧视的语言提供了有用的指导，还发展出了研究中避免性别歧视（例如 Denmark, Russo, Frieze & Sechzer, 1988）和异性恋主义（例如 Committee on Lesbian and Gay Concerns, 1991）的指导方针（也可参见第十二章）。

　　我们将用一个例子来说明这一点。想象一下，你正在做一项关于夫妻为人父母的经历的研究。首先要弄清楚的是，这个研究是关于异性恋伴侣的，还是关于女同性恋或男同性恋伴侣的，还是关于所有的伴侣的。在招募研究对象时，你需要清楚你想要什么样的伴侣。如果你只想关注异性恋伴侣，那就明确这是重点，说明你的研究"需要异性恋伴侣……"；如果你想要同性恋伴侣，那就要明确这一点，例如"需要伴侣（异性恋或同性恋）……"。因为我们生活在一个异性恋的社会里，"夫妻"通常指的是，或者被解释为异性恋伴侣。如果笼统地招募，你可能会含蓄地排斥女同性恋或男同性恋伴侣，他们可能会认为你想要的只是异性恋伴侣，所以不会做志愿者，相反，他们可能会提出自己的政治观点，并且去做志愿者。在招聘过程中表明自己的性取向也很重要，这样，潜在的参与者——特别是女同性恋或男同性恋——就能知道这是由局内人还是局外人进行的研究（参见 Wilkinson & Kitzinger, 1996）。如果你的研究只针对异性恋伴侣，不管是有意还是无意，你也需要在报告和解释结果时避免异性恋主义。一个常见的例子是，当研究真的是关于异性伴侣的时候，人们会提到"夫妇"（couples），比如，会有这样的说法："一旦夫妇为人父母，传统的性别角色就会变得更加突出。"更好的说法是："一旦异性伴侣为人父母，他们的传统性别角色就会变得更加突出。"同样的做法也适用于其他具有社会意义的类别，如种族／族群／文化和阶级。

　　一种很少被考虑的歧视类别是性别歧视，即人们认为自己是男性或女性，而且只能是其中一种，他们一直都是这样做的。如果研究是收集关于性别的人口统计信息的话，几乎所有的研究都是这样做的。最基本的人口统计分类之一是男性／女性，但这排除了那些不认为自己是男性或女性的人，或者硬把他们归为不符合他们性别认同的类别。一些研究者把其他类别包括在内，包括"变性男人""变性女人""变性人""其他（请具体说明）_____"（或选择勾选一个以上的"性别"选项），以确认这种多样性（参见配套网站上的人口统计形式示例，也可参见 Treharne, 2011）。

这场讨论的核心是，我们的方法或实践可能会无意中将整个群体排除在外。作为研究者，重要的是反思我们研究中的观念和无意中的偏见，并进行更好、更具包容性的实践。自反性对于反思和通过学习避免我们几乎所有人（无意中）都参与的歧视性研究实践至关重要。

有些人认为，在研究（和生活）中这样的考虑是"疯狂的政治正确"或自由左派的审查，这毫不奇怪，我们对此完全不同意！但值得解释一下为什么这很重要。我们会提到三个原因：

- 从形式平等的角度来说很重要，所有人都应该受到平等对待，但更重要的是公平的角度，结果平等是关键，而不是投入平等是关键，我们要认识到人们最初并不都是拥有相同的机会，所以可能需要受到不同的对待，以确保每个人的最终结果都平等。

- 从知识的角度来看，重要的是要获得尽可能好的知识，要有真正的民众心理，我们不能排斥某些社会成员。一些理论家甚至认为，那些处于主流社会边缘的人比那些完全处于中心的人能够产生更好的洞察力，因为他们从不同的角度看待事物，并且可以阐明我们中更有特权的人所认为理所当然的事情（Harding, 2004）。

- 这对个人和群体的幸福都很重要。一些研究（例如 Herdt & Kertzner, 2006）全面展示了由于属于非主流群体而遭受边缘化的个体在心理、情绪和身体健康方面所遭受的负面影响。如果我们不进行非歧视性研究，我们就会在社会中合谋伤害这些群体，这是一个广泛的职业伦理问题。

向参与者提供的信息

向参与者提供的与研究有关的信息通常包括：（1）某种形式的信息/公告（如上所述）；（2）更详细的参与者信息表，其中详细说明了研究的范围、实践和伦理问题；以及（除此之外，你所在机构的指南将详细说明）（3）参与者签名和返回的同意书。我们在配套网站上提供了一系列不同形式的例子，其中一些带有说明性批注，第五章提供了体重和肥胖焦点小组的例子。你的机构将提供你的材料需要符合哪些条件的具体要求。

收集人口统计资料

我们主张系统地收集人口统计信息的重要性，而这并不是质性研究者一直擅长的。如果我们完全相信知识是存在的，那么思考你的研究成果与你的样本之间的关系很重要。其他群体的人可能持有非常不同的观点或有着非常不同的经历。因此，你需要有一些方法来判断你的参与者所属的群体的情况——人口统计信息告诉你一些（但肯定不是全部）关于你的样本的事情。报告参与者的人口统计资料也是合乎伦理的，尤其是为了纠正常模样本（由"通常嫌疑人"组成）的隐形性，并使我们认识到所有参与者都属于特定的文化空间。

美国心理学协会（2010）要求研究者收集足够的人口统计信息，以充分描述他们的样本。重要的人口统计信息可能包括人们的性/性别，他们的年龄，他们的种族/族群/文化认同，他们的性取向，他们的社会阶层，他们的职业，他们的资历；你到底需要什么样的信息，取决于你的研究问题和你要收集资料的人的类型（参见配套网站和第五章中的例子）。你需要考虑你是否要求人们在回答这些问题时打钩，例如"以下哪个选项最能描述你的种族？"，或者让人们用他们自己的话来定义自己。要求人们从一系列预先确定的类别中选择一个类别，会产生非常容易总结的资料，但人们可能会觉得自己不适合任何可用的类别（Treharne,

2011）。如果你使用一个选项列表，重要的是要确保列表的恰当性——许多研究者使用官方类别，比如英国国家统计局（Office for National Statistics）建构的类别（参见 www.statistics.gov.uk/）。一般来说，我们使用勾选框类别或自我定义（或两者的混合），这取决于理解人们与研究问题相关的自我定义的重要性。例如，在维多利亚负责的一个调查跨性别者遭遇偏见和歧视经历的项目中，要求人们用自己的语言描述他们是如何准确地确认自己非常重要，因为对跨性别者的描述方式并没有普遍的共识。因此，潜在的两难境地是，研究者在报告成果时如何对这种开放式描述进行分类。

人口统计信息可以在质性研究中说明，以表明样本的多样性，例如，"年龄范围从 24 岁到 67 岁，平均 53 岁"，或者表明每个参与者的特定特征，例如，"马克，37 岁的白人健全男性"，或者两者兼而有之。至关重要的是，质性研究不会将此类信息视为变量：它不是分析或解释资料的基础。人口统计信息也很重要，它表明我们可以获得什么和在什么基础上获得的范围（它也与质性研究的质量标准有关，见第十二章）。

制订研究时间表

最难的一件事是让研究尤其是质性研究走上正轨并及时完成，理由是：招募可能很困难；资料收集的时间通常比我们预期的要长得多；转录（如果有必要）很耗时；你根本无法想象，分析质性资料需要多长时间。除此之外我们也很难对一个遥远的最后期限（例如，3 年到 4 年后完成博士学位，或者甚至 8 个月后完成项目）前的事情形成概念并为之努力。出于这个原因，将一个项目分解到各个时间段，在结束时留出大量的额外时间进行分析和写作，是一个非常好的做法。框 3.7 说明了不同的研究内容可能需要多长时间，并提供了大致的时间表指南。如果你正在做一个学生项目，你通常会和你的导师一起计划和讨论时间表，他们会对你的进度给出反馈（见第十三章）。

框 3.7 制订质性研究时间表

以下是质性研究不同阶段可能需要的时间。项目的规模和你投入的时间显然对这些有很大影响，我们制订的这个时间表适用于一个本科生项目或荣誉学位论文，在七个半月的时间里，这个本科生大约有三分之一的时间在做这个项目。注意：这些不同的阶段也有重叠。

文献 / 规划： 用**两个月**的时间收集、阅读和处理文献，计划 / 设计研究，并撰写报告的导言 / 文献综述部分的完整草稿。

伦理审查批准：**一个月**或更长时间——取决于你的机构要求，从写申请到提交申请，直到最终批准。

招募： **最多两个月**（甚至更长时间），这取决于你的样本有多容易获取，以及你的主题对人们来说有多有趣。

资料收集： **最多两个月**或更长时间。如果收集基于文本的资料，速度可能非常快，如果要安排焦点小组，速度可能会非常慢。

转录： **一个月**。单人访谈的速度要快得多，而焦点小组的速度要慢得多。

资料分析： 你可能至少需要**四个月**的时间来熟悉你的资料，对它进行编码，进行分析，放弃无关紧要的分析，再次分析，然后把分析过程写成一个连贯的故事，学术文献通常会融入其中。

写作： **一个月**。写作是整个分析过程中不可或缺的一部分，所以不应该将两者视为完全分离的。除此之外，写一份完整的报告还有很多工作要做，包括导言、结论和方法部分，更不用说整个报告的最后编辑润色。除了撰写分析报告外，这可能还要再花一个月的时间。

以上为你提供了每个阶段所需的时间。

以下是我们鼓励学生在七个半月的项目中这样分配时间：

第一个月：收集和阅读文献（主题、方法等）。

规划和设计研究。

伦理审查申请工作。

开始起草报告的文献综述部分。

第二个月：继续文献综述方面的工作。

如果你通过了伦理审查，就可以开始招募人员和收集资料。

第三个月：招募人员和资料收集。

或资料输入（相关的）。

文献综述全文草稿。

第四个月：完成所有招募和资料收集工作。

完成转录或资料输入（相关的）。

起草方法部分。

开始分析。

第五个月：分析和写作（分析的一部分）。

伴随着分析的推进，进行额外的文献检索和阅读。

第六个月：分析和写作，撰写分析报告的完整草稿。

修订并确定文献综述和方法。

目标是在这个月底之前完成项目/论文的完整草稿。

第七个月：修改分析报告草稿并撰写成文。

必要时进行额外的文献检索和阅读。

研究设计：计划书

当我们制订一份计划书时，要将项目的所有研究设计部分都整合在一起考虑，比如资金申请、研究计划书（例如博士研究）或伦理审查申请。写计划书是一个很好的机会，可以真正明确你想要做的是什么，为什么要做一个项目。一份计划书包含本章所述的许多部分（请参阅配套网站以获取真实研究计划书的示例），其他方面，如资料收集和分析方法，将贯穿本书的其余部分（另请参见表3.1—表3.3）。

记录你的研究过程

做好记录是任何有能力的研究者的关键实践（参见第十二章），所以你现在就应该开始做记录。记录的基本要求包括有关参与者招募方法的信息、你得到的回复以及你如何跟踪他们的信息，这样你就可以记录哪些人参与了、你是如何招募的、哪些人没有参与。记录的内容包括参与者的基本人口统计信息，以及关于资料收集的更一般信息（如资料收集的地点、时间和持续时间）。记录的内容还包括资料分析的相关阶段和过程的记录（参见第八章至第十一章）。在一些方法中，比如扎根理论，对**备忘录**（memo）写作有明确的要求，要求提供非常可靠的书面记录（参见第九章）。基本上，你的记录应该提供关于你做了什么，为什么做和如何做，以及你得出了什么结论（以及为什么得出这样的结论）的全面和彻底的信息。记录的过程就是保持对你的研究过程的审核跟踪；在研究报告中，这些信息可能相互关联（参见第十三章）。

除此之外，如第二章所述，写一本研究日志对于做好质性研究绝对重要。在研究日志上，研究者定期报告和反思研究的进展和过程。研究日志实际上是你的研究日记，是为你写的，在分析过程中回过头来看看它很有用。研究日志是你的资源，讲述了你的研究的其他故事，一个通常不会在你的资料报告中讲述的故事，如果你以一种非常自反的方式报告你的结果，那么这种故事可能会被包括在内，这个资源至关重要。研究日志通常包括对以下内容的讨论：

- 对招募和资料收集过程和做法的思考。这可能包括关于一些事情的**田野笔记**，比如你在进行访谈时的感受，对参与者的观察，这些感受和观察可能会对他们的资料提供更多的见解。

- 资料收集过程中出现的分析洞察力。框 3.8 提供了弗吉尼亚的一个项目中的两个条目的例子，该项目涵盖了前两个项目。

- 研究中的情感方面的问题——如喜悦、沮丧、焦虑、欣喜和绝望——对于质性研究者来说并不是未知的体验。研究可以深刻地影响我们，围绕研究的情感过程也会影响研究（Gilbert, 2001; Hallowell, Lawton & Gregory, 2005）。日记可以是一个工具，用来反思、处理和学习研究过程中的情感方面的问题。

归根结底，研究日志是你作为研究者的工具，应该被认为是站在自反的立场，用来进行更丰富、更深思熟虑、更复杂的分析手段之一。

框 3.8　研究者日志记录的示例
（来自弗吉尼亚的性健康研究，Braun, 2008）

焦点小组 4-1，13/12：

由 4 名 20 多岁的女性组成的小组，她们互不相识。一开始进展很慢，从来没有像焦点小组 2 那样互动，但最终互动变得相当好，她们进行讨论，发表不同意见。一名参与者不得不离开，我们又继续了 20 分钟。一开始我做了人口统计，结果很好，因为人们是在不同的时间到达。新房间也更好……更宽敞。我得检查一下录音带，看它们录得如何，不过我想应该没问题。总体而言，这些女性支持安全性行为——比如使用避孕套——而且一般都会鼓励她们这样做。然而，她们中的许多人谈到了她们没有这样做的一些时候，她们说这是她们做出的一个选择……在某些情况下，人们谈论得太过笼统……

一些要点：

- ○ 信任你所知道的没有患有性传播疾病（STIs）的人，所以他们没有那么危险。
- ○ 是否相信合作伙伴不会暴露你的隐私。
- ○ 对性方面选择"应该去做"的最佳做法表示赞赏，比如一开始就告诉你的性伴侣你得了性传播疾病，……表明这样做是不寻常的。
- ○ "疏忽"——不戴避孕套性交。
- ○ 安全性行为非常重要，但人们并不总是会选择安全性行为。
- ○ 不选择安全的性行为的原因是在当时，其他事情更重要……
- ○ 整体上的性健康与无疾病的性健康。
- ○ 缺乏对各种不同性传播感染的具体知识，但对性传播感染（和性传播感染的名称）有一个总体的了解……

焦点小组 10-1，19/1：

虽然只有 3 名参与者——其中两人是朋友——但这组人要健谈得多。她们总是喜欢离题，回到自己喜欢的话题上，例如，为了获得家务津贴（domestic purposes benefit, DPB）而怀孕的妇女，而我没有像我应该做的那样设法干涉她们。她们谈到了相当多的内容。再说一次，这是一个非常不同于其他任何一个群体的群体。尽管安全性行为很重要……其实并没有太多谈论自己的个人体验。我想我是不是把小组讨论设计成了这样，因为我一直说这是一个一般讨论……现在应该不能再这么做了……我认为这样的小组是有用的，在分析资料时，在一些主题上将更加明显，但我突然想到这样一些重要的问题：

○ 好的性行为是安全的性行为。

○ 由于不关心而产生风险——是别人，而不是他们自己。

○ 女孩在性方面更负责任，安全性与性别有关。

○ 在性方面缺乏自尊和权力。

○ 在性方面缺乏权力，缺乏安全。

○ 安全不是理所当然的，因为安全的性行为并不是性行为的底线，这就像"特殊的"性行为，必须要为之努力，必须要要求，等等。

○ 只有当你有过性传播疾病时，才会把它作为一个问题来考虑。

章节总结

本章主要内容：

- 确定与质性研究主题和研究问题相关的需要考虑的关键内容。

- 讨论与抽样和招募有关的问题。

- 概述质性研究中的伦理问题。

- 讨论与质性研究有关的时间表。

- 介绍总体设计考虑的重要性。

- 概述保存研究日志和记录研究过程的价值。

问题讨论和课堂练习

1. 研究表明，被归类为肥胖者的女性比被归类为肥胖者的男性的生活质量更差，她们遭受的社会耻辱程度更高（Ferguson, Kornblet & Muldoon, 2009）。这些结果来源于一项比较量化研究设计。你如何用质性的方法研究女性的生活质量以及与肥胖相关的社会耻辱经历？你会问什么研究问题？使用设计表（表 3.1—表 3.3），确定适合研究问题的方法。

2. 两人一组，为一项研究设计抽样和招募策略，旨在了解年轻人开始约会的经历。哪种抽样策略最有效？为什么？你将如何确保研究中（也）包含"通常嫌疑人"以外的观点？你如何处理招募问题？

3. 在对年轻人开始约会的经历进行质性研究时，可能涉及哪些伦理问题？这与在线或面对面收集资料的方法有何不同？

4. 使用配套网站上的质性研究计划书，就你选择的主题写一个小型（七个半月）质性研究项目计划书（这个练习可能需要你熟悉本书后面的部分）。

扩展资源

扩展阅读：

有关不同类型研究的目的、质性研究的抽样和一系列不同的研究设计模式（注意：有些语言与我们使用的不同）的详细讨论，请参阅：Patton, M. Q. (2002). Chapter 5: Designing qualitative studies. In M. Q. Patton, *Qualitative Evaluation and Research Methods* (3rd ed., pp. 209–258). Thousand Oaks, CA: Sage。

有关质性研究伦理的出色概述，请参阅：Brinkmann, S. & Kvale, S. (2008). Ethics in qualitative psychological research. In C. Willig & W. Stainton Rogers (Eds), *The Sage Handbook of Qualitative Research in Psychology* (pp. 262–279). Los Angeles: Sage。

有关在线研究中伦理的详细概述，请参阅：Wishart, M. & Kostanski, M. (2009). First do no harm: valuing and respecting the person in psychological research online. *Counselling, Psychotherapy, and Health, 5*, 300–328。

有关研究者健康的深入讨论，请参阅：Boynton, P. (2005). Chapter 6: Researcher well-being. In P. Boynton (2005), *The Research Companion: A practical guide for the social and health sciences* (pp. 119–138). Hove: Psychology Press。

欲了解研究者谈论（敏感的）质性研究的经验，一个有用的起点是阅读 Dickson-Swift, V., James, E. L., Kippen, S. & Liamputtong, P. (2007). Doing sensitive research: what challenges do qualitative researchers face? *Qualitative Research, 7*, 327–353。

在线资源：

大多数伦理规范和准则都可以在网上找到。特别相关和有用的问题包括：

- 英国心理学会《人类研究伦理准则》(*Code of Human Research Ethics*)(2010)：www.bps.org.uk/sites/default/files/documents/code_of_human_research_ethics.pdf。

- 美国心理学协会的心理学家伦理原则和行为准则：www.apa.org/ethics/code/index.aspx。

- 新西兰心理学会《关于在新西兰工作的心理学家的伦理准则》(Code of Ethics for Psychologists Working in Aotearoa/ New Zealand，2002)：www.psychology.org.nz/cms_ display.php? sn=64&pg=2379&st=1。

- 有关其他全国性心理组织的伦理规范，请参阅：http://www.iupsys.net/index.php/ethics/compendium-of-codes-of-ethics-of-national-psychology-organizations。

- 社会研究协会的伦理准则（2003）：http://the-sra.org.uk/wpcontent/uploads/ethics03.pdf。

- 英国心理学会《在线研究伦理实践指南》(*Guidelines for Ethical Practice in Conducting Research Online*, 2007)：http://www.bps.org.uk/sites/default/files/documents/conducting_research_on_the_internet-guidelines_for_ethical_practice_in_psychological_research_online.pdf。

- 互联网研究者协会伦理指南（2002）：http://aoir.org/documents/ethicsguide/。

- 社会研究协会的《社会研究者安全行为准则》：http://the-sra.org.uk/wp-content/uploads/safety_code_of_practice.pdf。

有关以下信息，请参阅配套网站（**www.sagepub.co.uk/braunandclarke**）：

- 与第一部分相关的自测多项选择题。

- 抽认卡词汇表——测试本章中使用的关键术语的定义。

- 研究材料示例——知情同意书、参与者信息表、人口统计表、参与者项目公告、研究计划书。

- 一份质性研究计划表，帮助你写一份计划书。

- 扩展阅读（来自 Sage 期刊的文章）。

第二部分

成功收集质性资料

SUCCESSFULLY COLLECTING QUALITATIVE DATA

第四章　互动资料收集 1：访谈

访谈无处不在。在任何一天，我们都可能一边吃早餐一边收听电台里对政客的访谈，在前往大学的巴士上阅读杂志上的名人访谈，或在当地的晚间新闻中看到一些公众接受访谈。访谈在社会上的盛行（参见美国社会学家 Gubrium & Holstein, 2002, "we live in an 'interview society'"）意味着，对于质性研究者新手和参与者来说，访谈可能是最熟悉的资料收集工具。访谈无疑是社会科学和健康科学中最常见的资料收集方法之一（Briggs, 1986），也是最常见的质性资料收集方法。质性访谈有许多不同的风格，包括叙事的（Mishler, 1986）、主动的（Holstein & Gubrium, 1995, 1997）、扎根理论的（Charmaz, 2002）和女权主义的（Oakley, 1981）方法。在本章中，我们概述了质性访谈的一般方法（可以根据具体要求进行调整）。我们将访谈定义为"专业对话"（Kvale, 2007），目的是让参与者谈论他们的经历和观点，并抓住与你确定的主题有关的他们的语言和概念（Rubin & Rubin, 1995）。

什么是质性访谈

半结构化访谈，有时称为访谈指导法（Patton, 2002）——我们在本章的重点——是质性访谈的主要形式（见框 4.1）。在这种方法中，研究者在访谈前准备了访谈指南，但无论是在问题的准确措辞上，还是在提问的顺序上，都没有拘泥于访谈指南。例如，维多利亚在关于女同性恋和男同性恋育儿的研究中提了一个预设性问题（"你对孩子需要男性榜样这一论点有何看法？"），但在对一对女同性恋夫妇的访谈中（这对夫妇谈到了她们与一位同性恋男性朋友共同抚养孩子的决定），她问的却是一个实际的问题（"在抚养孩子的过程中有男性参与对你来说重要吗？这是你选择精子捐赠者的原因之一吗？"）。问题的措辞和顺序与情境有关，并根据参与者描述的进展情况做出相应的改变。用美国社会学家赫伯特·J. 鲁宾和艾琳·S. 鲁宾（Rubin & Rubin, 1995: 42）的话来说，理想的质性访谈是"集中在目标上，同时又在松弛的状态下进行的"。参与者有机会讨论对他们来说很重要的问题，这些问题是研究者没有预料到的，也不在访谈指南上，所以研究者需要灵活处理。

框 4.1　结构化、半结构化和非结构化访谈

访谈通常分为三种类型：

结构化：　问题和回答的类别是由研究者预先决定的，这是量化研究中最常见的访谈类型。

半结构化：研究者有一个问题列表，但参与者可以提出研究者没有预料

> 到的问题，这是质性研究中最常见的访谈类型。
>
> 　非结构化：研究者有一系列的主题或话题要与参与者讨论，但访谈是由参与者主导的，这类访谈被一些质性研究者使用。
>
> 　　这三种分类忽略的是，所有的访谈——实际上是所有的社交接触——都是以某种方式组织的。即使在所谓的非结构化访谈中，访谈者（通常）也会提出问题，而访谈对象（通常）会做出回应。相反，一些研究者将标准化或封闭式（量化）访谈（其中回答类别已由研究者预先确定）与自反式或开放式访谈（其中回答或多或少由参与者确定）区分开来（Hammersley & Atkinson, 1989），表 4.1 说明了它们之间的区别。

　　质性访谈的出现部分原因是回应对（当时）标准社会科学资料收集方法"去人格化"的批评（Oakley, 1981），研究者和参与者之间的面对面接触通常被视为收集访谈资料的理想方式，这是"黄金标准"（Novick, 2008）。**虚拟访谈**（virtual interview）通常被视为面对面访谈的（糟糕）替代品。然而，电话访谈、电子邮件访谈和在线访谈越来越多地被认为是传统访谈方式的延伸，而不是取代传统访谈方式，这些方式都有其自身独特的优势和弱点（Sturges & Hanrahan, 2004）。这些虚拟访谈方式被视为在正确的情况下，为质性研究者提供有效的资料生成工具。我们在这一章中讨论面对面和虚拟的访谈模式。

　　在质性访谈中，研究者向参与者提出一系列（理想情况下）开放式问题，参与者用自己的话回答。当面对面访谈时，研究者和参与者进行口头交谈，谈话会被录音，然后通过转录转化为书面文本以供分析（参见第七章）。同样的基本过程也适用于**电话访谈**（telephone interview）（参见 Burke & Miller, 2001; Miller, 1995）；像网络电话（Skype）这样的软件用于进行口头虚拟访谈的可能性也在探索中（Hay-Gibson, 2009）。虚拟书面访谈可以同步进行，例如，使用即时消息或聊天软件；也可以不同步进行，这意味着问题和回答之间存在可变的差距，例如，通过电子邮件（Mann & Stewart, 2002）。**在线 / 电子邮件访谈**（Online/ email interview）不需要转录，因为软件保留了访谈对话记录。

我们在本章中提供的一些指导似乎是必须遵循的规则。然而，最终你应致力于发展自己的访谈风格（Rubin & Rubin, 1995）。质性访谈者不是经过精确编程的机器人，会按照一套无可挑剔的规则进行每次访谈。相反，质性访谈者是一个具有独特个人风格的人，他们利用自己的社交技能，灵活地利用（在某些情况下，忽视）良好访谈实践的指导，进行适合于他们的研究问题和方法、访谈情境和个别参与者的需要和要求的访谈（表 4.1 提供了量化 / 标准化访谈和质性访谈的比较）。

表 4.1　标准化访谈和质性访谈比较

标准化访谈	质性访谈
理想的访谈者是一个机器人，以完全相同的方式、完全相同的顺序，问每个参与者完全相同的问题	与参与者一样，访谈者也有自己独特的访谈风格；问题的措辞和提问的顺序因访谈者的个人风格和参与者的回答而有所不同
所有的问题都已提前准备好	虽然访谈指南已事先准备好，但理想的质性访谈很灵活，访谈者对参与者要做出回应；好的访谈者会跟进意想不到的问题，问一些即兴的和计划外的问题
封闭式（是/否）问题被广泛使用	最好是开放式问题，以鼓励参与者提供深入和详细的回答，并讨论对他们来说重要的问题
答案类别由研究者事先决定	访谈研究的目标是用参与者自己的话来抓住参与者回答的范围和多样性
所有的努力都是为了尽量减少访谈者对参与者回答的影响	访谈者在访谈中起着积极的作用，与参与者共同建构意义。试图最小化访谈者的角色的影响既不可能也不可取。访谈者应该反思他们的实践和价值观会如何影响所产生的资料

一个进行良好的质性访谈可以产生惊人的资料，如果你使用好这个方法，你会得到丰富的、详细的、往往出乎意料的叙述（表4.2讨论了质性访谈的优势和局限）。

表4.2 （面对面）质性访谈的优势和局限总结

优势	局限
关于个人经历和观点的丰富和详细的资料	研究者需要花费大量时间来组织访谈、进行访谈和转录访谈内容
灵活：可以探索并提出意料之外的问题	由于样本量较小而缺乏广度（与质性调查研究相比）
较小的样本：你通常只需要少量的访谈就可以获得足够的资料（参见第三章表3.2）	对于谈论敏感问题来说不一定是理想的：有些人觉得在小组环境或匿名调查中透露敏感信息可能更舒服
对于谈论敏感问题来说是理想的：一个熟练的访谈者能让人们谈论敏感问题	对于参与者来说耗时：访谈通常需要至少一个小时才能完成
无障碍：可用于收集弱势群体的资料，如儿童和有学习障碍的人	缺乏匿名性：可能会让一些参与者感到不快，尤其是那些"难以参与"研究的参与者（参见第三章）
研究者对产生的资料的控制增加了产生有用资料的可能性	不一定给参与者"赋权"：参与者对所产生资料的控制较少（与质性调查和电子邮件访谈相比）

什么时候以及为什么要进行访谈

访谈法非常适合于经验型研究问题（参见第三章表3.1）。例如，英国女权主义心理学家西莉亚·基青格（Celia Kitzinger）和乔·威尔莫特（Jo Willmott）利用访谈研究了患有多囊卵巢综合征女性的经历（参见说明性研究实例4.1）。访谈法也有助于探索理解型、感知型和建构型研究问题，比如（据说）健康男性对其健康促进实践的建构（Sloan, Gough & Connor, 2010）。在这种情况下，访谈法最适合探索参与者对某些个人利益相关事物的理解、认知和建构——不太可能从对某个话题没有切身利益的人的访谈中得到你想要的丰富而详细的回答。当某个话题没有关系到人们的切身利益的时候，焦点小组（参见第五章）或质性调查（参见第六章）便是更好的方法。访谈法也可以用来探索实践型的研究问题，比如胖女人的着装习惯（Colls, 2006）。扎根理论使用访谈法来回答影响因素类型的问题，例如影响人们决定继续定期基因筛查的因素（Michie, McDonald & Marteau, 1996）。

说明性研究实例 4.1

女性多囊卵巢综合征经历

英国女权主义心理学家西莉亚·基青格和乔·威尔莫特（2002）认为，研究未能探索女性患多囊卵巢综合征的经历，这种症状的特点是不孕不育、毛发生长过多、月经周期不规律或没有月经周期、体重增加、长痤疮、男性式脱发和雄性激素分泌过多。乔·威尔莫特对患有多囊卵巢综合征的妇女进行了 30 次深入的、半结构化的录音访谈，访谈对象都是通过一个全国性的多囊卵巢综合征自助小组招募的（她与参与者分享了她与患有多囊卵巢综合征患者一起生活的经历）。参与者主要是白人（24 名白人，6 名非白人）异性恋女性，年龄在 21 岁至 42 岁之间，平均年龄为 29 岁。访谈主要在女性家中进行，持续时间为 45~90 分钟。访谈指南"有意依据广泛，内容广泛，旨在让女性讲述自己的故事，而不是遵循严格的结构"（p. 350）。提示、探究和后续问题被用来"引出回答的广度和深度"（p. 350）。该指南在两名女性身上试行，最终版本引导女性谈论以下内容：

- 她们是如何被诊断为多囊卵巢综合征的。

- 她们的症状是什么以及她们如何处理这些症状。

- 她们对多囊卵巢综合征的感受以及它对她们的影响。

- 关于向他人透露病情的问题。

作者使用主题分析（见第八章）来分析资料，并对"女性多囊卵巢综合征的质性经历，以及她们自己提出的与此相关的问题"感兴趣（p. 351）。她们依据资料给**主题**（theme）命名，并直接引用转录本中的话来说明按每个主题分类的资料类型。这项分析是基于这样一种假设，即女性所说的话是她们经历的证据。

她们的主要发现是，这些女性觉得自己是"怪胎"，是不正常的女性。女性对"正常"女性特征的关注通常集中在头发、经期和不孕方面。

"长胡子的女人和毛茸茸的怪物"：女性对自己的面部和身体毛发感到不安和尴尬，并采取措施去除体毛；她们将自己（认为）毛茸茸的怪异身体与想象中的正常女性身体进行对比。

"经期不规律的女性"：女性经常因为经期不规律而觉得自己的经期"怪异"或"不正常"；有规律的经期既是成熟女性的标志，也是生育能力的标志。

"不孕不育"，*"我作为一个女人的全部价值都消失了"*：女性对实际或可能存在的不孕反应强烈；虽然"过度"的毛发生长和月经减少令人痛苦，但不孕不育更让人"崩溃"，更让女性觉得自己"怪异"，觉得自己不是"真正的"女人。

基青格和威尔莫特得出结论，她们研究中的女性在对自己女性特征和作为女人的认知上受到了挑战，并呼吁进行进一步的研究。

设计和试用访谈指南

良好的准备是访谈法在质性研究中成功运用的关键。你的第一项任务是设计你的访谈指南——一系列指导你与参与者对话的问题（参见材料示例 4.1；配套网站包括我们研究中的其他访谈指南示例）。一份好的指南将使你能够与参与者建立相互信任或**融洽**的关系——这是互动资料收集的一个关键组成部分（Reinharz, 1993），这样他们就可以放心地向你透露个人信息。融洽的关系和精心策划的问题对于产生与你的研究问题相关的丰富而详细的报告很重要。

材料示例 4.1

- -

维多利亚关于女同性恋者和男同性恋者育儿研究的访谈指南

（参见 Clarke, 2006; Clarke, 2007）

- **首先，我想更多地了解作为女同性恋者 / 男同性恋者养育孩子的情况。你能告诉我你的感受吗？你能给我讲讲你的家庭吗？（你用"家庭"这个词吗？）谁算你的家人？对伴侣来说，在照看孩子的问题上，你们是如何分工的？孩子由谁照看？（你们中有谁是主要照看者吗？）**

- **你是选择为人父母，还是意外地就为人父母了？**如果是你选择做父母，那是为什么？（你的选择与你的性取向有关吗？）你一直想要孩子吗？如果"你不知怎么就有了孩子了"，你对此有何看法？

- **你认为你的家庭在某些方面"与众不同"吗？**为什么这么认为？在什么方面不同？为什么不同？你在以不同的方式抚养你的孩子吗？为什么？在什么方面不同？为什么不同？你认为你的孩子有两个女

105

性/男性父母/一个女同性恋父母/一个男同性恋父母有什么不同（如果有的话）？

- 你认为你的家庭/你养育孩子会挑战任何刻板印象吗？为什么？哪一个（或多个）刻板印象？为什么你认为这不会挑战刻板印象？

- 你能告诉我你遇到过什么挑战/问题吗？作为女同性恋者/男同性恋者父母有什么特殊的挑战/问题吗？你是如何解决这些问题的？（你解决问题了吗？）

- 以男同性恋者/女同性恋者的身份抚养孩子，最积极的事情是什么？最消极的又是什么？

- 你（作为女同性恋者/男同性恋者父母/家庭成员）遭遇过偏见吗？你的孩子遭遇过吗？你/他们是如何处理的？

- 你会和你的孩子讨论你的性取向吗？他们对你的性取向/作为女同性恋者/男同性恋者/"出柜"_____有何反应？

- 你如何看待儿童（尤其是男孩/女孩）需要男性/女性榜样的观点？

- 你对孩子的未来有什么希望？

- 你的亲戚对你是女同性恋者/男同性恋者（抚养孩子）有何看法？

- 女同性恋者和男同性恋者育儿对女同性恋者和男同性恋者群体有什么影响（如果有的话）？这对更广泛的社会有什么影响（如果有的话）？你会去"现场"吗？比如花时间在男女同性恋群体空间，等等。你有没有因为你为人父母而在同性恋群体中遭遇过敌意？你认为你的生活与没有孩子的女同性恋者/男同性恋者有什么不同？

- 对于正在考虑是否养育孩子的年轻女同性恋者/男同性恋者，你有什么建议？

- 你还有什么要补充的或是要问我的吗？

通过头脑风暴，列出与你感兴趣的领域相关的问题，开始制订你的指南（Smith, 1995）。如果相关的话，部分或全部问题可以从先前的研究中得到信息，或从中得到改写，然后思考以下问题。

开场白和结束问题：访谈以一个介绍性问题开始，例如："那么，呃，我们为什么不从你告诉我一些关于你自己和你的家庭的事情开始呢？"（参见 Kvale & Brinkmann, 2009）。以一个结束问题或"清理"性质的问题结束访谈。清理问题允许参与者提出对他们来说很重要但尚未涉及的问题，例如："我想这基本上就是我要求你谈的所有事情，嗯，你还有什么要说的吗，或者有什么最后的想法，或者任何你想要跟进但我还没有问过的事情吗？"有时，清理问题会触发真正有用的意外资料。

问题排序：组织你的问题，使其符合逻辑，并按话题分组。前面的问题应该比后面的问题更少探究性、更不敏感和更不直接。例如，在维多利亚及其同事们关于第一次异性婚姻中的金钱管理和承诺的研究中，访谈以温和的问题开始，比如参与者如何认识他们的伴侣，他们是如何以及何时决定结婚的，婚姻和承诺对他们意味着什么，然后再转移到更敏感的问题，即夫妇的金钱管理实践（Burgoyne, Clarke, Reibstein & Edmunds, 2006）。另一个有用的提示是漏斗式提问：理想的访谈指南通常被认为是一个倒三角形，从一般到具体。组织问题（Kvale & Brinkmann, 2009）有助于向一个新的话题领域转移，例如："呃，你已经开始谈论一些关于金钱的话题了，这也正是我接下来想要谈的。"这些特征可以在材料示例 4.1 提供的访谈指南中看到，该指南来自维多利亚对女同性恋者和男同性恋者育儿的研究。

问题的提出与措辞：措辞对于提出有效的访谈问题至关重要。措辞不当的问题（见框 4.2）可能会损害融洽关系和随后的资料收集。要反复起草你的访谈指南——在初稿中，问题往往太直接（Smith, J. A., 1995）、太封闭、太具引导性。应该重新起草问题，直到问题变得"更温和，较少的引导性，但足以让访谈对象知道感兴趣的领域是什么，并认识到他或她对此有话要说"（Smith, J. A., 1995: 15）。在别人身上试问这些问题，并就难度和语气征求建议（Smith, 1995），这一点非常有用。

框 4.2　设计有效的访谈问题

提出开放性问题：这是设计有效的质性访谈问题的最重要指导。开放性问题是关键，对于这些问题避免回答是／否，鼓励参与者提供详细的回答，并讨论对他们来说重要的东西。试着用这样的语言开始提问："你能告诉我关于……的事吗？""你觉得……怎么样？""你如何看待……？"同时，避免问题过于开放，避免没有为参与者提供足够的指导。例如，来自维多利亚的女同性恋者和男同性恋者育儿访谈研究（例如 Clarke, 2006）：

维多利亚：嗯，我对你们一无所知，所以，我们还是先谈谈你们的家庭和你们的情况吧。

玛丽：　是我谈还是简谈（（听不清））？

维多利亚：你们两个。

玛丽：　哦，我们两个。

［……］

玛丽：　嗯，你想知道些什么样的事，私事或是关于我们在一起多久了。

维多利亚：因为我，我不知道你或者你们是否有孩子，是谁有孩子或者（（听不清））。

简：　　是的，我们有五个孩子。

问非引导性问题：你对参与者的观点感兴趣，所以不要通过问引导性问题来让他们说出你想说的话。援引别人观点（"有些人认为……"）的假设性问题（Patton, 2002）或者想象的未来场景，或者想象邀请参与者从别人的角度来看待一个问题的场景，都是询问有争议的问题的好方法。

问单一的问题：问多个问题可能会让参与者感到困惑（他们先回答问题的哪一部分呢？），而且你可能会错过收集重要资料的机会，因为参与者只回答了问题的一部分。例如，摘自弗吉尼亚关于长期关系中性的研究（Terry & Braun, 2009）：

弗吉尼亚：嗯，那么你是什么状况，是什么，当你感觉不好的时候是什么感受，是什么样的事情让你感觉不好，它是如何让你感觉不好的，比如让你担心这段关系，担心他，或者担心你自己。

问简短的问题：长而复杂的问题可能会让参与者感到困惑。不要问带有双重否定的问题，这也会让人感到困惑，例如："这么说，你并不是不打算结婚？"

问清楚而准确的问题：避免模棱两可（尤其是在问到性等亲密而敏感的话题时）；不要以为参与者会和你一样理解被广泛使用和被认为是得到普遍理解的术语（比如"性"）。

提出语言合适的问题：确保问题的措辞和术语的使用适合你的参与者群体。避免使用行话和复杂的语言（你不想让人们觉得自己愚蠢）；也避免使用过于简单化的语言，这会让你的参与者感到高人一等。赫伯特·J.鲁宾和艾琳·S.鲁宾（Rubin & Rubin, 1995: 19）建议说："通过意识到你自己的专业词汇和文化观念的存在，你就不太可能把你的观点强加给访谈对象。"

问一些非假设性问题：避免对参与者作出假设。例如，假设你正在访谈"中等身材"的女性，询问她们对自己身体的感觉。如果你问一个问题，比如，"你能想象如果你穿 20 码的衣服会有什么感觉吗？"，这表明你假设你的参与者从来没有穿过 20 码的衣服，因为你让她想象那会是什么样子。虽然这样的假设可能会潜在地损害融洽的关系，并导致产生较差的资料，但假设共享知识或提出假设性问题有时是有效的（Patton，2002）。然而，做出假设时不应该是无意间的。例如对一对穆斯林夫妇的访谈：

维多利亚： 嗯，那圣诞节呢？你们是怎么过圣诞节的，买礼物之类的东西给对方，以及？

法拉： 嗯（停顿）我们实际上并不庆祝圣诞节。

维多利亚： 噢，当然，当然，你们并不过圣诞节。

　　问一些带有同理心的问题： 提问时要感同身受，避免提出公开或暗中批评或挑战参与者的问题，例如"你不喜欢乡村音乐，是吗？"，以及可能被视为具有威胁性的问题，"为什么"问题就是具有威胁性的问题，试着问"你这样做的理由是……？"，而不是问"你为什么……？"。

　　提示和追问：除了你的主要问题之外，提示和追问还会鼓励参与者敞开心扉，扩展他们的答案，并提供更多细节。在配套网站上的访谈指南示例中，主要问题通常是粗体，而追问型问题则不是。请注意，追问的措辞通常比主要问题更明确，不是主要问题的措辞。追问也可以采取"期待的一瞥"或"嗯，嗯，或者说，是，然后是期待的沉默"（Fielding & Thomas, 2008: 251）的形式或特定问题（Kvale & Brinkmann, 2009）的形式，特定问题阐明了所需的进一步细节的类型。你不需要对每个问题都追问，只需在认为其有帮助的时候准备就可以（Smith, J.

A., 1995）。

研究问题不是访谈问题：在维多利亚·克拉克和凯文·特纳（Kevin Turner）（2007）对非异性恋视觉特征的研究中，研究问题是"着装和外表在女同性恋者、男同性恋者和双性恋者身份的发展和维持中扮演什么角色？"，他们没有向参与者提出这个问题，而是问了更有针对性和更具体的问题，比如："你认为对于男同性恋者有刻板相貌吗？"参与者对这些问题的回答使维多利亚和凯文能够回答他们的研究问题。

社会期待：最后，想想你是否可能只会得到显而易见的、社会所期望的对特定问题的回答，这些回答可能不会提供有用的资料。

一旦你有了一份经过优化的访谈指南草稿，通过问自己以下几个问题来检查你的草稿：

- 我想通过这个问题找出什么？它会产生我要的信息吗？不要犯混淆观点和感觉的错误，当你想知道参与者的观点和看法时，不要问："你对此有何感想？"（Patton, 2002）

- 这个问题有助于我回答我的研究问题吗？

- 这个问题中是否有（有问题的）假设？

- 如果有人问我这个问题，我会有什么感觉？

- 如果被问到这个问题，来自不同背景的参与者会有什么感觉？

- 这个问题可能对我的参与者有意义吗？这一点非常重要，例如，在有关长期关系里性问题的访谈指南（在配套网站上）中，弗吉尼亚提出的第一个问题对参与者来说没有意义，也没有产生任何有用的资料。

如果你的访谈问题经不起检查，你就需要修改。花时间打磨和完善你的指南很重要。正如英国健康研究者乔纳森·史密斯（Jonathan Smith）（1995: 12–13）指出的那样：

事先制订一个时间表，迫使你清楚地思考你认为和希望访谈可能涉及的内容。更具体地说，这使你能够思考可能遇到的困难，例如，在问题措辞或敏感领域方面遇到的困难，并考虑如何处理这些困难。事先考虑好访谈可能采取的不同方式，可以让你在访谈时更彻底、更自信地专注于访谈对象所说的话。

虽然在值得信赖的朋友或同事身上测试你的访谈指南很有用，但在小项目中，正式试点的范围有限，在这里进行访谈以测试指南，但不收集资料。相反，我们建议在最初几次访谈后彻底审阅你的指南——你是否得到了解决研究问题所需的资料？由于质性访谈指南在资料收集开始时不需要被视为是固定不变的，所以如果出现新的问题，它可以在整个资料收集过程中发展完善（Charmaz, 2002）。在检查过程中，指南中的问题可能会被修改或删除，或者添加新的问题；整个指南可能会被重新组织。

需要思考的与参与者相关的问题

针对不同的参与者群体可以提出访谈时需要考虑的特定问题。

访谈你认识的人：在质性研究中，访谈你认识的人是完全可以接受的，比如你的室友、朋友或同事，这些被称为"熟人访谈"（Garton & Copland, 2010）。但是，这样你就与那个人进入了一种"双重关系"，例如，他们既是你的朋友，又是你的参与者，这引发了一些额外的伦理考虑，以及一些僵化的"该做和不该做"的教条。不要利用你已经存在的关系来迫使某人参与你的研究或在访谈中透露信息。如果朋友在访谈中透露了一些对你来说是新的信息，那么这些信息在访谈中要保密（除非你的朋友后来再次提到这个信息）。同时，不要掩盖对你来说并不新的（相关）信息；只有音频记录的信息才算资料，而不是你碰巧从其他来源知道的关于你朋友的事情。如果你访谈的人是与你有层级关系的人，例如，你是他们的治疗师或直线经理，你需要对你的职位可能给人带来的潜在强迫感非常敏感，即使你并不认为你的职位会给人带来强迫感。这个问题的微妙之处在于，伦理委员会经常要求提供与参与者先前存在的关系的信息。

访谈陌生人：在某些方面，访谈陌生人比访谈你认识的人容易，因为你不必处理一种双重关系（参与者向陌生人透露个人信息可能也会感觉更容易）。然而，要与不认识的人建立融洽关系，放松自在地进行深入的、可能亲密的社交，这也可能会比较困难。首先，建立融洽的关系和让参与者放松是当务之急；其次，确保参与者有比访谈时间更多的时间，这样你就不必在没有通过访谈前闲聊建立融洽关系的时候，马上进入状态。最后，在访谈陌生人时，安全是一个更需要注意的问题，尤其是在参与者家里访谈的时候（见第三章）。

跨差异的访谈：一些研究者认为，一些参与者对向与他们大致相似的人透露（敏感）信息感到更自在，这意味着要想进行有效的访谈，重要的是让参与者和访谈者的主要社会特征匹配起来（参见 Sawyer et al., 1995）。因此，一名女性研究者将访谈女性参与者（DeVault, 1990; Reinharz, 1992），一名黑人男性研究者将访谈黑人男性参与者，显然，这种相匹配的观念忽略了两名女性或黑人男性可能存在的不同之处（参见 Riessman, 1987）。有时，参与者可能会要求或仅仅同意接受具有相似背景的人的访谈（参见 Kitzinger, 1987）。这种将访谈者和参与者匹配起来的方法在资金充足的大型访谈研究中是可能的，但在较小规模的研究中，这种方法很少是实用的或可行的。这意味着大多数质性访谈研究者在重要方面都会有访谈与自己不同的人的经验。然而，"跨差异的访谈"是一个复杂的问题，如果你打算这样做，你应该在这个领域进行扩展阅读（例如：Blee, 1998; Dunbar, Rodriguez & Parker, 2002; Reinharz & Chase, 2002; Riessman, 1987; Schwalbe & Wolkomir, 2002; Scully, 1994）。在访谈那些被社会边缘化的人时，我们是在研究和展示他者的经历（参见 Wilkinson & Kitzinger, 1996），这需要格外谨慎和敏感（下面将进一步讨论）。在实践层面上，沟通可能会面临挑战，即使访谈者和访谈对象似乎在说同一种语言。他们使用的词语也可能有不同的内涵（Rubin & Rubin, 1995: 18）。此外，"假装不存在差异"的自由主义观点并不总是有帮助的，人是不同的，重要的是不要假设其他人以我们的方式来体验世界。同时，不要想当然地认为我们的差异影响了我们生活的方方面面，这一点也很重要。

访谈中的权力：跨差异的访谈的观念让我们注意到影响访谈的权力关系。研究者和参与者之间的关系通常被认为是一种等级关系（这在量化和实验研究中更为明确，传统上参与者被称为"受试者"），由研究者控制访谈。另一些人则认为，控制并不是访谈者的位置所固有的，而是在研究者和访谈参与者之间达成的（关于这方面的出色讨论，参见 Russell, 1999）。参与者可能会认为你是一个"专家"，你作为研究者的身份会凌驾于你的身份和经历的其他方面，比如共同的饮食失调经历或共同的性认同（Clarke, Kitzinger & Potter, 2004）。一些研究者试图挑战访谈者-参与者的等级关系，并通过共情访谈过程赋予参与者权力（参见下文，也可参见 Oakley, 1981; Reinharz, 1992）。至少，重要的是要意识到访谈的挖掘潜力。

访谈那些在社会地位上比你权力大或小的人会为访谈者和参与者之间的权力关系增加另一个维度。作为研究者，你拥有权力，但如果你是一个（年轻的）学生，访谈的是地位高的人，如外科医生顾问或大公司的负责人，你可能会感到自己是弱势一方，他们可能会主导访谈（以无益的方式），你可能失去对访谈的控制（参见 Oendahl & Shaw, 2002）。一些女权主义研究者分享了她们访谈男人和男孩的经历，并在这一过程中感到作为女性的弱势地位。例如，英国一位经验丰富的学校教师、青年工作者和教育心理学家凯瑟琳·洛夫林（Kathryn Lovering）（1995: 28）就曾写过这样一段经历：当男孩们的讨论变得"淫秽，带有性别歧视和充满压迫"时，她失去了与青春期男孩焦点小组讨论时的控制力，"我只想尽快离开那间屋子！"。对于这种情况，没有简单或明显的解决方案，仅仅试图避免任何权力差异并非解决方案，而且会将样本限制在那些反映研究者特征的人身上，这已经导致了心理学研究中"通常嫌疑人"占主导地位的问题（参见第三章）。关键是要做好准备，阅读其他研究者的经验（例如：Edwards, 1990; Lee, 1997; Thomas, 1995; Willott, 1998），并提前考虑如何管理访谈的权力驱动力。

参与者苦恼：参与者在讨论敏感问题时变得苦恼并不少见，因此如果发生这种情况，不要过于焦虑。通过承认人们的痛苦（"你还好吗？你想暂时停止访谈吗？"），允许他们表达痛苦，可以有效地管理参与者的痛苦。但也要在正在进行的访谈中控制它。不要停止访谈，不要因为一点点眼泪就把纸巾塞到别人身上，根据我们的经验，人们通常很乐意在平复情绪后继续接受访谈。从一个让人苦恼的话题中退出，在稍后的访谈中试探性地再回到这个话题或许比较恰当（"可以再多谈一点关于 X 的话题吗，还是你更愿意继续谈论 Y？"）。

访谈弱势群体：某些群体被认为比其他群体更容易受到伤害。如果新的访谈者有与这些参与者群体打交道的专业经验，我们建议新的访谈者只访谈儿童（参见 Docherty & Sandelowski, 1999p; Eder & Fingerson, 2002）、有学习障碍的人（Swain, Heyman & Gillman, 1998）和老年痴呆症患者（参见 Russell, 1999; Wenger, 2002）等群体，因为访谈**弱势群体**（vulnerable groups）需要额外的技能和经验，而且有不同的伦理要求。

为面对面访谈做准备

首先，如果你是访谈新手，测试和练习你的访谈技巧真的很重要，一个值得信赖的朋友或同事可以帮助你。访谈是熟能生巧的领域，所以不要被批判性的反馈所搅扰。访谈很有挑战性，它涉及很多项任务：倾听人们所说的话，注意他们的语气和肢体语言（"他们看起来对这个话题感到不舒服，我应该避开这个话题吗？"），参与者发言时在脑海中勾选出指南上的问题（"他们已经回答了问题 7，所以我不需要问这个，但我必须跟进这个问题……"），在参与者的回答中发现相关信息，并提出计划外的后续问题（Kvale & Brinkmann, 2009），密切关注录音设备——清单会不断增加！练习你的开场白（关于你的研究、伦理问题和同意书，见下文），测试你的录音设备，你就可以完全熟悉它是如何工作的，并尽可能多地记住你的访谈指南，这样就少了一件要担心的事！

有效计划资料收集过程

一旦你设计好了你的研究材料（访谈指南、同意书、参与者信息表、人口统计表，参见第五章和配套网站的例子），就可以开始计划资料收集过程了。参与者非常慷慨地投入他们的时间，并且愿意与你分享他们生活中的私密细节，所以尽量让参与变得容易。一个对参与者方便的访谈时间，并在其他方面为他们着想。例如，如果你得了重感冒，但感觉还好，可以进行访谈，你可能想给他们一个机会，让他们决定是否想要接受一个抽鼻子、咳嗽的研究者的访谈！让参与者清楚地知道访谈可能持续多长时间，这样他们会留出足够的时间。大多数质性访谈持续一个小时左右，外加约 30 分钟访谈前和访谈后聊天、协商同意、填写人口统计表等的时间。如果你是在参与者的家中见面，时间甚至更长，我们有时会与参与者一起相处四个多小时。

考虑一下日程安排。出于几个原因，我们不建议在一天内进行一次以上的访谈。进行一次好的访谈需要高度专注，这很累人，如果你一天做不止一次访谈，你可能会错过提问或跟进要点，因为不同场次的访谈内容在你的脑海中混杂在一起（Rubin & Rubin, 1995）。此外，这类研究可能会让人身心疲惫（Hallowell et al., 2005），作为一名研究者，不过度收集资料是维护自身健康的一部分。

理想情况下，避免将大量访谈安排得太近。如果你正在转录你自己的访谈内容，安排好你的访谈，这样你就有时间在进行完每个访谈后尽快转录——当访谈还在你的脑海中时，转录访谈内容要容易得多（通常需要 8~10 个小时才能彻底转录完一小时的录音，参见第七章）。这也可以使你在下次访谈之前反思和调整你的访谈风格和问题（Rubin & Rubin, 1995）。

地点，地点，地点

选择或协商一个让参与者感到舒适且让你感到安全的访谈地点（一些伦理委

员会可能会要求某些参与者在大学里接受访谈）。这个地点应该尽可能安静，没有或几乎没有背景噪声，这样你们都能集中注意力，非常清晰地录音。尽量少一些分散注意力的东西，例如，有很多人走过的窗户外和贴有海报的墙，要有舒适的座椅、放置录音设备的桌面，并且使参与者感到方便。如果参与者担心匿名问题，或不想让他们认识的任何人发现他们正在参与你的研究，你需要额外考虑一个合适的（私人）地点。在大学预订房间通常最容易，这样的空间的好处是，它是一个由你选择和控制的环境，而且很安全。缺点包括，这是一个有点正式和令人生畏的环境，一些参与者可能会感到不舒服，可能会让人觉得枯燥乏味，有些人可能很难找到这个地方，而且停车和进入大学对大学以外的人来说可能是一个问题。如果你访谈的是你认识的人，那么选择合适的地点通常更容易，安全问题也不是什么大问题（如果合适的话，可以在自己家里访谈你很熟悉的人）。如果你在他们的家里或工作场所（或在社区中心或非常安静的咖啡厅）访谈你不认识的人，你需要仔细考虑你的安全问题。我们建议校外访谈采用"**安全伙伴**"（safety buddy）程序（见第三章，另见 Boynton, 2005）。

　　如果你要进入别人的空间，那么请考虑一些实际问题，比如宠物、孩子、电视和室友。我们遇到过咄咄逼人的斯塔福德郡斗牛犬、坚持要坐在麦克风上的气喘吁吁的约克郡狭犬、家养兔子、计划留在访谈室看电视的室友、吵闹的电视、尖叫的蹒跚学步的孩子等。如果你对狗或其他动物感到焦虑，或有与动物相关的过敏症，请查看宠物的情况。如果可能的话，将访谈安排在那些孩子在日托所或床上的时候。不要害怕去礼貌地要求参与者为了录音而关掉电视，或者要求访谈可以在一个单独的房间进行，如果你不这样做，这些干扰可能会妨碍你收集资料。最后，在一些文化中，如在新西兰的毛利文化或太平洋文化中，带一小份食物很重要；但在其他文化情境下，如英国白人文化，这却是不可取的。

　　如果你在安排访谈空间，一个让参与者感到受欢迎的简单方法是，在到达时和访谈中提供点心，如茶、咖啡或冷饮，以及一些（可以安静咀嚼的）零食，如软饼干或葡萄，避免发出嘈杂声音的零食，如薯片、饼干、苹果以及包装纸发出嘈杂声音的食物，这些不适合访谈时带在身上。对于饮料来说，尽管一次性杯子不如陶瓷杯子环保，但它们放在麦克风旁边时不会发出"砰"的一声。一定要提供饮用水。一定要准备好纸巾，以防参与者情绪失控。想想你把椅子放在房间里的什么位置。最好是彼此保持一定角度，这样对方就不会坐在你的正对面。使用高度大致相同的椅子，如果你坐的椅子比参与者坐的椅子高或低得多，你会感到很尴尬。如果房间里有一张桌子，考虑一下在你和访谈对象之间设置一道"屏障"是有助于访谈还是阻碍访谈。无论哪种方式，桌子对于放置录音设备都很有用。上述这些看起来可能需要考虑很多，但这些都是让参与者感到舒适，从而进行最成功的访谈的方方面面的问题。

录音与记笔记

因为大多数质性研究者感兴趣的是参与者回答的细节，以及他们在谈论自己的经历和观点时使用的语言和观念，所以准确地记录访谈很重要。要做到这一点，最好的办法是将访谈进行录音，然后制作转录本（参见第七章）。录音机现在几乎都是数字化的，从基本的 MP3 到专业级的设备。麦克风会显著影响录音质量。内置麦克风的质量可能不够高，因此请对其进行测试，并考虑使用外置麦克风（如果你的设备允许的话）。质量好的设备通常会有指示灯显示设备正在录音，在整个访谈过程中要密切关注它。如果可能，携带备用电池或将设备插入电源。我们建议你使用两个录音机，这样你就有了后备选项。录音机应该放在靠近参与者的地方，但不要打扰到参与者，如果在他们的空间进行访谈，在放置你的设备之前要征得他们的同意，尤其是放在看起来昂贵的咖啡桌上。一定要预先检查设备。如果访谈是在你的空间里进行，那么就在房间里不同的地方和不同的音量下测试音频拾取器。

在招募参与者时，要求他们在同意接受访谈之前阅读参与者信息表（配套网站上有一个访谈研究参与者信息表的例子）。重要的是，他们要明白，他们的访谈将被录音，而且他们都同意参加访谈并同意被录音。弗吉尼亚访谈了世界各地的人，当她到达那里时，他们拒绝被录音，说他们没有得到提醒——他们在参与者信息表里被告知过，只是他们没有足够仔细地阅读。在最好的情况下，这可能导致较差的访谈结果和资料；在最坏的情况下，如果录音资料对你的分析至关重要，那这就会浪费时间（对你和参与者都是如此）和钱。

如果我们依赖笔记作为访谈的记录，访谈的丰富性和细节将会丢失很多。此外，如果我们低头在笔记本上乱写乱画，而不是专注于参与者，就很难与参与者建立融洽的关系，也很难成功地进行访谈。但是，做简短的笔记是明智的，因为你要记录下要跟进的事情，或者记录要问的新问题（告诉参与者你可能会做笔记，这样当你开始时，他们就不会恼怒）。在每次访谈后做田野笔记也非常有用，你可以记录参与者的自我陈述和周围环境的细节，并思考下你对于参与者的个人反应、你认为访谈进行得如何、参与者回答的重要特点、对于资料分析的想法、在随后的访谈中要问的其他问题、你还需要在访谈技巧上做哪些改进等问题（参见第三章的框 3.8）。

个人信息透露

访谈前要考虑的最后一件事是你关于个人信息透露的策略。在招募过程中透露个人信息可以鼓励人们参与你的研究。如果你本身就是你正在研究的小组的成员，并且对暴露自己"出柜"不感到尴尬，这可能是重要的信息，可以写在参与者信息表上；同样，透露你不是正在研究的小组成员的信息也同样重要（参见 Asher & Asher, 1999）。但是，在访谈中如何透露个人信息呢？ 20 世纪 60 年代的一篇研究方法文章就（量化）访谈中的个人信息透露给出了以下建议："如果有人问他（访谈者）他的看法是什么，他应该一笑置之，说他目前的工作是征求意见，而不是发表意见。"（Selltiz, Jahoda, Deutsch & Cook, 1965: 576）这种策略不适合当代的质性访谈！一些研究者认为，个人信息透露对于建立融洽的关系和挑战研究者和参与者的等级关系非常重要（参见 Oakley, 1981，关于访谈中自我透露的经典讨论）；另一些研究者认为，访谈者的个人信息透露会造成一种虚假的亲密感，并促使参与者过度透露信息（Finch, 1984）。无论你的立场如何，这都需要提前考虑。以弗吉尼亚的一次博士访谈为例（见框 4.3），由于缺乏准备，导致个人信息透露处理不善（参见第七章关于转录记法的讨论）。不过，如果你确实透露了信息，那就要对它们加以控制，访谈不是我们谈论自己或建立新友谊的机会（Cotterill, 1992），信息透露必须在专业访谈的框架内进行。

与个人信息透露相关的是个人呈现问题。在访谈之前，考虑一下你向参与者呈现的形象——对于大多数访谈来说，放松而专业的形象是合适的，但这在很大程度上取决于参与者群体。面向一些群体（商务人士），你应该着正装，而面向另一些群体（学生），则可以着便装（参见 Boynton, 2005）。

框 4.3　访谈者在被参与者提问时反应不佳的例子

这是弗吉尼亚为研究女性的生殖器体验而进行的第一次访谈（Braun & Kitzinger, 2001; Braun & Wilkinson, 2003, 2005）：

金： 　你怎么想的，告诉我一些你的想法？

访谈者： 关于什么？

金： 　（（笑））关于阴道的话题，告诉我你知道什么，你问了我很多问题，我有点好奇。

访谈者： 我是问了不少问题，嗯（.）我实际上并没……我一直在想这个问题，我一直在想说清楚我的想法。

金： 　嗯。

访谈者： 我是从医生的角度，临床的角度看待这个问题的。

金：	嗯，是的。
访谈者：	整件事，嗯，嗯，嗯，非常有趣，我的意思是，我只会（.）找一个女医生看，我也不知道为什么，但这就是我一直……
金：	是。
访谈者：	我一直想的，一直做的，嗯（.）所以这是非常非常有趣的（.），因为，因为……
金：	嗯。
访谈者：	我的意思是，我……我会从临床角度看待它，但就其他方面来说，比如嗯（.）意识或（.）这些是我一直在努力想知道的事情（（笑）），我一直在问你的这些事情都是我自己在纠结的事情。
金：	嗯。
访谈者：	我还没有（嗯）得到任何答案（（笑））……（弗吉尼亚的反应像这样持续了很长一段时间）。

进行面对面访谈

一切都准备就绪，你就可以开始访谈了！不用说，在访谈过程中还有很多事情需要考虑，尤其是控制自己的紧张情绪和关注潜在的参与者的痛苦。

开始访谈

当你和你的参与者打过招呼并感谢他们同意参加之后，（再次）解释一下你的研究是关于什么，它的目的是什么，以及你为什么要进行研究（参与者通常对我们的个人动机感兴趣），并给他们提问题的机会。强调你的问题没有正确或错误的答案，你感兴趣的是他们的观点，在经验上，他们是专家。接下来，协商同意书，我们通常会给参与者一份参与者信息表副本（如果他们手头没有的话）和同意书，他们可以浏览参与者信息表上的关键信息，并让他们有机会阅读参与者信息表和同意书，向我们提出任何问题。只有到这时，我们才会邀请他们签署同意书。我们会给参与者一份参与者信息表和同意书的副本，以备他们在访谈后查阅。然后，我们通常会要求参与者填写人口统计表（提醒他们提供此类信息是自愿的），这会让他们逐渐进入被访谈的模式，并给我们最后一次机会重新检查我们的录音设备。当我们准备好开始访谈时，我们通常会问参与者是否愿意开始，然后让我们打开录音机。一旦开始录音，我们就可以开始提问。

重要的是，把你的访谈单当作进行访谈和提问的指南，而不是一个从头到尾都要严格遵循的菜谱！正如我们前面提到和演示的，你可以为个别参与者量身定制问题的措辞，以及访谈的内容；问题的顺序应该根据参与者的陈述情况进行调整。例如，如果一位参与者在访谈开始时提出了一些你打算稍后再问的问题，那么提前讨论是合适的；同样，如果某件事已经被先前的回答所涵盖，那么不要因为你的指南上有这个问题就觉得你必须问这个问题。你应该把访谈当作一种灵活的工具，一部分是有计划的，一部分是自发的。问题和指南设计的一些规则可能会被打破：一些计划好的问题可能不会被问到，而一些计划外（但仍然高度相关）的问题可能会被讨论。

跟进并让人们交谈

新访谈者需要提防仓促和过于僵化的访谈。访谈中最棘手的一个方面是问一些计划外的、即兴的问题，让人们敞开心扉，畅所欲言。如果这个人在谈论这个话题时看起来并不觉得不自在，但对一个问题只做了简短的回答，那就不要自动跳到指南上的下一个问题，继续你刚才问的问题。除了有效地使用沉默（见下文），要想得到更丰富、更详细的回答，你还可以要求举例（"你能给我举个例子吗……？"）、澄清（"你说的……是什么意思？"）、具体细节（"这让你感觉如何？"）（Rubin & Rubin, 1995），或者直接询问更多的信息（"你能告诉我更多关于这方面的信息吗？"），如有必要，向参与者保证他们是他们自己经验的专家，你对他们的观点和意见很感兴趣。如果参与者谈到了一些你没有计划问的问题，但可能与你的研究问题相关，那就多问一些。根据参与者的具体情况和他们不断发展的访谈叙述，量身定制后续问题。所有这一切的关键是记住你的访谈指南，更重要的是，对你的研究问题有一个清晰的认识，这样你就可以当场决定信息是否可能与你的研究问题相关，以及你是否应该询问更多信息或进入下一个问题。我们的学生的访谈通常开始时相当仓促和死板（严格遵守访谈指南上的问题措辞和顺序），随着他们获得更多的经验和信心，访谈会变得更加轻松和流畅（并产生更丰富的资料）。

兴趣与共情

对于许多质性研究者来说，成功访谈的关键是对参与者所说的话表现出兴趣，并表现出非评判性的态度。凝视、肢体语言（一种放松的姿势）和诸如"嗯""嗯哼""啊哈"之类的非评价性的声音都可以用来向参与者传达你正在积极地倾听他们，并且希望他们继续（同样，快速连续的大量"嗯嗯"声可以传达你希望他们停下来）。一些质性研究者提倡透露个人信息的价值，并使用评价性评论，如"是的，我知道你的意思"或"是的，类似的事情也发生在我身上"，以表明你同意参与者刚刚说的话，或者分享了经验，并建立信任和融洽关系（参见 Oakley, 1981）。但这种共情的方法是假设参与者谈论你赞成的事情（并非所有参与者都这样，例如 Scully, 1994），如果参与者开始期待你的肯定，这种方法就会变得棘手。例如，维多利亚曾经访谈过一位女士，她认为《哈利·波特》（*Harry Potter*）系列小说是反基督教的，对儿童有伤害——访谈时，维多利亚正在阅读和欣赏《哈利·波特》系列小说中的一本。如果维多利亚说出她此时此刻的真实感受，这将威胁到融洽的关系（因此也威胁到资料收集），而且是不尊重对方的；相反，她对参与者的观点表现出非评判性的兴趣。这种回答是恰当的，她是以研究者维多利亚的身份进行访谈，而不是以维多利亚本人的身份进行访谈。你是否表现出兴趣和同理心取决于访谈的主题和目的、参与者群体［当你是一名局内研究者或访谈你已经认识的人时，同理心方法最适用（参见 Garton & Copland, 2010）］和你独特的访谈风格（关于访谈中的兴趣和同理心的利弊的详细讨论，请参见 Rubin & Rubin, 1995）。

避免"做专家"

虽然我们是"专家"，是训练有素的研究者，对我们的研究主题了解很多，但参与者却是他们的经验、观点和实践方面的专家。然而，他们可能会向我们寻求专业知识；要使访谈停滞，一个非常有效的方法是维护这种权威，并就某个问题"提供所谓专业的回答"。例如，在维多利亚的女同性恋和男同性恋育儿研究中，她对家庭的意义进行了焦点小组讨论；在其中一项研究中，一名参与者对男同性恋伴侣是否可以结婚表示不确定。维多利亚发现自己（主动）做了一场关于同性婚姻的小型讲座。讨论实际上停滞了，维多利亚并没有得到关于参与者对同性婚姻的了解方面可能有趣且有用的资料，而是做了一个远不那么有用的小型讲座！

保持沉默

正如任何一位记者都会告诉你的那样，让人们说话的一个好方法就是在别人说完话后保持沉默，这样做的话，他们通常会重新开始说话，通常会补充他们之前说过的话，以填补空白。通过保持沉默，你实际上许可了访谈对象可以继续说话，并巧妙地鼓励他们这样做。我们注意到，许多学生进行的访谈（包括我们做学生时进行的第一次访谈）都相当仓促和呆板。问题很快就接二连三地被提了出来，不允许出现沉默。如果你感到紧张，你就会面临匆忙进行访谈的风险，以便尽快结束和完成访谈，而匆忙进行的访谈很少是好的访谈。学会如何忍受沉默的方法真的很有用，但可能会让你觉得沉默会持续很久，但其实只会持续一两秒钟。当然，不要走极端，否则可能会让参与者感到不舒服。

调整好紧张情绪

在进行访谈时感到紧张是很自然的事情，这是一种新的（而且相当奇怪的）经历，可能会涉及见一个陌生的人（你能建立起融洽的关系吗？），并对获得好的资料抱有很高的期望。尽管我们俩都进行了超过 15 年的访谈，但我们仍然发现访谈会令人焦虑。不过我们有策略来处理这个问题。最基本的是，给自己足够的时间做准备，让自己平静下来：不要匆忙进行访谈，一直担心迟到（这样往往你就会迷路）；在开始访谈之前，花点时间喘口气，集中精力。练习你的访谈技巧将有助于缓解紧张情绪；随着时间的推移，我们变得越来越自信，焦虑也越来越少。但当我们表现出明显的紧张时，访谈对象通常都非常善良、耐心和善解人意。在一定程度上，人际关系紧张可以得到缓解，因为你有转录本，专业的设备和材料，你可以扮演专业研究者和访谈者的角色（隐藏在专业研究者和访谈者角色中）。要记住，大多数参与者对访谈流程了解很少，尽管你也可能不觉得自己了解，但相比之下，你已经是专家了。即使你是在陌生人家中与他们见面，你也是进行互动的负责人，你会引导访谈对象完成整个过程。

结束访谈

一旦你问完了所有的问题，并且让参与者有机会补充他们认为重要的任何其他信息，那么就到了结束访谈的时候。明确地结束访谈可以避免参与者在你关闭录音机之后说很多有趣的事情。当访谈自然结束时，（再次）检查参与者是否还有其他想要补充的内容，然后明确询问他们是否对访谈结束和停止录音设备感到满意。最后，感谢参与者，并再给他们一次机会向你提问有关研究的问题。参与者可能会问，他们是否会收到访谈记录、你的报告副本或结果总结。仔细考虑你能提供什么实实在在的东西，避免在访谈的"温暖余晖"中做出难以兑现的承诺。我们通常会向参与者发送一份简短（两页）的结果摘要，这会让大多数人感到满意。

准备和进行虚拟访谈

如上所述，电话、电子邮件和在线访谈不再被视为面对面访谈的（劣势）替代品，而是一些不同类型的访谈方式，各有利弊。框 4.4 和框 4.5 总结了（不同类型的）虚拟访谈的一些主要优点和缺点（Bowker & Tuffin, 2004; Chen & Hinton, 1999；Evans, Elford & Wiggins, 2008; Hamilton & Bowers, 2006; James & Busher, 2006; McCoyd & Kerson, 2006; Meho, 2006; Murray & Sixsmith, 1998; Opdenakker, 2006; Sturges & Hanrahan, 2004）。

框 4.4 虚拟访谈的优点

为参与者提供便利和赋予其一定的权力

- 人们可以在舒适的家里或自己选择的地点参与访谈（电子邮件访谈可以在参与者自己的时间内完成），这些对研究者来说也更方便。

- 参与者可能会感受拥有更强的控制力和被赋予了一定的权力（尤其是在电子邮件访谈中），因为他们可以在准备好的时候回答问题，并且有时间反思和编辑他们的回答（他们不是坐在等待回答的研究者对面）。

容易参与且（更加）匿名

● 不受地理位置限制（以及不受时区限制的电子邮件访谈）；可供地理上相互孤立和分散的参与者群体使用。

● 对一些身体残疾和行动不便的人来说更方便。

● 担心匿名问题和担心难以融入群体的参与者可能更愿意参加虚拟访谈，而不是面对面访谈。

● 促进害羞的人和那些在面对面交谈中缺乏信心的人，以及那些认为自己能更好地用书面表达的人参与。

非常适合敏感话题

● 人们可能会觉得在虚拟访谈中透露敏感信息更自在，因为是部分（电话）或完全（电子邮件/网络）匿名，并且他们是在一个没有评判性的机器中吐露秘密，而不是直接向另一个人吐露秘密。

● 社交压力较小，也没有视觉线索来判断研究者和参与者（潜在地减少了与跨差异访谈相关的复杂性）；然而，要记住，你的语言可以揭示很多关于你的社会背景、教育经历等方面的信息。

比较节省资源

● 在线/电子邮件访谈不需要转录，也不会丢失原始资料。出于这个和其他原因（例如，不需要花费时间和金钱去访谈地点），虚拟访谈比面对面访谈更具时间效益和成本效益（使用电子邮件访谈，一次可以进行多个访谈）。

● 可以使用更大的样本（因为无须出门，节省了时间和成本；因为是网上/电子邮件访谈，无须转录）。

可允许在资料收集期间更多地参与

- 由于电子邮件访谈的时间范围延长，提问和开始资料分析可以同时进行，而展开的分析可以影响访谈；可以邀请参与者对展开的分析发表评论（有关应答者验证或"成员检查"的讨论，请参阅第十二章）。

- 在线访谈，尤其是电子邮件访谈中，研究者有时间构想提示和后续问题，这样访谈能根据参与者正在进行的陈述随时做出回应和调整，从而减少遗漏有用信息的机会。

框 4.5 虚拟访谈的缺点

某些群体较难参与

- 潜在的参与者仅限于那些可以使用联网计算机或移动设备（或电话）的人；这类人往往更富有。

- 对于在线/电子邮件访谈，参与者需要具备一定的阅读和写作能力（识字能力有限的参与者可能较难参与这些类型的访谈）；对于打字速度慢的参与者来说更具挑战性。

- 有些人觉得，与写作相比，他们在说话时更能表达自己（所以更喜欢面对面或电话访谈）。

对于参与者来说不太方便

- 在线/电子邮件访谈可能比面对面和电话访谈更耗时；书面回复比口头回复要花更长的时间，因此一些参与者可能认为在线/电子邮件访谈比面对面和电话访谈更麻烦。

研究者对访谈的控制较弱

- 在线访谈，尤其是电子邮件访谈中，参与者可以编辑他们的回答，这样资料就不是自发和自然产生的。

- 参与者输入他们的回答时所处的情境，以及这个情境如何影响他们的回答，都是未知的（例如：可能会有其他人在场；参与者可能在完成访谈的同时切换任务并做其他事情）。

- 匿名和更强的控制感可能意味着在线／电子邮件访谈的参与者更愿意停止参与，不及时发送回复，或者对访谈者不友好；在电子邮件访谈中，日常生活的分心和干扰可能会导致参与者失去访谈思路。

- 访谈可能会因技术问题而中断。

某些形式的信息（和资料）会丢失

- 可能很难核实参与者是否如他们所说的那样（特别是在线／电子邮件访谈）。

- 与面对面交流相比，虚拟交流为研究者提供的信息更少。例如，特别是在在线／电子邮件访谈中，没有直接观察到情绪或其他视觉线索，所以很难解释回应延迟的原因。在面对面访谈中，访谈者可以观察到参与者是否看起来心烦意乱或难以表达自己的感受，因此可以对如何进行访谈作出更明智的判断。

研究者回应参与者的能力有限

- 研究者使参与者获得适当（当地）支持的能力可能有限。

- 虚拟（尤其是在线／电子邮件）访谈具有滥用潜力，促使参与者过度透露敏感信息，比面对面交流更少受到审查。

> **资料安全风险**
> - 在线／电子邮件访谈可能不如面对面访谈安全，因此访谈资料可能会被其他人获取，参与者的匿名性和保密性也会受到影响。

面对面访谈和虚拟访谈（尤其是在线／电子邮件访谈）在程序上有很多重要的区别，所以在你开始收集资料之前，你需要考虑以下问题。

虚拟访谈时长：与面对面和电话访谈相比，在线／电子邮件访谈往往需要更长时间才能完成。在线同步访谈可能需要 90 分钟到两个小时（相比之下，面对面访谈大约需要一个小时）；电子邮件访谈可能会持续几天、几周或几个月，这取决于你的问题数量，你的问题是一次性发送还是批量发送（见下文），还取决于参与者的日程安排和其他事项（Meho, 2006）。英国就业和教育研究者纳利塔·詹姆斯（Nalita James）和休·布舍（Hugh Busher）（2006: 414）发现，他们原本预计需要两到三周的访谈"最终会延长到几个月，因为这样的回应速度适合日常生活繁忙的参与者"。对于电子邮件访谈，设定一个完成访谈的最后期限可能会（对你和参与者）很有帮助（如果你的工作日程相对紧凑，这一点尤其重要）。

参与者更愿意打字而不是说话：在线／电子邮件访谈中，向参与者保证正确的拼写和语法并不重要，并鼓励参与者使用首字母缩略词或缩略语 [LOL 表示大声笑出来（laugh out loud），ROFL 表示在地板上打滚大笑（rolling on the floor laughing）]、表情符号（☺ 表示微笑），并用下划线和斜体（强调）代替非语言提示（Murray & Sixsmith, 1998）。但请注意，表情符号的语言并非通用，例如，日本人的表情符号语言与西方人使用的不同，一些国家并不使用它们（Opdenakker, 2006）。我们在面对面（和电话）访谈中给予参与者的鼓励在在线／电子邮件访谈中也很重要，例如：没有正确和错误的答案；我们对你的经历和观点感兴趣。

协商知情同意书：不可能在访谈中给虚拟参与者发放一份**参与者信息表**去阅读，也不可能让他们在访谈中签署同意书。但是，这些信息可以很容易电邮给参与者或发送给参与者。可以要求参与者（打印出来）通过邮寄的方式签定并返回同意书，或者使用电子签名并以电子邮件附件的形式返回。对于在线 / 电子邮件访谈，可以更容易地要求参与者阅读同意书，然后写出或剪切同意声明并粘贴到回复中，例如："我已经阅读了知情同意书，并有机会提出问题。我明白我可以随时退出研究，不会有任何负面影响。我的回复证实了我同意。"（McCoyd & Kerson, 2006: 394）

建立信任和融洽关系：人们通常认为，如果没有视觉线索，就很难与参与者建立信任和融洽关系。虽然对于匿名问题来说可能有好处（参与者不能根据你的外表来判断你，见框 4.4），但重要的是要确立你的合法性，并为参与者提供一种检查你是谁（或你的导师是谁）的方式，例如：你可以将参与者引导到官方网页（Madge & O'Connor, 2002），或者邀请他们给大学总机打一个验证电话，他们可以在那里点名找你或你的导师；把你所有的研究材料都印在官方信头上也很有帮助。此外，透露个人信息（即使只是关于你为什么对你选择的话题感兴趣）可以帮助参与者放松心情，建立融洽关系。

提问：像面对面访谈一样制订一份访谈指南（遵循同样的问题设计规则）。然而，在虚拟访谈中很可能会出现很大的沟通失误和误解，特别是不同步的电子邮件访谈不一定允许立即澄清（和追问）。这意味着，虚拟访谈中的问题，尤其是电子邮件访谈中的问题，需要比面对面访谈中的问题更加明白，不需要加以说明。同时，避免提供过多的指导，因为这会窄化和限制参与者的反应。

在电子邮件访谈中发送问题：在电子邮件访谈中，没有一种正确的发送问题的方式，尽管问题应该嵌入电子邮件中，而不是在附件中发送（Meho, 2006）。一些研究者建议一次发送所有（计划好的）问题，然后在收到参与者的初步答复后再发送后续问题（Hodgson, 2004）；另一些研究者建议分批发送问题；其他人则建议一次发送一个问题。一次发送所有问题会缩短访谈时间（就参与者的回答和进行访谈所需的时间而言），而一次发送一个问题（或分批发送问题）会延长访谈时间（同样，就参与者的回答和进行访谈所需的时间而言）。例如，美国社会工作学者朱迪思·麦考伊德（Judith McCoyd）和托巴·柯尔森（Toba Kerson）（2006）对因胎儿异常而终止妊娠的女性进行了研究，他们最初要求参与者"讲述她们的故事"，然后为特定参与者分批定制 2~3 个问题。他们的访谈通常包括 8~14 次互动（有趣的是，他们的电子邮件访谈内容通常比面对面访谈长 3~8 页，比他们为同一项研究进行的电话访谈长 6~12 页）。告诉参与者预计会有多少问题；一些研究者建议提前将访谈指南发送给参与者，让他们有时间考虑自己的答案，并最大限度地发挥虚拟访谈，特别是电子邮件访谈的反思潜力（Murray & Sixsmith, 1998）。

保存对话以帮助反思或优先考虑资料安全以保护匿名性：对于你是否应该以保留你与参与者之间对话的方式进行电子邮件访谈，存在意见分歧。例如，詹姆斯和布舍（2006: 410）对电子邮件参与者的提示如下："预计会有一场持续的对话。为了做到这一点，请确保在发送给你的信息和问题的顶部回答，不要在底部回答。这将确保问题的序列不会被打断。"以这种方式保存对话的好处是，你可以按时间顺序记录访谈，你和参与者可以回滚对话并反思他们早先的回答（James & Busher, 2009）。由于担心电子邮件访谈的安全性，所以其他研究者已经将参与者的回复剪切并粘贴到 Word 文件中，清除了所有可说明身份的信息，并立即删除了参与者发送的或发给参与者的任何电子邮件（McCoyd & Kerson, 2006）。此选项可能适用于特别担心匿名性和保密性的参与者，无论哪种方式，通过参与者信息表告知参与者与电子邮件访谈相关的资料安全风险都很重要（Hamilton & Bowers, 2006）。

保持势头：在线 / 电子邮件访谈中，在保持访谈势头和让参与者有时间回答你的问题之间取得平衡很重要。因为你不是与参与者面对面，也不是用笑声来让他们相信你在听他们说什么，而且对他们说的话感兴趣，所以当你收到问题的回答时，明确的感谢和鼓励很重要。对于电子邮件访谈，如果几天后你还没有收到参与者的回复，你可以通过一到两个礼貌的提醒让他们回答你的问题，帮助参与者专注于访谈（Meho, 2006）。由于所有虚拟访谈都缺乏视觉线索，所以很难知道参与者是否在反思自己的回答，是否被另一项任务分散了注意力，或者是否已经终止了访谈（Madge & O'Connor, 2002）——如果你不确定，一定要礼貌地检查一下。回答问题的长时间拖延可能是参与者感到不舒服或痛苦的迹象——同样，礼貌地检查是否这样，并与参与者一起探索他们是否可以继续访谈，是否想要休息一下，或者完全停止。在进行电子邮件访谈时，有效地计划你的时间非常重要，这样你就可以定期查看电子邮件（如果你将长时间离开电子邮件，请通知参与者），并及时回复参与者的电子邮件。最后，重要的是要意识到，结束在线 / 电子邮件访谈可能很困难。尽管有些人会有一个明确的结束，但另一些人"会干脆消失"（Mann & Stewart, 2000: 157）。询问参与者是否要结束访谈并将不回答视为默认。

访谈不顺怎么办

如上所述，要想访谈成功，你需要注意并且做很多事情。你最初的几次访谈不太可能完美。像其他技能一样，发展访谈技能是一个学习过程，每个人都会犯错。每次访谈时，都要诚实地反思自己的表现，并思考如何提高自己的技能。听录音或阅读第一次访谈的转录文本，并与你的导师讨论，这对发展你的访谈技能很有用——尽管有点令人无法忍受。

什么是好的访谈？我们梦想的（面对面）访谈场景是这样的：参与者积极性很高，有很多话要说，畅所欲言，能言善辩，引经据典，紧扣主题。不幸的是，并不是所有的参与者都是这样的！如果你遇到一位不愿与你交谈的参与者，请记住：即使是最有技能和最有经验的访谈者有时也很难让人开口说话；不要马上责怪自己糟糕的访谈技能。除了不愿交谈外，人们可能在很多方面都是"难相处"的访谈对象。赫伯特·J.鲁宾和艾琳·S.鲁宾（Rubin & Rubin）（1995: 7）认为访谈是"非常不可预测的"，因为参与者"可能会控制访谈，改变话题，引导节奏，或者表示访谈者问错了问题。有时访谈对象会变得敌对；有时他们会变得过于友好、充满威胁性或举止轻浮。有些参与者会说一些你觉得无礼的话；他们可能会问你很多问题而不是回答你的问题。最重要的是要记住，访谈不是随随便便就能进行的。你作为访谈者，要与参与者合作，使访谈得以进行，例如：管理个人信息透露，这样访谈就不会变成对话；温和地或坚定地将访谈引回到原话题上（试着从参与者所说的话中找到一些相关的事情，并利用这些事情将访谈引向正确的方向——"你提到了 X，这与……有什么关系？"）；提前准备好对冒犯性言论的回应。记住，你是作为一个研究者做出回应，而不是作为你自己（参见 Flood, 2008）。

章节总结

本章主要内容：

- 概述了何时和为什么进行访谈，以及访谈法作为质性资料收集方法的利弊。
- 讨论了如何准备访谈，包括设计你的访谈指南和设计 / 构建有效的问题。
- 概述了与参与者有关的考虑事项，例如访谈"他者"。
- 讨论了如何准备和进行面对面访谈，包括寻找合适的地点和围绕个人信息透露的计划好的策略。
- 讨论了如何准备和进行虚拟访谈。
- 强调了一些在访谈中可能出错的事情以及如何处理这些事情。

问题讨论和课堂练习

1. 以小组为单位，首先，找出下面的"关于伴侣关系的糟糕的访谈指南"所有问题，其次，重新设计访谈指南，解决你已经发现的问题（这可能包括放弃一些问题和设计新的问题）。有关这个练习的答案，请参阅配套网站。

（1）如果你还没有结婚，你打算在未来几年内结婚吗？

（2）你一周和你的伴侣做爱几次？每次做爱你都会达到高潮吗？

（3）你或你的伴侣有过不忠的经历吗？

（4）我喜欢和我的伴侣去看电影，你呢？

（5）你和你的伴侣过得开心吗？

（6）如果你们的关系有问题，你会主动去沟通吗？

（7）你是什么时候、怎么认识你的伴侣的？

（8）你家里谁打扫卫生最多，你，还是你的伴侣？

（9）你比你的伴侣挣的钱多吗？

2. 以三人为一组，围绕学生的大学生活经历这一广泛主题提出一个研究问题，并设计一份简短的访谈指南来回答这个问题（大约五个主要问题再加上调查）。提名一人担任访谈者，一人担任访谈对象，一人担任观察者，并进行访谈。在进行访谈时，观察者应该记录下访谈的积极和消极方面。观察者（和访谈对象）应该向访谈者提供建设性的反馈。然后，交换角色，让每个人都扮演每个角色。

3. 现在你已经通过你的指南进行了三次访谈，反思一下你可以如何改进它。问题的措辞需要改变吗？有些问题是不是提得不太好？你需要改变问题的顺序吗？你需要更多的提示和追问吗？

4. 使用修改后的指南重复练习2，但这一次访谈对象应该扮演一个"难对付的访谈对象"，例如，问研究者很多关于他们经历的问题，给出少而无礼的简短答案，偏离主题。不要告诉访谈者你会怎样刁难，来个惊喜吧！访谈者的任务是设法克服困难，使访谈保持在正轨上。同样，观察者和访谈对象应该向访谈者反馈他们的表现，每个人都应该轮流扮演每个角色。

扩展资源

扩展阅读：

有关设计问题的有用建议，以及真实访谈中的例子，请参阅：Chapter 7,

Qualitative interviewing. In M. Q. Patton (2002), *Qualitative research and evaluation methods*, (3rd ed., pp. 339–427). Thousand Oaks, CA: Sage。

有关共情访谈方法的经典（备受争议的，请参阅：Cotterill, 1992; Finch, 1984; Malseed, 1987; Ribbens, 1989）讨论，请参阅：Oakley, A. (1981). Interviewing women: a contradiction in terms. In H. Roberts (Ed.), *Doing feminist research* (pp. 30–61). London: Routledge & Kegan Paul。

有关对被判有罪的强奸犯进行访谈的精彩描述，请参阅：Chapter 1: A glimpse inside. In D. Scully (1994), *Understanding sexual violence: A study of convicted rapists*. New York: Routledge。

有关电话访谈（与面对面访谈相比）的优点和缺点的概述，请参阅：Shuy, R. W. (2002). In-person versus telephone interviews. In J. F. Gubrium & J. A. Holstein (Eds), *Handbook of interview research: Context and methods* (pp. 537–555). Thousand Oaks, CA: Sage。

有关在线／电子邮件访谈的概述，请参阅：Mann, C. & Stewart, F. (2002). Internet interviewing. In J. F. Gubrium & J. A. Holstein (Eds), *Handbook of interview research: Context and methods* (pp. 603–627). Thousand Oaks, CA: Sage。

在线资源：

有关以下内容，请参见配套网站（**www.sagepub.co.uk/braunandclarke**）：

- 与第二部分相关的自测多项选择题。
- 抽认卡词汇表——测试本章中使用的关键术语的定义。
- 访谈研究的材料示例（访谈指南、参与者信息表、同意书、转录员保密协议）。
- "关于伴侣关系的糟糕的访谈指南"练习答案。
- 扩展阅读（来自 Sage 期刊的文章）。

第五章 互动资料收集 2：焦点小组

使用小组讨论形式已经成为从参与者那里收集资料的一种日益流行的方式。众所周知，焦点小组是罗伯特·默顿（Robert Merton）和他的同事们在 20 世纪 40 年代初发展起来的一种社会科学方法（Merton, 1987; Merton & Kendall, 1946），但直到 20 世纪 90 年代才真正在政治和市场研究中受到重视。在经历了"快速发展"（Morgan, 2002: 141）之后，现在，它已经成为一种根深蒂固的、令人兴奋的资料收集方法（Farnsworth & Boon, 2010; Morgan, 1997）。最初是由健康研究人员（Wilkinson, 2004）带头使用，现在焦点小组被广泛用于社会科学领域，探索各种主题，如种族主义的语言（参见 Augoustinos & Every, 2007），游客对航空旅行和可持续性的看法（Becken, 2007），以及酒精在瑞典人约会中的地位和作用（Abrahamson, 2004）。这一章概述了一种相对正式但不是高度结构化的焦点小组法（Morgan, 2002），类似第四章的访谈法。由于本章的许多观点是基于我们在第四章提出的观点，我们建议你先阅读第四章。其他类型的焦点小组包括友谊群体之间不那么正式的用餐时间讨论（例如：Fine & Macpherson, 1992; Speer, 2002b）。

什么是焦点小组

　　焦点小组是一种同时从多个参与者那里收集资料的方法。它们涉及围绕感兴趣的话题展开的相对非结构化但有指导性的讨论。指导讨论的人被称为主持人，而不是访谈者，因为他们不只是提出问题并得到直接的回答；主持人的目标通常是让参与者讨论主持人提出的观点。通常情况下，主持人是研究者或小组外的人；在某些情况下（例如，有时有先前存在的小组），焦点小组可以自我主持，由小组成员负责主持小组讨论（例如 Buttny, 1997）。传统上，焦点小组一直是一种面对面的资料收集模式，但就像访谈一样，在过去 10 年左右的时间里，焦点小组已经转向虚拟领域——见框 5.1。本章的重点是面对面小组。

框 5.1　虚拟焦点小组

　　就像访谈（参见第四章）一样，焦点小组可以采取许多不同的虚拟形式，从以不同的在线模式（例如，使用聊天软件、讨论板、电子邮件）产生的各种类型的讨论，到音频（可视）的小组对话（例如，使用电话或网络交谈软件）。转向虚拟形式意味着小组讨论既可以在所有参与者同时参与的情况下进行（同步组），模仿面对面小组，也可以在参与者在较长时间内的不同时间点参与的情况下进行（不同步组）。虚拟焦点小组方法的许多优点（和缺点）与虚拟访谈的优点（和缺点）相同（参见第四章中的框 4.4 和框 4.5），但每种形式也有其自身的特征。如果你正在考虑使用虚拟焦点小组方法进行资料收集，则需要注意这些，并考虑它们如何与你可能正在研究的各种主题和参与者相关。

虚拟焦点小组提供了令人兴奋的可能性（特别是对精通技术的人来说），但也带来了特殊的挑战。我们不再深入讨论它们，因为我们不认为它们是质性资料收集的初学者方法。如果你正在考虑**虚拟焦点小组**（virtual focus group），为了让你入门，我们推荐你阅读盖泽（Gaiser, 2008）对在线焦点小组易懂而全面的介绍，包括与面对面小组进行的比较；另外推荐你阅读休斯和朗（Hughes & Lang, 2004）有关虚拟焦点小组的更深入但仍易懂的讨论，然后查阅更多的关于虚拟焦点小组的学术研究成果（例如：Adler & Zarchin, 2002; Bloor et al., 2001; Burton & Bruening, 2003; Chase & Alvarez, 2000; Fox et al., 2007; Gaiser, 1997; Graffigna & Bosio, 2006; Hoppe et al., 1995; Krueger & Casey, 2009; Liamputtong, 2011; Madge & O'Connor, 2004; Mann & Stewart, 2000; Oringderff, 2008; Schneider, Kerwin, Frechtling & Vivari, 2002; Silverman，无日期；Sweet, 2001; Underhill & Olmsted, 2003; Williams & Robson, 2004）。

小组成员之间的社会互动是这种方法的核心，这就是焦点小组与访谈或调查等方法的区别。焦点小组存在潜在的复杂社会情境（Hollander, 2004）。在焦点小组中，参与者（可以）相互交流，提出问题和面临的挑战，表示不同意或同意。当你看到社会互动的日常过程时，焦点小组减少了甚至是质性资料收集的许多形式中的一些人为因素和去情境化（Wilkinson, 1999）。事实上，与个人访谈中获得的陈述相比，焦点小组一直被视为获得更自然陈述（更像常规对话）的一种方式（Wellings, Branigan & Mitchell, 2000）。当焦点小组资料被讨论或达成一致时（这被称为集体的意义形成），焦点小组资料可以揭示一个主题的意义是如何在人们之间商议的，关于一个主题的陈述是如何被详细阐述和证明的，等等，（Frith,

2000; Wilkinson, 1998a）。有人说，在我们的分析中，如果我们不考虑资料的交互性和情境性质（Hollander, 2004; Kitzinger, 1994b），以及群体动力学在焦点小组资料产生中的作用，那么，这种方法就被浪费了，甚至被滥用了（Farnsworth & Boon, 2010）。然而，这一要素往往没有得到任何深入的分析（Webb & Kevern, 2001; Wilkinson, 1998B）。

介绍关于焦点小组的资料

在这本书的其余部分，我们提供了说明性有效实例，这些实例来自我们专门为本书设计和使用的焦点小组。我们想通过关注一个我们之前没有研究过的主题，尽可能地复制典型的学生首次研究经历，所以我们选择了"体重和肥胖"作为一个与我们的两个主要研究兴趣无关的问题。因为学生们通常收集自己的资料，所以在我们集思广益并制订了问题指南后，我们聘请了研究生威廉（威尔）·汉森［William（Will）Hanson］为我们主持焦点小组，这是他主持的第一个小组。此外，由于学生通常从其他学生那里收集资料，所以我们从维多利亚所在的大学招募了 6 名参与者。她们都是心理学专业的本科生和白人女性，但她们的年龄有所不同（4 名是离校生；两名是成年学生），还有其他方面也有不同，比如父母身份和体重史——在这一组中，有两名女性透露之前做过胃束带（减肥）手术。威尔在主持实际的焦点小组之前，与他的一群朋友一起非正式地试用了焦点小组指南，在试用的基础上，我们得出的结论是，只需要对焦点小组指南进行一些小的修改（参见材料示例 5.1）。焦点小组是在校园的一个房间里进行；录音是由专业的转录员转录（并非没有问题！），并由威尔检查。焦点小组的完整文本可以在配套网站上找到，我们为焦点小组开发的研究材料（参与者信息表、同意书和人口统计表）将在本章后面的材料示例 5.2—材料示例 5.4 中介绍。（另一组成员关于人体艺术的转录和音频文件，以及该组的所有相关研究材料的副本，请参见配套网站。）

何时以及为何使用焦点小组

正如说明性研究实例 5.1 所示，焦点小组有可能获得其他方法无法获得的知识形式（Wellings et al., 2000），并产生完全意想不到的或新的知识（Wilkinson, 1998a）。它们可以提供一个开放的、支持性的环境，让参与者就通常非常敏感的问题进行深入讨论（Wilkinson, 1998c），参与者之间的互动可以产生详细的叙述（Wilkinson, 1998a, 1998c）。因为焦点小组模仿的是"真实生活"，人们相互交谈，而不是与研究者交谈，所以焦点小组鼓励使用参与者使用的真实词语和谈论话题的方式（Kitzinger, 1994b; Wilkinson, 1998a）——参与者可能不认为必须要使用"正确"的术语。

说明性研究实例 5.1

男孩和男人对身体形象的担忧

近年来，男性明显地越来越担忧自己的身型。英国健康和临床心理学家萨拉·格罗根（Sarah Grogan）和海伦·理查兹（Helen Richards）（2002）认为，这是一个社会问题。了解男孩和男人的身体形象对于避免与不良身体形象相关的重大健康风险至关重要（解构身体形象的社会认知概念，并将身体形象作为一种过程和活动重新概念化，更符合情境主义和建构主义原则，参见 Gleeson & Frith, 2006）。

虽然量化研究已经确定了男性对自己身型不满意的比例，以及这些不满意的身体部位是什么，但还缺少对男性为什么会不满意，以及这种不满意是如何影响他们对于某些问题的详细理解，尤其是在饮食和锻炼等问题上。格罗根和理查兹选择了焦点小组的方法，目的是"在一个显然更加强调男性身体形象重要性的文化中，探索年轻男性如何感受自己的身体"（p. 221）。选择焦点小组的原因有很多，包括：产生互动资料；获取自然语言；增加信息透露（试点已经证实，就他们的样本而言，小组讨论有助于对这类敏感话题的透露）；创造一种不分等级的研究情境；并减少研究者的影响。参与者是 20 名中等身材的白人工薪阶层或中产阶级男孩和男人（p. 223），他们参加了一个年龄相仿的约 30 分钟的焦点小组讨论。为了增加讨论的深度，每组只有 4 名男孩／男人，年龄分别为 8 岁、13 岁、16 岁（两组）或 19 岁至 25 岁。试点证实，男孩／男人与女性主持人交谈会更自在，因此所有人都由一名女性管理，而女主持人则与参与者在地区口音、社会阶层和种族方面相匹配。用主题分解（Stenner, 1993）对资料进行录音、转录和分析，以确定男人们之间陈述的模式。主题分解结合了话语分析和主题分析方法，确定文本中的主题，并在后结构主义框架内对其进行解释（Stenner, 1993），类似于后结构主义话语分析的某些形式（参见第八章）。

他们的结果既在意料之中，也在意料之外。肌肉发达受到重视，但只是有限的肌肉发达而已（健美被普遍认为是负面的），并与"男性化"领域——健身——有关。超重被负面地认为是个人的责任和过错（缺乏控制），因此被认为是合法取笑肥胖者的事情。运动被认为是避免发胖的领域，但参与者的陈述很复杂，自相矛盾：他们可以为了避免发胖而"不厌其烦地"锻炼，但却不会努力锻炼肌肉。作者将这一发现解释为反映了男性（为了健身而锻炼）和女性（关心身体外观）对待身体的管理方式之间的紧张关系。然而，自尊与参与者对自己的身体感觉良好有关。他们总结说，"男孩和男人讲述了复杂的故事，他们描述了让自己看起来苗条和肌肉发达的压力，但他们觉得试图通过锻炼来接近自己的理想的价值太微不足道，无法证明所花费的时间和精力是值得的"（p.
230）。男性讲述的故事很复杂，并不完全可以预测，也不完全符合量化
研究的预期，这表明了焦点小组方法在获得深入和意想不到的陈述方面
的价值。

如果你想在一个问题上引出广泛的观点、看法或理解，焦点小组是一个很好
的方法（Underhill & Olmsted, 2003; Wilkinson, 1998a）。它可以成为一种有用的探
索性工具，可以指导人们开始寻找研究不足的领域，因为它不需要任何关于这个
问题的先前经验知识（Frith, 2000）。它也可以很好地获取未被充分代表或被边缘
化的社会群体的观点（Wilkinson, 1999），尤其是因为与"像你一样"的人交谈可
能没有与一个研究者交谈那么可怕（参见 Liamputtong, 2007）。

如果想要你的研究促成某种社会变革或行动效果，那么焦点小组也提供了一
个潜在的有用方法。参与一个话题的小组讨论可以对个人产生"加强意识"的效
果，并导致某种个人（也许最终是社会或政治）的改变（Morgan, 1997; Wilkinson,
1999）。在群体情境下，作为研究的一部分，焦点小组可能会使参与者之间产生不
同的意识，因此可以成为促进社会变革的工具。焦点小组也可以被认为是赋能——
分享观点意味着人们可以意识到他们在自己的经历或观点上并不是那么孤立。由于
这些原因和其他原因，焦点小组被认为是一种特别适合于对较弱势和较边缘化群体
的人进行研究的方法（Liamputtong, 2007; Wilkinson, 1999），它被用于参与性行动研
究框架，以引起变化（例如：Chiu, 2003; Kamberelis & Dimitriadis, 2005）。

自我主持的焦点小组对于产生不受社会欢迎的反应特别有用，因为研究者
的缺席减少了人们对不受社会欢迎的担忧。例如，我们可以将维多利亚（Clarke,
2005）和英国 LGBTQ 心理学家索尼娅·埃利斯（Sonja Ellis）（2001）的来自研
究者主持的焦点小组有关英国大学生谈论女同性恋权利问题的研究结果，与美国

传播学研究者劳拉·奥哈拉（Laura O'Hara）和玛西·迈耶（Marcy Meyer）（2004）的自我主持的焦点小组结果进行比较。尽管维多利亚和索尼娅·埃利斯的参与者的叙述是基于自由主义言论，但奥哈拉和迈耶的参与者则经常更公开地表达反同性恋的观点。虽然必须考虑资料产生的情境（美国与英国），但对于可能会担忧产生不受社会欢迎反应的研究主题，使用自我主持的小组值得考虑。根据你研究主题的性质考虑参与者和主持人的匹配性可能是合适的，比如如果你是一名女性研究者，就让一名男性来主持男性焦点小组。

虽然你可能认为敏感话题——比如性（Frith, 2000）或吸毒（Toner, 2009）——不适合面对面的焦点小组研究，因为人们在公共论坛上谈论这些事情会感到不自在，但通过焦点小组实际上可以很好地收集敏感话题或个人话题资料，甚至可能比访谈等方法更有效（Frith, 2000; Kitzinger, 1994 b; Liamputtong, 2007; Renzetti & Lee, 1993; Wellings et al., 2000）。一些研究者发现，焦点小组很适合儿童和年轻人谈论敏感话题和个人话题（Fox, Morris & Rumsey, 2007; Hoppe, Wells, Morrison, Gillmore & Wilsdon, 1995）。人们在集体而不是个人情境下讨论敏感话题可能不会那么不自在——尽管在更大的研究中，无论是参加焦点小组或个人访谈都可能是合适的（Fox, Morris & Rumsey, 2007; Hoppe, Wells, Morrison, Gillmore & Wilsdon, 1995）。

一般来说，研究主题不会影响焦点小组的使用，尽管在某些情况下不适合使用焦点小组，例如，很难想象面对面的焦点小组如何能适合于研究人们的害羞经历，个别访谈可能更好（Morgan, 1997）。可能存在强烈（情绪化）冲突观点的话题也许不适合任何形式的焦点小组（Hughes & Lang, 2004），原因非常不同——这些话题也许会演变成激烈的争论，让每个人都感到不安。根据研究主题和情境来判断不适合使用焦点小组方法的可能性，这一点真的很重要。以堕胎为例，这个话题在一些国家并不是特别有争议，在另一些国家则极具争议性。假设你的研究问题是"青春期末期的青少年对堕胎的理解是什么？"，在不考虑情境的情况下，该问题似乎非常适合焦点小组方法。但在许多地方，参与者可能有强烈的赞成或反对的观点，并对这些观点深信不疑。有鉴于此，除非你是一名经验丰富的研究者，具有丰富的焦点小组经验，并且非常仔细地思考这些问题，否则就这个研究主题组织一个小组访谈可能不明智。对于存在冲突观点的话题，一种解决方案是围绕特定的观点来组织你的小组，这将消除发生（高级别）冲突的可能性。

然而，焦点小组不是最终的方法（参见表 5.1），任何方法的"好"都只是就研究项目的整体目的和适合性而言的（参见第三章表 3.1—表 3.3）。焦点小组适用于几乎所有类型的质性研究问题，但表述性和经验性问题除外。如果你想要引出详细的个人叙述，焦点小组不是最好的方法，因为讨论的集体性，也因为个人叙述可能会因参与者之间激烈的争论而无法进行；当你详细询问个人经历而不是更广泛的社会文化意义或个人意义时，焦点小组也不是研究这类敏感话题的最好方法（Liamputong, 2011）。对于从忙碌的专业人士那里获取资料来说，焦点小组可能会面临组织管理上的挑战，在这种情况下，个人访谈可能更好。关键是要选择资料收集工具，以便从特定样本中获取你想要的问题和主题信息。

表 5.1 焦点小组的优缺点

优点	缺点
灵活探索未预料到的问题	不允许深入追踪个人观点或经历
有利于收集有关鲜为人知的问题的新知识	可能很难管理
可以以日常谈论话题的方式进行（高生态效度）	很容易离题，很难让人重新回到话题上来
是互动和创造意义的过程	组织工作困难在难以招募和组织参与者
可以促进信息透露（甚至是或者尤其是敏感话题）	对于忙碌的人来说不是个好方法
可以给参与者带来一定程度的赋能，或者带来社会变革	不适合地理位置分散的人
减少研究者的权力和控制力，资料可能较少受到主持人的影响	如果参与者必须在特定时间前往你处，则更不方便

优点	缺点
适合畏惧参与研究的群体	焦点小组通常比访谈时间长，因此对参与者来说更耗时
	可能需要一个助手来管理实际事务
	焦点小组资料的转录非常耗时

需要思考的与参与者相关的问题

由于其集体性能，焦点小组的组成——谁是与谁不是特定群体的一部分——是一个很重要的问题。然而，成员组成的重要性在一定程度上也取决于话题和情境（考虑上面的堕胎例子），所以不应该孤立地做出这些选择。关于参与者，需要考虑的两个关键方面是他们有多相似，以及他们是否相互认识。在每种情况下，都没有对错的立场，你只需要解释你做了什么，为何而做。

异质性还是同质性

小组中的参与者应该是不同的还是相似的？有些人认为异质性好，异质性可以带来不同的观点，并产生更多样化的讨论。其他人认为同质性好，因为它创造了一个轻松或熟悉的社会环境，这意味着参与者感觉很舒服，并且是从相似的地方开始（Liamputtong, 2011）。大多数情况下，人们似乎看好同质性，因为它为讨论提供了一个共同的基础（Liamputtong, 2011），但显而易见的问题是，有多相似，在哪些方面相似？我们都有多重的和交叉的个人、社会和政治身份，这些身份在不同的时期对我们来说都很重要。例如，从表面上看，弗吉尼亚和维多利亚看起来非常相似：我们都是白人、中产阶级、无宗教信仰、受过高等教育的女性，成长于 20 世纪 70 年代和 80 年代，为独生子女，目前是心理学系的学者。我们都有文身，都喜欢看电影和美食。但我们也有不同之处，其中一些差异并非无关紧要。弗吉尼亚是欧洲血统的新西兰人、是异性恋者、有着传统上可以接受的身材、在非传统环境中长大、非常贫穷（但也是中产阶级）、由母亲抚养长大，尽管她很容易遇到事故，但目前并没有残疾。相比之下，维多利亚是英国人、是非异性恋者、来自一个完整的异性恋核心家庭，随着年龄的增长，传统的教养方式更加使她成为中产阶级，但她没有传统上可接受的身材，目前在法律上被认为是由于慢性病而致残（另见第一章中的框 1.3 和框 1.4）。此外，尽管我们都认为自己是非宗教人士，但维多利亚的立场更为积极，她是英国人道主义者协会（British Humanist Association）运动组织成员。因此，即使是明显的相似之处也可能掩盖着截然不同的习惯和经历。即使你的样本是学生——一个经常因其特殊性和同质性而受到批评的样本群体（Henrich et al., 2010）——你也不应该假设其是同质性的，就像上面关于我们的焦点小组样本所提到的那样。

一个建议是，根据研究主题来确定相似性：如果你想探索酗酒的社会问题，那么选择相同性别和相同社会阶层背景的（离校生）学生群体将是一种同质性策略，选择在性别、社会阶层、年龄和职业方面不同的人混合在一起的群体将是一种异质性策略。归根结底，你使用哪种策略取决于研究本身的具体情况（Morgan, 1997）。但是，在任何群体中你需要保持足够的多样性，才能确保讨论趣味横生（Barbour, 2005），你不会希望参与者只是不停地说"是的"和"我同意"。

朋友、熟人还是陌生人

焦点小组可以由朋友、熟人或陌生人组成。作为同一社交网络的一员（例如，作为朋友、作为支持小组的成员、作为工作同事），信息透露和公开讨论可能会受阻，尤其是当人们感到比较脆弱的时候（例如 Leask, Hawe & Chapman, 2001）。如果参与者是我们社交网络的一员，那么保密性也可能是一个更大的问题（参见本章后面的框 5.2）。和陌生人在一起，你很可能之后再也见不到他们了，对你来说这是舒坦的（Liamputtong, 2011）。然而，与你认识的人在一起也可以创造一个更容易讨论问题的情境。根据我们的经验，由朋友或陌生人组成的焦点小组效果最好。与熟人在一起，似乎存在一些不确定性，阻碍了自由讨论和信息的深度透露。但同样，研究主题和研究问题（这实际上是关于招募的语用学）可能是一个决定性因素，一些参与者可能不会与陌生人（或朋友）谈论某些话题（Liamputtong, 2011）。在我们的焦点小组中，参与者可能相互认识（攻读相同的学位），这似乎不会阻碍信息透露。

友谊群体有两个额外的优势：（1）他们的历史——当有人表达特定的观点时，那些认识那个人的人可以质疑他们所说的话，或者根据他们所知道的内容细化陈述（Kitzinger, 1994b）；（2）现成的交往熟悉性——这意味着焦点小组可能会运行得更理想，参与者之间相互交谈、相互讨论和表达（不）同意彼此意见，而不是仅仅回应主持人。然而，这两者都有一个缺点，即由于参与者共有知识和交往模式的历史，熟悉可能意味着许多事情没有说明。此外，我们并不总是与朋友分享一切，群体规范可以压制朋友之间的不同意见（Leask et al., 2001）。在陌生群体情境下，人们可以自由表达不同的观点（Bloor, Frankhand, Thomas & Robson, 2001）。没有一成不变的规则。归根结底，这是一个将这些事情与你的主题和实际考虑（例如招募）相权衡的问题。

样本量

在考虑样本量时，重要的是要认识到，资料收集的"单位"是焦点小组，而不是参与者：如果你运行 5 个焦点小组，每个焦点小组有 5 个参与者，你就收集了 5 个单位的资料；如果你对 25 个参与者进行了单独访谈，你会得到 25 个单位的资料。焦点小组并不是获取大样本的快速而令人生厌的途径（Liamputtong, 2011）。与访谈相比，焦点小组研究收集的资料单位数量通常较少。

确定何时停止资料收集的一个概念是饱和度，即你的资料收集不会产生任何（实质上）新的东西，并且似乎已经涵盖了所有观点（见第三章）（Morgan, 1997）。其他实际的考虑（也）可能决定样本量，如你的研究主题、问题和目标（参见 Bloor et al., 2001）——例如，如果你想比较不同的参与者群体（女性／男性；年轻人／老年人），你需要更多的群体（Liamputtong, 2011）——样本的多样性（更多样化，更多的群体），以及群体的规模（通常是指更小的群体还是更多的群体）。有关进一步的指导，请参见第三章中的表 3.1—表 3.3。

对焦点小组规模的建议各不相同（Krueger & Casey, 2009; Liamputtong, 2011; Morgan, 1997），根据我们的经验，规模较小的小组（3~8 名参与者）最能进行丰富的讨论，而且更容易管理。然而，对于较小的群体，你可能会得到较少的不同观点，或者如果参与者没有积极参与讨论，谈话可能不会很顺畅（Morgan, 1997）。更大的小组可能更难管理，而且在大部分时间里，整个小组至少会有一个人保持沉默并不少见。小组规模越小，越适合讨论敏感话题，因为在这些话题中，人们会有面临更大的痛苦或更激烈反应的风险（Smith, 1995b）。

焦点小组研究中的伦理问题

伦理在任何研究中都必不可少。在开始焦点小组之前，需要通过伦理审查（见第三章和第四章）。但某些伦理问题在焦点小组研究中也同样适用：（1）在资料收集过程中退出；（2）资料收集后退出；（3）保密。

（1）参与者在小组中改变主意并决定离开是可能会发生的，这是他们的权利——没必要担心，这从来没有发生在我们身上。如果真的发生了，我们建议暂时停止小组讨论，把参与者带到某个私人的地方，询问他们是否还好。如果他们明显心烦意乱（稍后讨论），你就需要遵循你的伦理建议书中规定的协议。我们建议告诉他们，你将在小组结束后再次与他们联系，他们可能希望在小组结束后直接与你见面。

（2）在这种情况下，他们可能也希望撤回他们的资料。焦点小组资料的撤回是一个复杂但很少讨论的问题。一些伦理委员会说，这是不可能的，因为这些资料具有交互 / 相互依赖性。如果你真的答应撤回，且符合心理伦理规范（例如 The Ethics Committee of the British Psychological Society, 2009），你会发现没有一个解决方案会令人满意。最有可能的是，你只是失去整个小组；另一种可能性是，你试图通过删除他们的任何实质性贡献（例如，除了"嗯嗯"或笑声之外的任何贡献）来避免失去整个小组，但这需要绝对确定的认同，并且可能不会让参与者满意。如果他们贡献很大，也会破坏上面讨论的大部分内容的相互作用，可能会破坏资料。所以遇到退出需要慎重考虑，而且必须在参与者信息表上明确说明（参见第三章）。

（3）在焦点小组中，关于保密和透露信息存在额外的道德风险——小组中的其他人可能会泄密（见框 5.2）（Liamputtong, 2011; Smith, 1995b）。你必须强调每个人在小组讨论之前和小组讨论之后都需要保密（Wilkinson, 1998a）。我们还认为，在同意书中明确这一点很重要，这样参与者就可以"签约"，把同意书作为一份同意"合同"来保持其保密性。在实践中，保密到底是什么意思？这是不是意味着他们不能说任何关于这个小组的事情？不是的。泛泛地谈论小组的话题是可以的。以任何方式确认个人身份都不合适，比如（与他人）谈论谁参加了这个小组，或者谈论特定的个人有什么具体的评论或行为（比如告诉我们共同的熟人："你知道马克患有厌食症吗？前几天，我和他一起参加了一个焦点小组，他说……"）。向参与者解释这些问题非常有用。如果参与者真的觉得有必要讨论焦点小组中出现的问题，主持人（如果不同的话，或者研究者）就是参与者要与之交谈的人。

框 5.2　违反保密协议

保密内容被泄露的频率尚不清楚，但其被泄露可能会对其他参与者产生严重影响。当我们还是博士生的时候，我们发现一名参与者 A 参加了我们的一个由本科生组成的焦点小组，随后向班上其他同学公开了另一个参与者 B 的同性恋身份——这显然违反了保密规定。由于参与者 B 没有向他们的同学公开，而是在焦点小组运行期间公开，因此这一违反保密规定的行为变得更加严重。这次公开同性恋身份和违反保密规定只是在与参与者的一次偶然互动中无意发现的，B 对此感到很沮丧（因为参与者 B 认为这次公开是出于反同性恋情绪），但不想让我们以任何正式的方式跟进（部分原因是参与者 B 认为这会使情况变得更糟）。

为焦点小组做准备

焦点小组方法的主要缺点是组织管理问题。焦点小组的计划和运行非常耗时，但不要因此而却步——这是一种非常棒的资料收集方法，然而准备工作至关重要（Wilkinson, 2004）。

焦点小组的时间框架

焦点小组研究的一个基本规则是，所有事情都需要比你想象的更长的时间。要运行焦点小组，需要留出大量时间。需要告知参与者他们应该给出多少时间，并且至少要比你认为需要的最长时间多半个小时。为什么？因为不可避免地会有人迟到，所以小组访谈开始的时间比预期的要晚，而且他们也很容易超出预定时间。你不希望你的参与者不得不提前离开。如果你的小组安排在下午 1 时开始，需要 1.5 个小时，你不希望有一个参与者在下午 2 时 30 分又预约，因为他们可能不得不在小组访谈结束前匆忙离开。这样还可以在小组访谈结束时留出时间进行讨论，如果出现突发情况或话题比较难的情况，那么这一点可能很重要。

设计指南和选择激发参与者回应的材料

在准备焦点小组时，首先要做的事情之一就是仔细设计问题指南。焦点小组指南被描述为焦点小组的"路线图"（Vaughn, Schumm & Sinagub, 1996: 41）。在许多方面，它与访谈指南类似：涵盖了你希望参与者讨论的一系列问题，问题应该清晰、简洁、准确，并且只问一个问题（关于提出问题，请参见第四章中的指南）。然而，与访谈指南不同的是，焦点小组指南中的问题起到了引发一般性讨论的提示作用：你想要的问题能激发参与者做出回应，并表示同意和不同意对方，而不仅仅是让参与者回应主持人。能"打开"谈话的问题是好问题（更具体的问题最适合在特定时刻追问）。例如，在我们的人体艺术焦点小组指南中，我们提出了一些问题，如"人们为什么要文身/穿孔？"和"文身/穿孔是否可能太多了？"，再追问"这对男人和女人来说有什么不同吗？"（有关《人体艺术焦点小组指南》请参见配套网站）。

材料示例 5.1 展示了我们的体重和肥胖焦点小组指南（它包括有关开启小组访谈的说明）。我们给它添加了批注，以突出我们在设计和试验它时的一些考虑和决定。试点并不总是在小项目的范围内进行，但是，根据你的主题，我们的做法可能也适合于你，和一群朋友更加非正式地尝试这个时间表，以确保它"有效"，并获得你需要的资料。至少，你应该在进行第一个小组访谈之后复查一下指南。确保你十分了解指南，这一点很重要，可以让你更全面地管理小组动态（下面将会讨论）。

材料示例 5.1

- -

体重和肥胖焦点小组指南

一开始就说我们在寻求他们的想法和意见。没有什么是对的或错的，欢迎他们谈论个人经历，但并不强求。其中有些问题将是关于实际问题的，有些问题则是推测性的。

首先，请每个人做自我介绍，并简短地说出他们吃的最后一样东西是什么（你先说，这就定下了一个轻松愉快的基调）。

> 这些问题涉及面很广，旨在获得关于这个主题一般论述的最常见的意义。

开始提问

- 当我说到"体重"这个词时，你首先想到的是什么？

- 当我说到"肥胖"这个词时，你首先想到的是什么？

- 谁算肥胖？（人们需要多胖你才会觉得他们肥胖？）

> 问题被组织成"主题"，涵盖了我们想要讨论的一系列问题。每个主题都涉及一个特定的问题。

> 括号中的问题起说明和追问作用。

肥胖与体重（个人）

- 你认为人们为什么会变胖或过度肥胖？

  ○ 缺乏锻炼？

  ○ 饮食？（健康/不健康？垃圾食品？吃多少量？）

  ○ 强迫性（过度）进食？

  ○ 现代生活方式［久坐不动的生活方式、驾车、看电视、方便食品（即食餐）］？

  ○ 垃圾食品广告？

  ○ 遗传学（肥胖基因）？

  ○ 缺乏意志力？

> 像这样的问题是非常开放的问题，应该会在参与者之间激发多样化的讨论，但它们也针对一些特殊形式的"知识"——我们想要找到关于"因果关系"的想法和归因。

> 在主要问题下面列出的问题（插入项目符号或放在括号中）可作为讨论的提示。只有当参与者没有首先提出这些问题，或者参与者没有对问题做出任何回答时，才会使用这些问题。

- 有些人变胖（过度肥胖）了，而有些人没有，你认为这是为什么？
  - 遗传学（肥胖基因）？
- 你认为意志力对于思考体重和肥胖问题有用吗？（让他们讨论）
- 你认为人们可以又胖又健康吗？（让他们讨论）
- 当你看到一个过度肥胖的人时，你有什么想法 / 感觉？

> 在最初的指南中，这个问题的措辞是："你如何看待媒体对于肥胖 / 过度肥胖的人的描述？（你对这样的描述有何看法？）"然而，试用时表明这个问题不起作用，我们把它改成了现在这样。

体重和社会

- 你认为过度肥胖在社会上是可以接受的吗？（为什么 / 为什么不？）
  - 如何看待胖？又如何看待有点"丰满"呢？
  - 这是否因年龄而异？（阶层？种族？）
- 你见到过哪些关于人们体重的媒体信息？
  - 你认为媒体对肥胖 / 过度肥胖的人有负面的描述吗？如果有，你对这些描述有什么看法？

肥胖症流行

- 你认为我们正在流行肥胖症吗？（如果没有，原因何在？是媒体制造的道德恐慌？）
- 你认为肥胖症为什么会流行？

解决肥胖症流行问题

- 你认为可以做什么来解决肥胖症的流行问题？

> 正如你将看到的，许多主要问题都是一般化问题，旨在寻求意见和观点，应该能激发参与者之间的讨论。

  - 禁止垃圾食品？
  - 食品行业食品含量标准是什么？
  - 征收脂肪税（对高脂肪和高糖分食品的征税高于对健康食品的征税）？
  - 禁止垃圾食品和方便食品的广告？

- ○ 更多的政府主导的健康饮食运动（例如每天 5 场）？

- ○ 更多的政府主导的锻炼活动（让人们每周至少锻炼 5 次）？

- ○ 教孩子们怎么做饭？

- ○ 学校安排更多的体育课？

- ○ 奖励积极通勤（如步行、骑自行车等）的人？

- ○ 儿童安全步行上学计划？

- ○ 胃束带手术帮助个人减肥？

- 你认为什么样的干预水平对解决肥胖症流行是必要的？（政府？地方政府？行业？个人？）

体重和责任

- 你认为肥胖的人比苗条的人更是社会的"负担"吗？

- ○ 在哪些方面？为什么 / 怎么会成为问题？

- ○ 如果是这样的话，可以做些什么呢？

- 你认为社会应该对个人的体重负责吗？如果是这样的话，社会能做些什么？

- ○ 应该禁止高糖 / 高脂肪食品的广告吗？

- ○ 纳税人是否应该为肥胖者的手术和减肥计划买单？例如，国民医疗保健系统（NHS）的胃束带、慧俪轻体机构（Weight Watchers）和全科医生（GPs）开出的（有偿）锻炼计划。

- ○ 你对社会层面的干预有其他想法吗？

> 在最初的指南中，这句话的措辞是："社会可能还需要做些什么？"在试点中，这个问题不起作用，于是我们把它改成了现在这样。

结束

> 设计的第一个结束性问题是为了解决任何尚未涉及的相关问题。有时，在这一点上会出现真正重要的资料。
> 第二个和第三个问题将小组访谈带回给参与者；它们还为研究者提供了有关该主题可能的观点，这些信息可能有助于分析，并为参与者提供一个后备检查项，以确定该小组对参与者来说是可以的。

- 你还有其他想法或观点要分享吗？

- 你能告诉我为什么你决定参加这个焦点小组吗？

- 参加焦点小组是什么感觉？这是你所期待的吗？（如果不是，你期待的是什么呢？）

焦点小组经常使用某种激发性材料，比如练习（Colucci, 2007; Kitzinger, 1994b）、情境技术（Bailey, 2008），或者打印图像或电影剪辑（如视频网站 YouTube），以供参与者思考（例如：Finlay, 2001; Speer, 2002b），既可以用来打破僵局，也可以用来组织和激发对话。激发性材料和活动是让参与者参与并促进讨论的一种很好的方式，能产生丰富的资料，并使参与者特别享受焦点小组体验（Colucci, 2007）。如果要使用激发性材料，重要的是要考虑为什么你选择一个特定的激发方式。你是希望参与者讨论该特定实例，还是从该实例开始进行更广泛的讨论？如果合适的话，在朋友身上试试这些材料，检查它们是否按照你想要的方式运作。此外，如果你使用任何视听工具，你需要在你要使用的地方，直接在每组人前面检查它是否有效。

招募和组织焦点小组

招募和组织焦点小组可能是焦点小组研究中最耗时的一些方面。招募是一项挑战，因为它涉及将许多人聚集在一个地方。尽早开始招募至关重要，例如，只要你伦理上得到许可，就可以进行招募。根据你想要的参与者类型（例如朋友、陌生人），招募将会给你带来不同的挑战（见框5.3）。如果招募陌生人，你需要招募每个小组的每一个成员。如果你正在招募一群朋友，你很可能只需要在每个小组中招募一名成员——他们会招募其余的人。后者并不一定像听起来那么轻松，但这可能是一种相对简单的招募朋友小组的方式。更多信息请参见第三章。

选择地点是规划焦点小组的一个重要方面——你应该平衡你的需求（安全和

安静）和参与者的需求（方便和舒适），请参阅第四章以获取建议。就像访谈一样，在焦点小组中提供（饮用时不发出声响）茶点很重要，因为分享食物可以促进沟通（Krueger & Casey, 2009），让人感到轻松。

框 5.3 帮助组织焦点小组策略

在为焦点小组招募时，某些策略（有时结合使用）可以使组织工作轻松容易：

- 如果你是根据某个参与者特征（如年龄、性别）来组织小组，请确保在报名登记时筛选这些信息，因为参与者并不总是会注意到公告和信息表中的这些信息。

- 在安排时间时，考虑你的参与者群体，试着想一想适合这个群体的时间（例如，如果是本科生，他们什么时候可能不上课？对于全职父母来说，一天中的什么时间可能最合适？）。

- 制定一个预定的运行小组访谈的时间范围（增加另一个自由小组）。如果有人自愿参加，就当场为他们报名。如果预定的时间对于他们不合适，就暂时把他们放到自由名单中，稍后把他们安排到一个小组中。

- 如果招募几个以上的小组，提供的小组时间段要比你预期的小组数量少，例如，如果你认为你会运行六个小组访谈，时间段从四个开始设置，尽量填补这些时间段，然后根据需要增加更多的时间段。如果你开始的时间段比小组数量多，你最终可能会有很多半满的小组，甚至几乎没有满额的小组，这意味着需要进行大量的重新组织工作。

- 另一种选择是列出一份可能的时间清单，并记下每个你招募的参与者在什么时候没有时间，然后在招募完成后进行组织。这只有在招募非常迅速的情况下才有效，否则人们的日程就会排满，你就必须从头再来。

- 免费的在线会议安排软件（例如 Doodle.com）可以用来设置可能的时间，然后让参与者说明是否有空参加会议。虽然它是一个优秀的工具，但它需要确保所有参与者都会迅速做出回应。

- 与你认识的人或已有的友谊群体组织小组通常更容易（你的联系人参与者可以和小组的其他成员安排一个合适的时间）。

- 一定要与参与者确认他们的分组时间，并在前一天提醒他们即将安排好的分组（如果分组提前安排好了，这一点尤其重要）。一次确认和一次提醒就足够。这些可以通过文本、电子邮件、社交媒体或电话来完成，具体取决于他们和你首选的沟通方式。

组织运行焦点小组

好了，参与者即将到达……参与者到来并非没有一些焦虑的时刻（见框 5.4）。当他们到达时，提供点心，和他们闲聊。如果他们要戴姓名牌，就给他们。告诉他们洗手间在哪里；看看他们是否想在小组访谈开始前去洗手间。允许他们选择座位（除非你特意安排座位，参见 Krueger & Casey, 2009）；一旦就座，就把参与者信息表给他们，让他们再看一遍（见材料示例 5.2）。当参与者到达时，向他们介绍彼此。通过让参与者安顿下来，在小组开始前分发和收集文件，主持人助理可以提供很好的支持。他们还能帮助管理录音设备，并在小组访谈期间做笔记/观察；之后，他们还可以检查焦点小组记录或确认说话者身份。对于较大的组，真的值得考虑要一个助理（Krueger & Casey, 2009; Liamputtong, 2011）；助理的使用需要包括在伦理申请中。

框 5.4　焦点小组访谈前的焦虑时刻

尽管你尽了一切努力，但有时人们就是不来，或者在最后一刻生病，你只剩下几个准备好并愿意讨论你的话题的参与者。这也是一些人（例如 Morgan, 1997）建议招募多一些人的原因之一。但如果人们就是不来，你必须决定是否继续进行一个小的小组访谈（如果只有一个参与者，是否进行个别访谈）。最重要的是，你已经预料到了这一点，这样你就可以做出一个在方法上合理（而不是不知所措）的决定，不至于浪费那些到场的人的时间。在焦点小组中有一定数量的参与者对你的方法和主题有多重要？小的组可以产生丰富的资料，并且具有焦点小组的许多关键特征（Toner, 2009）。如果一个更大的组是必要的（例如，因为你想围绕一个话题进行集体意义讨论），你需要考虑你将向那些确实到场的人提供什么（感谢？重新安排？一些补偿？），以及你将如何重新安排（如果有意义）。

第二个困境发生在一个本应由陌生人组成的焦点小组开始时，但有两个或更多的参与者发现他们在某种程度上认识彼此。这可能是一个问题，也可能不是问题（例子请参见 Farnsworth & Boon, 2010），但在进行招募时，你需要清楚的是，参与者可能会碰巧加入一个他们可能认识其他人的小组，如果是这样的话，他们通常可以转到另一个小组，或者退出。事先警告他们都是为了让他们为这种可能性做好准备，并允许他们在那个时候合法地更换小组（或退出），如果他们想的话。在这种情况下，在进行小组讨论之前，与每位参与者私下讨论此事。

材料示例 5.2

参与者信息表

注意：这个参与者信息表就是我们在本书中用来招募焦点小组的信息表。参与者信息表向潜在参与者概述了研究的实际情况和伦理方面的问题，旨在为他们提供所有必要的信息，以便他们就是否想要参与做出知情决定。参与者信息表通常会在参与者报名参加一项研究之前给那些表示出兴趣的参与者。我们采用问答方式，因为它突出了参与的不同要素，并为参与者信息表提供了一个非常清晰的结构——这种形式在我们的两所院校都是首选。但不同的伦理委员会和伦理规范准则在参与者信息表中要求的细节略有不同，因此你需要确保你的参与者信息表对于你所在的机构和国家是准确的。参与者信息表通常也会被要求用机构的信笺。

参与者信息表——体重与肥胖焦点小组

研究者是谁？研究目的是什么？

我们是维多利亚·克拉克博士（西英格兰大学社会心理学讲师）和弗吉尼亚·布劳恩博士（新西兰奥克兰大学心理学讲师）。我们正在为一本教科书收集资料，这本书是为赛吉出版公司编写的心理学质性研究教科书（该书于 2011 年出版）。这些资料将用于我们在书中提供的分析例子，书中将转载一段很长的匿名摘录。心理学研究生威廉·汉森将主持焦点小组——我们希望书中分析的资料尽可能接近典型的学生项目（即由学生收集的资料，学生们作为参与者）。

正在收集什么类型的资料？

我们正在通过焦点小组讨论来收集资料。焦点小组就是围绕某一特定话题或主题进行的小组讨论——在这个例子中，话题就是体重和肥胖。使用焦点小组的目的之一是严密复制我们在现实生活中表达观点和形成观点的方式。这意味着你们需要相互交谈，也要与主持人交谈，并在彼此同意或不同意的时候表明自己的意见。我们对你关于体重和肥胖话题的看法和意见很感兴趣，我们希望焦点小组能进行一场热烈的讨论；被要求讨论的问题没有对或错的答案！

参加焦点小组将会涉及什么？

这个特定的焦点小组将有大约六名参与者和一名主持人参加，并将进行录音。小组访谈应该会持续一个半小时左右，但请允许小组访谈最多持续两个小时。在小组中，你将被要求谈论与体重和肥胖有关的问题，以及被广泛讨论的"肥胖流行病"（例如，可能的流行病解决方案）。这些问题将涉及你对这些话题的看法和观点，而不是与你自己的体重或身体管理相关的个人实践。不过，如果你愿意，我们非常欢迎你在小组中借鉴个人经验。

焦点小组计划在什么时候开始？

组织焦点小组的困难之一是让一群人在同一时间同一地点聚集在一起！小组活动时间暂定在 2 月 25 日下午 2 时 30 分。考虑到召集人员的困难，如果你因任何原因不能参加活动，请通过电子邮件（victoria. clarke@uwe.ac.uk）或电话（0123 4567 890）与维多利亚联系（我们有一份备用参与者名单，将请其中一人接替你的位置）。请准时到场（如果你延误了，请通知我们）！

这一天会发生什么？

一旦每个人都到了，**焦点小组主持人**（focus group moderator）将会给每个人一个姓名牌（帮助他们记住你的名字，万一你不认识其他参与者），并要求你阅读并签署同意书。你将得到一份由主持人签署的同意书副本。你还将被要求完成一份简短的人口调查问卷。主持人会讨论小组中将要发生的事情，你将有机会提出任何问题。我们将提供点心（软饮料和零食！）。然后主持人会要求每个人就小组的一些基本规则达成一致（例如，避免出现声音重叠或把别人的声音盖住，体谅他人的感受）。一旦每个人都愿意小组访谈开始，主持人就会打开录音设备，问第一个问题。在小组访谈结束时，你将获得另一个提问的机会。

参加焦点小组的好处是什么？

你将有机会参与一个研究项目，并从"局内"体验研究过程。我们认为，参与研究是了解研究的最有价值的方式之一（我们一起总共参与了十几个不同的研究项目），它可以帮助我们成为更好的研究者，因为我们真正感受到了成为研究参与者的感觉。你还将有机会参与一场关于体重和肥胖的（希望是）生动有趣的讨论，并分享和发展你对一个重要社会问题的看法。为了感谢你的参与，赛吉出版公司将向每位参与者赠送一张 50 英镑的图书代金券，用于购买赛吉出版公司的书籍或期刊（参见 www.sagepub.co.uk）。

有什么风险吗？

这个项目没有特别的风险，也没有欺骗。参加焦点小组的一般风险集中在可能因某个特定问题或话题（例如，如果一个问题让你想起令人痛苦的个人经历）或另一个参与者的评论或行为而心烦意乱。如果你因参加焦点小组而感到苦恼，西英格兰大学咨询和心理服务中心将为在西英格兰大学学习的学生提供支持（我们在这里提供了网站、电话、电子邮件和实际联系方式）。

我会被认出来吗？

不会。焦点小组访谈内容将由专业的转录员转录，维多利亚和弗吉尼亚将确保转录是匿名的，确保任何个人身份信息都已被更改或删除。

我可以退出研究吗？

即使你同意参与研究，你仍然可以退出。如果你想退出，请尽快给维多利亚发邮件。

如有任何问题，请联系：

Dr Victoria Clarke, Department of Psychology, Faculty of Health and Life Sciences, Frenchay Campus, Coldharbour Lane, Bristol BS16 1QY. Email: Victoria.Clarke@uwe.ac.uk.

本研究已获生命科学学院伦理委员会批准。

一旦每个人都准备好了，就可以开始小组访谈了。在欢迎人们了之后，你要确保仔细解释将会发生什么，获得同意（参见材料示例 5.3），收集人口统计信息（参见材料示例 5.4），并为小组制定基本规则（参见材料示例 5.2）。这一切都应该在录音设备打开之前完成。

材料示例 5.3

研究同意书

注意：这份同意书是我们在本书中针对体重和肥胖的焦点小组使用的一份同意书，所以它有一些特别与此相关的内容，这是英国人需要的典型详细程度。将其与配套网站上的新西兰例子进行比较，后者更为具体。一直要查阅你当地机构伦理规范准则的具体要求，并制订相应的同意书。同意书通常会被要求用机构的信笺。

参与者同意书——体重与肥胖焦点小组

我同意参加关于体重和肥胖焦点小组。我明白我是自愿参加这个小组的，我可以随时拒绝回答任何问题或离开焦点小组，而无须给出任何理由。我也明白，我可以在（焦点小组开始资料收集后一个月）资料分析之前的任何时间退出研究，无须说明原因。

> 不同的伦理机构对回顾性撤回看法不同，因此请核查你当地的要求。我们建议资料收集后一个月为时间范围。这让参与者有时间反思和改变主意，但这也不意味着你需要将分析推迟太长时间，以免参与者撤回资料。根据我们的经验，从来没有参与者回顾性撤回任何资料，并且我们研究的还是一些可能最敏感的话题。

我明白所有提供的信息都是匿名和保密的，我不能与小组外的其他人讨论小组中其他参与者所说的事情。

我知道焦点小组的访谈内容将会由专业的转录员进行录音和转录。只有研究者维多利亚·克拉克和弗吉尼亚·布劳恩和转录员才能完整地听到焦点小组的录音。

我知道在弗吉尼亚·布劳恩和维多利亚·克拉克的《心理学质性研究实用指南》（暂定标题，将由赛吉出版公司出版）中，小组访谈内容将会被转载和分析。其他出版物和报告可能也会引用焦点小组访谈内容的摘录。

姓名：_____

签名：_____

日期：_____

研究者签名： _____ →

> 在英国等地，研究者可能
> 需要签署一份同意书。最
> 佳的做法是，你可能还需
> 要或希望向参与者提供一
> 份签署过的同意书副本。

如有任何问题，请联系：

Dr Victoria Clarke, Department of Psychology, Faculty of Health and

Life Sciences, Frenchay Campus, Coldharbour Lane, Bristol BS16 1QY.

Email: Victoria.Clarke@uwe.ac.uk.

本研究已获生命科学学院伦理委员会批准。

> 问题 1—8 是你应该包括的最基本的
> 问题，以了解你的参与者在关键社
> 交类别中的定位。你可能还想要添
> 加与你的研究相关的其他问题（这
> 里的问题 9—12 是特定话题的问题）。

材料示例 5.4

- -

参与者人口统计表——体重和肥胖焦点小组

↑

为了了解参加本焦点小组的人员范围，如果你能回答以下问题，我
们将不胜感激。所有你提供的信息都是匿名和保密的。

请在提供的空白处填写你的答案，或圈出最适合你的答案。

虽然"男性"和"女性"是最常见的分类，但并不是每个人都认为自己是男性或女性。增加第三个开放类别"其他"可以在很大程度上避免研究中的性别歧视（见第三章）。

1	年龄			
2	我是：	男性	女性	其他 _____
3	我是一名：	全日制学生	非全日制学生	
4	你工作了吗？	是，全职	是，兼职	不
4a	如果你已工作，你的职业是什么？			
5	你如何描述你的性取向？			异性恋 双性恋 女同性恋 男同性恋 其他 _____
6	你如何描述你的种族背景？（例如：白人；黑人；白人犹太人；亚洲穆斯林）			
7	你如何描述你的社会阶层？ （例如：工人阶级；中产阶级；无阶级类别）			
8	你认为自己有身体缺陷吗？		有	没有
9	我认为自己：	低于一般的体重范围	在一般的体重范围内	高于一般的体重范围
10	我认为自己：	低于一般的健康范围	在一般的健康范围内	高于一般的健康范围
11	我认为自己：	低于一般的健康饮食范围	在一般的健康饮食范围内	高于一般的健康饮食范围
12	你试过减肥吗？		试过	没试过

这些回答选项结合了最常见的类别，并为那些认为自己不适合其中任何一类的人提供了一个选项。

很难获取社会阶层信息——你可能还想询问人们的收入信息（尽管这可能很敏感）。

这里我们选择使用开放式答案形式（尽管提供了我们想要的例子）来获取尽可能接近人们生活体验的信息。在过去，我们为参与者提供了一个选项列表，但许多参与者抱怨所提供的选项没有体现他们的身份/经历。如果你使用列表，种族/族群列表将需要根据所做研究的文化定位来确定。

介绍基本规则

在焦点小组指南的顶部详细说明基本规则会很有帮助，以确保涵盖所需的所有内容。在我们的体重和肥胖焦点小组中，我们包含了以下说明：

- 讨论应该需要大约一个小时，但可能会更长一点。

- 手机应该关闭或静音，而不是处于振动状态。

- 如果你需要用洗手间，请悄悄离开并回来。

- 试着彼此交谈，而不是（只是）回答主持人所提出的问题。

- 答案没有对错之分。你可以自由地提出不同的观点。然而，如果你确实有不同看法，请用一种尊重他人的方式表示。

- 请尽量不要互相高声交谈，因为这样做使得几乎没办法转录小组的访谈内容，我们想听听你的观点。

- 如果这些基本规则没有得到遵守，主持人可能会打断小组访谈。

除了基本规则外，我们还向参与者提供有关讨论范围的信息（参见材料示例5.1）。为什么这些都很重要？首先，基本规则确保参与者了解希望他们做到什么，并为互动定下基调；其次，它们提供了主持人可以用来进行干预的理由，例如，如果参与者不尊重他人；最后，它们为可能便于更容易转录资料奠定了基础。对于焦点小组资料而言，转录（参见第七章）会因为多个说话者和重叠的谈话而变得复杂。所有参与者在开始时简单介绍自己（不仅仅是介绍名字）可以促进焦点小组资料的转录，比如谈一些需要他们说几句话的话题，一些简单而没有威胁性的话题（主持人可以首先做自我介绍来打破僵局）。在我们的体重和肥胖焦点小组中，威尔要求参与者谈论他们吃的最后一样东西。这个想法是为了帮助转录者熟悉不同说话者的声音。在我们的体重和肥胖焦点小组中，回答有点太短（参见配套网站上的焦点小组记录），稍长一点的回答可能会更清楚地区分说话者（参见配套网站上的人体艺术焦点小组转录和音频文件）。

运行焦点小组

运行一个焦点小组既需要访谈技能（参见第四章），也需要小组管理/主持技巧（Krueger & Casey, 2009; Liamputtong, 2011; Stewart, Shamdasani & Rook, 2007），包括敏锐地适应小组的动态，以及适应小组中可能发生的未说明的过程（如权力问题和沉默），这是一项需要时间学习的技能。在你运行第一个焦点小组之前，观察一位有经验的主持人会很有帮助。对于自我管理的小组来说，重要的是要考虑一下你将在这些方面提供多少指导。

做主持涉及一系列任务，你的主要任务是让人们交谈，并（温和地）引导谈话涵盖你想要听到的各种问题，这项工作主要是促进谈话，而不是控制（Bloor et al., 2001）。理想情况下，你的参与是很自然的，你会在某些点插话来跟进，或对已经说过的事情进行澄清，或提出一个新的问题供考虑（这是一种相当不受控制的主持方式，还有其他方式，参见 Stewart et al., 2007）。没有可以让我们追求的正确的主持方式。有些主持人有些被动，他们尽可能少地进行干预，以保持讨论的流畅性和针对性；另一些主持人则采取更主动的方式，鼓励较害羞或较安静的参与者表达自己的观点，甚至在某种程度上参与讨论（扮演参与者-主持人的角色，就像许多自我主持的小组一样）。

如果一个小组运行良好，并且你很了解指南，那么话题可能会以一种看似无计划或非强制的方式被涵盖。但是，不要害怕直接将话题转换到完全不同的话题领域——你可以使用结构化问题来标记这些转换。（Kvale & Brinkman, 2009; 参见第四章）。在体重与肥胖焦点小组中，主持人在一些地方这样做，比如："我们继续进行讨论，我认为卡拉你稍微提到了广告，所以我想知道大家对垃圾食品广告的看法是什么［……］"（转录里的第 211—213 行，见配套网站）。主持人是焦点小组的一部分，你需要了解自己，不仅仅是你说的话（你问的问题，你做的事情和没有跟进的事情，Braun, 2000），还有你的肢体语言，你的面部表情，你的凝视，甚至你的沉默，这些都有助于营造焦点小组氛围，它们有助于引出已经产生的互动资料。所有这些都可以用来鼓励和劝阻参与访谈（见框 5.5）。

正如你可能已经了解到的，管理焦点小组是一项艰苦的工作。它们也很吸引人，很有价值，还能产生大量资料。但是，在运行焦点小组时，不要低估所需的时间和精力。就像访谈一样，我们不建议在一天之内做超过一次的小组访谈。

当小组讨论完指南上的问题后，给参与者机会补充你没有问到的问题很重要。在体重与肥胖的焦点小组中，主持人这样说："有没有什么特别的东西是我们还没有提到，而你又特别想分享的？"（第 1206—1207 行，参见配套网站）。请做好准备，在这样一个问题之后进行相当多的进一步讨论。最后，结束小组讨论，向所有参与者表示感谢，并重申开始时提到的保密要点。然后就可以关掉录音机，给别人另一个机会问你有关研究的问题，然后收拾行装。尽快在研究日记中详细记录小组的情况是个很好的主意——这可能包括对小组进展的反思、参与者对舒适感或不适感的看法、分析性的洞察力或人们讲话时你的想法（参见第三章中的框 3.8）。

框 5.5　使焦点小组更具挑战性的参与者

正如我们从现实生活中所知道的，无论是作为个人还是在小组中，与他人的互动有时可能具有挑战性：不同的观点、个性和互动风格可能会引起紧张感。这些都给焦点小组资料收集带来挑战。已经确定了各种类型的"难对付的"参与者（参见 Krueger & Casey, 2009），包括：

（自封的）专家——在某一话题上自称专家的人，这可能是个问题，因为人们可能会听从他们的"知识"。要解决这一问题，可以在小组内部强调每个人都有有价值的意见，并征求不同参与者的意见。

占主导地位的谈话者——在谈话中占主导地位，并阻止他人发表意见的人。这个问题可以通过非语言形式的不感兴趣来表示（例如，无眼神交流，转过身去，不咯咯笑）和明确地询问他人的意见来解决。

害羞或安静的参与者——往往很少说话，或者说话轻声细语。主持人需要多费心来鼓励他们参与，他们可以通过非语言形式的感兴趣的表示来加强参与（比如眼神交流、点头表示赞同、咯咯笑），如果他们确实参与讨论，也可以通过口头语言支持来加强参与。温和地询问他们的意见可能会有所帮助。（"埃米，我们还没有听到你关于这件事的看法，你有什么想法要和我们分享吗？"）

无聊或焦躁不安的参与者——他们会做出一系列表示不感兴趣的行为，比如四处张望、敲笔、涂鸦。这些可能会分散其他参与者的注意力。主持人需要试着吸引他们的兴趣。除了对害羞或安静的参与者采取的策略外，直接叫他们的名字并征求意见的方法可能会很有用。

对让每个人都积极参与访谈的关注，确实反映了一种对参与者和资料收集的隐含的现实主义和**本质主义**（essentialist）观点，参与者是信息的载体，他们来到焦点小组或多或少愿意透露这些内容。如果我们采用建构主义的观点，看到焦点小组资料是在直接情境中产生的（Wilkinson, 1998a），那么焦点小组参与者的行为方式就是资料产生的情境的一部分（Hollander, 2004）。事实上，强调关注和分析的必要性，强调互动（Kitzinger, 1994b），这在一定程度上反映了这一关注。然而，尽管这只是一个理论上的问题，但同样重要的是要记住参与者的经验，一个占据主导地位或沉默的小组成员可能会让其他参与者感到不愉快。

焦点小组运行不顺该怎么办

尽管焦点小组可能会让我们得到精彩的资料，并为参与者提供非常积极的体验，但也有一些事情可能会，也的确会进行得不顺利。意识到什么事情可能会很不顺利有助于降低它发生的可能性，并在发生时成功地处理它。我们可能会担忧主持人的主持能力差，也可能会担忧参与者的行为方式。

理想情况下，你希望所有参与者都参与讨论。实际上，有些参与者似乎根本不想说话；另一些人则掌握着谈话的主动权，真正地主宰着整个小组。这两个极端都可能有问题（见框 5.5）；作为主持人，遇到不愿发言的参与者可能是最令人沮丧的经历之一。当整个小组都是这样的时候，访谈就会变得极具挑战性。弗吉尼亚为她的性健康项目设立了一个小组，在这个小组中，五名年轻女性中没有一个人有真正想说的，要得到任何问题的回答就像要从石头里榨出血一样困难。当她看着转录的内容时，她自己就贡献了大约 50% 的（大部分是无用的）资料。

如前所述，设立小组的好处之一是它可以促进信息透露（Wilkinson, 1998c）；然而，也有这样的风险，即参与者可能会忘乎所以，透露太多的信息，之后又会对此感到不快（Smith, 1995b）。这一点可能在小组访谈结束之后才会显现出来，这是我们认为回顾性撤回仍然是焦点小组研究的一个重要问题的原因之一，我们倾向于将其包括在内（参见材料示例 5.2）。

另一个风险是在运行焦点小组期间的参与者痛苦（参见第三章），在任何研究获得批准之前，都应该考虑到这一点。在焦点小组研究中，这可能是因为参与者自己对某个话题的感受（Liamputtong, 2011），或通过其他参与者的行为或评论而产生，这些参与者有时会而且确实会发表冒犯研究者或其他参与者的言论（Farnsworth & Boon, 2010; Kitzinger, 1994a: Wilkinson, 1998b）。通过提及尊重他人的基本规则，冒犯性的言论或行为可以微妙地或直接地受到挑战。应关注潜在的参与者的痛苦（Smith, 1995b）。如何解决参与者的痛苦在一定程度上取决于情况，可能是简单地向参与者确认他们是否想要继续，或者暂停小组讨论，让他们有机会使自己镇定下来（另请参阅第四章）。

最后一个问题与沉默和焦点小组中的权力问题有关。参与者可能会有效地相互联手，将特定的参与者或特定的观点排除在讨论之外（Wilkinson, 1998b）。这一过程可能是公开的，但更多的时候是微妙的，而且完全是无意的。这些问题可能更多地发生在友谊小组中，但也可能发生在陌生人之间。对这种可能性保持警惕是我们能给出的最好建议。要意识到主持人自己（无意中）可以在特定的话题中沉默，无论是在准备好的问题中，还是他们在小组的行动中，有关例子，请参见弗吉尼亚（Braun, 2000）在她对女性生殖器的研究中关于异性恋者的讨论省略女同性恋描述。

章节总结

本章主要内容：

- 确定了什么是焦点小组，并强调了该方法的优点和缺点。

- 介绍了我们的焦点小组资料。

- 讨论了何时以及为什么使用焦点小组。

- 提出了与参与者有关的具体问题，如小组组成和招募。

- 解释了焦点小组研究准备工作的不同要素。

- 讨论了焦点小组的运行。

- 简要概述了焦点小组研究中的一些潜在困难。

- 提供了焦点小组研究文献的材料示例。

问题讨论和课堂练习

1. 像进食障碍这样的敏感话题一开始似乎并不适合焦点小组研究。试着为这个话题想一个适合焦点小组的研究问题。什么样的研究问题会适合这个话题？你需要在小组组成方面做出什么样的选择，才能增加焦点小组成为该话题资料收集成功方法的可能性？

2. 在较小的组中，设计一份关于学生大学生活经历的简短（20分钟）焦点小组指南。如果你已经设计了一份关于这个话题的访谈指南（参见第四章），考虑一下两者之间的相似之处和不同之处。现在使用本指南运行一个焦点小组。一人应该担任主持人，至少一人应该观察并提供对焦点小组的反馈。在开始运行这个小组之后，讨论一下主持和参与焦点小组是什么感觉。什么效果好，什么效果不好？如果这是一个用于真实研究的试行焦点小组，你会对焦点小组指南做哪些改变？

3. 使用我们关于体重和肥胖或身体艺术的焦点小组指南（参见材料示例 5.1 或配套网站），或者你自己的指南，在焦点小组中进行角色扮演，其中 2~3 个参与者是"问题"参与者（见框 5.5），主持人必须管理这些参与者。让班上其他每个人观察这个小组。15~20 分钟后，重新分组并讨论对于这些参与者成功的和不成功的管理方式。想一想小组访谈可以以怎样不同的方式进行。

4. 假设你是跨种族收养焦点小组的主持人，所有参与者都非常赞同对方，除了米歇尔，她没有说太多话。当你通过询问米歇尔的意见，试图让她加入这个小组访谈时，她对跨种族收养的回答是极苛刻的，并对其他参与者的观点持批评态度。其中一个参与者，萨哈，非常生气，开始对米歇尔大喊大叫；另一个参与者，达娜，开始哭泣。你会怎么处理这种情况呢？

5. 焦点小组的主持风格差异很大，从被动式到参与式和互动式。威尔，体重和肥胖焦点小组（没有经验）的主持人，和维多利亚，（有经验的）人体艺术焦点小组的主持人，有着截然不同的主持风格。看看每个小组的转录情况（在配套网站上）。找出他们主持风格的不同之处。谁问的问题更多或发表的言论更多？他们是如何组织自己的问题的？他们如何管理或引导讨论？

扩展资源

扩展阅读：

有关焦点小组研究的全面和非常实用的指南（包括电话和在线焦点小组的讨论），请参阅：Krueger, R. A. & Casey, M. A. (2009). *Focus groups: A practical guide for applied research* (4th ed.). Los Angeles: Sage。

有关从更学术的角度对焦点小组实践进行的详细讨论和指导，请参阅：Liamputtong, P. (2011). *Focus group methodology: Principles and practice*. London: Sage. Issues related to doing FG research with sensitive topics or participants are well-covered in Chapter 7 of this book (Focus group methodology and sensitive topics and vulnerable groups)。

有关互动和焦点小组资料的详细讨论，请参阅：Kitzinger, J. (1994b). The methodology of focus groups: the importance of interaction between research participants. *Sociology of Health and Illness, 16*, 103–121。

Wilkinson, S. (1998). Focus Groups in feminist research: power, interaction and the co-construction of meaning. *Women's Studies International Forum, 21*, 111–125。

在线资源：

有关以下内容，请参见配套网站（**www.sagepub.co.uk/braunandclarke**）：

- 与第二部分相关的自测多项选择题。
- 抽认卡词汇表——测试你对于本章中使用的关键术语的定义。
- 体重和肥胖焦点小组转录。
- 人体艺术焦点小组的音频文件和转录，以及该小组的所有研究材料。
- 扩展阅读（来自 Sage 期刊的文章）。

第六章　文本资料收集：调查、故事、日记和二手资料

概述

收集参与者产生的文本资料

质性调查

故事续成任务

由研究者指导的日记

收集已有的文本资料

人们直接表达出来的话语（尽管它们杂乱无章，而且常常互相矛盾）是质性研究的典型资料形式，当然在心理学中也是如此：常用的访谈和焦点小组方法是收集人们所说的话语作为资料。然后，我们通常将它们转化成书面形式进行分析（参见第七章）。然而，还有许多其他方法可以用来收集质性资料，其中资料本身主要是以书面形式产生。这样的文本资料可以是研究者指导的日记（参与者在日记中记录他们两周内对自己身体的想法和感受），也可以是一年来报纸上关于酗酒的文章，可以是任何内容。本章将告诉你开始收集文本资料所需了解的所有内容。我们将文本资料分为两种主要类型：（1）参与者产生的文本资料包括参与者记录（主要通过书写或打字，但也可能通过录音或录像的方式）他们对一系列问题或提示的经验或观点的材料；（2）已有的文本资料包括选择和使用已经以书面（或音频）形式存在的话语。这些**二手文献**（secondary source）可以包括官方文件、在线论坛和电视节目的转录资料。

收集参与者产生的文本资料

我们讨论三种不同的从参与者那里产生资料的方法：质性调查；**故事续成任务**（story-completion task）；以及研究者指导的日记（有关第四种方法"情境技术"的讨论，请参见配套网站）。作为量化资料收集方法，每一种方法都远比质性资料收集方法运用广泛，所有这些方法都对质性研究者有很大帮助。

质性调查

质性调查，最基本的是，由一系列关于一个主题的开放式问题组成，参与者输入或手写对每个问题的回答。他们是自我管理的；研究者管理的质性调查基本上是一次访谈。质性调查有三种主要形式：硬拷贝（纸和笔）、电子邮件和在线调查（每种形式的利与弊概述参见表 6.1）：

- 硬拷贝调查以手写或邮寄的方式分发和返回；参与者手写他们的回答，研究者通常将这些回答输入 Word 文档进行分析（通常会整理对每个问题的回答）。

- 电子邮件调查通常是用 Word 文档作为附件发送给参与者；参与者通常以电子方式完成调查并通过电子邮件返回，研究者将资料剪切并粘贴到 Word 文档中。第二种选择是由参与者打印调查问卷——要么手写完成回答，要么输入回答——然后邮寄返回。

- 在线调查需要使用专业软件（如 SurveyMonkey 或 Qualtrics）在互联网上发布调查；参与者会获得调查的链接，并在线完成调查。通过软件对回复进行整理；一些软件还允许某种类型的资料**编码**（coding）（参见第九章），并按代码整理资料。软件的某些版本可以免费使用。

质性调查不仅仅限于问题和答案。所有类型的质性调查都可以包括参与者做出回应的图像（参见我们在配套网站上的"关于阴毛调查的观点"中的绘图任务）；在线质性调查还可以包括作为问题提示的视频和音频片段，所以你问的问题可能会很有创意。所有类型的质性调查都需要收集人口统计信息，以确保你了解谁参与了调查（参见第三章）。通常在有关主题的资料收集完毕之后，人口统计资料才能得到最好的收集（例如 Bradburn, Sudman and Wanskin, 2004）。一开始就询问个人详细信息可能会让人觉得存在一定的风险，一旦人们回答完有关主题的问题后，他们就更有可能回答这些问题。

表 6.1　不同质性调查形式的利与弊

利		弊
硬拷贝	可以以结构化的方式收集资料（例如，学生参与者在教学课程期间完成调查），这可以增加样本量 参与者最容易完成绘图任务 如果使用邮寄方式，可以邮寄提示信以增加参与度	可能会在匿名问题上受到限制 需要输入资料 与邮寄相关的费用（例如：根据2012年的价格，在英国邮寄60份调查，包括返回调查的回邮信封，费用约为90英镑；与邮寄提示信相关的其他费用） 将读写能力有限的参与者排除在外
电子邮件	手写或电子填写选项 适合地理上分散的参与者 具有后续资料收集的潜力（根据研究设计） 可以发送提示信息以增加参与度	可能会在匿名问题上受到限制 参与者需要使用电脑的相关技能 有排除边缘群体（不上网或读写能力有限的群体）的风险 需要整理资料 若以电子方式完成，则难以进行除文本以外的任何回复
在线	发布方便快捷 高度匿名 适合地理上分散的参与者	需要电脑和相关技能 有排除边缘群体的风险 后续资料收集和发送提示信息的可能性较小

续　表

利		弊
在线	非常适合使用（彩色）图像以及音频和视频剪辑 收集资料可能非常快 不需要资料输入或整理 有可能在程序中开始资料编码	除了文本回复之外，其他任何回复都很难 资料输出格式可能有限制，特别是在使用大样本时

什么时候以及为什么要使用质性调查

　　质性调查的应用不如量化调查广泛，并且经常被排除在质性方法的讨论之外（Toerien & Wilkinson, 2004），尽管封闭式和开放式问题的混合在调查研究中相对常见（一个很好的例子，参见 Fish, 2006; Fish & Wilkinson, 2003a, 2003b）。我们之所以把质性调查包含在这里，是因为它们可以产生大量的资料，可以不像做访谈或进行焦点小组那样令人生畏，而且可以是一种非常快速和便宜的收集（大量）资料的方式。质性调查也非常适合敏感话题，一方面是它们保护了参与者的隐私和保证了匿名性；另一方面是它们对研究者收集高质量资料所需的技能和经验要求较低。质性调查也较少引起与研究敏感话题的无经验的研究者有关的伦理问题（参见第三章）。这一切都意味着质性调查非常适合学生和其他资源较少的项目。质性调查可用于各种类型的研究问题，特别适合于经验型、理解型、感知型以及实践型问题（参见第三章中的表 3.1；关于解决这类问题的调查示例，请参见配套网站）。

　　由于质性调查是在短时间内从许多人那里收集资料的一种快速且便宜的方法，因此你可以获得比典型的或实际的互动型质性方法更广泛的观点。例如，英国女权主义心理学家梅朗·托里恩和苏·威尔金森（2004）利用质性调查对女性的体毛脱除问题进行了研究，以获得女性经历、观点和实践的"广角"图景。通过该调查，她们收集了非常大的样本：678 名女性完成了硬拷贝调查（可能需要两名研究者花数年时间去访谈这么多人！）。此外，与互动型资料相比，调查资料往往更关注主题，这种方法产生了更标准化的回答，因为所有参与者都被以同样的方式问了同样的问题，这对于基于模式的分析很有用。但是，参与者仍然用自己的话来提供自己的答案，所以他们的观点仍然是优先级的，这对质性研究很重要。

设计和试行质性调查

你需要决定的第一件事是提供调查的形式，考虑每种形式的优缺点（参见表6.1）。无论采用何种形式，质性调查通常包含以下要素：

- 一个明确、信息丰富的标题（例如"对阴毛的看法的质性调查"或"对女同性恋者和双性恋者的着装和外表的质性调查"）。

- 参与前信息（该信息还应出现在参与者信息表上）：

  ○ 关于谁有资格完成调查的指导。

  ○ 关于调查资料将如何使用的信息，以及参与者的匿名权、保密权和回顾性撤回权的信息。

  ○ 关于同意的信息（例如，一份单独的同意书或完成和返回表示同意的声明——同意过程需要伦理批准）。

  ○ 完成和返回调查的最后期限——时间尽可能宽限，但你的时间尺度要实事求是。

- 关于如何完成调查和如何回答问题的说明：参与者是应该花一些时间反思他们的回答，还是应该写下他们最先想到的东西？他们是否应该举出例子？在个别问题上重复说明可能会很有用（有关调查示例中的一些问题，请参见配套网站上的"请解释您的观点"说明）。

- 调查的主体部分，你会问一系列（主要是）开放式问题。问题的总数取决于你的研究问题和每个问题所需回答的深度和细节。理想情况下，你应该尽量缩短调查时间，以避免参与者出现问题疲劳，并减少答案中的细节。问题最少约为 3 个（参见说明性研究实例 6.1），最多约为 30 个（例如，我们的"对阴毛的看法"调查有 25 个）。对于较长的调查（例如，超过 10 个问题），将问题分成两到三个不同且连贯的部分可能会很好（就像"对阴毛的看法"调查所做的那样）。

- 最后一个"清理"问题，让参与者有机会补充他们认为重要而你没有预料到的任何其他信息（例如"关于……，你还有什么要补充的吗？"）。

- 人口统计部分（见第三章）。

- 参与者完成调查后看到的完成页面，应该包含：

  ○ 致谢。

  ○ 你或你导师的联系方式，以防参与者有任何问题或意见。

  ○ 支持来源的详细信息和扩展信息（如果相关）（这将取决于你的主题）。例如，维多利亚的学生埃莱妮·德米特里乌（Eleni Demetriou）完成了她的在线质性调查，内容涉及与女同性恋者、男同性恋者、双性恋者或跨性别者（LGBT）父母一起长大的成年人的经历：（1）由 LGBT 父母的子女编写、为 LGBT 父母的子女编写的以及关于 LGBT 父母的子女的简短阅读清单；以及（2）美国心理学协会网站上的文件链接，这些文件总结了对 LGBT 父母的子女的心理研究结果（面向公众）。

说明性研究实例 6.1

质性调查：男性通过衣着管理"身体形象"和外表

在过去 10 年中，男装广告和男性身体在流行文化中的表现等方面的变化，引起了英国社会心理学家汉娜·弗里思（Hannah Frith）和凯特·格利森（Kate Gleeson）对着装习惯的兴趣（2004）。她们的研究旨在探索男性对自己身体的感觉是否以及如何指导他们的着装习惯的看法，以及探索对于男性是否利用服装改变自己外表的看法。

她们从 75 名随机的雪球样本中收集了调查资料，这些样本大多是白人男性，年龄在 17 岁到 67 岁之间（平均年龄：25.79 岁）。参与者收到一份包含参与者信息表、同意书、人口统计表以及衣着和身体问卷的硬拷贝文件包，其中包括三个主要问题和一个"清理"问题：

1. 你对自己身体的感觉对你购买或穿的衣服种类有多大影响？

2. 你的穿着是否隐藏了你身体的某些部位？

3. 你的穿着是否突出了你身体的某些部位？

4. 还有没有什么你认为我们应该知道，或者有什么我们应该问而没有问的问题？

男人们被告知：在开始动笔之前，花时间思考他们的答案，完整地回答问题，并给出具体的例子。有些人写得很长，有些人写得很短。对第一个问题的回答最长。研究者使用了主题分析（参见第八章），产生了50 个代码，组织成 5 个主题。主要讨论了 4 个关键主题：

1. 男人们看重的是衣服的实用性，而不是美观性，他们强调衣服合身的重要性。

2. 男人们认为自己不在乎外表，大多数人认为他们的身材不会影响他们对衣服的选择。然而，许多男性详细描述了特定类型的服装如何与自己的身材相得益彰。

3. 男人们说，他们使用衣服来隐藏和展示自己的身体，并突出特定的身体部位；男人们对自己身体的感知并不是一成不变的，感知和使用衣服来隐藏或暴露身体的方式每天都会发生变化。

4. 男人们感受到了符合理想体形的压力，并报告说，他们使用衣服来管理自己的身体外观，管理取决于他们认为自己的身体符合苗条和肌肉发达的理想体形的程度。

弗里思和格利森的结论是，她们的男性参与者积极地使用服装来"操纵他们的外表，以满足男性气质的文化理想"（p. 45），但他们认为他们应该表现出不要太在乎外表。

硬拷贝调查还需要：

- 在每一页上留出写一个参与者代码的空间。
- 带有调查标题和页码的页眉。
- 一份参与者信息表，如果需要，还要提供同意书（参见第五章和配套网站的例子）。
- 清楚说明在何处及如何交回调查资料。
- 如果相关，寄回一个有地址（贴有邮票）的信封——根据你的设计，同意书可能需要单独寄回。
- 在问题的结尾留出额外的空间，以防参与者想要扩展答案（参见配套网站上的调查）。

好的问题是获得好的调查资料的关键，那么如何写出好的调查问题呢？首先，你应该只提出你可以合理预期参与者能够回答的问题。仔细考虑措辞和语言——第四章中概述的设计访谈指南的提示和技巧与此相关，所以（请重新）阅读该部分。好的调查问题通常是：（1）越短越好（例如，"你认为女性为什么要除掉阴毛？"）；（2）明确无误地表达（你无法在资料收集过程中阐明你的意思）；（3）使用简单和恰当的语言（避免使用行话）。定义关键术语可能很重要，特别是在术语模糊的情况下（参见框6.1）。你需要避免引导式、评判式、封闭式或多重式问题。避免封闭式问题规则有一个重要的例外：如果一个封闭式问题后面有解释或澄清的说明（参见配套网站上的调查示例），有时问一个简短而明确的问题可能是最好的方式。避免多重式问题规则也有一个例外：有时，额外的提示性或解释性问题（在括号中）有助于阐明一个主要问题的意思。例如，在我们的"性高潮和性快感体验"调查中（参见配套网站），一个主要问题"你能详细描述你上次（或典型的）与伴侣发生性行为时的性高潮体验吗？"，紧随其后的是一个提示性问题——"你有着什么身体和情感上的感受？"，以说明我们希望参与者写下的信息类型。

框 6.1　定义"性"

性是一个模糊术语，众所周知，它很难定义，不同的人对其含义的理解也未必相同：某个人可能认为的性体验，对另一个人来说可能只是前戏而已（Sanders & Reinisch, 1999）。在他们关于性高潮和性快感的调查中，维多利亚和凯西·罗杰斯夫妇告诉参与者他们所说的这个词的确切含义：所提的问题集中在当与伴侣发生性交（或性行为，而不是单独手淫）时对性高潮和性快感的体验上。我们使用性这一术语的最广泛意义，包括与伴侣的任何形式的性行为。通过提供一个明确的定义，参与者知道提出的问题涵盖哪些性实践。然而，即便如此，参与者对性的定义往往还是非常狭隘（Opperman, Braun, Clarke & Rogers, 2013）。

接下来要考虑的是调查的组织和设计。问题的顺序和流程非常重要：就像在访谈中一样，开始时要问一些一般性的、温和的问题，然后再问一些具体的、难的问题，这使参与者可以轻松进入话题。想象一下，一项关于大学生对酗酒的看法的调查始于"你曾因酗酒而住院吗？请解释一下"，而不是一开始就说"酗酒对你意味着什么？"，所问的问题也应该合乎逻辑地进行；如上所述，可以将正在研究的问题的类似方面问题集中在一起。使用硬拷贝和电子邮件调查时，你通常希望避免使用复杂的格式，即"如果是，则转到问题 8a……，如果不是，则转到问题 11b……"，输入操作说明（这种问题筛选很容易在网上完成）。总体而言，调查应该是读起来令人愉快的。使用易于阅读的字体［最理想的是人文主义的无衬线字体（Calibri），这是 Microsoft Word 当前的默认字体］和明确的操作说明。硬拷贝调查的一个关键设计问题是你给答案留了多大的空间：这说明了你希望答案有多长。我们建议每个 A4 页面最多回答四个问题（参见配套网站上的示例）。

要想知道一项调查是否有效，唯一的办法就是进行试行。试行有两种方式：（1）邀请人们完成调查，并利用他们的回答来确定你是否获得了你想要的资料；（2）邀请人们完成调查，并要求他们评论操作说明的清晰度、问题的措辞和顺序，以及设计和布局。对于一个小项目，用 5~10 个成员就足够了。试行可能导致对你的调查结果进行微调。通过试行"对阴毛的看法"调查，我们注意到参与者经常对阴毛的数量给出主观的评价（例如，"很多"），但我们意识到我们无法知道这对参与者到底意味着什么，因此，我们增加了两个问题，要求参与者在男性和女性腹股沟的图像上画阴毛（参见配套网站），以确定他们的标准和偏好，以便更好地解释资料。

收集和管理调查资料

总体而言，调查资料往往比访谈资料要少（尽管回答的深度和细节可能会有很大差异）：配套网站上有我们"对阴毛的看法"和"性高潮和性快感体验"调查的资料示例。较大的样本量（用于调查和其他参与者产生的文本资料方法）可以部分弥补（一些）不足的回答，但你仍然希望你的调查能够产生最丰富的资料。回答的深度和细节在一定程度上取决于参与者参与研究的动机和对话题的兴趣，但这也由精心设计的问题引发，这些问题激发他们做出回应和参与，也由实际问题引发，比如他们能够和愿意投入多少时间。调查资料只适用于某些形式的质性分析（参见第三章表 3.2）。

在输入或整理资料进行分析时，如有必要，请匿名（参见第七章），但记录应逐字逐句：不要更正参与者的拼写和语法错误（目前不要，稍后在报告中展现摘录时可以这样做，以提高可读性）。并确保每个答案都清楚地标有参与者编号/代码。电子表格（例如 Microsoft Excel）通常是编辑人口统计结果的最佳方式，特别是如果其中一些是量化的人口统计结果。

调查会出什么问题

调查的一个主要局限是缺乏灵活性。因为问题是事先设定的，所以回答受限：问题得不到追问和进一步扩展（Frith & Gleeson, 2008）。当维多利亚还在学开车的时候，她的教练告诉她要"假设每个人都是白痴"，这条准则（有点冷酷）适用于调查设计。如果人们有任何误解操作说明或问题的地方，回答就会受限，问题得不到追问和进一步扩展；如果有明显的误解，你的资料可能会毫无用处。这不是通过试行就能完全消除的。另一个主要局限是，除非你给参与者一份调查问卷，然后现场等待将其收上来，否则承诺参与的人可能会忘记回答，或者太忙而没有回答，这意味着你得到的回答很少。发送一两个礼貌的提醒邮件可以增加回答量，但有时你的抽样策略（例如，通过电子邮件群发系统发送的在线调查）可能不允许你这么做。

故事续成任务

故事续成任务是一种完全不同的方法，这种方法要求参与者要么完成一个故事，要么写一个故事。在"完成一个故事"的方法中，参与者被提供了一个**故事主干**（story stem）：一个涉及假设场景和人物故事的开头。然后，他们通常会被要求写下"接下来会发生什么"（材料示例 6.1 提供了一个故事主干的例子，故事源于我们对人们对跨性别育儿看法的研究）。在"写故事"的方法中，参与者被提供一个**故事线索**（story cue），一个故事的基本场景，并被要求写一篇关于这个场景的故事（例如，"一对白人夫妇收养了一个黑人孩子——讲述人们的反应的故事"）。虽然故事主干可以提供比故事线索更多的方向，但重要的是，我们也需要保留一些模糊性，因为了解参与者的假设是这种方法的关键要素之一。例如，在英国女权主义心理学家西莉亚·基青格和德布拉·鲍威尔（Debra Powell）（1995）对异性关系里不忠行为的研究（见说明性研究实例 6.2）中，他们的故事主干将主要人物描述为"外出"，其中一个角色意识到另一个角色正在"见别人"。由于"见"使关系的确切性质含糊不清，而"别人"则没有明确说明对方的性别（p. 352），基青格和鲍威尔可以探索参与者对"见别人"的含义的看法以及对"别人"的性别的看法。

材料示例 6.1

跨性别父母故事续成任务及参与者说明

向参与者介绍以下故事和说明。

请阅读并完成以下故事：

在他去上班之前，布莱恩告诉他的孩子们，他有一些重要的事情要讨论，他想在那天晚上开一个家庭会议。当孩子们放学回家时，布莱恩已经在家等候。他在厨房里踱来踱去，看起来很紧张。当每个人都围坐在餐桌旁时，布莱恩告诉孩子们，他觉得自己作为一个男人活得很不自在，这种情况已经持续很长时间了，他想变性成为一个女人……

接下来会发生什么？（请至少花10分钟写你的故事，如果有必要，请在"关于你的问题"页的背面继续）。

参与者信息表向参与者提供了以下附加说明。

你被邀请完成一项故事续成任务——这意味着你要阅读故事的开头几句话，然后写下接下来会发生什么。**完成故事没有对错之分**，在完成故事的过程中，你可以尽情发挥创造力！我们对人们讲述的各种不同的故事很感兴趣。不要花太长时间去想接下来会发生什么——只要写下你首先想到的东西就行。你应该**至少花十分钟完成这个故事**。你的故事可以在接下来的几个小时、几天、几周、几个月或几年内展开——你可以选择故事的时间尺度。故事开头的一些细节故意含糊不清，这取决于你的创造力和"填空"能力！

说明性研究实例 6.2

故事续成任务：异性关系中的不忠认知

英国心理学家西莉亚·基青格和德布拉·鲍威尔（1995）使用故事续成任务的方法，探索了异性关系中对不忠的看法，这既是一种常见的现象，也是一种"不正常的"现象。参与者（116名本科生——72名女性，44名男性）接受了两个版本的故事续成任务中的一个，主角是一个可能不忠的异性伴侣。在版本A中，故事的主干是："约翰和克莱尔已经交往一年多了，不久之后，约翰发现克莱尔和另一个人见面……"版本B颠倒了角色的名字。研究者对两个版本的故事的异同以及男性和女性参与者写的故事之间的异同很感兴趣。他们使用了主题分析（参见第八章），报告的标题如下：

对线索关系的描述：绝大多数故事都是关于不忠的伴侣。"交往一年多"被所有人解读为暗指性关系。"见面"这个词更加含糊，10%的A版本故事（B版本故事中只有一个）拒绝接受不忠的暗示（例如，约翰怀疑克莱尔与之有染的人原来是他的亲戚或朋友）。男性和女性参与者对约翰和克莱尔之间的关系描述截然不同：女性参与者描述的是一对互相深爱和互相信任的夫妇；男性参与者描述的是相对不忠诚和专注于性的关系。

对不忠的解释：男性和女性用不同的方式解释不忠。在解释克莱尔的不忠时，男性经常描述约翰的性技巧或性表现不佳；女性给出的原因更为复杂，往往围绕着两性关系中的情感困难。男性对约翰的不忠行为几乎没有提供任何解释，而女性则再次关注这段关系的情感质量。在15%由男性撰写的故事中（女性撰写的故事中有两个），克莱尔的新伴侣是女性，只有一个故事（一个男人写的）把约翰描述成同性恋。

对不忠的反应：感知到的反应是性别化的。男性和女性都描述了克莱尔关于约翰对她不忠的反应，描述她是多么受伤和痛苦（女性经常强调约翰对他自己不忠的悔恨）。女性倾向于将约翰描绘成因克莱尔的不忠而遭受极度情绪动荡的人，男性将约翰的反应描绘为冷漠或毫无感情（男性写的故事中大约有四分之一没有情感词汇）；男性认为约翰最常见的情绪是愤怒。总体而言，男性写的故事比女性写的故事更暴力。

基青格和鲍威尔对他们的分析提供了本质主义和社会建构主义两种解释（参见第二章）：从本质主义角度来看，这项分析展示了男女之间的心理差异；从社会建构主义角度来看，它强调了女性和男性在写故事、理解异性关系和不忠时使用的不同叙事类型（如色情描写、浪漫小说）。

什么时候以及为什么要使用故事续成任务

量化研究者通常将故事续成视为一种"投射技术"［就像罗夏墨迹测验（Rorschach inkblot test）和主题统觉测验（Thematic Apperception Test）一样］，通过它间接进入人们的心理世界。参与者（潜意识）的想法和感觉被认为影响了他们对提供的模糊的激发材料做出的反应；研究者从他们的故事中读出参与者潜在的焦虑和动机（Kitzinger & Powell, 1995）。质性的故事续成研究通常有一个完全不同的目的：了解一些关于参与者在写故事时所借鉴的意义。一些开创性的质性研究者以这种方式使用了故事续成任务（例如：Livingston & Testa, 2000; Walsh & Malson, 2010; Whitty, 2005），效果甚佳。

故事续成任务最适合于理解型、感知型以及建构型研究问题（参见第三章表3.1）。故事续成任务不是要求参与者报告他们自己的经历、理解或看法，而是要求参与者提供他们从看似合理但假设的情景中想象的结果，这意味着这些任务对

189

于探究参与者对某个话题的假设特别有用，因为这个话题是间接涉及，而且故事的主干故意含糊不清，需要参与者"填写"细节。出于同样的原因，故事续成任务提供了一个理想的工具，用于研究明确的规范规定社会期望的观点等方面的话题。例如，在支持平等的文化中使用同性恋恐惧量表往往会产生"地板效应"（大多数参与者的答案为"不恐同"），因为参与者可以相对容易地从"女同性恋者是病态"和"男同性恋者是变态"（Herek, 1984）等项目中，推断出对每一个项目的社会期望（支持平等）反应（Clarke, Ellis, Peel & Riggs, 2010）。相反，故事续成任务也可以让参与者接触到围绕一个话题的一系列意义，而不仅仅是社会期望的意义，因为它们为参与者提供了较少的关于社会期望的反应的公开线索，而且参与者没有被直接询问他们的观点，这也是我们选择故事续成任务法来考察人们对跨性别育儿的看法的原因之一（参见配套网站）。然而，你是否认为这是从参与者那里获取"真正真相"的一种方式，还是其他什么取决于你的理论框架（见第二章）。因为这个话题是通过讲故事间接谈论的，所以故事续成任务对敏感话题也很有用，而且它们避免了与（缺乏经验的）使用互动方法相关的一些伦理问题，比如操纵参与者的痛苦。

设计和试行故事续成任务

好的故事续成设计注重在提供足够的情境和适当量的信息之间取得平衡，这样场景对参与者来说就有意义，就很容易被参与者理解，但也足够模糊，让参与者可以"填写"细节。在设计故事主干（和线索）时，你需要考虑 6 个问题。

1. 故事的开头你要写多少。一个故事的主干可以是一个句子的长度，也可以是一个段落的长度（比较故事主干和我们关于跨性别育儿的故事主干，Kitzinger & Powell, 1995）。长度应该以参与者需要多少信息和用什么信息来写一个有意义的故事为指导。如果你的参与者群体不熟悉你的话题，你可能需要提供一个包含更多信息的较长的故事主干。

2. 场景和角色对你的参与者群体是否合理和有意义。提供一些细节，并使用角色名称（在恰当的地方）和真实的语言，使故事生动而引人入胜。有很多角色、过于复杂的故事效果并不好。

3. 所描绘的场景适用性是否足够广泛，足以激发一系列丰富而复杂的故事。避免出现明显或清晰结尾的场景（例如，学生对在课堂上发言时感到紧张），这可能会导致大多数或所有参与者写的故事相对较短、单薄和枯燥乏味，资料差异性有限。

4. 故事的某些方面是否应该故意模糊，这样你就可以探索与故事中一系列不同元素（例如，角色的不同方面，如性别、种族、性取向和年龄，或者场景，例如，保守社会和自由社会的跨种族收养）相关的假设。

5. 你将为参与者的故事写作提供多少指导。如果某些信息至关重要（例如，某个角色在接下来的一个小时里做了什么），参与者需要被告知这是他们故事发展的一个必要条件。

6. 你是否希望参与者对场景中的特定角色感同身受或接受其观点。如果是这样的话，你需要把他们的注意力（和同情）集中在那个人身上，无论是明示还是暗示。以第一人称（从特定角色的角度）写故事可以鼓励参与者从特定角色的角度来看待场景（例如，我们关于布莱恩的剧本可以从他的角度来写——"有件事我真的需要告诉我的孩子们……"）。用第三人称写故事（从一个无所不知的叙述者的角度）可能会产生更广泛的回应，并促使参与者在他们的故事中包含更多社会不期望的信息（Kitzinger & Powell, 1995）。

在汇编故事续成研究时，你需要包含与质性调查相关的相同材料和信息。你还需要试行你的故事续成任务，并以类似的方式汇编资料以进行分析。

故事续成任务是为数不多的非常适合比较性研究设计的质性资料收集方法之一：你可以比较不同群体对同一故事的反应，看看改变故事的关键特征（例如，角色性别或角色是残疾或健全）是否会使群体产生不同的反应。我们在跨性别育儿研究中使用了比较设计：女性和男性参与者对涉及男性父母（布莱恩）或女性父母（玛丽）的故事做出的反应。除了父母姓名和性别代词外，两个版本的故事都是相同的。为什么这会让人感兴趣呢？现有的研究表明，男性对跨性别者的态度往往比女性更消极（例如 Tee & Hegarty, 2006），而且西方社会对父亲和母亲的看法也截然不同（Sheriff & Weatherall, 2009）。这一设计使我们能够探索女性参与者的故事和男性参与者的故事（总体上）之间的差异，以及关于男性父母的故事和女性父母的故事之间的差异。

故事续成任务会产生非常有趣而且往往完全出乎意料的资料，但这些资料可能很难分析，主要原因有两个：（1）资料是故事，而不是对经验或观点的直接报告，这些资料是基于参与者的假设；（2）参与者完成故事的方式可能存在巨大差异。一些参与者非常认真地对待这项任务，而另一些人显然不认真；大多数参与者通常接受场景，但也有一些人可能拒绝它（Kitzinger & Powell, 1995）。有些人写的结局又长又复杂，而另一些人的结局简短而相对直截了当。有些真的很有创意，有些则相当敷衍了事。大多数参与者通常写的是相对真实的故事，但有些故事可能包含幻想或幽默（这可能是抵抗任务的一种方式）（有关我们跨性别父母研究的故事续成资料的示例，请参见配套网站）。第十章提供了分析故事续成资料的指导。

另一种类似于故事续成任务的资料收集方法是情境（Vignette）技术，这是参与者产生的文本资料收集方法。情境技术包括向参与者展示完整的故事，然后让他们回答一系列关于故事的开放式问题。我们在配套网站上提供了使用情境技术的信息和指南。

由研究者指导的日记

由研究者指导（或征集）的日记是为研究目的而写的日记。他们要求参与者记录他们在一段特定时间内的想法、感受、经历和做法。由研究者指导的日记与个人日记不同，个人日记是出于研究以外的目的而产生的（个人日记是一种二手资料）。由研究者指导的日记可以有多种形式：硬拷贝、手写日记；在线输入或通过电子邮件发送的电子日记；录音日记；"表演性"视频日记；或（创造性的）"剪贴簿"日记，参与者在其中写、画、剪切和粘贴纪念物、杂志图片、明信片等（Thompson & Holland, 2005）。视频（以及电子邮件、在线和音频）日记在制作过程中参与者有一定的权利，因为他们可以在提交日记之前编辑日记中的各种事项，能够掌控自己提交的资料（Holliday, 1999）。

日记需要在一段时间内定期记录。可以要求参与者每天一次（或多次）、每周一次（或多次）或每月一次（或多次），时间短至一天，长至几个月。日记的范围从非常结构化的（明确说明参与者应该记录什么信息以及何时记录）到非常非结构化的（除了说明了该话题，几乎没有更多的内容）（例如 Holliday, 1999）。配套网站提供了一个相对结构化的日记（硬拷贝或电子邮件）的例子，是关于人们如何定义和体验日常生活中偏见和社会特权的研究［我们的设计受到了麦斯（Meth）2003 年发表的文章的强烈影响，该文章是关于南非黑人妇女对犯罪和暴力的恐惧和经历的日记研究］。我们设计了有关偏见和特权的日记，以鼓励参与者在连续 14 天中的每一天写一篇日记（分别与"偏见"和"特权"有关的）。我们建议参与者应该在什么时候进行日常记录，并就他们应该记录哪些信息提供了详细指导。我们提供了一些记日记的范例，以指导和帮助参与者敏感地认识到他们在日记记录中应该考虑的各种问题。

什么时候以及为什么要使用由研究者指导的日记

日记可以用来回答广泛的质性研究问题：关于经历、理解和认知、实践叙述、影响因素和建构（参见第三章表 3.1）。它们通常用于获取其他方法无法获取的平凡的、日常的、常规的、常识现象的细节。这在一定程度上是因为日记要求参与者在"现场"记录他们的经历和观点的细节，在时间上（甚至在空间上）接近他们发生的时间。例如，英国社会学家珍妮·希斯洛普（Jenny Hislop）和他的同事（2005）使用有声日记来研究睡眠，收集参与者前一天晚上睡眠情况的每日记录（参与者必须在醒来后 20 分钟内记录日记）。使用依赖（遥远的）回忆的方法（如访谈、调查）获取此类信息将更加困难，因为随着时间的推移，微小细节可能会被遗忘。因此，日记的一个特别优点是，与其他经验方法相比，它们"更少受到记忆、回顾检查或重构的变化无常的影响"（Milligan et al., 2005: 1883）。然而，这种对日记的看法（作为一种更准确地记录平凡事物的微观细节的方式）只有在现实主义框架下才有意义；在更具建构主义的框架内，日记提供了一种不同的视角，而不是（必然）更准确的视角。日记在健康（Elliott, 1997）和性（Coxon, 1994）研究中被广泛用作一种主要是量化的方法来记录人们的实践，但现在越来越多地被用作一种质性的方法来探索广泛的主题，如蹦床运动员在赛季的压力（Day & Thatcher, 2009）、老年人的健康和福祉（Milligan et al., 2005），以及有视力障碍的年轻人向成年期的过渡（Worth, 2009）。

日记法也是一种纵向方法，这意味着我们可以跟踪连续时间和空间上的经历和事件（Milligan et al., 2005），并探索实践如何随着时间的推移而演变，例如静脉注射毒品的使用模式（Stopka, Springer, Khoshnood, Shaw & Singer, 2004）。此外，由于日记由多篇日记组成，例如，连续两周每天早上描述"我昨晚睡得怎么样"，所以它们可以帮助我们了解特定经历和活动的情境。例如，希斯洛普等人（2005）通过收集异性伴侣双方的睡眠日记，可以确定影响睡眠体验的社会环境，以及男性和女性睡眠的差异。

日记法不仅是一种独立的工具，还可以与其他方法一起使用。美国人类学家齐默尔曼（Zimmerman）和维德（Wieder）（1977）开创了"日记访谈法"，即参与者在一段特定的时间内记日记，然后在访谈中讨论并详细说明他们的日记。日记法被用来激发和丰富访谈方法（它们是一种启发性工具；访谈中的话形成了分析的资料），或者作为一种补充的资料形式。

认识到日记需要参与者投入时间和精力很重要。例如，在我们的日记研究中，参与者必须在两周内每天抽出时间（并记着）完成一篇日记——可能是每天 20 分钟，甚至更多。完成日记要求参与者专注于他们日常经历中的一个特定方面，否则他们可能不会太关注这个方面，这本身就要求很高。这些原因意味着，与其他质性资料收集方法相比，招募参与者可能很困难，而且可能会有很高的退出率，特别是当日记资料收集时间跨越几个月时（Breakwell & Wood, 1995）。经验丰富的日记研究者已经开发了一些技巧来让参与者参与日记研究并保持兴趣，这些技巧如下。

- 与参与者（单独或集体）举行初次会面，解释记日记的任务，并将日记和任何必要的材料（如录音机）交予参与者。我们以小组形式与参与者会面，进行初步情况介绍，收集人口统计资料和完整的同意书，并分发日记的硬拷贝。

- 如果参与者被要求记几周的日记，安排在每个周末与参与者见面收集他们的日记（我们在日记研究中就是这样做的），这有助于保持积极性，并为参与者提供提问和澄清任何困惑的机会。一些研究者要求定期返回日记，因为他们要对日记进行持续分析，为最终的"日记访谈"做准备。

- 定期通过电子邮件、电话、短信或信件联系参与者，以帮助他们记忆和保持积极性（例如 Thompson & Holland, 2005）。

设计和试用研究者指导的日记

在日记研究设计中，首先要确定的是日记格式（例如，书面的、音频的、视频的）。这一决定需要根据你的研究问题和你的参与者群体来决定。例如，如果像英国社会学家露丝·霍利德（Ruth Holliday）（2004）所做的那样，研究视觉识别之类的特征，那么，视频日记就是一种理想的方法。认识到不同的群体可能偏爱不同的日记格式（参见 Hislop et al., 2005），因此你选用的记日记的模式必须对参与者起作用（并努力让他们保持参与）。需要确定的其他重要因素包括：

- 你希望参与者多久做一次日记记录？时间跨度是多久？如果要求参与者每天做记录，那么日记持续的时间通常不会超过几周，短到足以维持资料质量并保持参与者的参与度，长到足以避免只记录不寻常的经历（Milligan et al.,

2005）。如果日记记录不那么频繁，那么日记持续时间可能（相当）长。频率和持续时间的选择与你打算在日记中记录的事件或问题有关：这些事情是每天例行发生的（例如睡觉），是每周发生一次或两次（例如老年人的园艺小组），还是临时根据需要的（例如向成年期的过渡）？活动越有规律，日常记录就可能越有用。不太明确地以"事件"为导向的日记可能会产生较少的篇目。例如，汤普森和霍兰德（Thompson & Holland, 2005）关于年轻人向成年期过渡的研究要求参与者在几个月的时间里保存"记忆簿"（剪贴簿日记），随时记录想记录的内容。

- 日记应该怎样结构化？结构化日记提供了许多明确的（限制性的）指导方针；非结构化日记给了参与者更多的空间来写下对他们来说重要的事情。结构的合适程度取决于你的研究主题、研究问题和研究方法。结构化既适应完成的频率和时间框架，也适应日记内容。与结构化相关的重要注意事项包括：

  ○ 决定你的指令规范性有多强。提供与参与者记录的时间（和内容）相关的明确说明可能很重要。例如，在我们关于偏见和特权的日记中，我们就是这样做的，我们要求提供与特定事件相关的每日记录（参见我们在配套网站上关于偏见和特权的日记）。在其他研究问题中，提供如此详细的说明可能并不重要或富有成效。例如，就像霍利德（1999）所做的那样，只要给参与者一台录像机，并指导他们在一个多月的时间里记录下他们如何通过衣着和外表表现自己的身份，就可以让参与者自由地决定什么重要。

  ○ 决定是否包括一则样本日记，这可能对比较结构化的日记有用（但如果结构化日记阻碍了参与者完成日记的方式，就会有问题），我们在日记研究中这样做过。

  ○ 确定参与者在某个时间点（例如每天早上、周日晚上）完成日记或尽可能在事件发生时记录事件的重要性。这些考虑需要与这样一个事实相平衡：如果对日常生活的干扰最小，参与者更有可能成为有效的日记记录者（Day & Thatcher, 2009）。

- 参与者应在何时返回日记记录？可以是每天返回，也可以是资料收集结束时一次性返回。如上所述，在较长时间资料收集期间的返回可能有助于保持参与者的兴趣（如果你需要快速开始分析资料，例如，使用访谈日记方法来分析则可为你提供帮助）。将日记整理成每周或每月的日记，参与者在每个周期结束时返回日记，不失为一种有效的方法。

- 你会在参与者记日记的时候与他们联系吗？是否有必要召开初次会议解释日记和移交设备？是否需要召开最终会议和归还设备？

- 最后，你需要向参与者提供哪些材料（如果有的话）来记录他们的日记？可能只是一支笔和一本打印的纸质日记本；可能是音频或视频记录设备；提供剪贴簿日记可能需要笔记本、文件夹、贴纸、胶水和一次性相机（Thompson & Holland, 2005）。

一般而言，日记法应包括完成日记所需的所有材料，以及关于以下内容的清晰、全面的说明（如果相关）。

- 参与者应多久记录一次日记。

- 他们应该在何时何地记录。

- 他们应该记录什么样的信息。

- 对于需要定期记录的日记，如果他们遗漏了一条记录，他们应该怎么做（他们能不能在第二天完成？你想知道这条记录被遗漏了吗？为什么？）。

- 如何（以及何时）返回。

此外，你还需要相关的参与者信息、同意书和人口统计表（在与调查相关的讨论里讨论过）。对于书面或电子日记，格式很重要（参见我们在配套网站上的日记）。硬拷贝书面日记还需要：

- 封面，包括：（1）日记标题；（2）用来填写参与代码的空间；（3）研究者联系方式。

- 对于更结构化的日记，你应该为每篇日记提供空间，要么是已经注明日期的空间，要么是参与者记录每篇日记的日期（和时间）的空间。

与其他方法一样，日记也需要试行。一旦收集到资料，书面日记资料应以电子方式汇编。一般来说，每个参与者的所有日记记录都应该保存在一起（相比之下，按问题汇编更适合于调查）。音频和视频日记的转录方式应与访谈资料或焦点小组资料的转录方式相同（参见第七章）。

一些参与者天生就会记日记，就像谚语中说的鸭子下水一样，一学就会；有些人可能会苦苦挣扎，不知如何写——尽管随着时间的推移，参与者往往会成为自信的记日记者（Elliott, 1997）。有些人可能会记录私密的细节，并提供他们丰富的日常生活叙述；另一些人可能会描述性地报告（假定是）相关事件，很少带有情感地进行评论（Hislop et al., 2005）。有些人可能会觉得写日记是一件枯燥、重复的苦差事（Milligan et al., 2005）；另一些人可能会珍惜这个机会来反思自己的日常生活，包括反思以前的日记（Elliott, 1997）。记日记可以鼓励参与者了解他们经历中的模式，并提高他们反思自己生活的能力，这与日记有助于参与者自我提升的说法一致（例如 Meth, 2003），这意味着通过日记产生的资料的质量和数量可能会有很大的不同。第三章表 3.2 概述了日记资料的恰当分析方法。

小结：参与者产生的文本资料

日记、质性调查、故事续成任务（和情境技术）在质性研究中远不如访谈和焦点小组等互动方法常见，然而，正如我们希望传达的那样，它们为质性研究提供了令人兴奋的可能性。表 6.2 概述了参与者产生的文本资料收集中的优缺点。

表 6.2　参与者产生的文本资料收集中的优缺点

参与者产生的文本资料收集的优点	参与者产生的文本资料收集的缺点
是（从大样本中）产生资料的一种相对快速的方式	某些形式的深度不如互动资料

续　表

参与者产生的文本资料收集的优点	参与者产生的文本资料收集的缺点
是进入地理上分散的参与者样本的一种简单方式	资料收集的灵活性有限——你不能调查参与者或提出意想不到的问题
快速从资料收集到资料分析，通常不需要转录。如果资料是在线收集的，则无须录入和编写答案	某些群体（例如识字能力有限、有学习障碍或视力障碍的人）可能会发现参与困难
对参与者来说可以是一种快速而简单的体验："参与较困难"的参与者可能更愿意参与	有些形式（如日记）可能需要参与者投入大量的时间/精力
担心匿名性的人可能更愿意完成匿名在线调查，而不是面对面访谈。如果你正在研究一个敏感话题，有些人可能更愿意在调查中写下有关这个话题的内容，而不是面对面地讨论这个话题	熟练的访谈者能让人开口说话，有些人可能会觉得与陌生人或与其他有相似经历的人讨论敏感问题会更自在
可以避免一些与互动性资料收集相关的伦理问题，因此是一个适合经验不足的研究者探索更敏感话题的方法	可以说，参与者必须有很强的动力去完成一项调查，特别是在他们自己的时间和空间里完成日记，因为不像互动性资料收集那样，他们没有一个计划好的收集资料的时间结构
人们可以在自己的时间和空间里参与	某些资料比互动性资料更易变，明晰度更低（例如故事），因此更难分析
某些类型（例如调查与更结构化的日记）更标准化，因此比互动性资料更容易分析模式	研究者对产生的资料控制较少
参与者对产生的资料有更多的控制权	

收集已有的文本资料

使用已有的文本资料涉及选择已经（通常）以书面或视听形式公开获得的内容作为资料。研究者对资料的产生没有任何作用；所谓的次要资料来源包括印刷品、电子和广播媒体形式的材料，例如报纸（Shaw & Giles, 2009）、杂志（Toerien & Durheim, 2001）、公共卫生信息宣传单（Rúdólfsdóttir, 2000）、教科书（Myerson, Crawley, Anstey, Kessler & Okopny, 2007）、广告牌广告（Adams, McCreanor & Braun, 2007）、网站（Braun, 2009）、博客（Potts & Parry, 2010）、公告栏（Malik & Coulson, 2008）、政治演讲（Capdevila & Callaghan, 2008）、《议会议事录》（*Hansard*）即议会议事的官方报告（Summers, 2007）、电视脱口秀（Clarke & Kitzinger, 2004）、广告（Gill, 2008）、漫画（Walkerdine, 1987）和纪录片（Clarke et al., 2004）。有些资料来源有多种形式，例如，许多报纸和《议会议事录》都是在线和印刷的［报纸文章保存在律商联讯（LexisNexis）电子资料库中］。研究者可以从二手资料中收集资料，例如，女性杂志，参见说明性研究实例6.3，或从一个范围来收集资料，例如，英国LGBTQ心理学家索尼娅·埃利斯（Sonja Ellis）和西莉亚·基青格在2002年利用全国性报纸、同性恋媒体和《议会议事录》报告来探究用于反对降低同意英国男性发生性行为年龄的论点。或者，他们可以结合主要资料和二手资料，例如，维多利亚（Clarke, 2001）收集了访谈和焦点小组资料、电视脱口秀和纪录片，以及报纸和杂志上的文章，用以分析女同性恋者和男同性恋者育儿的社会结构。

说明性研究实例 6.3

二手资料：女性杂志中男性和女性性表现

女性杂志传达了有关性别、性和性行为的流行社会文化信息。新西兰心理学家潘泰亚·法维德（Panteá Farvid）和弗吉尼亚·布劳恩（2006）分析了连续六期的 *Cosmopolitan* 和 *Cleo*（这两本杂志关注在特定文化时刻流行的建构），这是两本针对年轻女性流行生活方式的杂志，他们的分析旨在确定建构和表现男女性行为的方式。杂志中提到**男性性行为**的任何内容（广告除外）都被选为资料，这使得有 200 页资料出自 *Cosmopolitan*，199 页出自 *Cleo*。分析采用了建构主义的主题分析（参见第八章）。

尽管这些杂志对性和性行为的描述绝对是异性恋的，但这些资料的特点是"对男性和女性性行为的多重、相互竞争和相互矛盾的描述"（p. 299）。正如在当代女性杂志中所预期的那样，女性被描述成性活跃和性独立，有权渴望性爱和体验性快感的形象。然而，这些杂志可以说是"痴迷"于男性和男性性行为。在讨论**女性性行为**时，男性性行为是一个核心问题，而女性性行为的核心则往往是如何让男性获得性快感。性被描述为"对男性非常重要，是男性愿意并能够'随时'做的事情，也是男性（总是）想要的事情"（p. 301）。在对性行为的描述上存在着极大的性别差异，例如：出轨被认为是男性的规范行为，女性很少被认为出轨（但她们被暗示对他们的出轨行为负有责任）；女性的不忠行为被描述为"比男性的出轨行为更应受到谴责、更不可原谅"（p. 303）。由于存在矛盾和性别化的表述，法维德和布劳恩得出结论认为，杂志中向女性宣传的性自主（autonomy）和性能动（sexual agency）更准确地说是"伪自由（pseudo liberation）和性赋权（sexual empowerment）"（p. 306），杂志讲述了一个关于（异性）性行为和性关系的熟悉而传统的故事。男性的性行为在杂志中享有特权；在（一夫一妻制）异性恋关系中，女性被期望承担起"让事情顺畅"的责任，而男性在这一关系中则被描述为不情愿（和"不自然"）的参与者。

二手资料是回答表述型和建构型研究问题的理想选择（参见第三章表 3.1）。杂志和电视节目等二手资料可以被视为（流行）文化的碎片，这些内容影响我们对世界和他人的看法，影响我们思考、感觉和行为方式（Lyons, 2000; Silverman, 2006）。研究者研究这些"文化碎片"是为了理解"构成一个社会成员共享的社会现实的意义"（Altheide, 1996: 2）。一些二手资料（例如，人们写下他们的经历或观点的在线论坛）可能有助于回答经验型、理解和看法型、实践的叙述型以及影响因素类型的研究问题。这样的二手资料很有价值，因为我们可以获取人们的经验和观点，而不必通过我们的资料收集问题和方法来获得他们的回答。总而言之，二手资料可用于：

- 探索人们的经历、理解和实践（例如 Malik & Coulson, 2008），就像你使用访谈、调查或日记资料一样（参见 Hookway, 2008，关于博客作为日记资料的可获取的替代品）。
- 探索围绕某一特定主题的社会文化意义，可以是一般意义（例如 Clarke, 2001），也可以是与特定情境相关（如妇女杂志，参见说明性研究实例 6.3）的意义。
- 探索特定的"文化碎片"如何起作用，它们产生的影响，以及它们吸收、修改或抵制的社会文化观念（Silverman, 2006）（例如 Clarke & Kitzinger, 2004）。

探索后两者既可以关注某个特定的文化和历史时刻，也可以关注随着时间的推移而发生的变化。

获取和抽取二手资料

作为一种容易获取资料的方式，二手资料听起来很有吸引力。事实上，它们的一个优点是，容易获得，相对快速，而且价格便宜。大学图书馆提供广泛的电子资料库（如律商联讯）、教科书、《议会议事录》、互联网等。另一个优势是，二手资料回避了一些伦理问题，因为你不直接与参与者互动来产生资料（参见第三章）。然而，二手资料的使用仍然需要我们思考伦理问题，有些资料引起了特别的关注（参见框 6.2）。但仅凭这些并不能成为使用二手资料的充分理由，你还需要一个基于研究的理由。除此之外，你的样本还要有一个清晰的理由，这也很重要，可能包括与你的研究主题和研究问题相关的所有项目，或可选项目。想象一下，你正在研究当代心理学教科书中非白人是如何被表述的。你之所以对这个主题感兴趣，是因为心理学教科书对学生的影响，也因为西方心理学有着明显的种族主义历史（Howitt & Owusu-Bempah, 1994）。如果你只是突然来到图书馆，拿起你找到的前十本心理学教科书，那么你的抽样策略是经不起仔细检查的：你选择的书可能是没有人使用的晦涩教科书；可能不包括相关的心理学课程。相反，你需要一个计划和对次要资料进行抽样的理由。英国心理学家梅格·巴克（Meg Barker）（2007）为她在心理学教科书中对非异性恋性表述的研究提供了一个很好的抽样策略。她的研究基于 22 本本科教科书样本：

包括入门心理学领域 7 本，以及以下每个领域各 5 本，涵盖生物心理学、发展心理学和社会心理学……目的是覆盖所有学生在国际上学习的心理学课程的关键领域……以及与性认同和性关系相关的问题。这些教科书都是在 2000 年到 2005 年间出版的。教科书是从美国和英国亚马逊网站的畅销书排行榜上挑选出来的……试图将重点放在最受欢迎和使用最广泛的教科书上。我从每个类别的前十名中挑选了文本，包括排名第一的畅销书，以及来自各种出版商和作者的一系列其他文本。虽然美国出版的书籍占据了市场的主导地位，但我试图在每个类别中至少挑选一本欧洲书籍作为比较对象（Barker, 2007: 98-100）。

框 6.2 在线二手资料的伦理思考

在线二手资料的出现为质性研究提供了一个可行的资料源，却给质性研究者带来了新的伦理挑战。关于在线研究伦理的讨论集中在公共和私人的问题上，例如，胡克韦（Hookway）（2008: 105）问道："博客材料是学术公共资源呢，还是需要知情同意的呢？"在这个问题上有一系列不同的观点：一些研究者认为在线材料是公开的（就像报纸上的文章或电视节目一样），因此不需要征得同意；另一些研究者则认为，一些在线材料是期望得到隐私保护的，因此需要征得同意（访谈或调查也是如此）（Hookway, 2008）。后一种观点反映了英国心理学会（互联网研究工作组，2007）的立场，该观点还强调，如果研究者使用"可通过搜索引擎追踪到个人发帖"的引述，可能会破坏人们的匿名性（互联网研究工作组，2007: 4；另参见 Wishart & Kostanski, 2009）。互联网研究者协会（AIR）（2002）认为，材料是公共的还是私人的并不总是清楚的，但人们对材料的公共性质的认可度越大，保护材料创建者的隐私和保密性的义务就越少。他们还认为，在使用可能不供公众使用的材料，以及使用由儿童和其他弱势群体（他们可能不了解在互联网上发布个人信息的危险和影响）创作或撰写的材料时，都需要谨慎。除了考虑隐私、知情同意、保密性、匿名性和脆弱性等问题，埃森巴赫（Eysenbach）和蒂尔（Till）（2001）建议，研究者应该考虑他们的研究是否有可能对在线材料的作者和他们所属的更广泛的群体或社区造成伤害。

有些类型的二手资料比较容易以系统的方式获取（例如，你可以在 Nexis. com 上搜索某年英国全国性报纸上发表的所有关于男性和饮食的文章），这意味着可以制订一个强有力的抽样计划。其他类型的二手资料可能更难获取，而且很难系统地获取。原因之一可能是资料实例稀少且分散。当维多利亚分析有关同性育儿的电视脱口秀和纪录片时，她花了大量的精力和时间（4年）来制作 27 个脱口秀节目和 11 部纪录片样本。她的策略是：通过监控电视指南，录制所有相关和可能相关的节目收集她能发现的所有资料实例；通过联系制片人；通过购买纪录片和谈话节目的副本；通过朋友和家人把他们注意到的事情告诉她。

对于二手资料，重要的是在收集资料时系统地整理**资料项**（data item），并为每个资料项提供 ID 代码。你应保存单独的记录，列出每个项目的 ID 代码、你收集项目的时间、方式和来源（例如：杂志名称、发行日期和资料项目的页码；电视节目标题、广播频道、日期和时间以及制作细节）。任何广播音频或视频资料都需要转录成书面文本进行分析（参见第七章）。有关使用二手资料的适当分析方法的概述，请参见表 3.2。

章节总结

本章主要内容：

- 概述了参与者产生的文本资料的三种主要类型（质性调查、故事续成任务和由研究者指导的日记），并讨论了如何以及何时使用每种方法。
- 讨论了二手资料的收集和使用。

问题讨论和课堂练习

1. 阅读材料示例 6.1 中有关布莱恩的故事续成任务，并找出故事的哪些特征是故意含糊不清。参与者对故事的这些方面有哪些不同的解读方式？这个故事是从谁的角度写的？我们试图避免让参与者对布莱恩作为父母的角色持负面看法（以避免引发明显的"自私"指责）——你能确定我们是如何做到这一点的吗？你认为我们成功做到了吗？

2. 找出使用 30 个质性调查或 10 个访谈来探索人们的害羞和社交焦虑经历的一些利弊。如果你想研究这个主题，你会选择哪种方法？看看瑞典心理学家夏洛特·阿尔姆（Charlotte Alm）和安·弗罗迪（Ann Frodi）（2008 年）对害羞的访谈研究，想想你是否可以改进它，以及如何改进。

3. 假设你正在进行一项关于当代社会青少年育儿意义的研究项目。你可以收集哪些类型的二手资料？使用二手资料来研究这个问题的一些优点和缺点是什么？

4. 分成小组，针对适合故事续成任务的任何主题设计一个研究问题，并设计一个合适的故事主干或线索。然后加入另一个小组，交换故事，并尝试（单独）完成他们的故事。完成后，集体讨论你们设计和回应不同故事的经验。在设计故事续成任务时，你遇到了哪些挑战？完成一个任务是什么感觉？

5. 在说明性研究实例 6.1 中，弗里思和格利森（2004）报告说，男性参与者对自己身体的感觉，以及这种感觉对他们的着装和外表的影响每天都在发生变化。你怎样用日记对十几岁和二十岁出头的年轻人做进一步的调查呢？什么样的日记才是最有成效的？你会要求参与者多久记一次日记，在什么时间范围内记日记？你会要求参与者在日记中记录哪些信息？为什么？

扩展资源

扩展阅读：

我们建议阅读的大部分资料都是在研究报告的情境下讨论这些方法，这不仅可以让你了解更多有关该方法的知识，还可以了解该方法可以产生什么样的分析。

有关作者为什么选择使用质性调查（了解体毛去除）的详细讨论，请参阅：
Toerien, M. & Wilkinson, S. (2004). Exploring the depilation norm: a qualitative questionnaire study of women's body hair removal. *Qualitative Research in Psychology, 1*, 69–92。

有关故事续成任务使用的简明讨论——与厌食症和暴食症的研究相关——请参阅：Walsh, E. & Malson, H. (2010). Discursive constructions of eating disorders: a story-completion task. *Feminism & Psychology, 20*, 529–537。

欲了解音频日记的使用情况，考察一项非常平凡的活动——睡眠，请参阅：Hislop, J., Arber, S., Meadows, R. & Venn, S. (2005). Narratives of the night: the use of audio-diaries in researching sleep. *Sociological Research Online, 10*. [Online: http:// www. socresonline.org.uk/10/4/hislop.html]。

有关基于二手资料分析的翔实的研究实例（在这个例子中是人类性学教科书），请参阅：Myerson, M., Crawley, S.L., Anstey, E.H., Kessler, J. & Okopny, C.(2007). Who's zoomin' who? A feminist, queer content analysis of "interdisciplinary"human sexuality textbooks. *Hypatia, 22*, 92–113。

在线资源：

SurveyMonkey 和 Qualtrics 都为在线调查提供免费（有限范围）或付费（完整内容）软件：

- www.surveymonkey.com/
- www.qualtrics.com/

此外，律商联讯还为许多不同国家提供了国家和地区报纸文章的在线资料库：http://www.lexisnexis.co.uk/our-solutions/academic/。

有关以下内容，请参见配套网站（**www.sagepub.co.uk/braunandclarke**）：

- 与第二部分相关的自测多项选择题。
- 抽认卡词汇表——测试本章中使用的关键术语的定义。
- 情境技术介绍，包括情境研究的示例材料。

- 本章讨论的资料收集工具的副本（"对阴毛的看法"调查、"特权与偏见"日记、跨性别父母故事续成任务等）和相关研究材料副本。
- 扩展阅读（来自 Sage 期刊的文章）。

第三部分

成功分析质性资料

SUCCESSFULLY ANALYSING QUALITATIVE DATA

第七章 为分析准备音频资料：转录

完成了资料的收集（太棒了！），你基本上就可以进行分析了。但在开始之前，你可能需要准备好资料以进行分析。本章概述并讨论了音频（和视频）资料为分析做好准备的主要方法——转录。转录是使用音频资料进行质性研究的重要部分，乍一看，这似乎是一个简单的过程：你在非常短的时间内播放一段录音，然后输入你听到的内容。事实上，转录经常（含蓄地）被视为一个"次要的或仅仅是技术上的问题"（Nelson, 1996: 12），并且在质性教科书中很少有涉及（如果有的话）。但这不仅仅是一个技术问题。在转录时，我们必须选择将言语和声音转成书面文本的方式和内容，从而使转录成为一种受理论制约的实践（Ochs, 1979）。你很快就会发现，当你尝试这样做的时候，转录并不简单。在进一步阅读之前，我们建议你尝试本章末尾的第一个转录练习；如果你已经试过了，我们对转录的讨论会更有意义。

正字法转录和语言使用的混乱

有许多不同的转录方式，适合不同的分析方法。我们概述一种通常称为**正字法**（orthographic）或逐字法（verbatim）的音频转录方式。这种方式侧重于在录音资料中转录口语（和其他声音），可以与音频转录风格相对照，后者包括更多的语音或**副语言**（paralinguistic）特征，后者的转录目的不仅要记录说话内容，还要记录说话方式，这种转录形式——杰斐逊式（Jeffersonian）——被用于**话语心理学**（discursive psychology, DP）和**会话分析**（conversation analysis, CA）（参见第八章框8.1和框8.2），或视觉元素（例如：Heath & Hindmarsh, 2002; Norris, S., 2002; Peräkylä, 2002, 2006）。

正字法转录记录了所说的话。即使进行这种形式的转录也不简单，因为口语和书面语非常不同。当我们说话时，我们不使用标点符号来表达自己的意思。我们使用停顿和语调；我们在语速（快、慢）、音量（更大、更小）和许多其他方面改变我们的讲话方式。（自然的）口语比书面语更"混乱"：我们说话时会犹豫不决，会结结巴巴，我们开始说一个单词或短语，然后突然就不说了，并且反复重复同一个单词或短语。我们经历过的最令人震惊的研究经历之一是，在现实生活中听到自己实际上是如何说话的，自己实际上是多么口齿不清；转录你的第一次访谈可能会是一次让人觉得可怕但又让人大开眼界的经历！在配套网站上，来自体重、肥胖和身体艺术焦点小组的转录显示了真实的语言是多么混乱。

了解什么是转录，什么不是转录

大多数质性分析使用的是转录，而不是原始的音频（视频）录音，所以重要的是你的转录要全面、高质量。我们避免用"准确"这个词来形容转录，因为在质性研究者中，关于什么是准确的转录，以及准确的转录是否可能，存在相当大的争论（参见 Potter, 1996; Sandelowski, 1994a）。你可以避免这些争论，但仍然可以写出一份好的转录成果，或者更确切地说，一份"足够好"的转录成果，因为知道什么时候该停下来很重要。你需要知道，音频（视频）资料的转录不是传真，而是一种表述。正如录音访谈与实际的访谈经历不一样，录音的转录与录音记录也不一样，这使得转录从实际的访谈经历中去掉了两个步骤。在每一步中，信息都会以某种方式丢失或更改。与其把转录视为原始资料，不如将其视为"部分煮熟"（Sandelowski, 1994a: 312）的资料，这些资料已经准备好，并且与原始阶段相比略有改变。到目前为止，转录成果不是从音频到书面形式的"中性的、简单的文字表达"（Potter, 1996: 136），而是一种"选择性的安排"（Sandelowski, 1994a: 311），用于分析目的。转录是录音和转录者之间互动的产物，转录者听录音，然后选择保存什么，以及如何表达他们听到的内容。

转录记法系统（transcription notation system）可以让你清晰一致地将口语翻译成书面语，这意味着你的转录方法全面而细致。由于没有明确的正字法转录记法系统（与会话分析转录不同，例如：Atkinson & Heritage, 1984; Jefferson, 2004），质性研究者通常会建构自己的记法系统（我们在表 7.1 中提供了我们的记法系统与说明；我们在框 7.1 中展现了一部分批注性质的转录本，解释了原位特征）。如果作者没有使用记法键，以便读者可以解码他们的转录系统，那么可能会造成混乱。例如，研究者经常在转录中使用三个句点"..."，"..."的一些常见用法是表示停顿、犹豫或声音逐渐减弱，或者表示一段资料已被删除。读者需要知道这些符号具体表示什么。如果你不是自己做转录，你需要确保做这件事的人遵循你的转录记法系统，以及所有其他说明（包括保密性，请参阅配套网站上的转录员保密协议）。

表 7.1　我们用于正字法转录的转录记法系统（改编自 Jefferson, 2004）

特征	记法和使用说明
说话者的身份；谈话中的话轮转换	在说话者的名字后面加一个冒号（例如"Ann:"）表示说话者的身份，当主持人/访谈者发言时用"Moderator/Mod:"或"Interviewer/Int):"来表示；或者使用主持人/访谈者的名字；每次有新的说话者进入谈话时，要另换一行，每个新轮谈话的第一个单词都以大写字母开头
笑声、咳嗽等	((laughs))和((coughs))表示说话者在一轮谈话中大笑或咳嗽；((general laughter))表示多个说话者同时大笑，并应在单独的一行上（表示笑声不"属于"任何人）
停顿	((pause))表示明显停顿（即几秒钟或更长时间；不需要精确地计算停顿时间）；也可以使用(.)表示短停顿（一秒或更短）或用((long pause))以表示更长的停顿
口头缩写词	如果有人说缩写词，则使用该缩写词（例如TV代表电视，WHO代表世界卫生组织），除非说话者使用了缩写，否则不要用缩写
重叠的话	在重叠的话开始之前键入((in overlap))
听不见的话	用((inaudible))表示完全听不见的话和声音；当你能听到一些东西，但你不确定它是否正确时，用单圆括号表示你对所说内容的最佳猜测或一般猜测——例如(ways of life)或(ways of life/married wife)
不确定谁在说话	使用"?"以表示对说话者的不确定：只是"?"表示完全不确定；如果你能辨认出说话者的性别，就用"F?"或"M?"，或者如果你认为你可能知道是谁，则在名字后面打个问号（例如"Judy?"）
非语言话语	以语音形式呈现参与者发出的常见非语言声音，并且要保持一致性。对于以英语为第一语言的人来说，这些非语言声音包括"erm""er""mm""mm-hm"，但请注意，这些非语言声音的书写方式取决于上下文。在新西兰，前两个单词会写成"um"和"ah"
口头数字	把所有的数字都拼写出来（要注意"a hundred"和"one hundred"的区别）

续　表

特征	记法和使用说明
标点符号的使用	使用标点符号来表示口语的某些特征很常见（例如，使用问号表示问句的升调，使用逗号表示稍微停顿，但使用的是继续讲话的语调）。然而，在转录本中添加标点符号并不简单，重要的是要注意添加标点符号的方式，这些方式可能会改变资料摘录的含义。同样，标点符号增强了口语资料的可读性，特别是书面报告中引用的摘录（见第十一章框11.5）
截断语和截断声	对于大多数经验性分析来说，这种详细程度并非必需，尽管这样做可以表示参与者正在努力表达他们的想法、感觉等的时刻；截断语要标示出来，键入你可以听到的声音，然后添加连接号（例如，wa-，wor-，worl-）；尝试在语音层面来抓住这一点
强调特定词语	同样，对于大多数经验性分析来说，这种详细程度并非必需，尽管通过下划线可以表示特别强调的单词或声音（例如"<u>word</u>"）
间接引语	间接引语是指一个人逐字逐句地讲述另一个人的讲话（或思想），或报告他们自己过去的讲话。可以用转述语前后加引号来表示（例如……，她说"我觉得你穿那条裙子看起来屁股挺大的"，我说"非常感谢"……）
口音和缩写/方言用法/发音错误	重要的是不要将参与者的讲话转换成标准英语，但是完全表现出浓重的地区口音可能是一个复杂而耗时的过程。一个好的折中办法是只使用非常明显或常见（且易于转化为书面文本）的缩写和方言用法，比如用"cos"而不是"because"，或者说威尔士语的人说"me Mam"而不是英语的"my Mum"，除非对你的分析来说，完全准确地表达说话人如何发音绝对关键。不要纠正作品的发音错误或口误，比如"compostle"而不是"compostable"
媒体名称（如电视节目、书籍、杂志）	应以斜体显示（如 *The Wire*、*Men's Health*）

续　表

特征	记法和使用说明
身份识别信息	你可以通过以下两种方式之一更改身份识别信息，如更改人名和职业、地点、事件等（另请参见框7.2）： 通过更改详细信息并提供未标记的恰当替代方案，例如：用"曼彻斯特"替换"布里斯托尔"；用"我妹妹12岁"替换"我妹妹14岁"；用"我是个非常热衷于编织的人"替换"我是个非常热衷于使用缝纫机的人" 通过用标记的类属描述替换特定信息（用方括号表示，所以"伦敦"可以用［大城市］代替，"迈克尔"可用［大哥］代替，"跑"用［锻炼形式］代替）

什么是高质量的转录

至关重要的是，一份转录需要同时表明所说的内容是什么以及说话的人是谁。一份好的正字法转录以书面形式记录所有说话者的所有口头表达，既有实际的单词，也有非语义的声音，如"erm""er""uha""mm"和"mm-hm"。你的目标是尽可能清晰和完整地呈现所说的内容。什么都不应该被更正或改变，例如，不要把俚语或方言翻译成标准英语（如果参与者说"dunno"，就不应该被翻译成"don't know"）。如果你整理或编辑你的资料，你的参与者听着会更流利，更像是在使用书面语言（DeVault, 1990），但收集口语资料的全部意义在于我们能够抓住人们如何表达自己。一些研究者标示了资料中一些更重要的副语言特征（例如，笑声、哭声、长时间停顿或强烈强调，参见表7.1）。

转录中非常简单的错误或听错都会从根本上改变资料的含义。例如，在体重和肥胖的焦点小组中，"哦，天哪，又是家政学"（"Oh god it's home ec [home economics] again"）（第887行，参见配套网站）这句话最初由一位专业转录员转录成"哦，天哪，又是家庭作业"（"Oh god it's homework again"）。在一场关于学校教学生如何烹饪的讨论中，其含义截然不同（家政学传统上教授与家庭生活相关的技能，如烹饪）。加拿大公共卫生研究者布莱克·波伦（Blake Poland）（2002）发现了四种常见的转录错误类型：

1. 句子结构错误：如前所述，人们不用完整的句子说话——事实上，一个"句子"的概念并不能很好地翻译成口语——然而，有些人在转录本中使用标点符号，就好像它是书面语言一样。在这样做的过程中，他们会决定标点符号的使用，比如句子在哪里开始和结束，这可能会改变文本的解释。比如，"我讨厌它，你知道的。我确实讨厌它"（"I hate it, you know. I do."）和"我讨厌它。这是你是知道的"（"I hate it. You know I do."）意思不同。出于这个原因，我们倾向于在正字法转录本中少加或不加标点符号。如果你想在书面报告和演示文稿的资料摘录中添加标点符号，以提高可读性，务必检查音频，这样你就可以从语调和语言使用中了解"句子"在哪里结束和开始，以及停顿到底在哪里。

2. 引号错误：犯这些错误使得无法抓住间接引语（reported speech）的谈话特征。间接引语是指一个人报告别人说（或想）了什么，或者实际上是他们自己在另一个时间点说了什么。上面提到的"哦，天哪，又是家政学"的例子就是间接引语，这是因为安娜正在报告她父母过去的想法或所说的话：

> **安娜：** 我父母过去常常害怕那一天。
>
> **？：** 是的。
>
> （（众笑））
>
> **安娜：** "哦，天哪，又是家政学"。

人们是否使用间接引语是有意义的（例如 Buttny, 1997），特别是对于某些形式的质性分析，如会话分析（见第八章框 8.2）和话语心理学（见第八章框 8.1），在转录中，应该用单引号或双引号表示。

3. 遗漏错误：这些错误不包括单词（或发音）的错误。有时它们无关紧要，有时则至关重要。波伦（Poland）举了一个关于戒烟的例子，他的一个转录员在

"我因（肺）癌失去了一个非常亲密的朋友"中漏掉了至关重要的"肺"字。考虑到这项研究的重点，这显然是一个重大的遗漏。

4. **错误的单词或短语错误：**这些错误是指使用了错误的单词或短语，我们的"homework"（家庭作业）和"home ec"（家政学）错误就是一个很好的例子。虽然这些词听起来有点相似，但意思却不同，在我们的资料中，这一点在分析上很重要。

因为疲劳，或者因为你在收集资料和转录资料之间的间隔太长，你可能会遗漏或写错单词（转录需要高度集中注意力，定期休息很重要）。如第四章所述，如果收集访谈（或焦点小组）资料，我们强烈建议安排时间尽快转录（最好是第二天）。访谈或焦点小组中的大量细节在几天内都是清晰的，但这种记忆很快就会消失。录音的质量和参与者讲话的特征（音量和速度、口音和重叠）也可能导致错误（见下文），如果你听不懂所说的话，你的转录可能不仅会有错误，还会有大量空白，使其作为资料的可行性大大降低。

在实际的转录中，每个说话者都需要通过姓名（化名，而不是他们的真实姓名）或角色（例如，访谈者／主持人）来确定身份；每次新的说话者说什么（技术上称为"话轮转换"）时，都会另起一行。在他们说的话的前面，使用悬挂缩进式，每个说话者的名字或角色后面都有冒号和制表符，这样可以使转录在视觉上清晰，易于分析（见框 7.1）

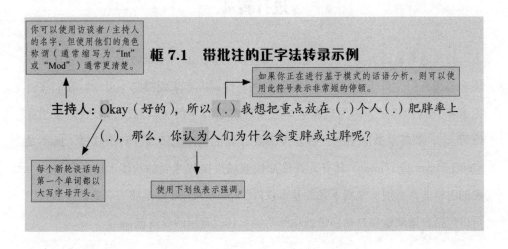

框 7.1　带批注的正字法转录示例

你可以使用访谈者／主持人的名字，但使用他们的角色称谓（通常缩写为"Int"或"Mod"）通常更清楚。

如果你正在进行基于模式的话语分析，则可以使用此符号表示非常短的停顿。

主持人：Okay（好的），所以（.）我想把重点放在（.）个人（.）肥胖率上（.），那么，你认为人们为什么会变胖或过胖呢？

每个新轮谈话的第一个单词都以大写字母开头。

使用下划线表示强调。

217

说英式英语的人倾向于说"erm"，而说美式英语或新西兰英语的人倾向于说"um"。

截断语或截断声

莎莉： 我认为有很多原因，erm（呃），我认为一个，o-erm（呃），一个我变得肥胖的主要原因是((停顿))呃，我不得不做许多不

长停顿。

同的骨科手术，这实际上意味着我曾经坐在轮椅上好几个月，不幸的是（.）当你被困在轮椅上的时候，你会突然感到有点沮

最佳猜测。

丧，所以（嗯）你往往会有吃东西的连锁反应，所以你吃得过多，因为当你行动不便的时候，你根本不应该吃太多东西，因为这样你确实增加了体重，所以才变得像现在这么胖，这也是为何许多和我交谈过的人，呃，他们总体上相当健康，但因为((停顿))比如像手术和各种各样的生活事件影响而变胖。

主持人： 其他人是怎么想的？

丽贝卡： 我认为，我认为你对生活事件的看法是正确的，即使你对我理解的对待手术的看法一无所知。

莎莉？： 噢。

进行转录

转录通常被认为是一件苦差事，而且很枯燥；虽然很难做到，但发展这项技能真的很有用，对于任何处理音频资料的质性研究者来说都必不可少。我们将讨论数字资料的转录，因为现在大多数资料都是数字的（以前，大多数是录制在磁带上）。要转录数字资料，你至少需要计算机软件来播放。转录软件（而不是 Media Player 或 iTunes）具有允许你加快或减慢播放速度的功能。这对于辨认所说的内容非常有用。免费下载的基本软件 Express Scribe 就足够用。更高级的程序可以包括音调调整和自动回带选项等功能。其他有用的设备包括：

- 质量不错的耳机——出于保密原因，如果你在公共电脑上转录，这一点至关重要，对于提高播放清晰度和音量非常重要。

- 一个特别设计的转录脚踏板，允许你用脚控制播放、暂停、倒带和快进键——这可以大大加快转录速度，因为你不必用手按下播放、暂停和倒带键，你的手可以专注于键入转录内容，你也不需要通过在电脑上的不同活动窗口之间切换来播放和暂停录音，然后键入转录内容。

要真正转录资料，你需要播放一段非常短的录音（几秒钟），然后使用你的记法系统来指导你输入听到的内容。你需要稍微倒回录音，以免遗漏任何内容，然后播放另一个短片段，转录它，等等。但是，这并不是那么简单。你可能需要多次播放录音的每个片段才能弄清楚所说的内容（在这里，放慢或加快录音速度会有所帮助），而且你始终应该回去仔细检查你所转录的内容。我们有一种自然的倾向去纠正我们听到的东西，而且这种倾向存在于所有的转录中。我们给正在学习转录的学生的一个重要建议是，尽量不要听单词的意思，只听单词的发音，但是学习这项技能很难。

没有正确的方法来管理制作转录本的过程。你什么时候以及多久回去检查你的转录本的准确性由你自己决定。你很快就会知道你犯了多少错误，以及你需要做多少检查。即使你在进行过程中彻底检查了你的转录本，我们也建议你在转录完成后至少检查（并在必要时进行编辑）一次完整的转录本（在停止和开始录制之间的间隙，很容易遗漏微小的细节）。在制作转录本和检查转录本之间留出一点时间可能会有帮助，特别是当你在第一次（或第十次！）听录音听到一些你听不懂的东西时。如果你错过了一些你认为重要的东西，你也可以让你的导师或合作研究者倾听。令人惊讶的是，另一个人能立即听清楚你认为完全无法理解的东西。一旦完成，出于保密原因，通常最好对文本文件进行密码保护或加密，即使是匿名的。只是别忘了密码！

做正字法转录的主要目的是把所说的话完整地记录下来。非语义的声音、犹豫、重复、不成功的开始、停顿、笑声等都不那么重要（但转录它们可能真的很耗时）。你需要多少这样的细节，这与你的分析、方法和理论立场有关。一份正字法转录将提供足够的信息来分析资料（使用我们在本书中深入讨论的方法）。经验性分析方法，如解释现象学分析，以及主题分析和扎根理论的一些类型，侧重于参与者所说的话——说了什么——而不是如何说。分析最多只会讨论参与者哭泣、难以表达或犹豫的时刻。批判性分析方法，如建构主义的主题分析和扎根理论，以及基于模式的话语方法，也对事物是如何被表达的感兴趣。然而，像我们已经概述的那样，非常详尽的正字法转录通常能够为这些形式的分析找到足够的细节。

最后，"记录所说的一切"规则的另一个例外涉及在转录资料时匿名化资料（见框 7.2）。参与者的匿名性是一个重要的伦理问题（见第三章），参与者通常被告知他们的资料将被匿名化（参见第五章中的参与者信息表，以及配套网站上的其他信息）。

框 7.2　匿名化转录本

匿名化资料意味着删除或更改任何可能用来识别参与者身份的信息。你应该经常更改参与者的名字，以及资料中提到的其他人的名字，给他们一个化名（假名）（除非你得到人们的明确许可，可以使用他们的真实姓名，并且这不会影响其他参与者的匿名性）。除此之外，还有一条基本规则，那就是考虑哪些信息可能会让参与者的身份被识别出来，比如他们的职业、他们的年龄、他们有三个姐妹的事实。重要的是要考虑哪些信息可能会被识别，不是孤立地被识别，而是作为累积效应被识别，例如：参与者是教师的信息可能无法被识别；参与者是居住在东格林斯特德（East Grinstead）的一名 50 岁的残疾中国男教师的信息可能更具识别性。你是否删除或更改此类信息，以及更改的程度取决于许多因素，包括可能阅读你研究成果的其他人识别参与者的程度、完全匿名对单个参与者的重要性以及此类信息对你的分析的重要性。例如，如果你想在家庭关系的情境下了解进食困难的经历，那么保存参与者兄弟姐妹的年龄和性别信息可能很重要。

如表 7.1 所示，有两种主要的资料匿名化方式：标记的通用描述和未标记的等效描述。在这两种情况下，尤其是在通过未标记的更改进行匿名时，重要的是保留一个单独的（受密码保护的）文档，该文档包含非匿名资料和所有更改的记录（以便你可以在必要时检查已更改的内容）。

简：　　……我在布莱顿（Brighton）长大，你可以在布莱顿看到男人们总是牵着手，蒂姆在我 12 岁或 13 岁的时候出柜（（停顿））我想他那时是 15 岁或 16 岁，他当时肯定还在布莱顿附近的 Michael Hall 学校，因为他过去经常逗我说我是同性恋……

访谈者：你何时出柜的？

简：　　我是在大学一年级出柜的，所以我当时一定是 19 岁或 20 岁，在去达勒姆（Durham）之前我有一个间隔年……我妈妈对此有点吃惊，却完全没事，但我认为即使对于她——她住在布莱顿，为《卫报》（*Guardian*）撰稿——有两个同性恋孩子也有点令人受不了……我妈妈的姐姐朱莉阿姨，绝对是很棒的人，她也是个女同性恋者。

给自己足够的时间进行转录

很好地转录资料确实需要时间。一些人认为，从访谈中转录 10 分钟的资料大约需要一个小时（Arksey & Knight, 1999），而从焦点小组中转录 4~5 分钟的资

221

料需要一个小时。根据我们的经验，这通常需要更长的时间，特别是如果你没有经验的话。影响转录的因素很多，包括：

- 录音和回放的质量——越清晰，越快。

- 人们大声交谈盖过别人声音的程度——每次重叠都会增加转录时间。

- 说话的特点（比如口音、说话的速度和音量），有些特点可能更难理解一些；在焦点小组中，口音和性别的差异可以使说话人的身份更容易被识别，从而有助于转录。

- 参与的人数越多，花费的时间就越长。

- 你在制作什么样的转录文本——细节越少就越快。

- 你使用的是什么转录设备——如果你不得不中断打字来一遍又一遍地停止和开始录音，或者在不同的软件程序之间切换，那就需要更长时间。

- 作为一名打字员，你的速度有多快——能快速键入的打字员在这方面具有优势。

作为入门指南，这里建议每个小时的访谈至少允许 8 个小时的时间转录。然而，通过练习，你能更快地转录。

章节总结

本章主要内容：

- 介绍了音频资料的正字法转录。

- 概述了转录呈现什么，不呈现什么。

- 讨论了与转录质量有关的问题。

- 说明了如何转录音频（视频）资料。

- 提供了正字法转录的记法指南。

问题讨论和课堂练习

1. 在一个小组中，选择一个简短（两到五分钟）的音频或视频剪辑，其中有人在说话（最好有一个以上的说话者），练习转录，我们建议在配套网站上选择人体艺术焦点小组的摘录，但也可以选择其他的。首先，独自工作，尝试转录剪辑（你将需要播放多次，理想情况下，在再次播放之前以非常短的时间段播放剪辑并稍微倒带，这样你就不会错过任何内容）。一旦你非常自信获得了一份"足够好"的有关剪辑的转录本，你就可以把你的转录本与小组中其他人的转录本进行比较。你们都是以完全相同的方式听到这段视频剪辑的吗？每个人到底转录了什么？如果视频剪辑中有大笑、咳嗽、打喷嚏或任何其他非语义的声音（如犹豫或同意的表达——"呃""嗯""啊哈"），每个人都转录这些声音了吗？有没有人在转录时使用标点符号？如果使用的话，他们使用了什么标点符号，他们在使用标点符号时试图抓住哪些言语特征？有没有人对特定的词表示停顿或强调？现在，大家一起努力制作出这段视频的最终转录本。这份最终集体制作的转录本与你最初单独制作的转录本有什么不同？

2. 以小组为单位，阅读以下（虚构的）访谈摘录（设计时有意包含了大量识别身份的信息），并挑出哪些信息可以识别参与者身份，然后决定如何最好地将摘录匿名。之后，将你的转录本与配套网站上的不同匿名转录本进行比较。

扩展资源

扩展阅读：

有关制作高质量转录本所涉及过程的全面讨论，包括要避免的潜在陷阱，请参阅：Poland, B. D. (2002). Transcription quality. In J. F. Gubrium and J. A. Holstein (Eds), *Handbook of interview research: Context and method* (pp. 629–650). Thousand Oaks, CA: Sage.

有关转录理论基础的简短讨论，请参阅：Sandelowski, M. (1994). Notes on transcription. *Research in Nursing & Health*, 17, 311–314。

在线资源：

有关更详细的话语形式的转录（杰斐逊式风格）信息和资源：www-staff. lboro.ac.uk/~ssjap/transcription/transcription.htm。

Express Scribe 提供优秀的免费转录软件：www.nch.com.au/scribe/index.html。

Audacity 提供免费的数字声音编辑软件：http://audacity.sourceforge.net/。

有关以下内容，请参见配套网站（**www.sagepub.co.uk/braunandclarke**）：

- 与第三部分相关的自测多项选择题。

- 抽认卡词汇表——测试本章中使用的关键术语的定义。

- 体重和肥胖以及人体艺术焦点小组转录，人体艺术音频文件和转录者保密协议。

- 匿名化练习的答案。

- 扩展阅读（来自 Sage 期刊的文章）。

第八章 走向分析

等你完成了资料转录之后，你就会对它非常熟悉，并且可能已经开始记下一些初步的分析想法，这就是为什么转录经常被描述为是分析过程的一部分，以及熟悉你的资料的过程的一部分。但是一旦你完成了转录，分析就真正开始了。在开始令人兴奋的资料分析任务之前，你需要确定使用什么方法来分析（尽管在收集资料之前以及在设计项目时已经有了这种意识）。本章介绍了 7 种关键的分析方法，我们将进一步讨论其中 4 种方法（基于模式的主题分析、解释现象学分析、扎根理论和**基于模式的话语分析**）。

质性分析的范围

质性分析涵盖了从描述性（和探索性）分析到更具质问性、理论性、解释性分析的内容，这与第二章中概述的经验性和批判性方向高度一致。描述性工作旨在"表达"一个话题或让一群人（尤其是那些我们知之甚少的人）有机会"表达"自己的看法。例如，美国心理学家玛丽安娜·利托维奇（Marianna Litovich）和雷吉娜·朗格特（Regina Langhout）（2004）对 5 个女同性恋家庭进行了访谈研究，探讨了这 5 个家庭所经历的异性恋主义。她们报告说，父母经常声称他们的家人不是异性恋主义的受害者，但尽管如此，她们还是讨论了多起异性恋主义事件，并以多种方式让孩子为异性恋主义做好准备。两位作者在她们的资料中解释了这种矛盾，认为女同性恋父母处理异性恋主义事件的方式是为了把对孩子的负面影响降到最低。质性分析是一种解释性分析，其目的要比**描述性分析**（descriptive analysis）更深入，对给出的描述进行仔细分析，并提出诸如"发生了什么？"和"我们如何理解这些描述？"之类的问题。它试图更深层次地理解收集到的资料，而且通常会透过资料的表面来理解一些特定的描述如何产生以及为什么产生，并提供资料的概念性描述，提供围绕这一点的某种理论。例如，维多利亚在分析对男女同性恋父母的访谈资料时就采用了这种方法，这些资料涉及他们的孩子遭受恐同暴力的经历（Clarke et al., 2004）。就像利托维奇和朗格特（2004）的研究一样，父母要么报告说他们的孩子没有受到欺凌，要么说孩子所经历的欺凌的程度和影响非常小。在谈到男女同性恋育儿时，她并没有将这些情况视为对孩子现实生活的真实描述，而是探寻了这类描述有什么影响。维多利亚对质性资料采取了语言实践的方法，她在对男女同性恋父母相对敌视的社会政治背景下理解这一谈话，在这种背景下，恐同暴力的可能性被用来支持反对男女同性恋育儿的论点。分析表明，男女同性恋父母之所以像那样描述自己孩子的遭遇，是为了保护他们自己免受外界批评。这种解释性的描述远远超越了资料表面的东西，能更深层次地探索意义。

适合初学者的质性分析方法介绍

质性资料分析有许多不同的方法，但有些方法在质性心理学中更为常见，有些方法比其他方法更容易学习和实施。我们专注于说明和展现那些在心理学中常见而且对于那些刚开始进行质性研究的人来说相对容易理解的内容——主题分析、解释现象学分析、扎根理论和基于模式的话语分析。表 8.1 提供了这些基于模式的方法的简要比较概述。另外三种需要更高技能的方法——话语心理学、会话分析、**叙事分析**（narrative analysis）——由研究这些方法的专业人士简要说明，让你了解质性分析的更广范围和多样性（见框 8.1—框 8.3）。

表 8.1　基于模式的分析方法概述

基本方法	它是什么	种类	它是什么
主题分析（TA）	一种用于在与研究问题相关的资料集上识别主题和意义模式的方法；这可能是资料分析中使用最广泛的质性方法，但直到最近才被"标示"为一种具体方法（参见 Braun & Clarke, 2006）	归纳性主题分析	目的是从资料开始进行自下而上的分析；分析不受现有理论的影响（但分析在某种程度上总是受研究者的立场、学科知识和认识论的影响）
		理论性主题分析	分析基于现有的理论和理论概念（以及研究者的立场、学科知识和认识论）
		经验性主题分析	关注参与者的立场——他们如何体验和理解世界
		建构主义主题分析	关注如何建构主题，以及陈述如何建构世界

基本方法	它是什么	种类	它是什么
解释现象学分析（IPA）	由英国健康心理学家乔纳森·史密斯及其同事提出；关注人们如何理解他们的生活经历；可以用来分析个人案例或在一小群参与者中产生主题（参见Smith et al., 2009）	解释现象学分析	解释现象学分析是现象学的，因为它关注人们如何理解他们的生活经历（现象学侧重于人们如何感知和谈论事物）；它是解释性的，因为了解人们如何理解经验是通过研究者的解释性活动来实现
扎根理论（GT）	由美国社会学家格拉泽和施特劳斯在20世纪60年代发展起来（Glaser & Strauss, 1967），自那以后有了很大的发展，提供了许多不同种类的扎根理论；侧重于从资料中建构理论，由于其社会学渊源，因此强调理解社会过程；分析是围绕关键类别（类似于主题）来组织（参见Pidgeon & Henwood, 1997; Charmaz, 2006）	扎根理论精简版	目的是从资料中产生类别的分类（相关代码的聚类；类似于扎根理论和解释现象学分析中的主题），并在一定程度上表明概念之间的关系和概念对研究问题的相对重要性（参见Pidgeon & Henwood, 1997）；撇开认识论问题不谈，扎根理论精简版的结果与主题分析和解释现象学分析的结果（以各种方式组合在一起的一组主题或类别）非常相似
		扎根理论完整版	关于什么是"完整"扎根理论还存在一些争论，但总的来说，它的目标是从资料中建立一个理论（Glaser & Strauss, 1967）；使用理论抽样，达到饱和，将相似的概念归类到一起，并用于生成理论
		实证主义扎根理论	旨在描述现实（参见Glaser, 1978, 1992）

基本方法	它是什么	种类	它是什么
扎根理论（GT）		情境主义（建构主义）扎根理论	承认研究者在形成分析中的作用，将意义视为带有情境的，并认为不可能产生对资料的"真正"解读（参见Charmaz, 2006）
		（激进的）建构主义扎根理论	类似于话语分析精简版和建构主义主题分析；更加注重语言运用；强调形成叙述的话语，参与者通过这些话语手段构建他们的生活并赋予他们的生活以意义；承认不明确和不一致（参见Madell et al., 2000）
基于模式的话语分析（DA）	广义上讲，分析关注与现实社会生产相关的语言使用模式，关注理解如何以特定方式建构对事物的描述（参见Coyle, 2006, 2007; Potter & Wetherell, 1987）	主题话语分析（话语分析精简版）	在很大程度上与建构主义主题分析相同；识别资料中的话语主题和模式，并"少量地"使用话语分析的工具来探索主题如何以特定的方式建构现实；比其他形式的主题分析更详细地关注语言的话语特征（例子请参见Taylor & Ussher, 2001）
		后结构主义话语分析	深受后结构主义理论和米歇尔·福柯（Michael Foucault）的作品影响；关注话语如何构成客体并呈现特定的主体位置。明确关注权力在话语本身和话语使用过程中的运作（例子请参见 Gavey, 1989）

基本方法	它是什么	种类	它是什么
基于模式的话语分析（DA）		解释性语库	对参与者在谈论研究对象时所使用的模式化资源感兴趣，如种族关系（Wetherell & Potter, 1992），也对这些语库的使用功能感兴趣（Potter & Wetherell, 1987）
		批判性话语心理学	提供了一种跨越不同传统的综合方法，既保持了对模式化的社会可用语言资源的兴趣，又保持了对语言实践的兴趣（Wetherell, 2007）

一种灵活的基础方法：主题分析

　　某种主题编码在社会科学的许多质性方法中很常见。主题分析作为一种被命名的方法，最初是由物理学家和科学史学家杰拉尔德·霍尔顿（Gerald Holton）在20世纪70年代提出（Merton, 1975），但直到最近才被认为是一种独特的方法，它为社会科学提供了一套轮廓清晰的程序（Braun & Clarke, 2006）。早在2006年之前，一些质性研究者就已经写了关于主题分析（例如 Aronson, 1994; Boyatzis, 1998; Joffe & Yardley, 2004）、主题编码（例如 Patton, 1990）或模板分析（King, 1998, 2004）的文章，许多作者实际上就是在进行主题分析研究，但经常称它为"扎根理论""话语分析"或两者的结合（尽管它们在理论基础上往往不相容）。在这种情况下，因为缺乏一种"命名"方法来提供一种系统的方法对资料集里的模式——主题——进行识别、分析和报告，而这种方法与特定理论无关，所以我们在心理学中"命名并宣布"主题分析。从那以后，主题分析越来越受欢迎，现在已发展成一种公认的、被接受的，并且被更广泛讨论的方法（例如：Howitt, 2010; Howitt & Cramer, 2008; Joffe, 2011; Stainton Rogers, 2011; Whittaker, 2009），还被用于研究范围广泛的主题，从在线游戏体验（Hussain & Griffiths, 2009），到女性着装习惯（Frith & Gleeson, 2004, 2008），再到应对多发性硬化症（Malcomson, Lowe-Strong & Dunwoody, 2008）。有关使用主题分析进行研究的示例，请参见说明性研究实例8.1。我们对如何进行主题分析的说明（第八章至第十章）是基于我们发展的方法（Braun & Clarke, 2006, 2012），它涉及一个系统的六个阶段的过程；其他人所谈到的主题分析类型确实与我们的有所不同，例如，其被视为现实主义方法而不是理论上灵活的方法，或者以一些不同的方式看待"主题"（例如：Bernard & Ryan, 2010; Guest, MacQueen & Namey, 2012; Joffe, 2011）。

说明性研究实例 8.1

主题分析：男性患不孕症的经历

英国健康心理学家苏美拉·马利克（Sumaira Malik）和尼尔·科尔森（Neil Coulson）（2008）通过在线支持小组公告栏调查了男性不孕症的经历。他们指出，之前的研究表明，男性和女性对不孕症的反应有所不同，但很少有专门探讨男性的经历和观点的研究。他们还指出，不孕夫妇越来越多地求助于在线资源以寻求建议和支持，因此他们选择分析一个在线生育支持小组在18个月内发布在"男性房间"公告栏上的信息（包含了来自166个发送者的728条信息的53条线索；女性的信息被排除在分析之外）。在本质主义/现实主义框架内进行的、强调语义主题的归纳性主题分析产生了五个关键主题，并通过资料摘录说明了分析主张：

支持我们的最亲爱的伴侣是关键角色：许多男性认为他们在生育治疗过程中的角色是支持他们的（女性）伴侣，他们利用支持小组获得关于履行自己角色的建议。这导致一些男性压抑自己的情感，并把留言板作为表达情感的出口。

这种疼痛是好是坏？这些男性在留言板上讨论他们和他们的女性伴侣的生育治疗，许多人认为他们缺乏来自健康专业人员的信息，这造成了焦虑感。许多人在生育治疗时感到失控和无助，感到治疗过程中的症状往往无法解释。

在大多数人眼里，我们男人只是冷眼旁观者：许多男性报告说，在治疗过程中，他们感到自己不重要和孤独，对一些人来说，这一点更是雪上加霜，因为许多健康专业人士没有意识到不孕不育对男性的情感影响，以及他们可能会感受到的痛苦。

有时也需要从男性的角度来考虑问题：许多男性都很感激其他正在经历类似过程的男性的情感支持和实用建议。

我不想抱有太大的希望，但我忍不住：一些人在留言板上表达了他们对治疗的希望和恐惧。这些人中的许多人报告了相互冲突的多重情绪（希望、乐观和对失败的恐惧），通常会努力抑制积极的情绪，以保护自己不受失望的影响。

马利克和科尔森认为，他们的研究结果挑战了这样一种观点——男性在应对不孕症时的情绪困扰程度较低，结果表明男性利用在线支持小组公开表达自己的感受并获得其他男性的支持。

主题分析在质性分析方法中相对独特，因为它只提供了一种资料分析方法，

没有规定资料收集的方法、理论立场、认识论或本体论框架。它实际上"只是
一种方法"。主题分析的主要优势之一是灵活性。它可以用于回答几乎任何类型
的研究问题（除了关于语言实践的问题），并用于分析几乎任何类型的资料，包
括第四章至第六章中讨论的所有资料，以及或大或小的资料集（见第三章中的表
3.3）。可以根据资料中的内容，以资料驱动的自下而上的方式确定主题；或者，可
以采用更为自上而下的方式确定主题，即研究者使用资料来探索特定的理论观点，
或者将这些观点应用于正在进行的分析（自下而上和自上而下的方法通常在分析中
结合使用）。主题分析可以以不同的方式应用于资料，从经验性的到批判性的方式，
它可以用来详细描述一种现象（例如，男孩们给出的节食的原因），或者一种现象
的某些方面（例如，对节食的一种特殊解释），它还可以用于批判性的、建构主义
的分析，识别支持明确资料内容的概念和想法，或者基于资料的看法和意义（例
如，食物是"朋友"或食物是"敌人"）。主题分析提供了学习基本资料处理和编码
技能的机会，而你不必深入研究理论构成；其中许多方法将很好地帮助你使用其他
分析方法。因此，对于那些刚接触质性研究的人来说，这是一种很好的方法，尤其
适合学生项目，这就是为什么主题分析是本书中讨论和说明的主要方法。有关主题
分析优势和劣势的评价，请参见表8.2。

表 8.2 评价主题分析

优点	缺点
在理论框架、研究问题、资料收集方法和样本量方面的灵活性	被一些质性研究者认为是"似有若无"，缺乏其他"标牌的"和理论驱动的方法（如解释现象学分析和扎根理论）的实质内容
可供没有（质性）研究经验或经验很少的研究者使用；一种很好的入门质性方法	如果不在现有的理论框架内使用，其解释力便非常有限；在实践中，分析通常仅仅包括对参与者关注点的（现实主义）描述

优点	缺点
相对于其他劳动强度较大的质性分析方法，易学、易操作	缺乏对更高水平、更具解释性的分析的具体指导
主题分析的结果可供受过教育的更广泛的受众使用（因此，主题分析对于参与式方法而言是适合的方法，参与者可以在分析他们帮助产生的资料时发挥作用，并且它是应用研究的有用方法）	由于关注的是跨资料集的模式，因此主题分析不能提供个人陈述中任何意义上的连续性和矛盾性；而且，单个参与者的"声音"可能会丢失（尤其是在处理较大的资料集时）
	不能就语言使用的影响发表看法（与话语分析、话语心理学或会话分析不同）

一种经验性和解释性的方法：解释现象学分析

解释现象学分析是一种新的质性分析方法，它由英国心理学家乔纳森·史密斯及其同事在20世纪90年代提出（参见 Smith, 1996），是一种日益流行的质性研究方法，特别是在健康、临床和咨询心理学等应用领域。解释现象学分析也特别受那些刚接触质性研究的人欢迎，因为这种方法的支持者提供了关于进行解释现象学分析的非常容易理解的详细指导（Smith et al., 2009）。解释现象学分析是质性研究的众多现象学方法之一（Langdridge, 2007），通常涉及"情境中的人"或"处于世界中的存在"（Larkin, Watts & Clifton, 2006），这些词语让人联想到"个人"和"社会"是"相互构成的"（Larkin, Eatough & Osborn, 2011: 321），所以你不能有意地使人脱离情境。与大多数其他质性分析方法一样，解释现象学分析是质性研究的整体方法（一种方法论），而不仅仅是一种分析方法，它规定了指导理论原则、恰当的研究问题和研究设计、理想的资料收集方法以及分析程序（见第九章至第十一章）。拉金等人（Larkin, et al., 2006）将解释现象学分析描述为一种广泛的情境主义方法（见第二章），因为它关注情境中的人。

解释现象学分析最主要关注的是探索人们的生活经历和人们赋予这些经历的意义（因此最适合经验类型问题，见第三章的表 3.1），这是现象学方面，现象学是对经验的研究。解释现象学分析是基于自我反思、自我解释的人的模式；也就是说，我们有这些经历——我们恋爱、生病、成为父母，等等，我们反思这些经历，并试图理解它们，即我们解释它们。然而，解释现象学分析承认，研究者不能直接访问参与者的世界；研究者利用他们自己的解释性资源来理解参与者的世界，这是可解释性的部分。因此，解释现象学分析涉及双重解释过程，称为"双重诠释学"（double hermeneutic）（诠释学指一种解释理论）：研究者试图理解参与者如何试图理解他们的世界（Smith et al., 2009; Smith & Osborn, 2003）。理解参与者关注的问题涉及另一个双重分析过程：首先，密切关注参与者对其经历的描述，并以一种对参与者来说"真实"的方式表达他们的经历，这种"局内人"的立场被描述为同理心解释学；其次，撇开参与者的叙述，通过批判性的视角来看待资料，并提出诸如"什么观念支撑了这个叙述？"和"他们为什么以这种方式（而不是那种方式）理解他们的经历？"等问题，这种"局外人"立场被描述为怀疑解释学（Smith et al., 2009）。

解释现象学分析的核心（规定性）特征被描述为**具体法**（idiographic）：用以平衡经验性主张和更公开的解释性分析；从小样本中提取；专注于逐字记录"（Larkin et al., 2006: 118）。解释现象学分析既是一种主题方法，也关注个人经历的具体情况，因此它可以用来分析单个案例（例如 Eatough & Smith, 2006），或者更常见的小样本。4 个（Smith, 1999a）、5 个（Eatough, Smith & Shaw, 2008）或 6个（Smith & Osborn, 2007）"同质"参与者的样本比较典型。同质性可以根据研究的要求以不同的方式定义，包括明显的社会人口因素，如性别和年龄，或与经验的关键要素有关的因素，如慢性疼痛的时间长短和严重程度。半结构化的面对面的深入访谈（参见 Smith, J. A., 1995）被视为收集逐字的记录的理想方法；其他类型的材料有时被用于解释现象学分析研究中，包括通过调查法、日记法和焦点小组法收集到的资料（Palmer, Larkin, de Visser & Fadden, 2010）。在解释现象学分析中可以进行比较设计，比较不同群体的经历，纵向的"之前和之后"设计也是如此（Smith et al., 2009）。在实践中，解释现象学分析研究一般侧重于重要的生活经历，这些经历往往对我们的身份有影响，因为它们在特定的情境下展开。例如，解释现象学分析的研究者探索了女性向母亲角色的转变以及女性如何理解她们身份的变化（Smith, 1999a, 1999b）、女性的愤怒和攻击性经历（见说明性研究实例 8.2），以及慢性疼痛对患者自我意识的影响（Smith & Osborn, 2007）。

说明性研究实例 8.2

解释现象学分析：女性的愤怒和攻击性经历

英国心理学家弗吉尼亚·伊托（Virginia Eatough）、乔纳森·史密斯和瑞秋·肖（Rachel Shaw）（2008）公布了一项对 5 名女性的愤怒和攻击性经历的现象学研究。他们认为，"人类本质上植根于这个世界，我们通过与世界的交往来理解自己和他人"（p. 1767），因此他们的目的是了解女性对愤怒和攻击性的主观体验，以揭示愤怒的"关系性和现实存在性"（p. 1767）。伊托等人将他们的研究与更广泛的关于女性愤怒和攻击性的文献联系起来，注意到只有少数质性研究存在。有目的的抽样包括 5 名年龄相近、已婚或同居、除一人外均至少有一个孩子的女性，她们都居住在同一地区，在为期三周的时间里每人接受了两次访谈。这些妇女被要求描述愤怒的情节、她们是如何理解愤怒的，以及她们用来解决冲突的策略。在分析资料时，对每个参与者的两次访谈被视为一份文字记录。伊托等人通过对资料的分析，确定了 3 个上级（或更高级别）主题（愤怒的主观体验；攻击的形式和情境；以及作为伦理判断的愤怒），每个**上级主题**（superordinate theme）中嵌套了 2~4 个**子主题**（subthemes）。分别讨论每个上级主题，依次讨论子主题，并提供资料摘录来说明分析主张。

举一个他们分析的例子，第一个主题即愤怒的主观体验包含了 4 个子主题（愤怒的身体体验、愤怒的升级、伴随愤怒的哭泣 / 沮丧，以及愤怒和其他情绪 / 感觉）。在"愤怒是什么感觉"这一标题下，作者描述了女性个体愤怒经历的主要特征，从"看到红色"到失去对身体的控制，最终愤怒达到顶峰并任其继续。这些女性哭的原因有很多，包括无能为力和挫败感。这些女性还描述经历过多种多变的情绪：愤怒转化为内疚，短暂的兴高采烈和权力感，以及无法忍受的内疚和失落感。

在讨论中，他们将研究结果与现有的身体、情感和主体的心理学理论联系起来。伊托等人最后指出"愤怒体验背后所产生的复杂意义"（p. 1795）。

目前只有一种解释现象学分析，在从业者之间还没有公开的"内斗"（不像后面讨论的话语分析家和扎根理论家之间的争斗）。然而，在实践中，解释现象学分析有不同的"风味"：一些解释现象学分析研究者强调对资料的心理学解释，寻求与主流心理学对话，并将他们的发现与（主流）心理学理论和概念联系起来（例如 Wyer, Earll, Joseph & Harrison, 2001）；其他人（例如 Eatough & Smith, 2006）提到"主导话语"，并根据更广泛的社会和文化情境解释研究结果。然而，与其他方法相比，这样的解释往往相当"无力"；对比一下拉维（Lavie）和威利格 2005 年关于女性"无性高潮"体验的解释现象学分析和尼科尔森（Nicolson）和伯尔（Burr）2003 年关于女性性高潮体验（未声明）的主题分析。不过，总的来说，尽管对"情境中的人"很感兴趣，解释现象学分析似乎与批判性（质性）

心理学家的目的并不相同（Fox, Prilleltensky & Austin, 2009），并且倾向于强调心理而不是批判性的社会文化解释，这可能是因为解释现象学分析不希望用分析家的理论信念和政治框架来覆盖参与者的主观性。

对解释现象学分析的批评也很少，批评心理学家伊恩·帕克（Ian Parker）（2005b）是为数不多的对解释现象学分析进行批评的质性研究者之一，他呼吁质性研究者"警惕解释现象学分析"，因为其与主流心理学是一致的，而且没有完全承认"内在"依赖于"外在"。一些解释现象学分析的支持者反对把解释现象学分析当作一种"简单的描述性"方法（Larkin et al., 2006），并呼吁解释现象学分析者在他们的分析中更多地强调解释（Brocki & Wearden, 2006）。表 8.3 对解释现象学分析的优点和缺点进行了评价。

表 8.3　对解释现象学分析的评价

优点	缺点
可供质性研究新手使用；像主题分析一样，这是一种很好的入门质性方法	由于对案例和跨案例主题的双重关注，它可能缺乏叙事分析的深度和丰富性以及主题分析和扎根理论的实质内容
为整个项目规定了清晰和精确的程序	由于样本量小、愿意与主流心理学对话以及注重体验性，一些人认为解释现象学分析缺乏实质性内容和复杂性（Parker, 2005b）
一个充满了关于人类意义的常识性理解和我们如何体验自己的模型，充满了应用心理学许多领域（如咨询、临床、健康心理学）的人的模型	清晰而精确的指导可能被视为必须遵循的方法
心理学中发展起来的专门针对心理问题的方法	只能用于回答有关经历、理解和感知的研究问题，以及分析自我报告的经验性资料

续 表

优点	缺点
有些解释现象学分析寻求与主流心理学对话,包含主流心理学理论和概念	缺乏主题分析的理论灵活性
允许关注个人体验和个人体验的细节	社会文化情境在解释现象学分析中的作用往往不明确
适合时间和资源有限的研究	缺乏关于更高层次(解释性)分析的具体指导;分析往往仅限于描述参与者的关注点

一种归纳但理论化的方法:扎根理论

扎根理论是一种非常流行的质性方法,特别是在美国,在我们所讨论的方法中有着最悠久的历史。20 世纪 60 年代,美国社会学家巴尼·G. 格拉泽(Barney G. Glaser)和安塞尔姆·L. 施特劳斯(Anselm L. Strauss)在一项关于住院死亡的开创性研究(Glaser & Strauss, 1965)中提出了扎根理论的原理,并在他们的经典著作《扎根理论的发现》(*The Discovery of Grounded Theory*)(Glaser & Strauss, 1967)中首次概述。格拉泽和施特劳斯来自不同的理论背景:格拉泽对标准的假设-演绎方法感兴趣,施特劳斯对符号互动论者的工作感兴趣,符号互动论者关注的是解释和意义在社会世界中的作用,他们认为意义源自社会互动(Blumer, 1969)。他们批评社会学家专注于检验"宏大"理论,而不是专注于产生更多与被研究对象生活相关的情境化理论,这让他们走到了一起。格拉泽和施特劳斯选择"扎根理论"一词,是为了抓住该理论的特点,强调该理论是基于对从具体的、本土的环境中收集的质性资料的仔细研究(Pidgeon & Henwood, 1997a)。本质上,扎根理论是一种质性研究的方法(不仅仅是一种分析方法),关注于从资料中建构理论(Charmaz & Henwood, 2008)。扎根理论已被用于研究广泛的主题,例如慢性病（见说明性研究实例 8.3）、厌食症现象（Williams & Reid, 2007）以及风力涡轮机对当地居民的影响（Pedersen, Hallberg & Waye, 2007）。

说明性研究实例 8.3

扎根理论：慢性疾病

美国社会学家凯茜·卡麦兹（1983）用一种符号互动论类型的扎根理论研究了患有慢性病的成年人所经历的自我丧失的过程，该研究基于对居住在北加州的 57 名患有癌症、糖尿病和多发性硬化症的慢性病患者所进行的 73 次深入访谈。符号互动论认为自我本质上是社会的——自我是通过社会关系发展和维护的——因此自我概念的变化会在整个生命周期中发生。这一观点被应用于慢性病研究，强调了疾病经历是如何让人们理解新的自我并放弃旧的自我理解的。参与者的年龄从 20 岁到 86 岁不等（大多数是 40 岁到 60 岁）；三分之二是女性。论文中分析的资料仅限于那些待在家里或因疾病而严重虚弱的参与者。卡麦兹指出，这些参与者经历了四种类型的痛苦：*过着受限制的生活、经历社会孤立、名誉扫地、给他人带来负担*。每一种都会导致丧失自我。每种类型的痛苦都被依次讨论，分析性主张通过访谈摘录加以说明。

例如，*受限制的生活*表明，与健康的成年人不同，这些慢性病患者过着狭隘、受限制的生活，他们只关注自己的疾病，创造有价值的自我机会很少。卡麦兹认为，"独立和个人主义价值观"（p. 172）强化了受到限制的经历：慢性病患者不能做他们在生病之前（在同样程度上）享受和重视的事情。如果参与者觉得他们能有选择和自由去追求有价值的活动（即使他们不能始终行使这种自由），他们就会感到不那么受到限制，就会有一个有价值的自我概念。对另一些人来说，治疗制度带来的限制"每天提醒人们，这些病人所经历的自由减少，而且往往越来越丧失自我"（p. 173）。参与者经历了对自己和生活的失控，导致自我丧失，他们过去的生活和自我似乎离他们越来越遥远。卡麦兹认为，健康专业人员的做法有时加强了限制性生活，因为没有人支持减少患者的痛苦（以及随之而来的自我丧失），她认为一个为健康和有能力的人设计的世界往往导致不必要的限制（部分原因是慢性病患者没有质疑社会规范，并把"健康人"的生活作为他们判断自己的标准）。某些形式的慢性疾病的不可预测性也导致一些参与者在不必要的情况下自愿限制他们的生活。对于那些日益与社会隔绝的慢性病患者来说，他们受限的生活"使他们把所有的精力都放在自己的疾病上"（p. 175）。然而，对于那些健康状况有所改善的参与者来说，他们过去的疾病成了一条自我发现和自我发展的道路——摆脱日常生活的自由让他们反思自己是谁，想成为什么样的人。卡麦兹最后指出，他们所谈到的痛苦就是丧失——丧失自我，丧失有意义的生活（参见第十一章，与解释现象学分析关于类似主题的研究的比较）。

扎根理论在社会科学中广受欢迎。许多不同的类型已被发展出来，但没有一个占主导地位。最初的支持者分道扬镳，并发展出了他们自己的类型：格拉泽的更实证主义（Glaser, 1992, 1978）；施特劳斯的类型，特别是与朱丽叶·科尔宾（Juliet Corbin）共同发展的类型，例如，极具影响力的著作《质性研究的基础》（*Basics of Qualitative Research*）（Corbin & Strauss, 1990），在理论取向上更情境主义（**建构主义**）。现在有一些类型的扎根理论横跨整个认识论范围：实证主义

（Glaser, 1992; Glaser, 1978）、情境主义（Charmaz & Henwood, 2008; Pidgeon & Henwood, 1997a）和建构主义（Madill et al., 2000）。我们主要借鉴了英国社会心理学家卡伦·亨伍德（Karen Henwood）和尼克·皮金（Nick Pidgeon）（Henwood & Pidgeon, 1994, 2003, 2006; Pidgeon, 1996; Pidgeon & Henwood, 1996, 1997a, 2004）提出的扎根理论，他们的研究深受美国社会学家凯茜·卡麦兹（Kathy Charmaz）（2006）的影响（凯茜·卡麦兹是施特劳斯的博士生，也是世界上最重要的扎根理论支持者之一），还受到伯克斯（Birks）和米尔斯（Mills）（2011）的著作的影响，这本书非常实用且易于理解，该书综合了最初的扎根理论支持者以及像卡麦兹这样的"第二代"扎根理论家的理论。

亨伍德和皮金将他们的方法置于一个广义上的情境主义框架中；卡麦兹（2006）则将她的方法置于社会学的符号互动主义传统中，其研究主要是关于"建构扎根理论"，而不是在资料中发现理论（根据 Glaser & Strauss 1967 年提出的原始模型）。她认为，研究者是我们探索的事物和我们产生的资料的一部分，"通过我们过去和现在与人、观点和研究实践的接触和互动来建构我们的扎根理论"（Charmaz, 2006: 10，原文强调）。从这方面讲，卡麦兹的扎根理论类型与解释现象学分析中对研究者解释性活动的强调非常相似（这也借鉴了符号互动主义，参见 Smith, 1999b）。

虽然扎根理论被用来解决许多不同类型的研究问题，因为其关注特定社会背景中的社会和社会心理过程（Charmaz, 2006），但其可能最适合解决关于影响因素和支持特定现象的（社会）过程的问题。访谈是资料收集的一种重要方法（与解释现象学分析一样）。其他可能的方法包括参与者产生的文本和二手资料（Charmaz, 2006）（见第三章中的表 3.3）。"完整的"扎根理论的产生是一个要求很高的过程，而且只有在更大的研究项目中才有可能实现（不受时间和资源压力的限制），对于什么是"扎根理论"，扎根理论家之间也存在一些争论（Pidgeon & Henwood, 1997a）。在实践中，许多研究者只完成了扎根理论的早期阶段（初始编码和概念发展），我们称之为"扎根理论精简版"。这个"精简"版本的扎根理论

非常适合小型质性项目，所以这是我们在这本书中重点关注的类型。表 8.4 提供
了对扎根理论的优缺点的评价。

表 8.4　扎根理论的优点与缺点

优点	缺点
不同类型的扎根理论适用于不同的理论和认识论框架	扎根理论有很多类型，也有很多不同的指导，更不用说不同的术语，这可能让人很难知道从何入手（Birks & Mills, 2011）
对于对社会和社会心理过程（而不是个人经历）感兴趣的研究者来说，这是一种有用的方法	有些类型的扎根理论程序复杂得令人困惑
一些清晰而全面的分析程序描述（有些不太清楚——见缺点）	扎根理论是在社会学中发展起来的，因此强调社会学所关注的内容，如社会结构和社会过程，而不是心理问题
许多扎根理论程序，如逐行编码和备忘录写作，在几乎任何一种质性分析中都很有用	完成一个完整的扎根理论过程要求很高也很耗时；在实践中，许多扎根理论家使用扎根理论精简版
	很难或者不可能在小项目中完成一个完整的扎根理论

扎根理论以独特的程序而闻名，如"逐行编码""持续比较分析""备忘录写
作""**理论抽样**（theoretical sampling）""饱和"，以及在开始分析前不查阅相关文
献（避免分析被现有研究的先入之见影响，而不是真正基于资料）。其中一些内
容，比如理论抽样（见第三章的框 3.3），是针对完整的（而不是精简的）扎根理
论；那些与扎根理论精简版相关的内容将在第九章至第十一章中讨论。其中一些
程序的地位类似于基督教的十诫："你必须为每一行资料生成代码"；"在你完成
你的分析之前，你不能阅读任何文献"。这种规定性的和纯粹主义的想法是有问
题的，它会让你有一种失败感。实际上，在开始研究之前几乎不可能不接触一些

相关文献——研究计划、资金和伦理申请都要求我们将拟议的研究与相关文献联系起来；如果没有至少其中一个（伦理申请），你就不能做研究。此外，作为学者，我们不断积累各种学科知识，这些知识是不可能不知道的。并且，要做不浪费时间的研究，我们需要了解我们的问题是否还没有得到回答。一条很好的适用格言是："开放的头脑和空洞的头脑是有区别的。"（Dey, 1999: 251）即使我们对我们的主题有一些先验知识，我们仍然可以努力以开放的心态来对待我们的（扎根理论，或者实际上是任何）研究。

一种研究语言功能的方法：话语分析

话语分析是另一种非常流行的方法，但"话语分析"也是质性研究中最令人困惑的术语之一。话语分析被用在很多不同的方面，就在心理学中，一类"话语分析"几乎与另一类"话语分析"没有对应关系。如果你把目光投向学科之外，比如英语、语言学或媒体研究，你可能会对它更不熟悉。英国心理学家奈杰尔·埃德利（Nigel Edley）将话语分析描述为"一个不断扩大的教会，是各种不同分析原理和实践的总称"（Edley, 2001a: 189）。我们将试着缩小一点范围，并解释一些核心概念，但我们主要关注的是话语分析的不同类型，这些类型着眼于研究跨语言资料集的（意义或语言实践的）模式（参见 Parker & the Bolton Discourse Network, 1999, 关于非语言资料）。

话语分析不同于主题分析；话语分析甚至不是一种如解释现象学分析或扎根理论那样的质性研究方法。相反，话语分析是研究心理学和知识的整体方法。话语分析出现在 20 世纪 80 年代的（英国）社会心理学中，当时社会心理学继"社会心理学危机"之后，处于认识论和本体论的剧变状态。在这场"危机"中，社会心理学的主导框架和形式受到了不同范式、政治性和概念性挑战，传统的社会心理学是一门以实验室实验为主要研究方法的实证主义认知主义科学，与当时被狭窄化的"社会"概念结为一体（参见 Parker, 1989）。现在的经典文本，《改变主题：心理学、社会规范和主观性》（*Changing the Subject: Psychology, Social Regulation and Subjectivity*）（Henriques, Hollway, Urwin, Venn & Walkerdine, 1984）、《话语和社会心理学：超越态度和行为》（*Discourse and Social Psychology: Beyond Attitudes and Behaviour*）（Potter & Wetherell, 1987）和《辩论和思考：社会心理学的修辞方法》（*Arguing and Thinking: A Rhetorical Approach to Social Psychology*）（Billig, 1987），是对（社会）心理学基础的一种颠覆，其提供了一种完全不同的看待和研究心理学的方式：不同的理论框架、方法论和分析概念。心理学不像以认知为基础的心理学方法那样，定位为在人的大脑中产生和发生，而是定位为在人之外产生和发生——在社会世界中，在社会互动中（Potter & Wetherell, 1987）。这是一种截然不同的解释层次——对一个人而言是外在的，而不是内在的解释（从一个非常不同的角度来看，这与行为主义有一些共同之处）。

　　为了理解这种差异的重要性，想象一下你和一群朋友在学生酒吧喝酒（在一所英国大学；在英国，任何 18 岁以上的人都可以合法喝酒），有人问你为什么你们共同的朋友托比喝醉了。如果你用一种内在的，发自个人内心的方式来回答这个问题，你可以告诉他们托比感到难过，因为他和女友分手了，他考试不及格，他借酒消愁，这个答案非常适合回答这个问题。然而，你还有很多其他的方法也可以回答它。如果你用外在的、个人以外的方式来回答这个问题，你可能会说酗酒是英国男性控制自己情绪的一种社会规范方式，或者是商业需求导致了英国大学酗酒文化的推广。这些也绝对是对这个问题的完美回答，但分析角度却截然不同。话语分析者对解释人们为什么喝醉并不感兴趣，但他们可能对我们理解醉酒的社会模式的意义或对醉酒的不同解释的意义感兴趣。

　　话语分析方法是一种外在方法。它表明，社会心理学家感兴趣的东西，如自我、主观性、认同感、记忆力、分类、情感、偏见、性别、性，不应被视为私人或个人的内部活动，而应被视为社会过程或活动，可以通过观察语言和话语的水平来理解。这个过程是社会科学和人文科学更广泛地"转向语言"的一部分，这些学科开始将语言使用视为理解心理和社会问题的重要手段（另见框 8.1）。话语分析是典型的建构主义的（Burr, 1995, 2003）和反本质主义的（相对主义的），但话语分析也可以在批判现实主义框架内进行（Sims-Schouten, Riley & Willig, 2007），参见第二章。在话语分析中并不假定我们通过语言"扭曲"的事件或对象的"真实性"；相反，我们通过语言产生的意义被视为"真实"，并被视为解释的终点。

在这个思考关于心理学的新框架内，可以确定两大学派，一个学派通常与心理学家伊恩·帕克（Ian Parker）和埃里卡·伯曼（Erica Burman）联系在一起（例如：Burman & Parker, 1993; Parker, 1992），以及与《改变主题》的作者联系在一起。这一学派更多地关注共同的社会现实和心理主观性是如何产生的，并使用了话语、主观性、**主体地位**（subject positions）和**定位**（positioning）和**权力**（power）等分析概念。这些类型的话语分析被称为福柯主义（Foucauldian）或后结构主义（见下文）。另一个学派通常与心理学家玛格丽特·韦瑟雷尔（Margaret Wetherell）、乔纳森·波特、迈克尔·比利希和德里克·爱德华兹（Derek Edwards）联系在一起，他们更关注谈话的细节，并使用了意识形态困境、身份认同、修辞和行动取向等分析概念。对于这些话语分析方法，诸如**解释性语库**（interpretative repertoire）、修辞分析和后来的话语心理学（见框8.1）等术语表明了所使用的话语分析的特定类型。但话语分析是一个广阔且不断发展的领域：话语分析的许多其他变体——以及针对它的标签——仅存在于心理学中，例如批判性话语分析（Fairclough, 2010; van Dijk, 1993; Wodak & Meyer, 2001）和批判性话语心理学（Edley, 2001a; Parker, 2002）。我们现在概述两种与关键的早期文本相关的基本方法。

变体1：后结构主义话语分析或福柯话语分析

后结构主义话语分析是话语分析中最"宏观"的形式：它的范围和焦点最广，对其分析的文本的详细细节关注最少。起源于后结构主义（例如 Weeden,

1987），尤其是法国学者米歇尔·福柯（例如 1977, 1978）的著作，将语言和话语理论化为我们社会和心理现实的组成部分。语言和话语也被理论化为权力运作的关键，权力被视为一种生产力——在社会中产生意义、范畴和实践，或者使它们能够蓬勃发展，而不是压制现存的（"自然"）意义、范畴和实践。福柯将权力视为生产性的（权力产生知识，而不是简单地压制知识）和关系性的（人和机构之间的运作），而不是一些人拥有和其他人不拥有的"东西"（自上而下或"主权"权力模式）。

后结构主义话语分析者往往对权力以及对质疑和挑战占主导地位的强大的知识体系有着浓厚的兴趣。这种方法也将自我和主观性理解为不是单一的或连贯的，而是支离破碎和矛盾的，并通过话语产生（关于后结构主义理论和话语分析的易理解概述，参见 Gavey, 1989）。因此，后结构主义话语分析的目标是理解人们居住的"话语世界"，并根据其促成或限制的主观性和实践的可能性对这些世界进行质疑和理论化。理论上讲，这种方法就是，我们作为人的思考、感受、体验和行为方式是由我们在社会情境中可用的话语产生的（Wendy Hollway's, 1989，关于异性恋的三种主要性别话语的识别是此类研究的经典例子）。这种观点是，话语提供了某些观点和方式来看待和理解语言，以及与语言有关的我们自己。

这种方法的一个关键要素一直是确定塑造人们现实的话语。话语（基本上）被定义为以连贯和特殊的方式"构建一个对象的言说体系"（Parker, 1992: 5）——对象可以是抽象的东西，比如"自我"（例如 Rose, 1996），或者更具体的东西，比如避孕套（例如 Lupton, 1994）。对象是话语的目标或焦点；话语为谈论和思考该对象提供了文化上可用的、共享的、模式化的方式。我们使用的语言位于这些意义系统之中。每次我们谈论或描述某件事时，我们都会"利用"话语来赋予我们所描述的事物特定的意义或状态。通常，对于同一个对象会存在不止一种话语，提供不同的、经常有争论（我们分析的部分兴趣可以是探索这些争论）的建构。例如，如果"肥胖"是话语的对象，你可以找出围绕它的几种话语：一种医学话语，它用病理学和风险角度构建肥胖；一种道德话语，它用贪吃和糟糕的自我控制来构建肥胖；一种结构性话语，它认为肥胖是由商业需求、食品广告缺乏限制、缺乏教育和社会经济贫困造成的；以及一种骄傲话语，它把肥胖构建为一种积极的身份认同。一到两种话语会占据主导地位，并在社会中形成"理所当然"的真理——目前，肥胖的医学和道德话语占主导地位。正因如此，后结构主义话语分析者才对权力的研究表现出很大兴趣。

然而，话语不仅仅是告诉我们如何思考一个对象，它们提供了个人在与他们的对象的关系中可以占据的地位，称为主体地位（Davies & Harré, 1990）。这些同时促成并限制了个人理解自己的方式——他们的主观性——以及个人认为可能要做的、想要做的，甚至确实做的事情——他们的愿望和实践。例如，在围绕肥胖的讨论中，可能会为一个肥胖的人提供什么主体地位？只有骄傲的话语种类提供了积极的主观性，在这主观性中，个人可以"胖而骄"，甚至可以"胖而无所谓"，减肥并不是最终理想。其他三种话语都认为肥胖是个人（无意中）由于自己的行为或社会环境而陷入的一种不良状态，每一种话语都为肥胖提供了不同程度的个人责任——道德话语是唯一坚决地指责个人的话语。道德话语和医学话语都把减肥作为唯一有效的愿望和实践，肥胖被认为是一个人应该想要改变的东西。

后结构主义类型的话语分析显然最适合建构型问题，但也适用于陈述型问题（见第三章表 3.1），并被广泛应用于各种主题，如体重和进食"障碍"（Burns & Gavey, 2004; Malson, 1998）、异性恋（Hollway, 1989）和异性胁迫（Gavey, 1989）、男子气概（Willott & Griffin, 1997）和教育环境中的话语（Baxter, 2002）。这个类型没有理想的资料类型，可以用于以多种方式产生的文本资料（访谈很常见的部分原因可能是其产生的资料深度，以及其在质性研究中的普遍受欢迎程度）。

变体 2：解释性语库

话语分析探索解释性语库，也研究类型化的意义，但它借鉴的知识传统远比后结构主义更广泛，但包括后结构主义，如常人方法学（Garfinkel, 1967）、会话分析（Sacks, 1992）和科学知识社会学（以及更多，参见 Potter & Wetherell, 1987）。英国社会学家奈杰尔·吉尔伯特（Nigel Gilbert）和迈克尔·马尔凯（Michael Mulkay）在一本研究科学家谈论科学方式的书中首次提出了解释性语库的概念（Gilbert & Mulkay, 1984）。解释性语库成为心理学家乔纳森·波特和玛格丽特·韦瑟雷尔（1987）在《话语与社会心理学》（Discourse and Social Psychology）中提出的话语分析类型的基础概念。解释性语库被定义为"谈论世界上的事物的相对连贯的方式"（Edley, 2001a: 198）。这一定义与上面讨论的"话语"的概念有相似之处（但请参见 Burr, 1995），之所以这么定义是为了强调人们生活在其中并在他们使用语言时，作为集体可用的资源加以利用的意义系统（Potter & Wetherell, 1995; Potter, Wetherell, Gill & Edwards, 1990）。英国心理学家奈杰尔·埃德利（Nigel Edley）将语库描述为图书馆里的书籍，可以无休止地借阅。与话语相比，语库可以被视为更小、更不完整，更具体、更零散，而且可能是更多样化（Edley, 2001a）。话语可以被视为类似于城镇边缘的大型商店，比如宜家，而语库更像是较小的商业街商店。然而，语库和话语之间的区别也是理论上的，埃德利将这种区别描述为指向话语分析研究工作中更广泛的"概念立场和方法论立场"（Edley, 2001a: 202）："语库"或"话语"是你的理论立场和你对资料的分析立场的简约表达。

这一传统中的分析不仅仅是关注谈话，以确定使用了哪些资源——哪些语库；与后结构主义话语分析一样，这一分析走得更远，但方向几乎相反。虽然他们有一个共同的任务，即考虑已确定的语库（话语）告诉我们关于世界的情况，但这种方法感兴趣的是语库如何在特定的（"本地"）情境中组合在一起并有效使用，以及就构建的现实和身份（和其他方面）而言，语库（话语）产生的影响。但是，与后结构主义话语分析包含内部取向（即通过对人如何体验自己、他们的欲望等感兴趣）不同，这种话语分析方法始终坚持从外部（例如，研究"面对他者"和在具体情境下身份如何被建构和生产）进行研究。后结构主义话语分析可以被视为（部分）对通过话语被说成存在的个体感兴趣（个体被概念化为被话语"使用"的人，Potter et al., 1990）；语库分析感兴趣的是说话的个体所创造的现实（个体被概念化为话语的使用者，Potter et al., 1990）。因此，与后结构主义方法相比，个体被理论化为语言和话语的更具能动性的使用者（这一点在将该方法发展为话语心理学的过程中得到了强调（见框8.1），但并没有构建起一个有意识地进行有意选择的主体）。正因为如此，基于语库的话语分析比后结构主义的话语分析更关注微观层面，例如，对权力的兴趣不一定相同。有一种观点很好地体现了这种双重关注，这种观点认为，研究语言既是将语言视为资源（语库），又是将语言视为行为（语言被使用的方式；语言所产生的社会、心理、政治等影响），并且人们对谈话中的描述如何构建现实的特定类型感兴趣（Potter & Wetherell, 1995）。

这种话语分析方法适用于建构和语言实践类型的问题（见第三章表3.1），并有助于以各种形式探讨诸如种族主义话语和种族关系（例如Wetherell & Potter, 1992）、社区冲突（例如Potter & Reicher, 1987）以及性别歧视和性别不平等的原因（例如：Gill, 1993; Peace, 2003）等主题。同样，这种分析没有理想的资料类型（见第三章表3.3）——刚才引用的例子使用了访谈、小组讨论或媒体文本。（然而，随着该方法更多地向话语心理学发展，人们开始倾向于交互式资料集，尤其是"自然主义"资料集，见框8.1。）

相似、不同和发展

探讨不同的话语分析方法的共同之处，以及它们与大多数其他质性分析方法的不同之处，是一种批判性的认识论，是一种认为语言是生产性的而不是反思性的观点（见第二章）。分析的重点是以不同的方式理解语言的作用，理解通过语言创造的（大或小）现实，以及这是如何发生的。这一传统中的研究者可以被描述为具有一种"话语敏感性"，这种敏感性引导他们在查看资料时，能以这种方式思考语言。说明性研究实例 8.4 提供了一个基于分析模式的话语分析方法的示例。话语分析的不同学派之间的差异主要在于，是语言的内容（语言作为资源）还是语言使用的过程（语言实践）重要，话语分析者往往对其中一种（但有时两者都）感兴趣（Potter & Wetherell, 1995）。后结构主义话语分析注重语言的内容，并将语言主要视为构成现实和主观性、维持和破坏权力关系的资源。后结构主义话语分析采取局外人的立场，优先考虑分析者对语言和语言使用的关注。相比之下，语库分析（和话语心理学）更多地采取内部立场，更接近资料本身，在资料之外的推断较少。语库分析者既对语言的内容感兴趣，也对语言的使用感兴趣，但使用语言来构建特定的社会现实或心理状态是关键。不同方法的支持者相互批评（例如：Potter et al., 1990; Widdicombe, 1995），有时批评很尖刻，一些人认为差异在很大程度上不可调和，另一些人（Edley, 2001a; Peace, 2003; Wetherell, 1998）探索了将不同方法提供的见解结合在一起的方法。表 8.5 评价了基于模式的话语分析的优缺点。

表 8.5　基于模式的话语分析形式的评价

优点	缺点
有许多不同的类型来适应各种研究主题和研究问题	需要一种建构主义（或批判现实主义）的语言和社会生活观；这可能需要重新学习什么是心理学，以及如何谈论心理学概念，所以可能是一项具有挑战性的任务
认真对待语言，不仅仅把它当作信息传递的工具	需要充分理解话语分析所依赖的（理论）框架；这些框架可能很复杂，需要时间才能真正理解

续 表

优点	缺点
为理解个体心理生活产生的社会环境提供了令人激动的可能性	缺乏具体或明确的指导方针,会让研究新手感到困惑和不确定;如果分析不是一系列需要遵循的规则,而是一种"手艺技能",包括"跟随直觉"(Potter & Wetherell, 1987),你如何知道自己是否在正确的轨道上
为获取和理解更广泛的语言模式的微妙使用和效果提供了方法	某些类型可能会失去对主题或问题的关注,这些问题通常是研究者感兴趣的部分
相信分析的直觉方面,并因此绝对重视分析的直觉方面;分析是一种熟练的解释性参与,而不是一套规则的系统应用	对于一个小的学生项目来说,是否过于复杂和困难
可以获得关于发散性使用资料的实用指导(例子参见 Howitt, 2010; Parker, 1992; Potter, 2003; Potter & Wetherell, 1987; Willig, 2008)	无法产生容易被转化为"回馈"参与者的分析,或用于应用研究和有明确社会变革议程研究的分析

说明性研究实例 8.4

基于模式的话语分析:广播公司对广播行业中不平等现象的描述

英国女权主义研究者罗莎琳德·吉尔(Rosalind Gill, 1993)利用波特和韦瑟雷尔(1987)的话语分析方法,分析了男性广播公司如何解释其广播电台缺少女性音乐节目主持人(DJ)的原因。吉尔访谈了两家独立地方广播电台的五名 DJ 和节目控制员(其中一家在资料收集时没有女性 DJ;另一家每周两次主持深夜电话节目)。她对参与者用来解释女性 DJ 就业中的性别不平等的"实践中的意识形态"很感兴趣。她列出了五种用来解释缺乏女性 DJ 的说法，每一种都围绕着一种特定的说法，比如"女性不适合"或"观众更喜欢男性 DJ"。她强调，"DJ 和节目控制员都利用并结合了不同的、相互矛盾的解释来说明女性 DJ 的缺乏"（p. 76）。吉尔详细讨论了五种说法中的四种："女性不适合"；"观众反对"；"性别差异"；以及"女性的声音"。她指出，当参与者使用其中一种说法时，他们会自发地进一步描述，以证明他们的解释是正确的，并使他们的解释听起来更可信。让我们来看看最流行的一个例子，五个参与者中有四个人引用了这个例子，这个例子集中在"女性不适合"这一说法上。吉尔提出了四种支持这一说法的理由，包括女性对成为 DJ 不感兴趣，因为"这是男人的世界"。她引用了她对其中一位节目控制员的摘录 [（.）表示短暂停顿]：

> 这就是人们出发的地方（.）所以在医院的广播室里没有多少女性 DJ（.）酒吧里也没有多少女性 DJ（.）尤其是十几岁的女性 DJ，我们特别想找十几岁的女性 DJ，人们喜欢（.）对做 DJ 有兴趣的人。（p. 78）

该参与者对缺乏女性 DJ 的解释是，当地电台传统的招聘场所——酒吧和医院——缺乏女性 DJ，但他的解释还不止于此。他还提到女性对电台广播缺乏兴趣，因此认为女性缺乏成为 DJ 的真正动力。吉尔认为，"被压迫群体并不'真的'想要改变他们被压迫的立场，这一观点经常被占主导地位的群体成员用来为他们的行动或不行动辩护"（p. 78）。她还辩称，这一说法有助于抵御对广播电台的批评，特别是对参与者的电台的批评。这表明广播电台愿意雇用女性，但女性对申请不感兴趣。该参与者后来评论说他们必须"格外努力"才能找到女性 DJ，他这么说是为了强调了广播电台试图改变女性没有兴趣做 DJ 这一现状。这使参与者能够强调自己没有性别歧视，并将缺乏女性 DJ 的责任完全推给了女性。

在讨论中，吉尔认为，她的方法表明，参与者并没有明确表达出对女性 DJ 的特定态度；相反，他们灵活地（有时甚至是不一致的）引用了一系列说法，既证明缺乏女性 DJ 是合理的，也表明自己不存在性别歧视。她认为，他们的报告在意识形态上的影响是使广播电台的性别不平等永久化。

在概述这些方法时，我们的目的是让你对基于模式的话语分析的两种不同方法的范围有一个非常简要（且有限）的了解。这些是在话语分析早期发展起来的"基础性"方法，其倡导者有时会朝不同的方向发展，如话语心理学（框 8.1）、会话分析（框 8.2）或更多的叙事性和心理分析启发的分析，例如：Billig, 2006; Hollway & Jefferson, 2000; Parker, 2005a。这一领域正在不断发展：这些方法仍然被广泛使用，尽管它们的边界往往更加模糊。有时被统称为批判性话语心理学的方法试图综合不同传统的要素，保持对资源和实践的兴趣，甚至比话语分析更广泛地吸引人（Wetherell, 2007）。"主题话语分析"这一术语有时被用来指代类似于建构主义主题分析（例如 Taylor & Ussher, 2001）。在主题分析中，"批判性主题分析"这一名称有时被用来表示类似的方法，主要是主题性的，但借鉴了话语性的见解（例如 Terry & Braun, 2011b）。

在一个小规模的或学生项目中使用某种基于模式的话语分析类型是否可行？我们认为是可行的，但前提是，话语分析可能是一种对于可以快速学习并保证"正确"学习更具挑战性的质性方法，除非你已经熟悉你正在使用的话语分析类型背后的理论框架，并且你有一位熟悉该方法和理论的导师（参见第三章）。关于编码和分析（参见第九章至十一章），我们通过这两个框架来为刚开始做话语分析的人提供指导。

框 8.1　什么是话语心理学

英国斯特拉斯克莱德大学心理科学与健康学院
萨莉·威金斯（Sally Wiggins）

话语心理学提供了一种严谨的、经验主义的方法论，通过这种方法，我们可以了解人们在说话或写作时是如何"做"事的。话语心理学涉及责任、认知、情感、身份和具身化（embodiment）等心理学中的问题。但话语心理学并没有将这些视为理所当然、预先存在的"事情"，而是从这些问题是可争论的、可协商的和依赖于互动的前提出发的。换言之，重要的不是人们是否可能"拥有"某种情绪或特定身份，而是这些类别和概念如何与他们所从事的社会互动相关。例如，一个人如何声称自己是养育孩子的专家，以及其他人如何对这种说法表示认可或质疑？

话语心理学将话语（即各种形式的谈话和文本）首先视为社会行动，而不是进入人们"内心"的一扇窗户，这是一个关键点：话语并不是通往其他心理问题（无论是认知、情感还是生理）的途径。相反，话语本身就是*心理发生的地方*。正是在互动中，以及所有与此相关的混乱中，心理才有了生命力。就这样，身份得以建构、责任得以归咎，决策得以制定。

在认识论方面，话语心理学对知识采取了批判的相对论立场。也就是说，话语心理学试图了解日常实践中产生知识的过程，以及在不同情况下被认可为"真理"的知识类型。例如，一个人声称在用餐时间"吃饱"的说法是如何被其他人接受的？如果这个人是个孩子呢？简单地说"我已经吃够了"是可以接受的，还是必须以其他方式证明这一点？话语心理学不同于其他形式的话语分析，在话轮转换、停顿和人们讲话的语调层面（在这方面，它与会话分析有着密切的联系，见框 8.2），它通常更关注互动的细节。

因此，话语心理学使我们能够回答那些社会实践中有关"如何"的研究问题：社会行动是如何进行的？不同说话方式的社会和互动影响是什么？其优点在于，它提供了一个镜头，让我们可以通过它来审视社会生活中所有丰富而复杂的细节：人们会审视心理问题对社会生活的影响，而"真相"总是受到质疑。

话语心理学对新的质性研究者的挑战之一是，它需要坚持相对主义立场，而这不能直接与其他方法论相结合。例如，我们不能简单地从询问"与 Y 相关的产生 X 的原因"，转向研究"X"在互动中是如何被质疑的。话语心理学是一个完全不同的范式！话语心理学还要求严格检查音频资料，更常见的是视频资料。需要详细的转录文本来提供话轮的分析，并关注谈话中的语调、停顿和手势。这是一项耗时的工作，但回报颇丰。

扩展阅读

有关该方法的概述，请参阅：Wiggins, S. & Potter, J. (2010). Discursive psychology. In C. Willig & W. Stainton Rogers (Eds), *The Sage handbook of qualitative research in psychology* (pp. 73–90). London: Sage。

有关话语心理学研究的示例，请参阅：Wiggins, S. (2009). Managing blame in NHS weight management treatment: psychologizing weight and "obesity". *Journal of Community and Applied Social Psychology. 19*, 374–387。

框 8.2　什么是会话分析

英国谢菲尔德哈勒姆大学心理学系 索尼娅·埃利斯

会话分析源于美国社会学家哈维·萨克斯的研究（Sacks & Jefferson, 1995）。1975 年他英年早逝后，他的同事伊曼纽尔·谢格洛夫（Emanuel Schegloff）和盖尔·杰斐逊（Gail Jefferson）发展了会话分析。虽然会话分析是在社会学中发展起来的，但在过去十年左右的时间里，它在心理学中越来越流行。基于常人方法学传统，会话分析（和话语心理学一样，框 8.1）是对互动中谈话的研究：谈话是社会行动的场所。与关注于理解人们的经验、观点和实践的经验性质性方法不同，会话分析可以被视为批判性质性研究的一种形式，因为它关注的是真理产生的过程，以及社会现实和身份的建立过程。虽然会话分析被一些人认为是话语分析的一种形式，但它在许多重要方面与其他话语方法不同。

虽然大多数话语（和其他质性的）方法可应用于一系列资料收集方法，但会话分析只适用于自然发生的谈话（例如：电话交谈；面对面交谈）。除非谈话是自发产生的（与研究者产生的相反），否则分析者只是在研究作为研究情境副产品的互动。会话分析研究的不是内容，而是社会互动的结构组织和有序性，特别关注话轮转换（参见 Sacks, Schegloff & Jefferson, 1974）和顺序（参见 Schegloff, 2007）。会话分析适用于语言实践类研究问题（见第三章表 3.1），特别是那些侧重于理解共同程序的问题，说话者使用这些共同程序来产生和确认有意义的行动。

会话分析不同于其他质性方法的一个主要方面是对更广泛的社会情境进行分析性解释的程度。在会话分析中，只有在对话参与者身上体现出与情境的相关性时，情境才是相关的，例如，说话者的性别意识是否（然后是如何）被互动中的人们唤醒，而不是假设互动对性别意识有影响。

该方法本身是高度结构化的，这也使得它不同于许多其他形式的质性分析。对于大多数质性方法，分析者以一种系统但流动的方式在资料项之间或资料项内灵活运用。然而，对于会话分析来说，分析必然是按顺序进行，因为每一轮谈话都是对前一轮谈话的回应：任何给定的谈话片段都不能在没有参考之前谈话的建构和表达方式的情况下被理解。顺序分析侧重于参与者理解和解释先前谈话的方式，而不是孤立地看待那次谈话可能意味着什么。通过关注微观层面的语言，认知语言学使质性研究者能够更具体地确定说话者是如何使用语言来实现特定身份或特定目标的。

扩展阅读

有关该方法的概述，请参阅：Wilkinson, S. & Kitzinger, C. (2007). Conversation analysis. In C. Willig & W. Stainton-Rogers (Eds), *The Sage handbook of qualitative research in psychology* (pp. 54–71). London: Sage。

有关会话分析研究的示例，请参阅：Stokoe, E. (2010). "I'm not gonna hit a lady": conversation analysis, membership categorization and men's denials of violence towards women. *Discourse & Society, 21*, 1–24。

框 8.3　什么是叙事分析

英国拉夫堡大学质性数字化研究实验室联合主任

布雷特·史密斯（Brett Smith）

叙事分析（Narrative analysis, NA）指的是一系列用于理解"故事"

资料的质性方法。叙事分析的关键是"故事"(Sarbin, 1986)。叙事分析者认为人是会讲故事的生物(MacIntyre, 1984),他们讲的故事作用很大(Frank, 2010)。例如,故事会影响我们的行为,它们使人们之间产生(或断开)联系,并塑造我们的身份。由于叙事分析是基于对故事的欣赏,所以叙事分析的一个重要组成部分是,资料中讲述的故事被完好无损地保存下来,以供分析。其他分析方法,如扎根理论和主题分析,在为不同的分析目的切割资料时会拆分故事。叙事分析者可以洞察谈话内容以及说话方式。相比之下,扎根理论、主题分析和解释现象学分析主要专注于谈话内容,而话语分析(某些类型)则专注于谈话方式。

与解释现象学分析一样,叙事分析可以被描述为以案例为中心(意味着它密切关注少数个人或群体),并提供对生活经验的洞察(Bruner, 1990)。两者的区别在于,在叙事分析中,注意力更多地集中在经验的社会文化构成上,例如,关注的是通过文化提供的叙事构成的而不是反映的经验。在某种程度上类似于后结构主义话语分析中的"话语",社会中"外在"的叙事被理解为人们理解其"内在"生活的资源,并有选择地利用这些资源来构建生活经验(讲述关于它的故事)。

如果"方法"指的是一系列按照规范规定好的步骤,那么叙事分析的另一个显著特点是,它没有"方法"可循。叙事分析中的方法是一门技艺,它珍视通过分析经验获得的实践智慧(Frank, 2010)。分析者通过批判性地阅读叙事分析的例子来培养"技艺"并获得经验。写作也是培养"技艺"不可或缺的一部分。这不是叙事分析的最后阶段;相反,叙事分析发生在写和重写资料的不断延申的技艺中。分析也是通过提出问题开始和进行的。主要叙事分析问题包括:

- 这个故事讲了什么?讲这个故事的结果是什么(它的效果)?
- 故事是如何组织的?
- 是什么叙事资源塑造了叙述者的经历和故事?

- 这些叙述以什么方式促成或限制生活？

- 人们的生活是如何被他们忽略的故事以及他们被卷入的故事所定义的?

- 这个故事把讲故事的人和谁联系起来了？

- 谁在这个联系之外？

- 听者（包括分析者）对这个故事的反应是什么？

- 听者的反应中什么重要？

然而，在实践中，叙事分析很少涉及人们日常讲故事中完成的互动事情。人们讲述与另一个人（如访谈者或朋友）有关的故事，但研究者在共同构建故事中的作用往往被忽视。

叙事分析并不局限于一种理论立场。有些叙事分析是以现象学为基础，有些是以社会建构主义为基础。也就是说，大多数叙事分析者致力于一种认识论，在这种认识论中，人们视知识为被建构的，并且他们也致力于一种相对主义本体论，其中现实依赖于心智。这并不意味着"怎么都行"。相反，在叙事分析中，没有人会声称要通过一定的方法去发现人类的现实，或者创造独立于我们的知识。叙事分析的优势包括一种能力：能揭示生活的时间、情感和情境质量；能阐释经验；能理解一个人既是个体行为者，又是社会文化塑造者。

扩展阅读

有关该方法的概述，请参阅：Sparkes, A. & Smith, B. (2008). Narrative constructionist inquiry. In J. Holstein & J. Gubrium (Eds), *Handbook of constructionist research* (pp. 295–314). London: Guilford Publications。

有关叙事分析研究的示例，请参阅：Smith, B. & Sparkes, A. C. (2008). Changing bodies, changing narratives and the consequences of tellability: a case study of becoming disabled through sport. *Sociology of Health and Illness, 30*, 217–236。

章节总结

本章主要内容：

- 列出了质性分析的范围。
- 介绍并评估了主题分析、解释现象学分析、扎根理论和基于模式的话语分析这些关键的质性分析方法，以及质性研究新手可以使用的方法。
- 展示了其他三种方法（话语心理学，会话分析，叙事分析）。

问题讨论和课堂练习

1. 分成小组，设计一项解释现象学分析研究。发展一个恰当的经验性研究问题，并回答以下问题：你将与谁交谈？你如何找到他们？你如何确定样本的同质性，以及样本的大小？你将如何收集资料？你会问你的参与者什么问题？

2. 解释现象学分析（Osborn & Smith, 2006; Smith & Osborn, 2007）、扎根理论（Charmaz, 1983, 1995）和主题分析（Lack et al., 2011; LaChapelle et al., 2008）都被用于慢性疼痛和疾病的研究。以三人为一组，选择一篇关于慢性疼痛和疾病的解释现象学分析、扎根理论和主题分析论文（如上面提到的）。小组中的每个成员都应该阅读其中一篇论文，然后作为一个小组，从研究设计和分析两方面，总结这三项研究的异同。研究设计包括：样本的大小和构成、资料收集方法等。分析不仅要考虑主要结果，而且要考虑资料是否处于更广泛的社会情境下，强调的是心理学解释还是社会学解释，如何使用资料摘录，是说明性地阐明分析性主张，还是分析性地做进一步分析，参见第十一章。

3. 使用上述练习中的一篇论文，将其重新设计为话语分析研究。研究问题将如何改变？研究设计将如何改变？推测结果可能会有什么不同（请记住，在话语分析的框架内，语言并不被视为参与者关注问题的透明窗口）。总体而言，话语式方法和经验式方法之间有哪些重要区别？

4. 分成小组，使用下面的描述性—解释性连续体模型，确定应该将四个说明性研究实例（8.1—8.4）中的每一个放在连续体上的哪个位置（我们特意选择了代表连续体上不同位置的研究），是否有的研究只是单纯地描述或总结资料？是否有的研究（用理论框架）解释或询问资料的意义？是否有的研究结合了这两种分析类型的元素？（有关答案，请参见配套网站。）

描述性的	解释性的

扩展资源

扩展阅读：

以下简短的论文快速介绍了各种方法。

有关主题分析，请参阅：Braun, V. & Clarke, V. (in press) Thematic analysis. In A. C. Michalos (Ed.), *Encyclopaedia of quality of life research*. New York: Springer。

有关解释现象学分析，请参阅：Reid, K., Flowers, P. & Larkin, M. (2005). Exploring lived experience. *The Psychologist, 18,* 20–23。

有关扎根理论，请参阅：Henwood, K. & Pidgeon, N. (1995). Grounded theory and psychological research. *The Psychologist, 8,* 115–118。

要更深入了解有关主题分析的内容，以及该方法的清晰轮廓，请参阅：Braun, V. & Clarke,V. (2006). Using thematic analysis in psychology. *Qualitative Research in Psychology, 3,* 77–101。

要更深入了解有关解释现象学分析的内容，以及解释现象学分析的主要原则和程序的概要，请参阅：Smith, J. A. & Osborn, M. (2003). Interpretative phenomenological analysis. In J. A. Smith (Ed.), *Qualitative psychology: A practical guide to methods*. London: Sage。

对于有任何计划进行解释现象学分析研究的人来说（作为更广泛的经验性质性研究的介绍也是有用的），最终确定的资源是：Smith, J. A., Flowers, P. & Larkin, M. (2009). *Interpretative phenomenological analysis: Theory, method and research*. London: Sage。

想从心理学角度了解更多有关扎根理论的内容，请参阅：Pidgeon, N. & Henwood, K. (1997). Using grounded theory in psychological research. In N. Hayes (Ed.), *Doing qualitative analysis in psychology* (pp. 245–273). Hove, UK: Psychology Press。

有关使用情境主义（建构主义）扎根理论的详细和实用的指导，请参阅：Charmaz, K. (2006). *Constructing grounded theory: A practical guide through qualitative analysis*. London: Sage。

有关基于模式的话语分析的实用和易读的指南，请参阅：Coyle, A. (2007). Discourse analysis. In A. Coyle & E. Lyons (Eds), *Analysing qualitative data in psychology* (pp. 98–116). London: Sage。

有关批判性话语心理学的易读指南（通过使用有用实例将理论概念带入生活）请参阅：Edley, N. (2001). Analysing masculinity: interpretative repertoires, ideological dilemmas and subject positions. In M. Wetherell, S. Taylor & S. J. Yates (Eds), *Discourse as data: A guide for analysis* (pp. 189–228). London: Sage。

有关话语分析的关键的基础性介绍，请参阅：Potter, J. & Wetherell, M. (1987). *Discourse and social psychology: Beyond attitudes and behaviour*. London: Sage。

在线资源：

有用的在线质性分析学习资源集可以在以下网站找到。

- http://onlineqda.hud.ac.uk/index.php
- 我们的主题分析网站：www.psych.auckland.ac.nz/thematicanalysis。

扎根理论研究所：www.groundedtheory.com/。

伯贝克学院（伦敦大学）解释现象学分析网站：www.ipa.bbk.ac.uk/。

- 拉夫堡大学话语和修辞学小组（与波特、爱德华兹、比利希等人合作）：
http://www.lboro.ac.uk/departments/socialsciences/research/groups/darg/。

- 话语单元（与帕克、伯曼等人合作）：www.discourseunit.com/。

- 东伦敦大学叙事研究中心：www.uel.ac.uk/cnr/。

有关以下信息，请参阅配套网站（**www.sagepub.co.uk/braunandclarke**）：

- 与第三部分相关的自测多项选择题。

- 抽认卡词汇表——测试本章中使用的关键术语的定义。

- 描述性—解释性连续体练习的答案。

- 扩展阅读（来自 Sage 期刊的文章）。

第九章　前期分析步骤：熟悉资料和资料编码

一旦准备好用于分析的资料（经过转录或整理），你就可以开始了。在接下来的三章（第九章至第十一章）中，我们将会提供有关"如何分析"的实用指导；除了介绍你需要做什么，我们还运用我们在第五章中介绍的体重和肥胖焦点小组资料集（请参阅配套网站）来提供图文并茂的操作示例，以阐明你应该如何去做。展示应该怎么做分析可以消除质性研究的一些（令人焦虑的）不确定性。对于有些方法（如解释现象学分析和主题分析），我们提供了比其他方法（如话语分析）更详细的指导（参见表 9.1）。我们主要说明一个基本的主题分析方法，并讨论解释现象学分析、扎根理论和基于模式的话语分析在分析方面如何不同。

表 9.1　不同质性分析方法的编码和分析阶段

阶段	主题分析	解释现象学分析	扎根理论精简版	基于模式的话语分析
1	转录	资料准备(转录)	转录	转录
2	阅读并熟悉资料;记下可能感兴趣的项目	阅读并熟悉资料;记下可能感兴趣的项目	初步(开放式)编码(半完整);撰写初始备忘录	阅读并熟悉资料;记下可能感兴趣的项目
3	编码——完整的;跨整个资料集	编码—完整的(称为初始记录);首先关注一个资料项	中期(重点)编码,包括:撰写备忘录;完善编码系统;将代码与其他代码连接起来;明确类别;定义类别	编码——选择性的(开发包含感兴趣项目的语料库);跨整个资料集
4	寻找主题	开发**突现主题**(emergent theme)(在该资料项内)	以图表的形式将分析呈现出来——显示类别及其之间的关系	分析
5	回顾主题(制作显示临时主题和子主题之间关系的示意图,该示意图被称为"主题示意图")	寻找突现主题(在该资料项内)之间的联系,并生成上级主题(其中嵌套了突现主题);用图表的形式来呈现分析	撰写——最终确定分析	撰写——最终确定分析
6	定义和命名主题	运用其他资料项重复3~5阶段		
7	撰写——最终确定分析	跨资料集确定主题和上级主题;用图表的形式来呈现分析		
8		撰写——最终确定分析		

人们容易把分析准则视为必须严格遵循的操作说明，似乎遵守这些步骤就能确保得到成功的结果。但事实并非如此。在分析中做到系统性和透彻性显然至关重要（见第十二章），但好的质性分析主要是"分析的敏感性"的产物，而不是"遵循规则"的产物。"分析的敏感性"通常被认为是一种相当隐秘的能力，这种能力为极少数人天生拥有，且难以通过后天培养。不过我们认为这种能力是可以培养的。"分析的敏感性"是指通过你所选方法的特定理论视角来阅读和解释资料的能力。"分析的敏感性"还指能够透过资料明显的、浅层的意义洞察到资料的深层意义，以进一步关注到与更广泛的心理、社会、理论问题相关的模式或意义。从本质上讲，"分析的敏感性"涉及对资料采取探讨和解释的立场（有关"解释性分析"的更多讨论，请参见第十一章）。如果你已经知道自己应该做什么，那就容易多了。第九章至第十一章就是为提供这一点而设计的。

我们在本章中列出的第一个分析步骤既可以通过硬拷贝（用纸和笔），也可以通过电子方式来完成；既可以使用各种计算机程序（稍后讨论），也可以使用微软 Word 中的批注功能来完成。我们会以假设你使用硬拷贝资料的方式来解释此过程。即使你最终要采用电子方式，使用手动硬拷贝的方式来学习编码也大有裨益。与其他方式完全不同，远离屏幕可以让你与资料进行不同模式的交流，并将你带入不同的概念和物理空间进行分析（Bringer, Johnston & Brackenridge, 2006）。

资料收集和资料分析：彼此独立的阶段？

在量化研究中，通常只有在收集完所有资料后才开始进行分析。但在质性研究中，则不一定要收集完所有资料才能开始分析。实际上，资料的收集和分析并不总是完全分离的——扎根理论甚至更需要资料的收集和分析不分离，这可能是由于资料收集期时间漫长，你开始资料编码时仍在收集最终资料项，或者是由于资料收集过程是分阶段进行的，你收集了部分资料，就需要用分析的眼光查看以寻找可能的模式，以便对后续的资料收集进行优化或重新定向，这是质性研究设计灵活性的优势之一。

阅读和熟悉资料：重要的开端

　　质性资料的分析本质上始于沉浸于资料的过程。此阶段的目标是熟悉你的资料集的内容，并开始注意可能与你的研究问题相关的事情。对于文本资料，该过程涉及阅读和重读每个资料项；对于音频（或视觉）资料，该过程涉及反复听（和观看）材料的类似模式。在这个过程中，你可能会注意到一些值得注意将食物视为朋友和敌人的事情。你会对资料有一个零碎的总体印象，例如，谈论食物似乎有的两种方法：或者可能对资料有一个概念性想法，例如，参与者用一种含蓄的方式来描述一个人天生"贪吃"和"懒惰"；或者可能是更加详细具体的问题，例如，参与者使用委婉的语言来描述体重和身材。把这些"注意到的事情"记录下来，并把它们保存在一个你可以重新取用以进行参考的地方，这样做十分有用。这些材料可能是一份单独的文件（例如，你的研究日志）或者直接记录下来的资料本身。这个过程具有观察性和随意性，而不具有系统性和精确性。不必为记录你注意到的事情的措辞而烦恼；你还没有对资料进行编码。这些事项通常会被写成一种意识流的形式、一种凌乱的"想法涌动"，而不是精美的散文。这种笔记只给你自己看，助你完成分析过程。应该把这些资料当作你记忆的辅助器和助力分析的触发器。

　　这些注意到的事情通常反映了我们对于资料的理解，虽然它们可以使我们的分析更丰富，但当我们把它们作为进行分析的主要依据或唯一依据时，应该采取谨慎的态度，因为注意到事情的出发点不是对资料进行系统的处理。最初浮现在你眼前的可能是资料中最明显的部分，或者是对你个人而言最显著的事。例如，当我们熟悉焦点小组中的资料时，弗吉尼亚所注意到的事情之一是，参与者似乎把体育活动定义为非常消极的活动，是没有任何乐趣可言的琐事。这很可能反映了这样一个事实，即她始终热情地参与到从学校体育课到足球再到徒步旅行等各种体育运动中，这就使得缺乏运动热情的人与她没有任何共鸣。维多利亚并没有注意到运动带来的负面影响，这很可能反映出她自己的锻炼经历与参与者所表达的相似。问题不在于我们之中谁"对"谁"错"，而在于我们的个人经历决定了我们阅读理解资料的方式，这可以是一个很好的分析资源，但也会限制我们在资料中看到的东西。你应当认识到这一点，并在分析过程中对其进行反思（参见第十三章的框13.2）。

熟悉资料不是仅仅被动地理解文字（或图像）的过程，而是开始用对待资料的方式阅读资料。用对待资料的方式阅读资料不是指像你通常阅读犯罪小说或观看好莱坞大片那样简单地理解文字（或图像）的表面含义，而是主动地、解析地、批判地阅读理解文字，并开始思考资料的含义，这包括提出以下问题：

- 参与者如何理解他们的自身经历？
- 为什么他们会以这种方式（而不是以另一种方式）来理解自己的经历？
- 他们在理解讨论的话题时采用了哪些不同的方式？
- 他们的故事有多符合常识？
- 如果我处于那种情况，我会是什么感受？（这与参与者的感受不同还是相似？为什么会这样？）
- 他们在谈论世界时做了哪些假设？
- 在他们的描述中展现了一个什么样的世界？

你接触的资料越多，它们向你开放的程度就越高，所以如果你觉得一开始没有看到超越资料表面的任何东西，也不必担心。分析的敏感性对于超越浅层含义对资料进行总结性阅读必不可少，而像以上的那些问题将有助于培养分析的敏感性。在这一点上，你也不必过于担心你最初注意到的那些事情理论上的连贯性。

不同的分析方法对那些你所注意到的事情的处理方式不同。例如在主题分析这样的方法中，你所注意到的那些事情可能会成为编码过程中的初始模块，然后以此建构最终的分析。相比之下，解释现象学分析方法的重点是捕捉和解释参与者的经历，建议记下你的观察和想法，然后把它们放在一边（基本上暂时忘掉它们），这样你的分析眼光就会继续关注参与者想表达的意思和他们的经历。当你进入解释现象学分析中更具研究者–解释性的阶段时，你可能会随即重新审视你所注意到的那些事情，但最初你希望与参与者的意思保持一致（Smith et al., 2009）。

什么是编码

编码是识别与你的研究问题相关的资料的过程。在基于模式的质性分析形式中，有两种主要的编码方法（见表 9.1），我们称之为**选择性编码**（selective coding）和**完整编码**（complete coding）。

选择性编码

选择性编码包括识别你感兴趣的现象的实例语料库，然后将其挑选出来，这有资料精简的目的。假设你的资料集是一碗五颜六色的 M&Ms 巧克力豆，选择性编码的过程类似于只拿出红色或黄色的巧克力豆，剩下的留在碗里。你收集的是特定类型的资料集合。这种编码方法通常被视为分析前的准备过程，是务实地选择资料语料库，而不作为分析环节的内容（例如 Potter & Wetherell, 1987）。然而，选择性编码确实不可避免地有一个分析元素，因为你需要弄清楚什么才是你正在寻找的事例，以及该事例应该从哪里开始，从哪里结束。选择性编码还需要预先储备理论知识、分析知识，使你能够找出你所需的分析概念。与完整的编码方法相比，选择性编码阅读和熟悉资料的过程可能更复杂，花费的时间也更长，因为你必须看到你将在资料中识别的是什么，然后选择性地为其编码。在一次完整的编码中，编码过程本身会分析性地发展和提炼你感兴趣的内容。选择性编码常用于口头叙述、会话分析，以及基于模式的话语分析法，以建立你感兴趣的现象的实例语料库（Arribas-Ayllon & Walkerdine, 2008; Potter & Wetherell, 1987），例如，在弗吉尼亚和她的同事进行的话语分析法中讨论异性恋时，所有的访谈谈话都提及了互惠的概念（Braun, Gavey & McPhillips, 2003）。

完整编码

完整编码的过程大不相同。你需要在整个资料集中找出能解答你所研究问题的任何你感兴趣或相关的资料，而不是寻找特定的实例。这意味着，你不是选择特定的实例语料库以后再进行分析，而是把所有与你的研究问题相关的资料全部进行编码，只有在后期的分析过程中，才会更有选择性地研究。

在完整编码中，代码能识别出资料的特征，并为其贴上可能与回答你的研究问题相关的标签。代码是一个单词或短语，它抓住了为什么你认为某个特定资料可能有用的本质。在质性研究中，编码并不是一个排他性的过程，摘录的资料并非只能以一种方式编码。任何资料提取都可以而且应该根据研究目的以尽可能多的方式进行编码。例如，如果你查看表 9.2 中的编码资料摘录，我们用三种不同的方式对朱迪的话"是的，如果人们正在努力工作，他们想吃的往往是方便快捷的食物，而这些方便快捷的食物往往是不健康的食物而非健康的食物"进行了编码，每种方式都提取了资料中可能对我们的分析有用的不同元素：（1）联系常识：努力工作和想要"方便"（即快捷）的食物；（2）食物分类：健康／不健康；好／坏；（3）不健康食物＝快捷／方便；健康食物＝慢／不方便。

代码提供了构建分析的基石：如果你想象你的分析是一座砖瓦屋顶的房子，那么你的主题是墙和屋顶，你的代码就是一块块砖和瓦片。广义上，代码既可以反映资料的语义内容［我们称之为**资料派生代码**（data-derived code）或**语义代码**（semantic codes）］，也可以反映对资料更概念性、理论性的解释［我们称之为**研究者派生代码**（researcher-derived code）或**潜在代码**（latent code）］。不同的分析方法对这些类型的代码有不同的标签（参见表 9.1）。

资料派生代码和研究者派生代码

资料派生代码提供了资料显性内容的简要总结，它们是语义代码，因为它们是基于资料中的语义意义。在对参与者产生的资料进行编码时，它们反映了参与者的语言和观念。在表 9.2 中的编码实例中，现代科技易引发肥胖和孩子们不知道如何烹饪的代码直接对应到参与者所说的内容上。作为分析者，我们并没有为他们的话设置一个解释性框架。

研究者派生代码超越了资料的显性内容，它们是潜在的代码，调用研究者的概念和理论框架来显示资料中的隐含意义。所谓隐含意义，就是支撑资料内容的假设和框架。在表 9.2 的例子中，人类天性懒惰的代码是研究者派生代码的一个明显示例。参与者实际上从未表达过这种看法，但他们围绕锻炼和现代生活方式所说的许多事情都基于对人类本质的特殊理解。你的理论和知识框架将让你看到资料中的特定内容，并以特定方式对其进行解释和编码；没有两个分析者会以完全相同的方式进行编码。回到分析者是雕塑家而不是考古学家的想法（第二章），两个拥有不同工具、技术和经验的雕塑家会从同一块大理石上创作出（某种程度上）不同的雕塑。同样，两个研究者对同一资料集的编码也会略有不同（另见第十二章）。

表 9.2 主题分析中的编码：编码早期阶段的实例

资料	代码
主持人：你对现代生活方式、体重和肥胖有什么看法？你认为这会产生很大影响吗？	
莎莉：我认为这产生了巨大的影响。因为我记得，比如 40 年前，我们国家的产业要多得多，所以你可以说人们实际上工作更加卖力。我知道我们都很努力，但是，嗯，他们工作更加……	·影响肥胖的重要因素 ·现代生活方式是久坐不动 ·现在缺少体力劳动 ·艰苦的体力工作有益于避免肥胖 ·时代不同了
?：((重复))身体上的。	

续　表

资料	代码
莎莉:……身体上更卖力工作。呃，你知道不是所有人都有车。所以就像我妈妈以前要走两三英里[1]去火车站，再走十英里去上班，你知道的，这好像有很大的影响。因为没有公共汽车，所以她不得不步行。现在我们会想，"哦，我做不到，不可能走四英里那么远去上班"((笑))。	·缺乏锻炼 ·时代不同了 ·选择和锻炼(过去没有) ·在过去，体力活动是生活中不可或缺的一部分 ·人类天性懒惰 ·锻炼是负面的(琐事和负担) ·绝对理想的人应该是健康的和热爱运动的、身材苗条的人
丽贝卡:坐车去吧。 **莎莉:**是啊，就是这样。 **丽贝卡:**是啊。	·人类天性懒惰
莎莉:嗯，而且我认为，这几十年来，随着技术的进步，我们突然……我们的生活方式已经改变了，这对现代社会产生了影响。所以我们有一些孩子在成长过程中，他们会嗯((停顿))，他们在成长过程中会想"哦，好吧，如果我跳上车"，你知道，"妈妈会带我去某某地方"或者……他们不喜欢运动，因为那是一种奢侈。你需要而且必须激励自己去健身房。曾经你不需要去健身房，因为你需要干体力活或者其他什么，可是现在我们需要激励自己，而我现在没有动力。((笑))	·时代不同了 ·技术的负面影响 ·不同的生活方式 ·孩子们从父母那里学到坏习惯(懒惰是习得的行为) ·锻炼是负面的(本身令人不悦) ·锻炼对于人类不是一种自然的愿望或活动(人类天性懒惰) ·锻炼是现代生活的必要之恶 ·锻炼不是日常生活的一部分 ·选择和锻炼(我们可以去锻炼，但却不行动) ·锻炼特殊而昂贵 ·锻炼需要额外的东西(意志力/纪律) ·缺乏动力是很常见的事(笑声表明理想的人有动力去锻炼)

1　英美制长度单位，1英里等于1.609344千米。——编者注

资料	代码
朱迪：我认为现代科技会让人变得懒惰，因为你不需要自己做事，你可以让机器或其他东西为你做事。	·现代科技易引发肥胖 ·现代生活方式的便利性令人难以抗拒 ·人类天性懒惰
？：嗯。	
安娜：我住在曼彻斯特和伦敦的朋友们发现在回家的路上买吃的，点外卖之类的东西，或者出去吃一顿，实际比回家做饭容易得多，尤其是当你需要在晚上八九点才下班的时候。	·大城市=现代生活方式 ·现代生活方式=长时间工作 ·时间贫乏（金钱富足） ·方便（预先准备好的食物） ·在家做饭很麻烦（耗时间、精力）
？：嗯。	
安娜：嗯，我猜这助长了这样一个现实，你知道的，那就是人们实际上可能吃的不是，健康的食物（（笑））。	·现代生活方式迫使人们吃得不健康 ·外出就餐/不做饭=不健康饮食 ·食物分类（健康/不健康；好/坏）
朱迪：是的，如果人们正在努力工作，他们想吃的往往是方便快捷的食物，而这些方便快捷的食物往往是不健康的食物而非健康的食物。	·联系常识：努力工作和想要方便（即快捷）的食物 ·食物分类：健康/不健康；好/坏 ·不健康食物=快捷/方便 ·健康食物=慢/不方便
？：是啊。	
？：是啊。	
卡拉：然后他们的孩子长大后什么也不知道——甚至对烹饪或做饭也一无所知。而且，就像你说的，现代技术，比如MSN，孩子们依赖这些生活。	·现代生活方式：不利于成人；不利于儿童 ·孩子们不知道如何烹饪 ·孩子们沉迷于久坐不动的游戏 ·儿童的社会化程度不足 ·谁（对孩子们的"不知道"）负责？ ·父母含蓄的责备 ·技术是不健康的

语义代码和潜在代码之间并非纯粹对立；在实践中，代码可以并且确实同时具有这两个元素。性别安全代码就是一个很好的例子：（女性）一个人跑步感到不安全（你可以在配套网站上表 9.2 的扩展版本中看到）。该代码抓住了参与者所说的明确内容——她觉得独自跑步并不安全，但随后运用了一种解释性的视角即性别来进行解释，这是从我们的理论知识和基于主题的知识中衍生出来的。这个例子中，她没有暗示她的安全与她是女性有任何关系。然而，我们认为，与锻炼有关的安全是一个典型的男女体验不同的问题，反映了西方社会普遍存在的性别安全问题（例如 Valentine, 1989）。

质性研究新手倾向于在初始阶段主要生成资料派生代码，因为它们更容易识别，而较少依赖概念性和理论性知识来理解资料。生成研究者派生代码的能力会随着经验的发展而发展，因为研究者派生代码的生成需要研究者很好地了解资料以及学术和理论领域。这并不意味着研究者派生代码天生就比资料派生代码更好，但它们确实有助于进行超越事实表面的解释性分析（参见第十一章）。在某些基于模式的分析形式中，特别是在话语分析和有更多理论形式的主题分析中，人们对研究者派生的代码给予很多关注。

进行完整编码

在进行完整编码时，你从第一个资料项开始系统地处理整个资料项，寻找可能解决你所研究问题的大块资料。根据需要，你可以编写大块资料（例如 20 行资料）、小块资料（例如单行资料）以及介于两者之间的任何大小代码。与研究问题无关的资料则根本不需要编码。如果你从一个非常广泛的研究问题开始进行研究，你可能需要在分析过程中对其进行细化，这就要求你广泛而全面地编写代码；如果你已经有一个非常具体的研究问题，你可能会发现大部分资料与研究问题并不相关，也不需要编码。表 9.2 提供了我们的焦点小组资料摘录的第一次（但全面）编码的结果（有关扩展版本，请参阅配套网站）。在对这份摘录进行编码时，我们考虑了一个广泛的研究问题，这个问题源于一个建构主义者的观点："在'肥胖流行'的背景下，人们如何理解肥胖？"

一般来说，每次你确定与研究问题可能相关的内容时，都要对其进行编码。请记住，你可以根据需要，用任意多种方式对资料组进行编码（如表 9.2 所示；但请注意，表 9.2 展示了非常详细的编码，而编码并不总是需要那么详细，这取决于你的关注点）。在硬拷贝资料上编码、清楚地写下代码名称并以某种方式标记与之相关的文本，是很常见的编码方式。其他方式包括使用专门的计算机软件（见下文），使用 Microsoft Word 中的批注功能，使用某种类型的档案卡系统，将每个代码分别保存在一张档案卡中，列出资料摘录和位置信息，或者将文本摘录剪切并粘贴到为此创建的新文字处理文件中（确保记录下每个摘录的来源）。有的方法能让你在编码时整理编码文本，这对编码很有帮助，管理编码机制的方法没有对错之分，你应当找出最适合你的方法。编码是包容的、彻底的、系统的，这一点十分重要。在进行下一个资料项的编码之前，应当完全处理好每个资料项，但在解释现象学分析中除外（我们将在下面更详细地讨论这一点）。

什么才是好的代码？代码应尽可能简洁，但在解释现象学分析中除外。在解释现象学分析中，编码可能更类似于对资料写简短的评论（参见表 9.3）。代码抓住了你所感兴趣的那部分资料的本质。当代码独立于资料时也应该能够"起作用"（试想，你丢失了资料是多么可怕的一件事，好的代码会提供足够的信息来体现资料中的内容，以及你对资料的分析），因为你最初是从你的代码，然后是从你的编码资料中得出候选主题的，而不是直接从完整的资料项中得出，这意味着开发代码可能需要做一些思考。在对表 9.2 中的摘录进行编码时，在莎莉的第一个回答中，我们首先得到了一个代码即"不同的生活方式"，但是没有资料，"不同的生活方式"实际上并不能告诉我们任何信息。经过深思熟虑和讨论，我们认为"时代不同了"是一个更好的代码：它在没有资料的情况下也能发挥作用，更好地抓住了她的观点，即我们这个世界的组织和运行方式已经改变，这意味着人们现在做事的方式不一样了。

表 9.3　解释现象学分析中的编码（初始记录）：一个应用示例

原始资料	探索性评论
莎莉：我的意思是新陈代谢似乎与此有很大关系，因为，呃，你说你似乎吃了很多垃圾食品，尽管你这么说的时候很内疚，但你真的很苗条，我希望我有你那么苗条（（集体大笑）），但无论我吃什么，即使我真的限制了我的饮食，我似乎也会增加体重。即使我只看了一眼奶油蛋糕，我的体重也会增加。似乎（（笑））是因为这样，因为我的新陈代谢很慢，我不知道，我根本改变不了这种状况。	**描述性评论** ·由内部因素（新陈代谢）引起的体重增加 ·莎莉表达了对他人苗条的嫉妒（？）和渴望 ·体重非常容易增加 ·体重增加是莎莉生活中时刻存在的威胁 **语言性评论** ·评论另一个人的身材是可以说得出口的（如果身材苗条且令人羡慕的话） ·面对莎莉对他人身材表现出嫉妒，集体大笑，这是在承认一种社会规范，还是在表示尴尬？ ·"……看了一眼奶油蛋糕"——语言很有趣，这既是一个"极端情况"（显然不是"真的"），也似乎是惯用的……幽默？自嘲？ **概念性评论** ·考虑到莎莉的新陈代谢，避免体重增加对她而言即使不是不可能，也是很难的（即使她只看了一眼奶油蛋糕）。莎莉讲述了一个她无法控制的体重增加的故事。没有什么因素能解释她是如何变胖的，这是她的身体对她的影响，而不是她对自己身体的影响。这个故事中有一种无助感，她受制于一种她无法控制或无法改变的力量（她的新陈代谢）。这类似于其他资料中缺乏与导致肥胖的因素（身体丧失能力、抑郁）相关的动因。这是否与管理被污名化的身份有关？ ·你是否觉得她的身体是背叛的来源/场所？她的身体没有"尽职尽责"保持苗条？

原始资料	探索性评论
莎莉：嗯，我知道在我体重最重的时期，这不是，这是在我做了所有的手术和所有的事情之后，一切都恢复正常了，呃，我的背部疼痛，腿疼，天晓得还有什么，这是有影响的——我是说，到目前为止我已经减掉了7英石[1]，而且(.)这确实对我的走路方式产生了巨大影响，但我认为这对我的自我感觉产生的影响更大。因为我认为如果我像以前那么重的话就不会去上大学了，否则我会非常羞愧，这听起来很糟糕，但我的确会很羞愧，觉得我做不到，因为我不能出现在公共场合，那里有这么多苗条的人，他们都会看着我，在心里想"哦，看看你自己"，你知道的，所以我没有这么做，但因为我减掉了体重，这给了我更多的信心，这太令人惊叹了。	**描述性评论** ·肥胖的自我意味着痛苦和艰难的生活 ·强烈的羞耻感与肥胖相关 ·体重暴减的启示 ·暴减体重被认为是变革性的和影响巨大的，无论是身体上还是心理上 ·自信是通过减肥获得的；苗条的自我是自信、充实的自我 **语言性评论** ·"……所有的手术和所有的事情"暗示了很多要与之抗争的事情（很多促使她变得肥胖的事情） ·自始至终使用第一人称代词"我"，在这个故事中没有去个人化因素（这是一个战胜肥胖的故事） ·莎莉对苗条的重视在语言上很明显地体现在"苗条的人"上，但这是一种奇怪的措辞，因为它不仅暗示苗条是令人向往的，还将苗条等同于好 ·通过强调肥胖的负面影响，莎莉的叙述强调了保持苗条的可取性 ·"令人惊叹"是一种有力而戏剧性的语言，它加强了这种巨大的转变 **概念性评论** ·一个肥胖的自我似乎意味着一种受约束的生活。谈论运动中身体疼痛会让人觉得你的身体可能受约束。然而，这种约束更多是心理上的，这是莎莉自我监督的结果，因为她将肥胖与羞耻联系起来，并且害怕成为他人评判的目标，害怕受到关注，害怕社会污名化，她通过待在家里（被肥胖囚禁）来管理自己 ·莎莉以一种非常个人化的方式讲述了她的经历，她的羞耻经历是真实的，但她并没有对此进行外部归因，并没有指责一个产生这种羞耻的"肮脏的"肥胖恐惧症社会 ·无脂肪的生活是一种解放和自由的生活，这似乎也与体重在此人生活中占主导地位和是他的决定性特征的经历有关

1　英制质量单位，1英石等于14磅，约合6.35千克。——编者注

对于资料项的其余部分，直至整个资料集，这个编码过程方式不变。对于你编码的每一段新文本，你都必须考虑是否可以运用你已经使用过的代码，或者是否需要一个新代码来概括你采用的资料内容。编码是一个有机的、不断发展的过程。随着编码的进行，你开始更多地了解资料的特征和纹理，你可能会修改现有代码以加入新的内容。你完成了资料集的第一次编码以后，有必要重温一下整个过程，因为你的一些代码可能是在编码过程中开发的。

每个代码在某种程度上应该是不同的，因此，如果你的代码几乎完全重叠，那么可以开发更广泛的代码来反映一般问题。例如，如果你有一些资料代码是"讨厌锻炼"，另一些资料代码是"不喜欢锻炼"，你可能需要把它们合并成一个叫作"不喜欢锻炼"的代码。然而，情况并不总是如此，因为你可能希望在编码中保留这种细微差别。在我们的编码摘录（表9.2）中，有两个相似的代码是"锻炼是负面的（琐事和负担）"和"锻炼是负面的（本身令人不悦）"。根据资料集的其余部分和需要研究的问题，这些资料可能需要被细化为更广泛的"锻炼是负面的"代码。代码中的细微差别表明你在编码过程中与资料保持着密切的关系。有些重叠是恰当的，这并不是问题——这种重叠在一定程度上是模式形成的方式（参见第十章）。最终，你需要一套全面的、一直被应用于资料集的代码来区分资料中的不同概念、问题和想法。

你在编码中的座右铭应该是包容。如果你不确定资料中的某些内容是否与解决你的研究问题相关，也应当对其进行编码。直接舍弃代码比稍后重新研究资料并重新编码要容易得多，尽管如上所述，有些重新编码常常是分析过程的一部分。根据你的主题、资料集和编码精确度，你将生成任意数量的代码——没有最大值或最小值。你需要确保有足够的代码来体现资料的模式和多样性。你还需要确保每个资料项的编码不是完全特殊的；你的大多数代码应不止能代表一个资料项，它们即使不能代表绝大多数资料项，也应当在较多的资料中具有代表性。

完整编码一般方法的主要例外出现在扎根理论中，在扎根理论中，你的目标不是识别资料集中代码的所有实例，而是了解你所编码的概念的所有不同方面

（Charmaz, 2006; Pidgeon & Henwood, 1996）。这是因为扎根理论旨在了解一个现象的整体，并在此基础上选择资料（通常通过理论抽样，见第三章的框 3.3）。相比之下，其他方法，如主题分析和解释现象学分析，则试图理解在收集的资料集中出现的现象。主题分析和解释现象学分析等方法也对多样性感兴趣，但却是通过全面的编码方法来识别多样性。我们将讨论扎根理论编码的一些细节，简要概述解释现象学分析编码方法。

解释现象学分析中的编码

解释现象学中的编码被称为批注或评论，不同于其他编码，解释现象学分析中编码的目的不是生成简洁的代码——它的代码更像是对资料的简短评论。这种评论主要体现在三个层面上：描述性评论关注参与者的生活世界和意义；**语言性评论**（linguistic comment）关注参与者的语言使用以及他们如何使用语言来交流他们的经历；抽象或概念性评论停留在参与者的经验上，但从研究者的角度解释这些经验。解释现象学分析中的编码可以包括对资料的"扫视"（通读），在以下不同的层次上进行编码：（1）进行描述性评论；（2）进行语言性评论；（3）进行概念性评论。解释现象学分析编码还包括"自由关联"，即你在阅读资料时记下脑海中浮现的任何东西（Smith et al., 2009）。在表 9.3 中，我们提供了一个解释现象学分析初始记录（"编码"）的例子，这是来自我们的体重和肥胖焦点小组的两个摘录，其中一个参与者莎莉谈到了她的经历——肥胖和体重增加。摘录来自焦点小组中的不同时间段（参见配套网站以获取完整的转录），不同时间段由水平的黑线分隔开。我们对这些丰富的摘录提供了相当详细的评论，并按评论的类型将它们分开。广义的研究问题是："对于肥胖的主观体验是什么？"

扎根理论中的编码

扎根理论中的编码涵盖整个分析过程，编码的早期阶段通常被称为初始编码（Charmaz, 2006）或开放编码（Pidgeon & Henwood, 2004）。在整个编码过程中，代码应根据需要进行不断改进，直到找到与资料最匹配的代码。

扎根理论中的编码有许多众所周知的特征，其中主要的是持续使用比较分析技术，其目的是确保资料的复杂性在分析中得到体现，要求分析者不断地在他们开发的代码、类别、概念和资料之间（Charmaz, 2006）来回移动、切换（Henwood & Pidgeon, 1994）（虽然这只是将其当作扎根理论的一个关键特性，但我们建议使用这样的循环方法作为严格质性分析的基本方法）。代码是扎根理论中分析信息的最小单位，如同在主题分析中，它们是应用于每段资料的标签。它们对资料进行浓缩、总结，并可能对资料进行一些分析性"处理"（Charmaz, 2006）。类别是通过集群代码（Birks, Chapman &Francis, 2008）在分析过程中衍生出来的更高级别的概念，类似于主题分析中的主题。代码和类别都旨在获得资料中的概念（想法）。

与其他方法一样，扎根理论区分了资料派生代码［专业术语为：**见实代码**（in vivo code）或成员代码］和研究者派生代码。扎根理论的编码就像主题分析一样，从非常集中和具体的层面到更广泛、更概念性的层面。索引和备忘录写作是扎根理论中的两种有效方法。索引是指扎根理论记录通过编码生成的概念的方式。索引的目的是涵盖所有相关的编码材料，以便充分展示编码所获取的概念的多样性。索引可以使用计算机进行，也可以手动进行，例如使用索引卡或便利贴（Birks et al., 2008; Pidgeon & Henwood, 1997）。

备忘录写作是一种记录分析性见解的过程，这种见解比代码更有深度和复杂性。随着编码（即分析）的发展，早期备忘录将被高级备忘录所取代。一旦你有了自己想要的分析思路，就可以开始写备忘录了。备忘录的写作应贯穿整个研究过程，且随着编码（即分析）的发展，早期的备忘录会被后期更好的备忘录所替代。卡麦兹（Charmaz）（2006: 80）建议你"使用早期备忘录来探索和填写你的质性代码"。当你重阅过去的备忘录，并就那个主题写额外的备忘录时，备忘录写作便提供了一个提炼和发展你的分析性见解的过程。备忘录是分析和写作之间的一步（Charmaz, 2006）：在撰写备忘录时，你要通过备忘录捕捉到的想法为你的分析性写作奠定基础。没有规定你需要多少备忘录，或者你需要多久写一次备忘录；备忘录还有许多不同的功能（Birks et al., 2008）。你不应该纠结于措辞——备忘录不是精美的散文，它们是自我分析的笔记，或多或少可以发展，可能包括也可能不包括相关的资料摘录。框 9.1 提供了我们对焦点小组资料扎根理论分析中的早期备忘录示例。我们致力于研究的问题是："哪些因素对变得'肥胖'有影响？"

框 9.1　一份扎根理论备忘录

参与者对肥胖的理解（2010 年 7 月 13 日）

要了解参与者如何理解肥胖的成因，我们必须了解他们如何看待肥胖本身。在资料的开头，肥胖是以一种最极端的方式被框定的，围绕这一点逐渐形成了一种一致的观点——直到一名参与者以原来就肥胖，现在仍然处于肥胖"边缘"（卡拉，第 71 行）的形象"走出来"，而另一名参与者也透露了自己类似的肥胖的过去。但即使在揭示这一事实时，他们也质疑肥胖这一医学事实的正确性；对他们来说，只有严重超重才算肥胖，而不是超重。因此，即使他们猜测媒体可能会影响他们在这方面的观点，他们仍然默默地研究一种与医学模型截然不同的、更极端的肥胖模型。他们谈论被归类为肥胖的人，比如普通超重者（莎莉，第 432 行），并质疑把其划入肥胖者的正确性。他们认为肥胖是一种罕见且不正常的疾病，例如"英国最胖的男人"（莎莉，第 1141—1142 行），"有些

人由于太过肥胖，床或椅子都装不下他们"（丽贝卡，第 600 行），相比之下超重则被认为是一种正常情况（因此不应该被划为肥胖）。

此外，扎根理论分析的独特之处还在于它特别关注过程，而不是主题（Charmaz, 2006），因此编码通常会关注与行为和过程相关的资料，这源于（某些形式的扎根理论）社会互动主义取向，以及"人是他们生活中的主动者"（Charmaz, 2006: 7）的观点。卡麦兹（2006: 55）建议在编码时问一系列问题（包括以下问题），以保持对资料中的行为和过程的关注。

- 这里讨论了哪些流程？我该如何定义呢？
- 研究参与者在讨论过程中的行为是怎样的？
- 讨论过程的结果是什么？

卡麦兹还建议使用动名词来保证我们对行为和过程的关注。在扎根理论中，这指的是使用以"ing"结尾的动词，如 describing（描述）或 leading（引导）（语法中，动名词是起名词作用的以"ing"结尾的动词）。使用以"ing"结尾的词可以让我们将重点放在实践和行动上，而不是陈述我们的结果。因此，使用动名词的代码可能是 fat shaming（因肥胖而羞耻），这个代码抓住了羞耻是超重者们所经历的一个过程的想法；相比之下，代码 fat shame（肥胖羞耻）则强调了一个状态。这种代码还包含足够的信息，即使是在没有资料呈现的情况下也信息充足。

完成完整编码

完整编码的最后阶段是核对整理编码资料。对于每个单独的代码，你需要将该代码出现在资料集中的所有文本实例整理在一起。一些相似的代码聚集在一起，例如，它们之间有细微的区别，如"锻炼是负面的（琐事和负担）"和"锻炼是负面的（本身令人不悦）"，把类似代码的所有资料摘录整理到一处可能才是有意义的，而不是把每个代码分别整理出来，这应当由代码的相似度和差异细粒度对回答你所研究问题的重要性来确定。代码应标明标题，并应标识资料摘录，以指明它们来自哪个资料项、在该资料项中的何处可以找到它们（例如，FG1，第99—101行）。表9.4提供了来自焦点小组中三个代码的一些整理好的编码资料示例。解释现象学分析是个例外，因为你可以按顺序对每个资料项进行编码和分析，这意味着你不需要整理代码、对资料进行编码。相反，在对一个资料项进行编码之后，你需要对该资料项进行分析（请参见第十章中的表10.2和框10.3），然后再对下一个资料项进行编码。配套网站上提供了主题分析、解释现象学分析和扎根理论编码的详细比较。

表 9.4 为三种代码整理资料的资料摘录示例

糟糕的饮食会导致肥胖	孩子们以一种易引发肥胖的方式长大	人类天性懒惰
卡拉：我认为更多的问题是我们吃的东西，我们吃的是垃圾食品，人们不做饭，不吃真正的食物。 **丽贝卡**：如果他们想吃垃圾食品，那是他们自己的选择，因为没有人要他们吃，即使你会有点沮丧，你也会有那种……心态去想"哦，我今天不会吃第五个奶油蛋糕"，因为这有点像猪一样了。	**莎莉**：我们的孩子在成长过程中会嗯（（停顿）），他们在成长过程中会想"哦，好吧，如果我跳上车"，你知道，"妈妈会带我去某某地方"或者…… **卡拉**：然后他们的孩子长大后什么也不知道——甚至对烹饪或做饭也一无所知。而且，就像你说的，现代技术，比如MSN，孩子们依赖这些生活。	**莎莉**：[……]现在我们会想，"哦，我做不到，不可能走四英里那么远去上班"（（笑））。 **丽贝卡**：开车去吧，是啊。 **莎莉**：是啊，就是这样。 **丽贝卡**：是啊。

糟糕的饮食会导致肥胖	孩子们以一种易引发肥胖的方式长大	人类天性懒惰
莎莉：是啊，因为我记得看过一个节目，是关于英国最胖的人还是什么的。我是说他真的是大吃大喝。 朱迪：但是如果他们不想变得那么胖，就不应该吃。	?：是的。((笑)) 卡拉：就好像我们外面有张蹦床。我得揪着他们的头发把他们从家里拽出来，让他们爬到蹦床上去，你知道的。有点像是不停地和7个不同的人交谈。"我在MSN上，马上就到。"((笑))你知道，这不太好。	莎莉：你需要而且必须激励自己去健身房。曾经你不需要去健身房，因为你需要干体力活或者其他什么，可是现在我们需要激励自己，而我现在没有动力((笑))。
	丽贝卡：我想这真的是从家里开始的。比如政府可以贴标签，学校不能给孩子炸薯条，但你……我认为你大部分时间都待在家里，我认为这在很大程度上取决于父母以及你在家里吃饭的方式。当我还是个孩子的时候，我们都坐在桌子旁，而现在每个人都只是自己做饭，坐在电视机前，我认为这很危险，容易导致肥胖。	莎莉：我认为应该有某种力量推动学校的体育教育。虽然他们……我们显然在做体育之类的事情，呃，没有……我不想进入保姆式的状态，因为我讨厌那样，呃，但应该有一些真正能激励孩子们锻炼的东西。不要让锻炼变成家务活，要让它变得有趣。

基于模式的话语分析中的选择性编码

我们简要概述一下进行选择性编码的不同过程，特别是与基于模式的话语分析相关的过程。要进行选择性编码，你需要在开始编码之前就了解要编写的代码，因此熟悉资料尤为重要。选择性编码的基本要素包括：

- **确定你的编码目的**：这包括（1）在开始编码之前知道你要找的资料是什么；
  （2）寻找资料；（3）以某种方式标记这些实例（例如，在资料的硬拷贝上记
  录）。质性研究新手可能会受益于首先对资料进行更完整的编码，以帮助识
  别随后将有选择地为其编码的实例。

- **确定实例的边界**：这涉及确定实例开始和结束的位置。某些情况下，这可能
  很明显；但在另一些情况下，你可能需要做出判断。如果是这样，那么就应
  该极为包容，在实例的两端都至少包含几行资料。

- **整理实例**：这涉及将所有实例汇编成一个文件。如果你同时为两个或多个现
  象编码，请为你正在研究的每个现象保留一个单独的文件（如果相关，那么
  相同的资料摘录可以出现在多个地方）。

理想情况下，代码应尽可能具有包容性（Potter & Wetherell, 1987），包容所
研究的现象中所有实例以及任何与实例可能相关的情况。这可能会需要对出现特
定词语或主题的所有资料进行整理（例如，对于肥胖诱因的讨论）。我们很容易
把选择性编码视为选择资料而不是分析，但它是分析的一部分，且不是线性分析
过程中的一个步骤。随着分析框架形成，整个分析过程中通常会需要进行额外的
编码，这意味着一些候选实例将被舍弃，因为它们不再与研究问题相关，同时可
能需要对其他资料进行整理以充分地发展并完成分析。仍然以之前的 M&Ms 巧克
力豆为例，在选择红色和黄色的 M&Ms 巧克力豆作为资料后，你可能会觉得黄色
的不合适，然后将它们放回碗中。但是你又意识到应该对蓝色的 M&Ms 巧克力豆
进行编码，所以你需要回到碗中（你的资料），选择所有蓝色的 M&Ms 巧克力豆，
并将它们添加到你已经选好的资料（红色 M&Ms）中。

基于模式的话语分析的编码十分关注研究者派生代码：话语研究者关注的并
不是对代表参与者的话语或观点进行分析，他们更感兴趣的是拆分参与者使用的
语言，以了解其在资料内部（以及资料之外）的影响（见第八章）。他们把他们
对语言的理论理解——作为生产性的——用于分析，并在编码时观察资料的"语

义表面之下的东西"，以确定语言是如何产生或再现现实或特殊影响的不同类型（Arrias-Ayllon&Walkerdine, 2008; Potter&Wetherell, 1987）。编码既可以关注非常微观的点——短短的几行话——也可以关注更宏观的点。在后结构主义话语分析中，编码常常面向更广泛的层面，例如，如果我们对围绕肥胖的话语感兴趣，那么，表 9.4 中的大部分资料摘录就可能会被"编码"为现代生活话语的证明。

基于模式的话语分析方法可以将完整编码和选择性编码相结合：先进行非常广泛的完整编码，然后进行选择性编码以提取你关注的资料摘录，然后再对其进行更详细的编码。因此，虽然符合系统化的要求，但与主题分析、解释现象学分析或扎根理论相比，基于模式的话语方法中编码的实际机制定义较少（因此，我们不推荐进一步阅读基于模式的话语分析中的编码）。

计算机程序在质性编码和分析中起什么作用

有关计算机在质性分析中的作用的讨论已经持续了二十多年（例如 Fielding & Lee, 1991）。我们可以使用一系列通常统称为计算机辅助质性资料分析软件（computer-assisted qualitative data analysis software, CAQDAS）的程序（被广泛使用的程序包括 NVivo 和 ATLAS.ti）。一些质性研究者推崇 CAQDAS，也有一些人抨击它（Lu & Shulman, 2008）。按照传统，CAQDAS 可分为两种程序，一种只允许你对资料进行"编码"然后"检索"所有已编码的资料，另一种允许对已编码的资料进行某种"概念映射"以探索代码之间的关系（Fielding & Lee, 1998）。随着这些年来程序的复杂性和所涉及范围的增加（Mangabeira, Lee & Fielding, 2004），一些好用的工具也产生了，这些工具可以帮助我们进行非常复杂和细微的分析，并可能有助于解释和形成理论（Silverman, 2005），但谁也不能忽视这样一个事实，即质性分析是一个解释过程，由分析者在资料中看到的东西和对资料的理解来驱动运行。因此，在你为计算机可以完成分析而感到兴奋之前，必须认识到这样的程序只提供了一个辅助编码和分析的工具。

这就是说，它们确实提供了一个令人兴奋的可能性——虽然还没有大放异彩（Silver & Fielding, 2008），如果能以一种批判性的、深思熟虑的、创造性的和灵活的方式使用，以满足在研究者、研究问题和研究设计推动下的项目需要，就有可能加强质性分析的过程和结果的质量。归根结底，CAQDAS 总体上是否适合你或某个特定项目取决于诸多因素，例如项目的范围和规模、研究的问题、资料的类型、分析方法（MacMillan, 2005; MacMillan & Koenig, 2004）以及你对不同分析技术的熟悉程度和偏好（Mangabeira et al., 2004）。

萨里大学的 CAQDAS 网站和他们出版的实践指南（Lewins & Silver, 2007）为 CAQDAS 相关决策提供了有用的资源。表 9.5 总结了有关 CAQDAS 项目的一些优点和局限性（Bourdon, 2002; Lu & Shulman, 2008; Mangabeira et al., 2004; Roberts & Wilson, 2002; Silver & Fielding, 2008）。无论你是否使用 CAQDAS，要进行分析都需要了解你正在使用的分析方法以及它所嵌入的框架，而不是只知道如何使用 CAQDAS 程序（MacMillan & Koenig, 2004），因此对 CAQDAS 的使用无论如何都无法取代分析方法的相关知识。

表 9.5 在资料编码中使用计算机程序的优点和局限性

优点	局限性
可以通过在线"归档"系统来加强资料、编码和分析的组织性	成本——如果必须购买的一个软件，你可能买不起；人们普遍认为商业化是这一领域的一个问题
可快速搜索代码、资料，(通常)可生成可视化联系	可能无法在一个有时间限制（例如7个月）的项目中花时间学习去（很好地）使用新软件
可以提高效率，使编码和分析过程更快。然而，这只适用于你能熟练运用该程序或学得很快的情况下（否则可能需要更长时间）	对于某些形式的分析，例如话语分析，可能需要更长的时间（而且不能令人满意，MacMillan, 2005）

续 表

优点	局限性
可以保证编码的全面性（但这取决于你首先要把编码做好）	如果不精通技术，就会面临"在使用程序时遭遇挫折，甚至感到沮丧和绝望"的风险（Lu & Shulman, 2008: 108）
可以增加质性编码和分析的严格性	
有助于可视化和理论/分析发展（Konopásek, 2008）	技术介入导致的"疏远"资料的风险——"沉浸"越少，发现越少
可以通过明确的"审核线索"（见第十二章）增加质性研究过程的透明度	可能会分散注意力；这些技术可能很诱人，使人们更加回避分析（恐惧诱导的）——也就是拖延症（Bong, 2002）
对于管理大型资料集非常有用	面临带有过度编码或使用程序特性的诱惑，这些特性对于你的分析来说是不必要的（Mangabeira, 1995）
可能对团体项目有用	
一些人特别主张CAQDAS和扎根理论的兼容性（Bringer et al., 2006）	面临将重点放在数量上的风险——频率被误认为有意义
	软件可能有诱导分析者使用某种形式的分析的风险（例如，在许多程序中倾向于扎根理论，MacMillan & Koenig, 2004），而不是促进所选方法的使用，这有可能导致分析是由技法和技术所决定的，而非概念或其他因素（见第三章），后者这一过程被称为方法论 Chamberlain, 2000; Reicher, 2000）
	程序可以包含嵌入的方法论和理论假设（通常源自扎根理论），需要仔细考虑这些假设（MacMillan & Koenig, 2004; Mangabeira, 1995）

章节总结

本章主要内容：

- 概述了分析的早期阶段：熟悉收集的资料。

- 给出了不同类型的编码的定义：选择性编码与完整编码；资料驱动型编码与研究者驱动型编码。

- 演示了完整编码的过程。

- 概述并说明了解释现象学分析和扎根理论在完整编码中的差异。

- 讨论了基于模式的话语分析中选择性编码的过程。

- 给出了关于计算机软件在质性分析中使用的详细思考。

问题讨论和课堂练习

1. 对于表 9.2 中的编码资料，请辨认其中每个代码是资料派生的、研究者派生的，还是两者兼而有之。

2. 以下资料来自第六章讨论的故事续成任务中的一名女性受访者，在这个故事中，一位父亲告诉他的孩子，他想要"变性"（见材料示例 6.1）。资料以书面形式记录，包括错误。请独立地根据两个普适的研究问题对资料进行编码：（1）"人们如何看待跨性别育儿的意义？"；（2）"人们如何看待跨性别育儿对孩子的影响？"。在摘录右侧的空白处记录你的代码。完成编码后，请组成一个小组并比较你们的代码。你们是否对相同的资料段进行了编码？你们的编码之间有多少重合？联系这两个研究问题，你对这个故事的总体印象是什么？这些是否在组内分享讨论？如何看待你们所理解的总体印象的差异？

·孩子们很困惑地看着他们的爸爸。年纪最小的孩子开始哭，并告诉他的爸爸，他不想让他改变。年龄最大的孩子很生气，对自己的父亲说了一些伤人的话，说他为什么就不能正常一点，说他是个怪胎，然后怒气冲冲地上楼去了。 ·布莱恩现在很担心，认为在这个阶段告诉他的孩子是一个错误，他希望等到他们长大后再告诉他们。 ·布莱恩试着和年龄最大的孩子说话，但孩子仍然很生气，沉默不语。孩子告诉布莱恩，学校的同学会嘲笑他，因为他不再有"爸爸"了。 ·布莱恩解释说，他仍然是同一个人，只是看起来不同而已。 ·这个孩子开始更好地了解情况了。孩子可以看到，父亲坚持这样做会变得高兴得多，因为这是他多年来一直闭口不言的事情，他只希望父亲高兴。 ·最终，手术结束后，全家人都回到了以前的状态。也许比原来更好，因为布莱恩现在真的很开心。所有孩子都和新的"布莱恩"相处得很好。

3. 请写一份（扎根理论）备忘录来记录你对练习 2 中的故事续成任务中资料的第一印象。

4. 请为更长的资料摘要编码。配套网站上的不同转录本和样本资料集可以让你对参与者产生的资料进行编码。对大段代码（例如，来自焦点小组的资料）进行编码可以让质性研究者深入了解编码过程的实际情况，包括你所要面临的选择和编码的整个演进过程。为了最大限度地提高学习效果，我们建议你尝试使用本章中讨论到的所有不同类型的编码。

扩展资源

扩展阅读：

有关主题分析中编码和分析步骤的基于资料的实例，请参阅：Braun, V. & Clarke, V. (2012). Thematic analysis. In H. Cooper (Ed.), *APA Handbook of research methods in psychology* (pp. 57–71). Washington, DC: APA Books。

有关扎根理论中编码的真正清晰和实用的说明，请参阅：Chapter 3 in Charmaz, K. (2006). *Constructing grounded theory: A practical guide through qualitative analysis*. Thousand Oaks, CA: Sage。

有关解释现象学分析中的编码和分析的实用概述（使用实例），请参阅：Chapter 5 (especially pp. 83–91 on "Initial comments") in Smith, J. A., Flowers, P. & Larkin, M. (2009). *Interpretative phenomenological analysis: Theory, method and research*. London: Sage。

有关计算机辅助质性资料分析（CAQDAS）的详细介绍以及有用的视觉插图，请参阅：Silver, C. & Fielding, N. (2008). Using computer packages in qualitative research. In C. Willig & W. Stainton Rogers (Eds), *The Sage handbook of qualitative research in psychology* (pp. 334–351). Los Angeles:Sage。

在线资源：

我们的主题分析网站：www.psych.auckland.ac.nz/thematicanalysis。

CAQDAS 网络项目的网站提供全面的资源，以了解质性分析中计算机的使用并做出决策：www.surrey.ac.uk/sociology/research/researchcentres/caqdas/。

有关以下信息，请参阅配套网站（**www.sagepub.co.uk/braunandclarke**）：

- 与第三部分相关的自测多项选择题。
- 抽认卡词汇表——测试本章中使用的关键术语的定义。
- 详细比较主题分析、扎根理论和解释现象学分析的编码方式。
- 转录本和样本资料集：体重、肥胖和人体艺术焦点小组转录本；调查的样本资料（"对阴毛的看法"和"性高潮和性快感体验"调查）和我们的跨性别父母故事续成任务；表 9.2、表 9.3 和表 9.4 的扩展版本，更全面地阐释了我们对体重和肥胖焦点小组资料的编码。
- 扩展阅读（来自 Sage 期刊的文章）。

第十章　跨资料识别模式

在资料编码之后，是时候跨越资料集寻找更大的模式了。在本章中，我们再次关注主题分析，并描述和说明其他基于模式的方法（即解释现象学分析、扎根理论和基于模式的话语分析）的关键差异。

最基本的是，基于模式的分析允许你系统地识别和报告资料的显著特征。但是许多基于模式的分析远不止于此，这种分析还审视和解释所识别的模式（第十一章涵盖了模式的分析和解释）。基于模式的分析依赖于这样的假设，即在资料集中反复出现的想法中抓住了一些在心理上或社会上有意义的内容。找出哪些模式与你的研究问题有关，哪些模式最重要，这不仅仅是哪个模式最常见的问题。虽然频率是一个重要因素，但基于模式的分析也涉及抓住对回答研究问题最有意义的不同要素，所以它是关于意义，而不是数字的分析（第十一章将进一步讨论这一点）。新西兰健康研究者斯蒂芬·布托（Stephen Buetow）（2010）开发了一种基于主题分析，但扩展了主题分析的方法，称为显著性分析（saliency analysis），这种分析抓住了这样一种观点，即资料中的某些内容并不经常出现，但却很重要。

搜寻模式：从代码到候选主题

当你从代码和编码资料中确定更广泛的模式（主题）时，你会更深入地分析。一个主题"抓住与研究问题相关的重要资料，并代表了资料集中某种程度的模式化反应或意义"（Braun & Clarke, 2006, p. 82）。主题通常比代码更宽泛，因为它包含了许多方面。记住我们砖瓦房子的例子：一个主题就像一个房子的墙壁或屋顶面板，由许多独立的砖瓦（代码）组成。一个好的代码将抓住一个想法；一个主题有一个**中心组织概念**（central organising concept），但包含与中心组织概念相关的许多不同的想法或方面（每一个都可能是一个代码）。例如，我们从体重和肥胖焦点小组的编码中发展出一个主题：现代生活是垃圾 。这个主题的中心组织概念是，当代的生活方式易导致肥胖。这个主题的特殊方面包括方便食品的可得性，没有时间做饭，到处都是不健康食品的广告，以及限制儿童活动的安全问题。虽然一个丰富而复杂的代码可能不需要经过太多扩展就成为一个主题，但是将代码和主题进行区分通常是很有价值的：代码结合起来形成主题。

区分你是在确定一个主题，还是在确定资料特征的内容也很有用。两者都抓住了资料中反复出现的内容，但是一个主题有一个中心组织概念，这个中心组织概念告诉我们一些关于资料中有意义的内容，一些关于这个概念如何以及以何种方式出现在资料中的内容：它告诉我们一些与我们的研究问题相关的有意义的内容。例如，在分析故事续成任务资料时（第六章有解释，样本资料参见配套网站），维多利亚的许多学生都将性别作为一个关键主题。然而，应该更准确地将性别描述为资料的一个特征，而不是一个主题。为什么？因为它没有一个中心组织概念，只是简单地将性别在资料中明显呈现的许多种不同方式聚集在一起。这并不是说性别与分析无关，性别并不是与分析无关，它真的非常重要。但围绕性别的主题必须围绕一个中心组织概念，并告诉我们在一些有意义的资料中性别是如何出现的。好的性别主题包括"刻板的性别角色"（这些故事通常包含有关恰当性别角色的非常传统的观念）和"情感的性别化"（男性受访者通常写愤怒的故事，女性受访者通常写哺育的故事）。在确定你是否已经确定了一个主题或特征时，你还应该确保你没有给你的主题取一个糟糕的标题（它未能展示中心组织概念）（参见框 10.1）。

框 10.1　在开发主题时要问自己的好问题

- 这是一个主题（它只是一个代码还是一个子主题）？

- 是否有一个统一资料摘录的中心组织概念？

- 这个主题的质量如何？在我的研究问题中，中心组织概念是否告诉了我一些关于资料模式的有意义的内容？

- 我能确定这个主题的界限吗？它包括和不包括什么？

- 是否有足够的（有意义的）资料来支持这个主题？主题是不是太单薄了？

- 主题中是否有太多的内容，以至于缺乏连贯性？资料是否过于多样化和广泛？使用子主题能解决这个问题吗？还是应该把它分成两个或多个主题，每个主题都有自己的中心组织概念？

- 这个（潜在）主题与其他（潜在）主题有什么联系？（潜在）主题之间的关系是等级关系还是线性关系？

- 我的分析的总体情况如何？这个主题对我整个的分析有多大作用？

- 中心组织概念是否反映在我给这个主题的标题中（参见第十一章）？

确定主题是一个积极的过程

我们经常会读到"主题从资料中浮现出来"这样的语句，当我们读到这样的表达时，我们会变得十分——甚至是非常——暴躁！为什么？因为这句话错误地认为分析是一个被动的过程，在这个过程中，你识别出已经存在的东西（Ely, Vinz, Downing & Anzul, 1997）。从编码资料中开发主题是一个积极的过程：研究者检查代码和编码资料，并开始创立潜在模式，他们不是去"发现"它们（Taylor & Ussher, 2001）。寻找模式与考古学家挖掘埋藏在资料中的宝藏不同，这些宝藏在搜寻之前早已存在，而寻找模式更像是雕塑的过程。分析者与雕塑家一样，积极地选择如何塑造和打造他们的"原始资料"（好比他们的大理石块），以进行分析（就像艺术作品，如米开朗基罗的大卫雕像）。就像雕塑家的大理石块一样，资料集为分析提供了物质基础；为可能产生的东西提供了一些限制或界限。然而，质性资料并不能完全确定分析的状况；研究者可以从质性资料中创建许多不同的分析，就像雕塑家可以用一块大理石创建许多不同的雕塑一样。不同的研究者，使用不同的工具，可以从相同的资料中产生不同的分析结果（例子参见 Coyle & Lyons, 2007; Forrester, 2010），并且，像雕塑一样，最终的分析质量也不尽相同（参见第十二章）。

那么如何确定主题呢？为了识别资料中的模式，你需要检查与每个代码相关的代码和整理过的资料，以确定代码之间的相似性和重叠性。一种有益的做法是，寻找一些概念、主题或问题，这些概念、主题或问题可以作为一个主题的中心组织概念使用；一些代码，如果它们足够大、足够丰富和复杂，它们本身可能被提升为一个主题（Charmaz, 2006），这个过程在解释现象学分析中被称为包含（subsumption）（Smith et al., 2009）。基本上，你需要确定一些主题（具有中心组织概念），以抓住与回答你的研究问题相关的资料中最突出的模式。这听起来很简单，但并不总是那么容易，有时候，有意义的、有趣的或者重要的模式似乎都难以捉摸。当你要从代码转换到主题时，框 10.1 提供了一些有用的问题来问你自己。如果你还是有麻烦，不要惊慌！资料中不可能没有模式，可能是你没有给它足够的时间，没有足够"沉浸"在资料中，没有足够接近它（你觉得你熟悉它吗？）。同时，你需要和资料保持一定距离。这需要时间！你需要留出大量的时间进行编码和分析——编码和分析所需的时间总是远远超出你的预期（实际上，我们指导过的每个学生都发表过这样的评论，尽管我们警告过每个学生这需要多长时间）。所以不要匆忙做这件事，这对识别模式没有帮助。

有时，识别模式会因为你所拥有的资料而变得更难。例如，我们发现，质性调查资料（其中的资料通常是对特定问题的简短回答）为跨越资料集识别模式带来了独特的挑战（见框 10.2）。

框 10.2　识别质性调查资料中的模式

质性调查资料会给基于模式的分析带来一些特殊的挑战。我们认为这源于某些特征。

- 问题本身往往给资料一个非常重要的结构。如果你按问题整理资料以进行编码和分析，而不是按资料项整理，这种影响可能会加剧。

- 对任何一个问题的回答往往都很短。

- 这些资料可能相当零碎，而不是一个长而流畅的叙述。对于特定的问题，你会得到更没有联系的回答，这些回答可以涵盖广泛的问题，但不是很深入。

识别模式的关键挑战之一是远离你的问题所提供的组织结构。请记住，务必不要将问题与模式或主题混淆。虽然有时我们可能想知道给出的特定问题（例如"什么是女权主义者？"）的答案的种类，但一般来说，基于模式的分析不会只着眼于一个问题，而是跨越整个资料集来确定主题。在对新西兰人关于阴毛调查的回应进行的批判性建构主义主题分析中，我们确定的一些关键主题（在第六章中进行了讨论）包括：*脱毛是个人的选择（在语义上和潜在意义上都很明显）；由于会干扰性生活，所以阴毛的处理是私密的；脱毛或减少的阴毛会更干净、更具吸引力*（参见 Braun, Tricklebank & Clarke，在提交中）。这些对阴毛的理解不只是围绕一个问题，或与一个问题有关；对这些理解的回应不尽相同。

在更本质的（或语义的或归纳的）主题分析中，可能很难超越所探索的问题或主题，以在不同问题的回答中确定主题。按参与者而不是我们通常所做的按问题整理资料，应该有助于看到跨越资料集的模式，而不是看到围绕问题的模式。在某些方面，使用质性调查资料进行更具建构主义（或潜在的或理论的）形式的主题分析或其他分析可能更容易，因为你不会完全关注资料的显性内容。通过试图探索资料回答底层的意义和逻辑，或者处理特定的理论问题或脑海中的问题（例如，阴毛问题性别化），你将自己从问题和回答强加给你的结构中脱离出来。

体重和肥胖焦点小组资料中的候选主题

为了提供一个模式识别的例子，在检查我们编码的焦点小组资料时，我们确定了许多代码集群。首先，有一些非常明显的、语义级的集群：

- 许多与对当代生活的负面描述相关的代码。
- 与现在相比，许多代码提供了对关于肥胖和运动的过去生活的乐观看法。
- 有许多代码集中反映了这样的观点，即目前儿童的社会化程度和教育并不充分。

每一个集群都有一个清晰而独特的中心组织概念，这些描述反映了这一点。通过更深入地研究资料，围绕影响人们所说的话的基本假设或潜在的想法，我们确定了围绕另外两个中心组织概念的代码集群：

- 认为人类天生就是贪吃的观点。

- 认为人类天生懒惰,锻炼从本质上来说是一种消极的活动。

表 10.1 说明了我们生成这五个候选主题所集中的代码(配套网站有表 10.1 的扩展版本),这五个主题是在两个**总主题**(overarching themes)——人性和现代生活——下组织的。还有两个子主题,我们稍后讨论。在表 10.1 中,每个总主题、主题和子主题的数量表明了它们之间关系的层次结构(后面将进一步讨论)。

表 10.1 显示选定关联代码的候选主题(扩展版本请参见配套网站)

1.人性			2.现代生活			
1.1.罪恶和罪人	1.1.1.应得/不应得肥胖症	1.2.锻炼即邪恶	2.1.昔日的宁静日子	2.2.现代生活是垃圾	2.2.1.科技胜过一切	2.3.他们没有得到教育
"喜欢食物"是负面的;与暴饮暴食有关	应得/不应得肥胖症:如果在控制中,则可进行判断;如果不在控制中,则不能判断	选择和锻炼(过去没有,现在有了,但我们却没去做)	"嗒嗒嗒嗒"——平常之事——我们都知道的过去	成本是决定你吃什么的关键	儿童参与久坐的游戏	足够的社会化:烹饪需要学习(在家里或学校教授)
便利(预先准备好的食物);很难抵制现代生活方式的便利	责备(想吃什么就吃什么),不责备(他吃了不好的食物)	定期锻炼的约束和帮助	不同的生活方式	时间穷(金钱富)	现代科技支持和助长肥胖和缺少锻炼	儿童的社会化很重要(但不够充分)

续　表

1.人性			2.现代生活			
1.1. 罪恶和 罪人	1.1.1. 应得/ 不应得 肥胖症	1.2. 锻炼即 邪恶	2.1. 昔日的 宁静日子	2.2. 现代生活 是垃圾	2.2.1. 科技胜过 一切	2.3. 他们没有 得到教育
情绪化进食/"暴饮暴食"不正确——不是饮食失调；只是暴食	不吃太多也会发胖	锻炼是负面的:乏味(很平常的看法);苦差事和负担;本来就令人不愉快,本来就缺乏乐趣	过去——没有"锻炼"这样的活动;体力活动是生活中不可或缺的一部分	在广告/市场营销中,"不健康的食物"与积极的事物联系在一起	科技的负面影响	不负责任的养育方式:成人迎合儿童;不引导儿童吃健康食物,给他们吃不健康的食物
在家做饭很麻烦(需要时间和精力);做饭是件麻烦事	外部因素/生活事件:肥胖影响你(你几乎没有控制力)	锻炼是自我放纵	时代变了	(针对儿童的)垃圾食品广告/营销存在问题	她对自己孩子的行为没有责任:她努力提倡良好的行为,但在面对科技和现代生活时无能为力	烹饪是孩子与生俱来的愿望,但教育体制却遏制了他们的愿望

续　表

1.人性			2.现代生活			
1.1. 罪恶和 罪人	1.1.1. 应得/ 不应得 肥胖症	1.2. 锻炼即 邪恶	2.1. 昔日的 宁静日子	2.2. 现代生活 是垃圾	2.2.1. 科技胜过 一切	2.3. 他们没有 得到教育
人类天性贪吃:除非受控制,否则会吃太多或吃不健康的食物;但是我们应该有所克制	情绪化进食仍有可能受到控制（应该有所节制;完全不节制进食是不好的）	锻炼是奢侈和享乐	时代变了:垃圾食品过去不是每天的食物	儿童参与久坐的游戏	科技天生就会使人上瘾（作为休闲活动,它比锻炼更有吸引力）	社会化(学校体育教学)不足
像拉布拉多犬一样——纯粹贪吃	人类天生有一种肥胖倾向:这是一种你必须积极应对的持续威胁（如果你变得肥胖,那就是你的错）	如果锻炼成为日常活动的一部分,人们锻炼就会变得更容易——成为你要做的事情	时代变了（宁静的过去——自由和活跃的童年;地狱般的现在）	商品化运动	科技不利于健康	社会化失败;世代相传——父母不一定知道怎么做饭;年轻父母没有能力让孩子社会化;当前的烹饪教学不足;需要政府干预（进行再教育）

301

1.人性			2.现代生活			
1.1. 罪恶和 罪人	1.1.1. 应得/ 不应得 肥胖症	1.2. 锻炼即 邪恶	2.1. 昔日的 宁静日子	2.2. 现代生活 是垃圾	2.2.1. 科技胜过 一切	2.3. 他们没有 得到教育
懒惰导致 肥胖		需要锻炼 的动力(远 离运动的 孩子);动 力能战胜 所有的障 碍(动力 也不常有)		准备好的 食物很方 便,因此 很吸引人		社会化是 关键:早 期的学习 会影响后 期的态度 和实践
		不运动很 安逸;锻 炼需要努 力(费心)		如果你能 便宜地买 到一顿预 先准备好 的饭菜, 你就不用 负做饭的 责任		
				垃圾食品 过去是一 种美食		
				没有"现 代食品储 藏室":家 里不再有 基本的烹 饪用品		

续　表

1.人性			2.现代生活			
1.1. 罪恶和 罪人	1.1.1. 应得/ 不应得 肥胖症	1.2. 锻炼即 邪恶	2.1. 昔日的 宁静日子	2.2. 现代生活 是垃圾	2.2.1. 科技胜过 一切	2.3. 他们没有 得到教育
				社会不再安全：儿童被视为易受伤害的，限制户外玩耍是最重要的保证儿童安全的途径		
				锻炼不是日常生活的一部分		
				被现代生活方式逼着吃不健康的食物		

本阶段需要记住的要点

在这个阶段有一些需要注意的要点。第一个要点是，在这个过程中确定的主题是临时的，它们是候选主题，将通过展开的分析进行修改或改进。你必须做好舍弃它们的准备。有时，可能是你的导师或联合研究者认为它们无关紧要；有时，你可能会意识到分析要么与资料不符，要么无法为研究问题提供最佳或最有趣的答案。你必须确保给自己足够的时间分析错误，修改或重新开始；如上所述，时间紧迫通常不会产生良好的质性分析（参见第十二章）。根据经验，分析需要的时间至少是你想象的两倍。

第二个要点是，如上所述，主题不是以某种量化的方式确定的（另请参见第十一章），并且没有神奇的方程式或分界点来确定资料集中什么是主题，什么不是主题。由于这种形式的分析是关于跨资料识别模式，因此需要在一定比例的资料中识别主题（我们不能指定确切的比例，因为质性分析不是这样进行的），但主题不需要出现在每个资料项中，甚至不需要出现在大多数资料项中（Braun & Clarke, 2006; Buetow, 2010）。同样地，在每个单独的资料项中，一些主题将会出现，而另一些则不出现。有些主题在某些资料项中可能非常突出，但在其他资料项中则不那么突出。确定一个主题的重要性并不在于计数（例如总体出现次数，每个资料项内的出现的次数），是关于确定这个模式是否告诉我们一些对回答我们的研究问题有意义和重要的东西，这意味着你在任何研究报告中讨论的主题都未必是最常见的主题（参见 Braun & Clarke, 2006）。

第三个重要的、相关的要点是，你的主题不必涵盖资料中的所有内容，它们应该是关于解决研究问题的，而且由于你报告的是模式化的意义，一些不那么模式化或不相关的代码将被排除在外。在我们的资料中，大量的代码并没有明显地解决研究问题，或者不符合这些最初的候选主题。我们将其整理成一个"杂项"类别。在这个阶段，保留这样的类别很重要，因为分析极具临时性，主题可能会被彻底改变，并发展出新的主题（例如，参见 Frith & Gleeson, 2004）。随着分析的进行，那些看起来不适合任何地方的代码，或者不适合与任何其他代码聚集在一起的代码，可能会在分析推进的过程中逐渐适合，或者可能不会。能够放弃那些不适合你整体分析的编码材料（实际上是候选主题）是质性研究的一个重要部分。你分析资料的任务是有选择性的，它是一个关于资料的特定故事，一个回答你的研究问题的故事，并不是要代表资料中所说的所有内容。

最后，如果你正在与其他相关人（导师、共同研究者）一起进行分析，重要的是要意识到在进行质性分析时可能会出现一些编码和分析差异，因为我们是从不同的角度和经验阅读资料（参见第十二章）。关键是要弄清楚这些差异是否存在问题（例如，互相矛盾的主题）。如果存在，弄清楚它们来自哪里（也许是不同的理论观点？），以及如何解决它们。在我们的例子中，正如我们之前提到的，非常喜欢运动的弗吉尼亚注意到了谈论运动的负面语气，而不那么"喜欢运动"的维多利亚则没有注意到。在讨论了这一点之后，维多利亚理解了弗吉尼亚对锻炼建构的分析，这最终成了我们分析的一个主题（锻炼即邪恶）。质性研究并不是要找到正确的答案，你一直在寻找的是回答研究问题的最适合的分析。

什么是一个好的主题

在寻找主题和进行分析时，重要的是要考虑主题本身以及主题之间的关系。好的主题与众不同，需要有自己的意义；同时，好的主题需要结合在一起，以形成整体的分析。这可以与我们在第二章中讨论的拼布工艺相比较。考虑一下由六个独立图案的正方形组成的拼布被子。六个图案方块中的每一个都可以被理解为类似于主题分析中的一个主题（创建这些图案的织物碎片类似于代码）。六个方块都要有条理、连贯和独特；它们需要结合在一起，努力为被子创造一个整体的拼接图案。这个模式需要组织赋予它意义。只有当许多不同的织物（代码）有助于创造出有别于其他图案的有条理和连贯的图案（主题）时，拼接才起作用，这些图案共同构成一个整体图案（分析）。作为分析者，你的职责是找出使用哪块面料（代码），以及将这些面料组合创造出特定图案（主题）的最佳方式，从而产生从整体上拼接起来的被子（分析）。

主题分析中主题之间的关系可以是层次性的或非层次性的（横向的）。就层次结构关系而言，主题分为三个主要层次。总主题（类似于解释现象学分析中的上级主题）使分析组织化和体系化；它们往往不包含代码或资料，而是简单地抓住了概括多个主题的观点。另外两个层次是主题和子主题。子主题抓住并发展一个主题的中心组织概念的值得关注的具体方面。在分析中，一个或两个总主题可能会为你的大多数或所有主题提供组织架构，但它们并不是分析所必需的。主题本身可能有子主题，也可能没有。在我们的例子中，根据我们最初的候选主题，我们确定了两个总主题：现代生活和人性（参见表 10.1）。现代生活抓住了一个支撑三个主题（昔日的宁静日子、现代生活是垃圾、他们没有得到教育）的观点。这种观点就是，我们现在的生活方式本质上是不健康的，而且助长了肥胖。我们用人性抓住了支撑两个主题（我们称之为罪恶和罪人，以及锻炼即邪恶）的观点。这种观点是，作为人类，我们的心理（也许还有生理）有一些东西会自然地助长肥胖。

我们的候选主题既有横向结构（五个主题），也有层次结构（三层），这已经是你能想要的最复杂的结构了。一层结构——仅仅是主题——就可以了，这是很多主题分析的典型特征。你不需要有子主题，也不需要有总主题。一般来说，避免带有大量嵌套主题和子主题层的主题结构，它们很复杂，很难理解，通常在分析上有损清晰度和深度。不要硬性使你的分析进入一个层次结构，只有当这是呈现你的结果的最佳方式时，才能以这种方式组织你的分析。出于这个原因，为了演示分层和横向关系的潜力，我们用实例说明了所有三个层次。

视觉映射是一个有用的辅助工具

视觉主题示意图可以有效地帮助你探索代码与主题、子主题和总主题之间的关系。主题示意图提供了一种视觉上探索和完善这些要素之间联系的模式（这在解释现象学分析中没有强调）。主题示意图可以是发展分析的最终形式的重要工具：如果你是一个视觉敏感的人，它必不可少，但其对任何人也都很有用，因为它将发展中的分析转变为一个不同的视觉框架，并为你提供了主题和子主题之间潜在关系的另一种视图。图 10.1 展示了我们对资料进行主题分析的早期阶段的视觉地图，展示了我们的两个总主题、五个主题和两个子主题（以及它们之间的联

系）。在这里我们是通过电子方式完成的，但通常是手动完成，因为我们发现它
更快、更容易、更灵活。使用任何适合你的形式，随着广泛使用的电子绘图技术
的发展，对于用户来说，电子方式可能会变得更加友好。这样的视觉表示也可以
使用一些 CAQDAS 程序来产生（Silver & Fielding, 2008）。

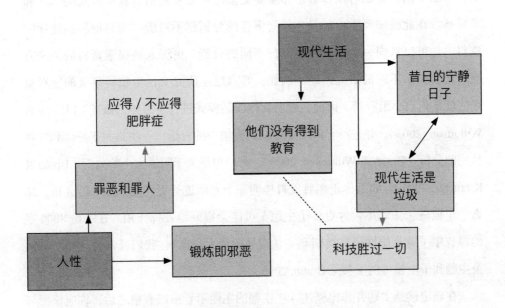

图 10.1　我们的候选总主题、主题和子主题

符号说明：单方向实线箭头表示总主题、主题和子主题之间的层次关系；双
向实线箭头表示主题之间的密切横向关系；虚线表示主题与不同主题的子主题之
间的暂定关系。

有多少个主题

那么，在模式分析中应该有多少个主题呢？不幸的是，没有什么神奇的公
式；没有"X 资料项 /Y 字长 =Z 主题"。你可能会使用更大的资料集生成更多的
代码，然后你又希望生成更多的主题。然而，更多的东西并不一定会更好。清晰
而连贯的分析是你的目标，除了一定数量的主题之外，你还会增加失去连贯性、

深度和重点的可能性（就像有太多的层次一样）。你的主题需要提供足够的深度和细节，以传达资料中中心概念的丰富性和复杂性。如果你试图报告太多主题，则不太可能实现这一点，你的主题可能会较"单薄"（参见第十一章和第十二章）。

主题的数量部分取决于你想做什么。如果你想做的是提供有意义的资料概述，那么一两个主题可能不够：你需要更多的主题来展示资料中模式的广度和多样性。在此我需要重申的是，任何报告的分析都不可能"完整地"描述你的资料。你可以从同一个资料集中进行不同的分析，更深入地探索资料的某些方面，或者提出不同的研究问题。例如，弗吉尼亚研究女性生殖器意义的资料集之一就是焦点小组资料。由此，她对女性谈话模式进行了总体"概述"（Braun & Wilkinson, 2003），并进行了两项更详细、更集中的分析，一项是关于身体和性别认同的分析（Braun & Wilkinson, 2005），另一项是关于阴道大小的分析（Braun & Kitzinger, 2001）。如果你正在对资料集的一个方面进行更详细、深入的分析，那么一个或两个主题（包含更多子主题）可能会很好地发挥作用。在一份8000字的报告中（这是质性研究类期刊文章常见的最大长度），我们通常讨论两个到六个主题和子主题（例子参见 Braun, 2008）。

在确定候选主题并作出概述这些主题的主题示意图或表格之后，你应该把与每个主题相关的所有资料摘录整理在一起。一旦完成，你就可以通过查看主题来进一步发展你的分析。

审查和修订候选主题

这一阶段本质上是与发展分析相关的质量控制阶段——检查以确定候选主题是否与编码资料和收集的资料集相匹配。你想让你的主题讲述一个与资料相符的故事，这样，如果有人读了你的分析，然后读了资料集，他们会说"是的，我相信了"。但请记住，这并不是讲述一个关于资料的真实故事（在质性研究中没有这样的事情），而是讲一个忠实于资料的故事（即使远远超出了表面意义，就像批判性的、基于理论的分析通常所做的那样）。那么你需要做什么来确保这一点呢？

通过返回编码和整理的资料进行修订

你首先需要回到所有的编码和整理的资料中，并仔细阅读以确保每个候选主题都与这些主题相关。候选主题与经整理的资料吻合程度如何？候选主题是否涵盖了大部分编码资料以及你认为对回答研究问题很重要的大部分内容？资料中是否还有其他东西突然出现在你眼前？如果候选主题似乎不能很好地抓住资料的意义，那你可能需要重新考虑一下分析。首先，进行一些小的调整（比如稍微调整主题，稍微修改中心组织概念，或者将编码资料移入或移出不同的主题），是否会更好地匹配资料主题。如果这没有任何帮助，那么你可能需要放弃整个主题（或多个主题），然后发展一个新的主题。或者，你可能最终会将一些候选主题合并，或者将一个大的主题分解成一些更具体或更连贯的主题。

通过返回整个资料集进行修订

在你根据编码的资料摘录修订了主题，并有了一组候选主题后，这些主题会是连贯的（每个主题都有一个中心组织概念）、与众不同（彼此不同）的、协同的，而且更重要的是，在某种程度上与研究问题相关的，然后你需要通过返回整个（未编码的）资料集（或你的分析所涉及的资料集的子集）来进一步检查候选主题。我们指的是对所有的资料项进行最后的重新阅读，以确保你的主题能够抓住与你的研究问题相关的资料集的意义。如果你的候选主题确实抓住了资料集的意义和精神，那么一切都很好！现在是时候进入最具分析性的分析阶段了。如果你的候选主题没有抓住资料集的意义和精神，你将需要进一步检查和改进与资料集相关的候选主题，以确保它确实抓住了这些要素。

你必须做好放手的准备

审查候选主题是在资料和发展分析之间来回进行的关键阶段，这通常是确定、修改或放弃不起作用的候选主题的阶段。要记住的一个基本原则是，不要在分析中强制使用资料，你不想像灰姑娘的继姐姐一样，努力把脚塞进水晶鞋里。因此，不要太执着于认为你的候选主题至关重要！我们会一直这么说，因为我们真的很难不依恋它们。请记住，质性分析不是一个线性过程，它是循环的，它本身就是往返的，你必须准备好往回走，走一条不同的路线，才能最终前进。

全面的审查在任何质性研究中都很重要，也是完成高质量作品的一部分（参见第十二章），但对于质性研究新手或使用大型资料集的研究者来说尤其重要。因为质性分析是我们学习的一项技能，随着经验的增加，我们可以更熟练地在资料中不同级别的"模式"（例如代码、主题）之间转换，并识别用于分析的"模式"；对于研究新手来说，这些可能更难识别，也更难在这个过程中感到自信。有了更多的经验，你的分析过程将变得更循环往复而不那么线性，这意味着（特别是在使用较小的资料集时）审查主题成为主题发展的一部分，而不是建立一个单独的阶段。然而，如果你使用的是大型资料集（有时甚至是较小的资料集），那么你不可能将所有资料和分析想法"保存在你的头脑中"，因此必须回去仔细检查。

审查体重和肥胖焦点小组资料中的候选主题

我们对候选主题进行了审查，但我们没有对候选主题进行实质性更改，这在一定程度上反映了我们作为质性研究者的经验、规模很小的资料集（一个焦点小组）以及我们的研究问题。然而，通过对这些候选主题的审查，我们确实发现了两个潜在的子主题：科技胜过一切是现代生活是垃圾的子主题，应得/不应得肥胖症是罪恶和罪人的子主题（如表 10.1 和图 10.1 所示）。发展一个子主题可以突出主题的一个共同、独特或重要方面，并可以提供组织一种更大主题的方法。子主题仍然必须与它所处主题的中心组织概念相关，但作为一个有意义的子主题，它也有自己的中心组织概念。

在我们的分析中，语义层面候选主题现代生活是垃圾的中心组织概念是当代生活方式（我们现在所持的价值观，以及我们现有的需求、约束和机会）助长肥胖，其中一个经常被讨论的方面与技术在我们生活中的地位和使用有关，因此我们创建了一个子主题，科技胜过一切。科技总是被认为是负面的（因为科技鼓励助长肥胖的行为，所以是现代生活是垃圾的一部分），但不知何故无法抗拒（从子主题的名称中可以看出）。这种双重特征为这个子主题创造了一个独特但又相关的中心组织概念——科技诱使我们以助长肥胖的方式生活。

罪恶和罪人这一潜在层面的中心组织概念是，将人类塑造成天生懒惰和贪吃，因此具有天生的肥胖倾向，但也包含了一种近乎宗教的道德因素（因此得名），即这些自然倾向尽管可以理解，但仍然应该加以抵制。这些资料的一个特点是有效地构建了两个不同的肥胖群体，每个群体的道德价值应用不同：（1）那些因无法控制的因素（如坐轮椅）导致肥胖的人被认为不应得肥胖症，值得理解；（2）那些因未能适当控制自己与生俱来的暴食和懒惰习性而肥胖的人被认为是应得肥胖症，应该受到（道德）监督和评判。虽然子主题（应得／不应得肥胖症）显然与整个主题的中心组织概念相关，但这是一个独特的方面；创建一个子主题使我们能够抓住和突出资料的一个重要的模式化元素。当资料中有一两个与你的问题相关的总体模式时，子主题很有用，但每种模式都有许多不同的表现方式。

回顾我们的候选主题也肯定了我们的候选主题昔日的宁静日子具有足够的深度和丰富性，足以作为一个主题站稳脚跟。虽然主题相对小，但它包含了自己明确的中心组织概念——对过去的浪漫看法，即我们在过去过着积极健康的生活，从而防止了肥胖——这与和其形成对比的现代生活是垃圾这一主题的中心组织概念截然不同。注意到这个主题相对较小，这就把我们带到了主题问题的最后一个要点——主题大小。你的主题不一定要有相同的大小。有些可能较小，不太复杂，只有一个相对简单的核心概念，只包含几个不同的元素；另一些可能很复杂，包含许多与中心组织概念相关的不同想法，因此可能包含一个或多个子主题。思考主题之间的关系，无论是分层的还是横向的，并检查小主题是否真的是大主题的子主题，这总是好的。一个主题是不是它自己的主题，或者是其他主题的子主题，检验的试金石是看它是否与另一个主题共享一个中心组织概念。

我什么时候才能停止审查，继续分析

什么时候审查才算做好了？理论上，你可以无限期地审查你的候选主题，因为资料并不包含你最终会发现的一组确定的预先存在的主题。记住这一点，不要被寻找完美合适的想法所诱惑。你的主题会在下一阶段的分析中继续形成——这也需要很多时间——所以一旦你不想对你的主题示意图做任何实质性的改变，那么就是停下来和继续前进的好时机。你应该以一系列独特的、连贯的主题结束这个阶段，并了解它们是如何组合在一起的，以及它们所讲述的关于资料的整体故事。

跨资料识别模式的其他方法

我们描述的过程是基于概述的主题分析方法，以该方法的假设和核心原则为基础，系统地、彻底地处理资料的过程（Braun & Clarke, 2006, 2012）。不同的质性分析方法（如解释现象学分析、扎根理论）遵循的过程略有不同，这些过程源于每种方法的理论信念并与之保持一致。解释现象学分析和扎根理论都规定了编码之外的模式识别过程，我们现在对其进行概述和说明。

解释现象学分析的模式识别有什么不同

对解释现象学分析来说，模式生成的程序非常清楚，研究者之间也没有太多分歧。解释现象学分析的程序和主题分析有些不同。生成主题有两个层次：**突现**

主题（emergent themes）和上级主题。与主题分析的一个关键区别是，在考虑下一个资料项之前，每个资料项都完成了两个级别的主题开发。这反映了解释现象学分析的具体重点，也意味着在解释现象学分析中，更加注意个案的细节和变化。一旦所有的资料项都被检查过了，就会在整个资料集中比较上级主题，以确定最终的（主要的）主题，这些主题将出现在整体分析中。这种比较涉及更深层次的完善，并可能转向更概念化或更有理论依据的主题（Smith et al., 2009）。

突现主题是从原始资料项（如访谈记录）和探索性评论发展而来，是关于在探索性评论中产生"关于'什么是重要的'的简明陈述"（Smith et al., 2009: 92）。突现主题旨在抓住对发展中的分析来说似乎至关重要的部分；突现主题既要密切关注参与者的经验，也要关注分析者不断发展的解释。在主题分析方法中，突现主题处于代码和主题之间。解释现象学分析者建议在转录本左侧写出突现主题（右侧有探索性评论）。表 10.2 展示了一个示例，该示例取自我们"编码"的焦点小组突现主题资料，对"对于肥胖的主观体验是什么？"这一研究问题进行了探索性评论。

表 10.2　在我们的焦点小组资料中出现的突现主题

突现主题	原始资料	探索性评论
肥胖是痛苦的（生理上和心理上）肥胖束缚身体减肥是自我的转变肥胖是可耻的肥胖束缚心理战胜逆境苗条很好苗条令人向往肥胖是耻辱的管控肥胖	莎莉：嗯，我知道在我体重最重的时期，这不是，这是在我做了所有的手术和所有的事情之后，一切都恢复正常了，呃，我的背部疼痛，腿疼，天晓得还有什么，这是有影响的——我是说，到目前为止我	**描述性评论** 肥胖的自我意味着痛苦和艰难的生活 强烈的羞耻感与肥胖相关 体重暴减的启示 暴减体重被认为是变革性的和影响巨大的，无论是身体上还是心理上 自信是通过减肥获得的；苗条的自我是自信、充实的自我

突现主题	原始资料	探索性评论
苗条是自由的 苗条是自信	已经减掉了7英石，而且(.)这确实对我的走路方式产生了巨大影响，但我认为这对我的自我感觉产生的影响更大。因为我认为如果我像以前那么重的话就不会去上大学了，否则我会非常羞愧，这听起来很糟糕，但我的确会很羞愧，觉得我做不到，因为我不能出现在公共场合，那里有这么多苗条的人，他们都会看着我，在心里想"哦，看看你自己"，你知道的，所以我没有这样做，但因为我减掉了体重，这给了我更多的信心，这太令人惊叹了。	**语言性评论** • "……所有的手术和所有的事情"暗示了很多要与之抗争的东西（很多促使她变得肥胖的事情） • 自始至终使用第一人称代词"我"，在这个故事中没有去个人化（这是一个战胜肥胖的故事） • 莎莉对苗条的重视在语言上很明显地体现在"苗条的人"上，但这是一种奇怪的措辞，因为它不仅暗示苗条是令人向往的，还将苗条等同于好 • 通过强调肥胖的负面影响，莎莉的叙述强调了保持苗条的可取性 • "令人惊叹"是一种有力而戏剧性的语言，它加强了这种巨大的转变 **概念性评论** • 一个肥胖的自我似乎意味着一种受约束的生活。谈论运动中的身体疼痛会让人觉得你的身体可能受约束。然而，这种约束更多是心理上的，这是莎莉自我监督的结果，因为她将肥胖与耻辱联系起来，并且害怕成为他人评判的目标，害怕受到关注，害怕社会性的耻辱——她通过待在家里（被肥胖囚禁）来管理自己 • 莎莉以一种非常个人化的方式讲述了她的经历，她的羞耻经历是真实的，但她并没有对此进行外部归因，并没有指责一个产生这种羞耻的"肮脏的"肥胖恐惧症社会 • 无脂肪的生活是一种解放和自由的生活，这似乎也是一种经历，在这种经历中，体重是个人生活中的一个主要和决定性的特征

上级主题广泛地反映在主题分析中的主题上，并通过以多种方式探索突现主题之间的连接模式来发展。这些模式包括：抽象，即许多类似的突现主题聚集在一起，形成一个与核心问题密切相关的相似方向但略显抽象的上级主题；包含，即一个突现主题成为一个上级主题，其他突现主题则聚集在这个新的上级主题下，有点类似于扎根理论中代码的升级（Charmaz, 2006）；以及两极分化，其中考虑的是差异而非相似之处（有关更多细节和其他技术，请参见 Smith et al., 2009）。虽然解释现象学分析并没有推广使用视觉映射，但这也可能很有用。

为了说明上级主题和主要主题，我们继续分析来自焦点小组的资料（请参见框 10.3）。从整个焦点小组中，我们挑选了有关两名参与者莎莉和卡拉谈论肥胖和胃束带手术减肥的个人经历的相关资料。我们从莎莉的经验中发展的上级主题也适用于卡拉的主题，因此在框 10.3 中，我们只提供一个上级（主要）主题的摘要，包括与上级主题相关的一些突现主题，以及选定的简短说明性资料摘录。我们还提供简要总结，因为我们不包括实际分析。（请注意：我们的突现主题和上级主题都位于解释现象学分析各层次中更"面向社会"的一端，参见第八章。）解释现象学分析中的上级（和突现）主题的编写框，如框 10.3 所示，应该既能抓住你想要表达的资料内容，又能抓住你想要表达的顺序。它实际上是你分析的简捷路线图，我们建议在你的结果产生之初展示它（例子参见 Eatough et al., 2008，也可参见第十三章）。在此阶段之后，解释现象学分析进入更深层次的解释（参见第十一章）。

框 10.3 我们焦点小组资料中的上级主题

肥胖的自我是受限的自我：肥胖的经历被描述为一种身体上的束缚，同时也是一种重要的心理束缚。

肥胖束缚身体

莎莉：我背痛腿痛，天知道还有什么痛。

卡拉：你知道，我身体太重真的使我走得很慢，让我挣扎着追赶我的孩子们。

肥胖束缚心理

莎莉：我会感到非常羞愧，并且因为我不能在公共场合露面，所以我觉得自己无法获得学位。

　　苗条的自我是自由的自我：苗条被认为是令人向往的，与能够过上更自由的生活，从而成为一个不同的人有关；以及减肥的过程是一种解放。

苗条的自我是一种解放

莎莉：因为我的体重减轻了，这给了我更多的信心，这太不可思议了。

减肥是自我的转变

莎莉：这一切都对我的自我感觉产生了更大的影响。

　　被毁掉的身份：肥胖的污名化和羞耻感，抓住与肥胖相关的社会污名化所带来的羞耻感受，突出肥胖的情感体验和相关体验，例如肥胖诊断的情感方面。

肥胖是可耻的

莎莉：如果我有那么重，我想我就不会开始上大学课程了，因为我会觉得太羞愧了。

卡拉：你看着你自己，觉得"哦，我令人恶心"。

被诊断为肥胖是一种负面的体验

莎莉：临床上我被归类为肥胖，我曾经觉得这很丢脸，很侮辱人。

卡拉："噢，我的天啊，我还不如现在就自杀算了"，你知道的。

我肥胖不是我的错：肥胖被描述为发生在他们身上，而不是他们自己造成的。

yu'yu

莎莉：突然间，你也会感到有点抑郁症的后果，所以（嗯）吃东西会产生连锁反应。

卡拉：抑郁症开始发作，它变成了恶性循环。

肥胖是由人无法控制的代谢因素引起的

莎莉：我的新陈代谢非常慢……我无法改变它。

卡拉：我必须服用大剂量的类固醇，所以我现在超重了。

没有摆脱肥胖的简单方法：抓住肥胖无处不在，威胁着他们的生活的经历。

减肥很难

卡拉：它变成了一座需要攀登的大山 。

卡拉：我努力把体重减下来。

变胖很容易

莎莉：即使我只看了一眼奶油蛋糕，我的体重也会增加 。

卡拉：减掉的体重又会回来一半。

扎根理论的模式识别有什么不同

扎根理论的程序在某些方面与主题分析相似，但也可能看起来非常不同，因为扎根理论使用的是完全不同的语言。此外，与解释现象学分析不同的是，在扎根理论中编码和分析似乎有许多不同的过程和术语，就像在这个主题上有许多作者一样（参见 Birks & Mills, 2011）。我们将简要概述扎根理论的一些独特和关键的元素（参见 Birks & Mills, 2011; Charmaz, 2006; Pidgeon & Henwood, 1996, 2004）。

在扎根理论中，从编码的初始阶段到中间阶段（Birks & Mills, 2011）的转变表明对资料的不同程度的参与，但没有一个预先确定的时间点可以从编码转移到主题开发（不同于主题分析和解释现象学分析）；在扎根理论中，从初始编码到更"聚焦"（Charmaz, 2006）、"核心"（Pidgeon & Henwood, 2004）或"中间"（Birks & Mills, 2011）编码的转变并不发生在所有资料项都已编码的情况下。相反，这是研究者的一种判断，它们已经到了一个点，开始在资料中看到类别，而不是代码，并认为（逐行）紧密编码不再有效率（Birks & Mills, 2011）。这在一定程度上与达到代码饱和有关，即初始编码阶段停止生成和探索与概念相关的任何新内容（可能意味着并非所有资料都已完全编码，或者你已经多次浏览资料）。然而，编码"级别"之间的转换不是一个直接的线性、渐进的过程，它可以是循环的（Charmaz, 2006; Pidgeon & Henwood, 2004）。

在这个阶段可以应用许多不同的编码实践，例如聚焦编码和统改编码。聚焦编码（使用 Charmaz, 2006，术语）涉及细化初始代码的检索系统以确定分析上有用的代码，并以其为基础在不太细粒度的（即不是逐行）层面上重新处理资料。分析过程本质上是从狭义的代码转向更广泛的类别，并对资料建立更具理论性或概念性的分析。这可能包括仅仅将代码"提升"到类别，或者通过划分代码或通过聚类代码来开发类别（Pidgeon & Henwood, 2004），类似于主题分析中的主题开发过程。在这一阶段中，还需要清晰地界定每个类别（同样，类似于在主题分析中界定主题的含义，请参见第十一章）。探索类别之间的关系，并对这些关系进行图示化或建模（Pidgeon & Henwood, 2004），而不仅仅是识别和定义类别，这一点很重要（就像在主题分析中一样）。

统改编码（Corbin & Strauss, 1990）是一种形式化的技术，用于通过"详尽编码"（Pidgeon & Henwood, 2004: 640）过程在概念上映射类别（和子类别）之间的关系；它是额外的一层分析，虽然可能有用，但并不重要（Charmaz, 2006）。卡麦兹（2006: 61）认为统改编码可以"扩展或限制你的视野"，这取决于你的研究重点和你"容忍模糊性的能力"。喜欢更多结构的研究者将受益于统改编码，而那些重视更灵活方法的研究者可能会感到受到限制（也可参见 Pidgeon & Henwood, 2004）。

高级备忘录更具概念性，与发展中的概念分析相关（见框 10.4），也有助于发展类别之间的关系。通过不同的编码阶段和实践，扎根理论研究者产生了大量信息来帮助他们发展他们的分析——要么是扎根理论精简版（想了解我们从焦点小组资料中开发的模型，参见第十一章），要么继续转向完整版的扎根理论。这些信息包括：类别的界定、检索系统、备忘录、类别模型和映射以及它们之间的关系，以及编码资料集本身。有两个要点需要记住：（1）尽管分析变得更加理论化，并转移到更概念化的领域，但仍然需要以资料为基础；（2）研究问题可以改进，以更清楚地适应不断发展的分析（Pidgeon & Henwood, 2004）。

框 10.4　高级备忘录

不同层次的解释（2010 年 8 月 18 日）

我们注意到，在关于导致个人肥胖的因素的资料中，似乎有三个不同层次的解释，解释导致个人肥胖的可能因素，也解释了所谓的肥胖流行症。第一个层次我们可以称为结构性因素，这是与社会的本质和社会组织有关的因素，例如莎莉说："我们的生活方式已经改变了。"（第 154 行）这方面的一个例子就是，与过去相比，我们现在过着久坐不动的生活，这是由我们工作和工作生活的组织方式造成的。请注意：这一解释似乎很有阶层性，反映了中产阶级对一份工作（而不是体力劳动）的感受或观念，这是普遍适用的"事情本来的样子"。第二个层次似乎与我们成长的方式有关，我们可以称之为社会化，所以教育和我们在学校里学到的或没有学到的内容是与其相关的，例如，卡拉说："在学校教他们做你知道的食物。"（第871行）这在很大程度上是负面的。还有一些关于个人做什么或不做什么的解释。其中一些是发生在患者身上的事情，或者是患者无法控制的事情，就像他们的生理状况，例如莎莉说："我的意思是新陈代谢似乎确实与此有很大关系。"（第288行）另一些是他们自己的选择，例如他们是否"吃得过多"，丽贝卡："我有一个12岁的弟弟，他只吃他喜欢吃的东西。"（第497行）这些层次似乎是相互关联的，例如，结构因素促成个人倾向，朱迪说："现代科技也让人懒惰。"（第162行）这可能是解释一个人为什么会肥胖的模型的基础。

那么基于模式的话语分析呢

相比之下，基于模式的话语分析方法往往不提供关于识别资料中"不同"模式的步骤和过程的结构化指导，而是在选择性编码（参见第九章）之后，读取和重新读取资料，以识别和解释所选资料的模式和特征（Coyle, 2007; Parker, 1992; Willig, 2008）。这意味着神秘的分析的敏感性问题对于基于模式的话语分析特别重要。由于这一过程处于分析的更具解释性的末端，我们将在第十一章中对其进行讨论。

我能够并且应该跨资料寻找模式吗

我们的重点是识别和分析跨质性资料集的模式，基于模式的方法可以应用于几乎任何质性资料集。然而，还有其他要素可以在质性资料中探讨（例如故事、互动，在框 8.1—框 8.3 中进行了讨论），某些形式的资料比其他形式的资料更适合特定类型的分析（参见第三章表 3.2）。故事续成任务（参见第六章）在我们本书中讨论的基于参与者的质性资料收集方法中独一无二。它们要求参与者写故事（关于一个假设的情况），而不是回答有关参与者经历的问题或提供他们的观点，这是其他方法要求参与者做的。这意味着故事续成资料与所有其他形式的质性资料相当不同。尽管在故事续成资料中识别和分析模式仍然有用，但在分析故事续成资料时，我们还可以问一些其他问题。这些在框 10.5 中有所说明。我们讨论的一个策略是绘制故事，图 10.2 提供了维多利亚学生项目中故事的视觉示意图实例。

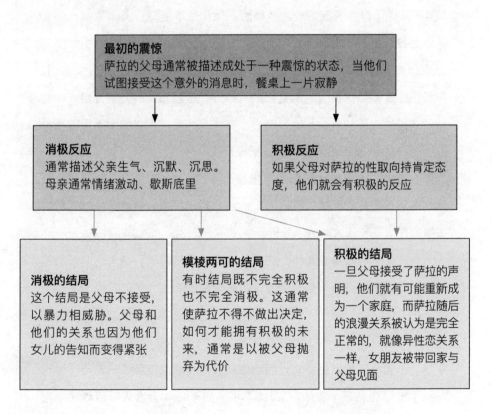

图 10.2　故事示意图，展示故事续成任务中的关键要素

（人们对萨拉向父母宣布"出柜"的看法）

框 10.5　与故事续成资料有关的不同问题

除了识别和分析故事续成资料中的模式，在分析故事续成资料时，我们还可以问一些其他问题，以便最好地利用故事续成任务产生的独特资料。

在资料集中是否有一个模型故事（或多个故事）？ 问问你自己，你是否能识别出所有或大多数故事，或者故事的子集共有的结构。识别模型故事是提供资料概述的一种清晰的方法，同时保持存储资料的完整性。贝丝·库珀（维多利亚的一个本科生）使用故事续成任务来探索一个女儿即萨拉向她的父母透露非异性恋身份的故事。她对资料的视觉概述（见图 10.2）为故事如何展开提供了一个极好的例子。贝丝的分析表明，尽管这些故事包含不同的要素，但大部分都是以相似的方式开始，即父母们被描述成最初对女儿的公开表示震惊。然后，大多数故事采取两种途径之一——父母的消极反应或积极反应——这些途径导致了三种不同的解决方案（消极的、积极的或模棱两可的）。故事的中间部分是积极的，结局就都是积极的；故事的中间部分是消极的，故事可能以三种方式中的任何一种结束。

知道故事的结局重要吗？ 在查看故事续成资料时，请考虑对故事的解决方案或结尾进行分类是否与你的研究问题特别相关。可能相关也可能不相关。在我们关于人们对跨性别父母的看法的故事续成研究（参见第六章和配套网站）中，故事的解决方式与我们的研究问题高度相关。所以，不管故事是以接受父母经历性别转变和家庭继续在一起而"永远幸福下去"而结束（例如，"最终，手术结束后，全家人都回到了以前的状态。也许比原来更好，因为布莱恩现在真的很开心。所有孩子都和新的布莱恩相处得很好"；PF008B），还是以排斥父母，家庭单位遭到破坏（例如，"没有家人，他感到空虚，与新的身体格格不入 [……] 他靠领取救济金度过余生，滥用打火机液体，毁掉自己所做的选择"；PM067B）而结束，这都可能会告诉我们一些有趣的事情，一些关于人们对父母经历性别转变的理解。此外，由于我们设计并使用了比较的方法（比较男性和女性参与者的反应，以及比较参与者对男性和女性父母的反应），我们可以探索，例如在接受或拒绝变性父母的描述中的性别差异这样的问题。

报告数字有用吗？与大多数质性研究（见框 11.6）不同，在分析故事续成资料时，计算和报告次数可能是有用的，这取决于你的研究问题。在观察资料的某些具体特征时，以及在比较不同版本的故事和不同参与者群体时，次数可能是有用的。例如，在基青格和鲍威尔（1995）对异性关系中不忠的看法的研究中（参见第六章中的说明性研究实例 6.2），他们感兴趣的是探索参与者对"与别人约会"这个短句所做的假设。考虑到这种兴趣，有必要具体报告有多少参与者认为这是（性）不忠或其他，以及有多少人认为不忠的伴侣约会了异性或同性。

章节总结

本章主要内容：

- 描述了在编码资料和资料集中寻找模式（主题）的过程。
- 展示了对资料中确定的候选主题进行回顾的过程。
- 概述了在处理质性调查和故事续成任务资料时的特殊考虑。
- 说明了使用解释现象学分析和扎根理论时模式识别的不同过程。

问题讨论和课堂练习

1. 以小组为单位，找出主题分析、解释现象学分析和扎根理论在分析过程中的关键差异。讨论你认为自己用于分析资料的过程的方式可能会影响分析。

2. 我们已经讨论了质性分析的方式是一个积极的过程。讨论一下我们的意思是什么，以及为什么自反性是质性分析的一个重要部分。

3. 使用你已经编码的资料集，确定两个潜在的主题——如果可能的话，一个潜在主题和一个语义主题。与使用相同资料集的其他人配对，比较你确定的主题。确定每个主题的中心组织概念。你和他们的潜在主题是否与相同或相似的中心组织概念相关，也就是说，你们在资料中"看到"相同的模式，还是不同的模式？如果你们都确定了相似的主题，你们是否都以相似的方式诠释这个主题——为什么这个主题很有趣，其意义何在？

4. 绘制一个候选主题示意图，说明资料中的潜在主题及其相互关系。

扩展资源

扩展阅读：

查看分析过程的最有用的方法之一是通过实例。

有关主题分析的实例，请参阅：Braun, V. & Clarke, V. (2012). Thematic analysis. In H. Cooper (Ed.), *APA Handbook of research methods in psychology*. (vol. 2: Research Designs; pp. 57–71). Washington, DC: APA Books。

有关解释现象学分析的实例，请参阅：Storey, L. (2007). Doing interpretative phenomenological analysis. In A. Coyle & E. Lyons (Eds), *Analysing qualitative data in psychology* (pp. 51–64). London: Sage。

有关扎根理论的实例，请参阅：Appendix in Birks, M. & Mills, J. (2011). *Grounded theory: A practical guide*. London: Sage。

有关基于模式的话语分析的实例，请参阅：Edley, N. (2001a). Analysing masculinity: interpretative repertoires, ideological dilemmas and subject positions. In M. Wetherell, S. Taylor & S. J. Yates (Eds), *Discourse as data: A guide for analysis* (pp. 189–228). London: Sage。

有关如何进行福柯话语分析的实例，请参阅: the chapter on Foucauldian Discourse Analysis in: Willig, C. (2008). *Introducing qualitative research in psychology: Adventures in theory and method* (2nd ed., pp. 112–131). Maidenhead, UK: Open University Press. (Note that there are different "takes" on "how to do" Foucauldian DA; Willig outlines one approach in an accessible manner; not all Foucauldian DA analyses follow these guidelines.)。

在线资源：

有关以下信息，请参阅配套网站（**www.sagepub.co.uk/braunandclarke**）：

- 与第三部分相关的自测多项选择题。
- 抽认卡词汇表——测试本章中使用的关键术语的定义。
- 表 10.1 的扩展类型。
- 体重和肥胖焦点小组转录本、性高潮调查样本资料集、跨性别育儿故事样本资料集。
- 扩展阅读（来自 Sage 期刊的文章）。

第十一章　跨资料分析和解释模式

<table>
<tr><td rowspan="6">概述</td></tr>
</table>

概述
质性研究中分析与写作的关系
界定主题
展开分析
使用其他方法跨资料分析模式
做好基于模式的分析

一旦你对自己的主题和子主题有了很好的了解，就是真正利用资料进行全面分析的时候。你已经花了大量的时间参与、编码和开发你的候选主题，而这个阶段要深入得多。在某种程度上，尽管到目前为止你所做的所有其他工作都是分析性的，但这是为你现在必须做的工作做准备，即深入地进行分析性解释，以理解和解释你在资料中确定的模式。关键是要将分析细分为细节。这也是你开始认真写作的时候，因为写作和做质性分析是齐头并进的。

质性研究中分析与写作的关系

如果不写下来，你就不能真正做质性分析。你可以有见解和想法，但你不能完成了对资料的分析，然后才直接写出来，因为质性分析就是写作。质性分析使用文字来讲述关于文本（和视觉）资料的故事，这意味着写作是分析发展成最终形式的过程（有关写作技能和技巧的更多信息，请参见第十三章）。尽管我们在其他地方将主题分析的阶段分为界定主题和撰写报告（Braun & Clarke, 2006, 2012），但在这里，我们将这两个阶段作为一个更加相互交织的过程来讨论，而这也是实践中发生的情况。

用来开启深入分析之旅的大量信息可能包括：带有大量批注和突出显示的转录本；初始代码和类别的列表；大量分析笔记；每个候选主题的摘录、整理和编号的资料文件，潜在分析的某种视觉示意图；以及关于某些资料摘录的分析笔记。通过相互关联的分析和写作过程，你可以将大量（杂乱无章）的信息转化为复杂、细致入微但又流畅的分析，讲述有关资料及其意义的清晰、连贯和引人入胜的故事。

界定主题

在进行最终分析的过程中，你需要能够清楚地界定你的主题，阐述每个主题的独特和具体之处。在这一点上，写出主题定义是一个有用的方法，它促使你界定主题的重点和界限，真正提炼出每个主题的精髓（一些简短的句子）。你可以快速查看是否有主题的范围不清楚。框 11.1 给出了我们从对体重和肥胖焦点小组资料的分析中得出的总主题和子主题的定义。每个主题都有明确的重点、范围和目的，是相对独立的（尽管主题是相关的，特别是子主题建立在前面的分析之上），这些主题一起对资料中的主导模式进行了丰富、连贯和有意义的描述，以解决我们的研究问题。（你的解释应该是最合理的；如果还有其他合理的解释，则应予以考虑、评估或忽略。）

框 11.1　来自焦点小组资料的主题定义

人　性

这个总主题将肥胖和体重增加解释为我们人性的结果。参与者以几种特定的方式构建了人性，这些方式大部分都是负面的，即人类懒惰、贪吃和无知。锻炼即邪恶这一主题探讨了一种隐含的模式，即人类天生懒惰，因此自然倾向于不参与需要努力的活动（如锻炼），将体重增加和肥胖视为自然倾向。一个相应的解释是，锻炼是一种本质上令人不愉快的活动。罪恶和罪人这一主题抓住了人类的另一个隐含的模式，即天生贪吃，所以只要有机会，我们就会过量地吃，并且吃不健康的东西，这意味着有一种自然的体重增加和肥胖的趋势。贯穿这两个主题的是一种矛盾关系：期望一个好人应该克服人性，既不懒惰也不贪吃。这种道德张力在应得／不应得肥胖症的子主题中进行了探讨，它阐明了肥胖者的分类，即应该受到谴责的人（这是他们自己的错）和应该被拯救或同情的人（他们无法控制自己的肥胖）。

现代生活

这个总主题，将体重增加和肥胖解释为我们当代社会特征的结果（而不是人性，尽管这两者是交叉的）。在主题昔日的宁静日子中，经常会提到理想化的过去。这个神话般的过去是人们过着更健康生活的过去，并与人们谈到的现在的生活方式形成了鲜明对比。现代生活是垃圾这一主题抓住了当下谈论的两个方面。首先，社会的结构组织和功能被认为为助长（甚至要求）各种不健康的行为；其次，现代生活导致出现了做出不健康选择的"垃圾"人（这是可以理解的）。在这种情况下，现代科技被定位为主宰着我们的生活，正在成为健康的敌人，正如子主题科技胜过一切中说明的那样。最后一个主题，他们没有得到教育，强调了当代教育的失败，无论是正式的还是非正式的教育，以至于人们对保持健康的方式一无所知，并受到随后的不健康选择的影响。

展开分析

你应该已对每个主题的范围有了一个很好的认识。那么，现在的分析实际涉及什么呢？从你为每个候选主题编号和整理的资料中，现在选出你将用于说明每个主题的不同方面的摘录，并围绕这些摘录编写一段叙述，来告诉读者每个主题的故事。做出的分析被认为是"研究者深思熟虑的、自觉的艺术创作，必须通过构建分析来说服读者关于一个论点的合理性"（Foster & Parker, 1995: 204）。你选择用来引用和分析的资料对于使读者信服你的分析至关重要，所以仔细选择这些资料很重要（见框 11.2）。理想情况下，你希望摘录生动，并能有说服力地阐明你对资料的分析点。例如，在弗吉尼亚的性健康研究中，她将围绕性传播感染"风险"的"国家认同"解释列为一个关键主题，而其中一个子主题是围绕酗酒文化。下面引用了参与者弗朗西丝卡的话，简明扼要地抓住了其中的"饮酒"和"文化"两个要素："就像新西兰一样，也许在文化层面上的，我们有一种相当狂热的饮酒文化，特别是在青少年群体中。可能与此有关，每个周末他们都会酩酊大醉一样。"（Braun, 2008: 1819—1820）你还需要跨资料提取摘录，以展现主题的广度。

框 11.2　选择并呈现资料摘录

使用质性资料摘录的两个目的是证明你的分析主张，并让读者判断你的资料和你对它们的理解和解释之间的契合度。除了选择生动和引人

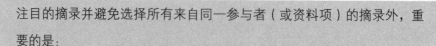
注目的摘录并避免选择所有来自同一参与者（或资料项）的摘录外，重要的是：

- 通过从资料摘录中编辑掉任何不必要的细节或不相关的材料来节省文字。最好告诉读者你已经编辑了资料摘录，并使用类似于"［……］"的符号表示你不只是删除了重复或令人犹豫的部分。在没有核准的情况下删除重复和令人犹豫的部分是可以接受的（删除这些部分可以被描述为"清理"资料，这应该在你的方法部分中指明，请参见第七章）（参见 Sandelowski, 1994b）。

- 在转录的音频资料中添加标点符号，以增强可读性，但要确保它不会改变资料的含义（参见第七章）。

- 除非绝对必要，否则请避免多次使用同一资料。

- 如有必要，将资料摘录与情境联系起来。例如，当引用访谈或焦点小组的简短摘录时，可以通过向读者讲述摘录所涉及的讨论内容来帮助读者理解摘录的意义（例如，"当讨论她对健康专业人员的心态感到沮丧时，艾莉雅提到……"）。

- 始终为读者提供一种方法来——可以是参与者的化名，或是资料 ID 代码——识别每个摘录的说话者（或信息来源），以便读者可以识别你引用的不同信息来源，并跟踪来自单个参与者或信息来源的资料。

- 通过使用化名而不是参与者代码来使参与者真人化，特别是在报告访谈和焦点小组研究以及样本较小的研究（例如解释现象学分析研究）时。

- 如果相关，识别你引用的参与者（或资料项）的显著特征，这一过程被称为"分阶段"引用（Sandelowski, 1994b），例如，在一个关于非异性恋者的着装习惯的项目中，年龄和性别是资料的相关特征，你至少要用化名和关于他们的性取向、性别和年龄的信息来识别每个参与者，例如，"奥利，一个 21 岁的男同性恋者，提到……"，在其他情况下，可能需要或多或少的信息来使资料摘录情境化。

● 恰当地呈现资料摘录。一般来说，较短的摘录（大约少于三行文字/40个单词）应该嵌入正文中，通常在句子中使用引号来说明引语的开始和结束位置（欲了解如何呈现简短引用的示例，请参见Kitzinger & Willmott, 2002）。如果同时呈现几个较短的摘录，或呈现较长的摘录，则应以单独的段落呈现这些摘录，来自正文的该段落应缩进处理。对于缩进资料，不需要使用引号（例子参见 Braun, 2008）。

一些参与者比其他参与者更能表达，因此他们的摘录总是被采用，音频和一些书面资料的情况总是如此。但是，只提供少数几个参与者的摘录似乎会让你的分析看起来比实际更要仔细斟酌（参见第十二章）。尽管不需要在每个资料项中识别模式（参见 Braun & Clarke, 2006），但你的确希望拥有并说明跨资料集展开的证据，因为这是基于模式的分析目标。

用说明或分析的方法处理资料

分析是你围绕资料写的叙述，它告诉读者关于资料内容和意义的你的故事，而摘录本身是其中至关重要的一部分。在（所有类型的）质性分析中，有两种主要方式可以处理资料摘录：一种是把摘录当作说明性的实例；另一种是实际提供对摘录本身内容的分析。这一区别很重要。在说明性的方法中，你的分析性叙述提供了对主题丰富而详细的描述和解释，并且贯穿始终的资料引文被用作你所主张的分析要点的例子。如果你从叙述中去掉你的资料摘录，对读者来说仍然是有意义的。他们希望从资料中理解证据，但摘录仍会是一个全面而连贯的描述。在分析性地处理摘录的方法中，如果摘录被删除，你的分析将没有意义，因为你的分析性叙述与呈现的摘录的内容密切相关。事实上，在你的分析性叙述中，你会对你呈现的特定摘录提出具体的解释性主张，并对整体资料中的模式做出更一般的描述性或解释性评论。

这两种不同的处理资料的方法可以对应到两种广泛的主题分析类型上：一种更具描述性且通常是本质主义的分析形式，旨在更紧密地讲述"资料的故事"，因此倾向于使用更具说明性的摘录；另一种是更具概念性和解释性且通常是建构主义的分析形式，往往侧重于更多的**内隐含义**（latent meanings），通常会对特定摘录进行更详细的分析。框 11.3 提供了应用于同一资料摘录的这两种分析方式的简要示例。

解释性的分析形式一开始可能更难获得，我们需要质性分析的经验，才能够超越资料中的显性或语义含义，以识别更多的隐性或潜在含义（有助于说明这一点的问题将在本章后面讨论）。当然，这也取决于主题，以及你对实证和理论文献的熟悉程度。如果你对一个领域非常了解，它的潜在含义可能很快就会显现出来（正如弗吉尼亚研究期刊的例子所示，参见第三章中的框 3.8）。每种主题分析的方法都有不同的目的，重要的是你所选择的分析形式要与你的研究问题相对应。在某些情况下，语义含义方法和潜在含义方法可能会结合起来，分析从最初描述性的开头转向更具解释性的结尾。

框 11.3　说明性地处理资料与分析性地处理资料：

来自"现代生活"总主题的例子

摘录自同一资料

说明性地处理资料的示例

参与者常常将当代社会描述为不安全和不健康的，并将其与过去的理想化描述进行对比，后者被设定为毫无疑问地比现在更健康。这些差异涉及生活的许多方面，从我们吃的食物和锻炼，到孩子们玩耍的方式，安娜的以下评论反映了许多差异。

> 我想，你知道的，孩子们坐在里面一直玩电脑游戏。嗯，也许骑自行车外出在现在的社会也不安全。你明白我的意思吗？就像当我爸爸是……他老说"我知道当我还是个孩子的时候，我会在乡下待上几个小时，到处蹦跶"。不过现在你不能在没有大人陪同的情况下出门，因为你担心被抢劫。这就像是说，你到底还能做些什么？

分析性地处理资料的示例

参与者常常将当代社会描述为不安全和不健康，并将其与过去的理想化描述进行对比，后者被设定为毫无疑问地比现在更健康。例如：

> 我想，你知道的，孩子们坐在里面一直玩电脑游戏。嗯，也许骑自行车外出在现在的社会也不安全。你明白我的意思吗？就像当我爸爸是……他老说"我知道当我还是个孩子的时候，我会在乡下待上几个小时，到处蹦跶"。不过现在你不能在没有大人陪同的情况下出门，因为你担心被抢劫。这就像是说，你到底还能做些什么？（安娜）

在这里，安娜对比了对现在生活的悲观看法（参见现代生活是垃圾）和对过去的怀旧和近乎理想化的看法（参见昔日的宁静日子）。她父亲所说的"在乡下待上几个小时"唤起了一种自由、冒险和健康的意象。这种过去的意象（新鲜空气、锻炼）与现在的意象形成了直接对比，现代社会呈现着一个可怕的现实，即儿童在没有监督的情况下处在家庭外部空间是不安全的。如此对比的结果是，当代儿童待在室内、久坐、玩电脑游戏的行为——通常被称为是不健康和有问题的行为——变得无可非议。这不仅是因为孩子们懒惰，还因为现代生活。现代生活（当代社会）应当为创造了一个这样的环境负责，在这个环境中，为了孩子们自己好，他们需要待在室内，而且面对这一令人不快的现实，人们无能为力，无法做任何改变。通过这段摘录，安娜成功地将当下描述为不好的，但我们在当下的行为却是可以理解的，甚至是必需的。矛盾的是，当代儿童的不健康行为几乎成了健康的，这一结果是因为良好的父母养育，而不是不良的父母养育。

切实地对资料进行分析

在这个阶段，确保你确实在分析资料至关重要。你的分析，即使是描述性分析，也不应当是转述摘录内容（Antaki, Billig, Edwards & Potter, 2002）；相反，它必须告诉读者资料——以及特定的资料摘录——的有趣之处以及原因。即使你用摘录来说明问题，它们也必须嵌入你的叙述中；你的叙述引导读者如何理解摘录，以及它为什么相关和有趣。

重要的是要在资料摘录和分析性的叙述之间取得适当的平衡。通常，你需要有和资料摘录一样多的叙述内容，或更多，特别是如果你在做一个更具解释性的分析（Sandelowski, 1994b），否则你就有可能是在没有提供足够解释的情况下，用资料轰炸读者。资料不能为自己说话，你才能为资料说话，这就是分析的意义所在。即使在更具归纳性的质性模式分析形式中（一些主题分析、扎根理论和解释现象学分析形式），当分析是描述性的，且似乎与资料的内容相当相似时，分析应该超越资料。基于模式的质性分析是将资料组织成模式，解释资料模式并讲述关于它们的故事。分析应当利用资料来说明问题。分析需要由"所以这能说明什么？""这对于解决我的问题能提供什么相关或有用的信息？"这样的问题来驱动。

仍然要做好放手的准备

另一件需要注意的重要事情是，进入此阶段的候选主题并非固定不变，而且远非如此，分析和界定主题的过程意味着可能会有一些修改（确实有可能），因此你可能会在这个阶段发展出一个新的子主题或主题。在一定程度上是因为，随着你更深入地解释资料，在其中识别的模式，你可能会看到更深入、更细微的东西。修改主题意味着你可能会很好地改进或重新组织分析，以讲述一个与你预想的略有不同的故事。这里有一个重要的警告：在这个阶段，你应该对你的资料和潜在的主题有足够深入的了解，这些修改通常是对现有结构的调整，而不是大规模的重新阐释（比如是改变你的厨房的配色方案，而不是得到一个全新的厨房）。也就是说，当你到达这个阶段时，某些分析真的不会奏效，你确实需要放弃它，并做一些不同的事情。如果是这种情况，你必须退回几个步骤，再次处理整个资料集。

框 11.4 提供了一个来自我们的焦点小组资料的终搞分析示例，我们从我们的建构主义主题分析中摘录了两个与人性相关的主题中的一个——锻炼即邪恶（配套网站提供了这个主题的完整描述）。我们在报告（例如，期刊文章）中提出的分析，体现了更具总结性和描述性的分析（说明了与资料集相关的主题范围）与特定资料摘录中详细和具体的解释性分析之间的交织。

框 11.4 摘录自主题"锻炼即邪恶"的终稿

锻炼即邪恶

"锻炼即邪恶"抓住了人类天性散漫和懒惰因此不愿意（除非被强迫或被教导）从事费力的健康活动（比如锻炼和自己做饭）的这样一种解释。例如，朱迪评论道："如果人们正在努力工作，他们想吃的往往是方便快捷的食物，而这些方便快捷的食物往往是不健康的食物，而非健

335

康的食物。"做出这类评论的逻辑是，制作你自己的食物（健康的选择）是**费力**的，而这种费力令人不快。在谈到快餐时，丽贝卡评论道："快餐也很便宜，那么……你不能证明花两英镑的钱做一顿饭是合理的，因为你可以出去花同样的钱去买东西，知道吧，而且你还不必费心洗碗。"这份摘录显示了一个非常狭隘的成本效益分析，认为应该主要从金钱的角度来分析准备食物所需的时间和精力。此处的逻辑是，自己做饭本质上是一种要求很高、令人不快的活动，与买一顿快速、低成本的饭菜相比，它根本赢不了，这是由人类的内在动机决定的，即避免任何需要时间和努力的事情，并将这些活动视为令人不快的家务（相反，有些人将烹饪视为一种创造性的，甚至是减压的，因此是有益的活动，或者将食物视为具有超越成本的个人意义，如营养价值或味道，或者文化或仪式意义）。

这样的理解也经常在很多方面与我们的"现代生活方式"这一总主题联系在一起，例如"太忙"而没有时间做饭。

安娜： 我住在曼彻斯特和伦敦的朋友们发现在回家的路上买吃的，点外卖之类的东西，或者出去吃一顿饭，实际比回家做饭容易得多，尤其是当你需要在晚上八九点才下班的时候。

这样的评论提供了这样的例子，即对于一个人来说，一个快速而简单的解决方案比需要工作、努力或体力消耗的方案更内在地吸引人。在很大程度上，锻炼意味着要付出努力，人们的说法是人天生就不喜欢锻炼。锻炼本身被认为是费力的，因此没有吸引力，甚至可能是"邪恶的"（主题名称既有趣，又抓住了主题的道德维度）。这一点在关于锻炼*动力*的讨论中表现得非常明显。例如，谈到健身房，莎莉评论道："你需要而且必须激励自己去健身房。曾经你不需要去健身房，因为你需要干体力活或者其他什么，可是现在你需要激励自己，而你现在没有动力（（笑））。"这段摘录让我们想起的是这样一个人，一个只在必要时才进行锻炼的人（过去我们不得不努力工作），或者因其他东西激励才锻炼的人。在锻炼被认为是正确的事情（与健康相关；符合英国公共卫生信息）的背景（焦点小组）下，锻炼被定位为现在必须要做的事情，需要努力和动力（一些额外的东西），而不是仅仅作为日常生活的一部分。从概念上讲，这种锻炼与人类自然做的事情是分开的。在给定选项的情况下，人类不会选择锻炼：

莎莉： ［……］我妈妈以前要走两三英里去火车站，再走十英里去上班，你知道的［……］。因为没有公共汽车，所以她不得不步行。现在我们会想，"哦，我做不到，不可能走四英里那么远去上班"（（笑））。

丽贝卡：坐车去吧。

莎莉： 是啊，就是这样。

动力成为克服天生懒惰的关键因素，懒惰阻碍我们获得保持健康而不是肥胖所需的锻炼。与她对母亲的描述截然不同——母亲锻炼是因为别无选择——莎莉对自己去健身房的行为的描述表明，这取决于另一个人："就算我真的加入了健身房，我会去吗？不会。因为如果有人陪我去，我才会有动力去锻炼［……］。能有一个人参与到这样的活动中来并且真正帮助到你，这真是太好了。"另一个人能够确保再次锻炼的想法依赖于并再现了这样的想法，即锻炼本身并没有什么内在的吸引力。对卡拉来说，去健身房的动力来自留给自己能够远离年幼的孩子们的独处时间："这是让我坚持下去的真正动力。但我现在不去费心了（（笑））。"她使用的语言很能说明问题——"费心"让人想到努力。结尾的笑声表明，她遗憾地承认了她所做的和她应该做的之间的脱节——向她的人性"屈服"。

除了人类固有的懒惰之外，锻炼本身（如上所述）被认为是非常消极的，没有内在的吸引力。例如，丽贝卡描述说，她感觉健身房"很无聊"。虽然这是资料中的一个普遍主题，但重要的是要考虑到，焦点小组的参与者都是女性，尽管她们没有明确提到自己的性别属性，她们只是把自己当作不喜欢锻炼的无关性别的懒惰的人，但这种说法在我们仅限女性的小组中普遍存在可能反映了体育和锻炼参与的性别属性，特别是在整个童年时期和教育环境中（Flintoff & Scraton, 2005; Kirk, 2002）。事实上，学校里的体育锻炼被描述为令人不快的："这真是一件苦差事，我过去常常想，'哦，天哪'，你知道，'不上体育课，哦，我不想上体育课'。"（萨莉）还有一些努力避免的事情："我尽可能逃掉每一节体育课。"（丽贝卡）这种关于学校体育和锻炼的评价说明了一项研究，该研究表明女孩不爱参与体育活动和锻炼（Whitehead & Bdle, 2008）。然而，如上所述，在我们的资料中，关于锻炼和懒惰的说法并没有明显的性别色彩。

正如对学校体育的讨论所暗示的那样，这种与生俱来的懒惰被认为是儿童和成人的特征，这表明它是一种人类的普遍特征。儿童的休闲活动通常被描述为是在室内的、久坐的、要借助技术的手段（尽管其中的原因有时被归因于社会，见现代生活是垃圾）。儿童参与户外活动通常被认为是罕见或不寻常的，有时甚至是被迫的，虽然并不总被认为是孩子的"过错"。例如，卡拉这样描述她的家庭状况："就好像我们外面有张蹦床。我得揪着他们的头发把他们从家里拽出来，让他们爬到蹦床上去，你知道的。"（卡拉）

然而，这种懒惰的人类特征并不是不可克服的。例如，朱迪说，当她养成了习惯时，去健身房就是容易之事：

朱迪：我想一旦你养成了这个习惯就很容易了，因为我进入了健身房，然后以前每天下班后我都会去两三次。后来停止了工作，上了大学，然后你就会（嗯）丢掉这个习惯，以后就很难再养成这习惯了。

在这里，一个习惯可以产生一种不同的与世界打交道的方式。（分析仍在持续，最终分析稿的完整版本，请参阅配套网站。）

将现有的文献纳入分析

我们希望你在看框 11.4 的分析时注意到两件事：（1）我们不仅只是总结了资料的内容，还拓展了我们的分析要点；（2）有一些相关的参考文献。这种分析解释了资料，将其与我们的研究问题联系起来，更重要的是，将我们的资料和分析与现有的学术文献联系起来。将你的分析与文献联系起来是任何分析（质性或非质性的）的重要部分，它是关于根据已经存在的内容定位你的分析，并说明你的分析如何有助于进一步发展我们已经知道的主题或对其提出挑战（见框 11.5）。如何做到这一点在一定程度上取决于产生报告的风格。与"主流"心理学模型一致，一些质性研究包含一个单独的讨论环节；在其他情况下，分析则结合了传统上被视为结果和讨论部分的内容（参见第十三章），这意味着文献贯穿整个分析，分析也在此基础上展开。

框 11.5　利用现有文献和理论概念深化分析

深化资料分析，而不是简单总结和描述资料的方法之一，就是利用现有的研究和理论概念进行分析。例如，埃莱妮·德米特里乌（Eleni Demetriou，维多利亚的学生之一）通过电子邮件访谈和在线质性调查来探索那些与女同性恋、男同性恋或变性人（LGT）父亲或母亲（或双亲）一起长大的成年人的经历。在分析资料时，埃莱妮注意到她的资料模式与之前关于男女同性恋养育方式的研究中确定的主题之间有一些相似之处，特别是探索男女同性恋父母及其支持者在公共话语中用来捍卫他们家庭的论点的质性研究，（例如 Clarke & Kitzinger, 2004），以及比较男女同性恋和异性恋家庭儿童养育结果的更传统的心理学研究（例如 Golombok & Tasker, 1996）。因此，埃莱妮利用这些文献来帮助自己发展和扩展资料分析。

例如，她的其中一个主题"这并不全是关于我父母的性取向和性别认同"关注的是参与者在描述自己成长的过程中往往淡化他们的 LGT 父母的性取向和性别认同的重要性。为了说明这一主题，埃莱妮引用了伊娃在访谈中谈到学校里被欺负的经历："当我还小的时候，这只是我被取笑的众多事情之一。我还因戴眼镜或学习刻苦被嘲笑，所以我被嘲笑不是因为我的母亲是同性恋，而是因为我是那种会被人嘲笑的孩子。"埃莱妮在她的报告中指出，这一说法呼应了对女同性恋母亲家庭进行的比较主流心理学研究的结果，即同性恋、双性恋及变性者父母的孩子"并不比非同性恋、双性恋及变性者父母的孩子更容易被取笑或欺负"（Tasker & Golombok, 1997: 89–90）。然后，她引用了关于恐同欺凌的批判性心理学研究（Clarke et al., 2004），认为伊娃正在将她的恐同欺凌经历正常化，以便将这种欺凌的影响降至最低，并暗示她的母亲是一个糟糕的家长，因为她的母亲在伊娃成长过程中选择了出柜（正如主流心理学家可能会将恐同欺凌正常化一样）。伊娃和其他参与者一样，非常保护她的 LGT 父母，并热衷于反驳 LGT 父母对孩子有害的观点。伊娃将她被欺凌的经历个人化（而不是政治化）（这是与她自己，以及她是哪种人有关）。通过像这样借鉴文献，埃莱妮能够做到不仅仅是简单描述参与者抵制这样的观点，即父母的性取向和性别认同是他们成长的决定性特征，还能探索他们为什么这样做，并对这种意义模式可能产生的影响进行理论推导。

维多利亚的另一个学生，贝丝·库珀，用故事续成任务来探究当作为女儿的萨拉对父母说自己是非异性恋的时候，人们对父母是如何反应的看法（见第十章框 10.5 和图 10.2）。作为学位的一部分，贝丝选修了一门重要的"性别和性取向"课程，在课程中她学习了一些重要的概念，如异性恋主义（Adam, 1998）和异性恋正统主义（Warner, 1993）。贝丝将这些理论知识应用到了她的资料分析中。例如，她指出，尽管故事的主干没有指明萨拉父母的性别，但每个参与者都认为他们是一对异性恋夫妇。她还指出，在萨拉公开自己的非异性恋取向之前，父母被描述为假设萨拉是异性恋，并期望萨拉有一个"异性恋生活剧本"——她会找到"合适的"男人，安定下来，结婚生子。贝丝新获得的理论知识使她能够以不同的方式看待资料，并深入挖掘资料以确定支撑故事的假设。

虽然这两种方法都适用于基于模式的分析，比如主题分析，但是综合两种方法有一些优点：它避免了结果部分和讨论部分之间的重复，使你能更全面、更充分地展开分析。当与现有研究有明确和紧密的联系时，当现有理论或研究有助于扩展和发展你的分析时，当分析更具理论性、解释性或潜在性时，综合方法就能很好地发挥作用。但是，当你的分析主要是语义性和描述性的，现有的文献不会帮助你深化或发展你的分析，或者当你的解释与资料中的特定点不太相关，而是与整体的分析相关时，综合方法的效果就不那么好了。例如，在我们关于性高潮体验和性快感调查资料的主要描述性主题分析中，我们的结果部分以一种直接的方式报告了关键主题，并整合了少量文献，我们的讨论部分探讨了更多与资料分析相关的概念性和理论性问题（Opperman, Braun, Clarke & Rogers，出版中）。

我们希望你注意到的另一件事是，在对主题"锻炼即邪恶"的分析中，我们没有使用数字来报告这一主题（例如，"三名参与者报告了……"）。数字在报告模式中的使用并不常见，尽管有些人会建议使用数字（Maxwell, 2010; Sandelowski, 2001），也有一些人使用它（例如：Dalla, 2002; Kim, 2009），但我们认为这通常不是一个好的做法（见框 11.6）。

框 11.6 我应该在模式分析中使用数字吗

在报告资料中的模式时，大多数质性模式分析使用诸如"一个共同主题……""在分析的大多数文本中……"或"许多参与者评论说……"之类的表达，并且通常未明确说明这些术语的含义（见下文）。但是，报告实际数字不是更好吗（例如，27% 的女性……）？我们认为并非如此，并且通常不鼓励在报告分析中使用频率计数（尽管在撰写与特定做法相关的报告时频率计数是有用的，例如，打算将自己的姓改为未来丈夫的姓的未婚异性恋妇女的比例）。像上面这样的话语有时会因为含糊不清而受到批评，人们认为精确的参与者人数会提供更有意义或更准确的信息（数字比文字更好的看法也在很大程度上说明了心理学中量化范式的主导地位）。澳大利亚健康研究者普里西拉·皮特（Prisicilla Pyett, 2003: 1174）认为，"对参与者的回应计数忽略了质性研究的重点"，因为频率并不能决定价值。对于阐明我们的研究问题，某些内容是否有深刻见解或重要并不一定取决于是否有很多人这么说（Braun & Clarke, 2006; Buetow, 2010; Wainwright, 1997）。

此外，在质性研究报告中使用数字并不简单，其中一个主要原因是，与量化资料相比，收集质性资料的方式是开放的（交互式）。例如，考虑一项量化调查，要求人们从多个选项中进行选择，报告和比较从一系列回答选项中选择每一个选项的人数比例是有意义的，因为他们都被问到了相同的问题，并被给出了相同的回答选项。但是，当你以交互的方式收集质性研究资料时，每个参与者提供的资料可能会有很大的不同。例如，由于访谈是流动和灵活的资料收集工具，人们会根据参与者不断发展变化的叙述调整访谈问题，因此，并非访谈研究中的每个参与者都会讨论完全相同的问题。所以，如果有人在一项有 15 名参与者的访谈研究中报告说，"其中 6 名女性认为……"，我们就不能假设其余 9 名参与者不这么认为，或持相反看法（参见 Huxley, Clarke & Halliwell, 2011）。他们可能只是在访谈中没有讨论过这个问题。我们无法解释在质性资料中没有被报告的内容。比如，想象在一个焦点小组中，有人就人们为什么肥胖提出了一个特殊原因（他们很懒），但其他参与者没有详细说明这一点。在这种情况下，我们无法知道别人的观点是什么：他们同意但什么都没说吗？他们不同意但什么都没说吗？这些例子说明了在报告质性模式分析时使用频率或数字的复杂性（请参阅第十章中关于故事续成任务资料的框 10.5）。使用更具批判性的语言理论，将语言视为生产性的，而不是现实的反映（见第二章和第八章），这进一步复杂化了频率是报告质性分析的关键这一假设，因为语言不被视为获取真理的工具。

在某些情况下，你可能需要或被（编辑或导师）要求标示与质性资料中的模式相关的某种频率的程度。金妮（Ginny）以前的博士生加雷思·特里研究了新西兰男性结扎输精管的经历，采用了包括个别访谈、主题分析等多种方法进行分析。在他的博士学位论文中，他进行了以下描述："当在本章中讨论一个主题时，一些量化性的语言将被用来讨论主题在资料语料库中的普遍程度。重要的是要注意，这些用语并不是试图以任何方式'计算'主题出现的实例（根据内容分析），而是表明了主题的强度或一致性。当使用'许多'一词时，它指的是在 17 个'典型'参与者的叙述中至少有 10 个叙述出现该主题。当我使用'大多数'或'几乎所有'时，这意味着至少有 12 个到 14 个叙述中出现该主题，而'一些'则意味着 6 个到 8 个叙述中出现该主题。诸如'一般''典型'或'经常的'等词语将更广泛地指在 10 次到 17 次访谈中出现的主题，而'偶尔'或'不常见'则指不到一半的参与者。"（Terry, 2010: 108）这种方法采取了"中间立场"方法，可以减轻对模糊性和不精确性的担忧（尽管如前所述，这些都是有问题的）。然而，这样做也避免了向读者暗示数字比其他"频率"或"显著性"报告模式能更好地揭示资料中的真相。

主题命名

用一整节的篇幅来讨论主题命名似乎有些奇怪，但是给主题命名需要思考和创造力。你对每个主题的称呼很重要——因为它既能体现资料的内容，也能体现你对资料的分析，这也是一个你可以发挥创造力的地方！我们喜欢能引起共鸣、朗朗上口、简明扼要、内容丰富的主题名称。有时候直接引用资料可以完美地抓住这一点，因为它传达了一个主题是什么的即时且生动的感觉，同时保持了与参与者的语言和概念的密切联系。其他时候，在简短的引用之后可能需要一个副标题，以表明分析范围。有时候你只想给它们起个名字，这就是我们在焦点小组资料分析中对主题所做的事情。

我们所有的主题都有朗朗上口的名字，它们抓住了主题焦点的精髓，并告诉你一些关于我们的分析观点。例如，罪恶和罪人告诉你，这个主题是关于人们自己的（坏的）行为和做法，此外，它还唤起了一个理解世界的道德的、圣经般的参照标准，反映了参与者在讨论肥胖原因时所引发的解释标准。昔日的宁静日子这个标题告诉你，这是关于过去的，但它也意在捕捉在资料中唤起的过去的浪漫、理想化的意象，我们一直在思考与这个主题相关的康斯特布尔（Constable）田园风格绘画。最后，有两个主题名称参考了流行文化：现代生活是垃圾是乐队Blur 的一张专辑（重返我们的青春！）的标题，它完美地抓住了这个主题的中心组织概念；他们没有得到教育是对平克·弗洛伊德（Pink Floyd）的歌曲《墙上的另一块砖》(*Another Brick in the Wall*)［最近由玛丽莲·曼森（Marilyn Manson）翻唱］的一个几乎不加掩饰的引用。这个名字告诉你这个主题是关于教育体制的，但也表明这是对该体制的批判（前面提到的音乐的引用也表明了这一点）。在导演肯洛奇（Ken Loach）（2009）的优秀电影《寻找埃里克》（*Looking for Eric*）中，前足球巨星埃里克·坎通纳（Eric Cantona）描述了他想在每场比赛中通过一些特殊的、意想不到的表现给球迷送上一份"礼物"的愿望；不那么引人注目的是，引用其他内容的主题名称可以为那些知道该引用的读者提供享受。我们真正想要传达的是，你可以有很多有趣的主题名字，真的。但是，如果你想不出有创意的名字，也不用担心。只要名称能够很好地抓住主题，它就是一个有效的主题名称。重要的是，你已经对主题进行了良好的分析（下文将进行更多讨论），并且主题名称抓住了你分析的精髓（报告的标题也是如此，参见第十三章）。

呈现一个丰富、相互关联、有逻辑的分析

每个主题不仅需要基于其自身而发展，还需要基于你的研究问题以及其他主题而发展，分析应该是相互关联的。你呈现主题的顺序应该要符合逻辑，每个新主题都建立在前面讨论的主题之上，以讲述关于资料的更丰富、更详细的故事。如果资料中有一个关键主题，或者一个支撑所有其他主题的主题，请首先讲述该主题。从本质上讲，要思考你所讲述的故事的逻辑，你呈现主题的顺序就是由这个决定的。分析的顺序安排也是一种以令人信服的方式向观众传达你的故事和分析的重要工具。当分析结束时，你得出的研究结论应该来自整个分析，并且这些结论应该与你设置的研究问题相关（欲了解更多关于撰写分析结论的内容，请参见第十三章）。

使用其他方法跨资料分析模式

就像在第九章和第十章中讨论的早期分析阶段一样，不同的基于模式的质性分析方法遵循一些不同的解释性分析过程。不同的解释分析过程所提供的理论视角也不同，因而对资料的分析倾向也有所不同。因此，不同类型的基于模式的分

析之间的部分差异在于它们带来的理论方向，以及它们所处理的问题。解释现象学分析以现象学为基础，面向经验问题和对经验的解释（如果使用类似的理论框架，主题分析可以产生类似的分析和解释）。扎根理论倾向于对社会因素和社会过程更感兴趣，而不是经验（同样，主题分析使用类似的理论框架，也可以产生类似的分析）。表 11.1 提供了对各种不同的问题和分析解释的有用比较，这些问题和解释源于一个解释现象学分析和扎根理论的类似主题的研究。解释现象学分析通常是寻求描述（和解释），而扎根理论通常是寻求解释，为此，模型可以是一个有用的工具（见框 11.7 和图 11.1）。

表 11.1　解释现象学分析和扎根理论分析的比较：对慢性疼痛及疾病的研究

比较点	史密斯和奥斯本(2007)"疼痛是对自我的一种攻击：解释性现象学分析……"	卡麦兹(1983)"失去自我：慢性病患者痛苦的基本形式"
研究的问题/重点是什么	慢性疼痛中的自我体验	痛苦如何破坏自我以及支撑痛苦的社会心理因素
理论框架是什么	具体的和现象学的；强调参与者的主观体验	符号互动论
如何看待自我	自我具有社会维度（但也独立于社会环境）	自我本质上是社会性的（自我概念在一生中会发生变化）
调查的样本是什么	6例慢性良性腰痛患者的同质目的样本	53名年龄和收入、社会阶层不同的慢性病患者(有多种诊断)
资料集的构成是什么样	6次半结构化访谈的转录	73次深度访谈的转录（资料集仅限于患有最令人虚弱的疾病和因病被困在家中的参与者）

续 表

比较点	史密斯和奥斯本(2007)"疼痛是对自我的一种攻击:解释性现象学分析……"	卡麦兹(1983)"失去自我:慢性病患者痛苦的基本形式"
有论点吗	是的,在结论中陈述了自我是慢性疼痛体验的一个重要方面;慢性疼痛"攻击"自我(这种攻击可能比身体疼痛更令人不快)	是的,在导言中说过:慢性疾病导致自我丧失(不仅仅是身体不适)
分析	疼痛对自我的负面影响;连续性和轨迹(疼痛的负面影响是一个发展过程:积极的原始自我和消极的疼痛自我);公共场所让情况变得更糟(参与者担心疼痛对他们的关系和家庭的影响,以及别人如何看待他们);将消极情绪转向他人(疼痛的自我损害重要的他人);意外结局(疼痛→消极想法→自我厌恶→对他人的消极行为→惩罚)	痛苦的根源(造成自我丧失):过着受限的生活(这为构建有价值的自我提供了更少的可能性);社会孤立(受限生活的主要后果);怀疑自我定义[败坏名声发生在与他人的互动中,通常是"病人未能实现其期望"(p.182)的结果;败坏名声的影响取决于感觉到败坏的规模和败坏名声的人的重要性;随着败坏名声的再次发生,慢性病患者接受了名誉扫地的自我];成为一种负担
介绍结果和讨论	独立的(有简短的结论)	交织在一起[有较长的结论(标示为"讨论")]
是否使用资料摘录	说明性地和分析性地但主要是分析性地评论参与者"描述他们经历"的特定方式("有一点像男子汉",p.525)和支撑特定叙述的心理过程("西蒙似乎对痛苦的自我认同反反复复",p.523)(大约有40%的摘录和60%的分析性评论)	举例说明分析观察的结果(例如,在"过着受限的生活"的标题下,作者指出,"失去控制和存在潜在尴尬的程度越大……个人的自我观念越可能受损,他或她就会限制自己的生活。……例如,一位年长的女士……低声对我说,"亲爱的,我再也出不了门了,这是膀胱……",p.175)(大约30%的摘录和70%的叙述分析)

比较点	史密斯和奥斯本(2007)"疼痛是对自我的一种攻击:解释性现象学分析……"	卡麦兹(1983)"失去自我:慢性病患者痛苦的基本形式"
分析是描述性的吗	是的,作者描述了参与者对慢性疼痛的主观体验(特别是疼痛对自我的影响)。例如,在"公共场所让事情变得更糟"的标题下,作者描述了"在社会或关系情境中,参与者的自尊受到的威胁如何最严重"(p. 524),并从资料中提供这方面的说明	是的,作者描述了支撑自我丧失的社会和心理过程(然而,这一描述是由慢性病导致自我丧失的理论论证支撑的)。例如,作者指出,慢性病的不可预见性增加了不确定性和恐惧,因此"一些患者自愿限制自己的生活"(p. 174)
分析是解释性的吗	是的,作者对支撑这些叙述的心理过程提供了许多解释,例如,一位参与者(海伦)指的是她的两个自我"一个良好的人"和"刻薄的我",作者评论说,"可能是海伦自己确信她仍然是个良好的人,但担心在公开场合,别人会认为她是别的什么人……或者……她可能会看到自己在为自己的身份而战",p.522;作者还提供了与疼痛的自我的出现有关的试探性理论("有一种发展过程的可能性暗示",p. 523)和模型(对社会判断和惩罚的恐惧是如何从慢性疼痛的经验中产生的,见上文),以理解慢性疼痛是如何侵害自我的	是的,除了认为慢性病会导致自我丧失,作者还解释了这种情况是如何发生的,以及更广泛的独立性和个人责任的社会和文化价值观(见下文)是如何支持这一(社会和心理)过程的。例如,在"过着受限的生活"的标题下,作者认为"世界是为健康和有能力的人而建立的"(p. 174),而这并不是慢性病患者所质疑的,因此,"慢性病患者的生活有时比他们需要的更受限制"(p. 174)

比较点	史密斯和奥斯本(2007)"疼痛是对自我的一种攻击:解释性现象学分析……"	卡麦兹（1983）"失去自我:慢性病患者痛苦的基本形式"
分析是否与更广泛的社会情境相关	没有,但在讨论中注意到了慢性疼痛的社会性(p. 528)	慢性病患者根据健康和健全人的标准和期望来判断自己,这样做无意中造成了他们生活受限。作者举了一个背痛人的例子,他因为坐不了几个小时而不看电影——这个人并不认为如果他站起来走动一会儿就能看电影,因为站起来走动一会儿不是正常人做的事。是的,在导言中:美国人"独立、注重隐私和家庭自主"的价值观(p. 169)影响慢性病的管理;新教**意识形态**(ideology)(独立、努力工作和个人责任)导致慢性病患者因依赖他人和国家而自责
分析是否与更广泛的文献相关联	是的,在讨论中:研究结果与慢性疼痛的心理学方面的研究、慢性病的社会学研究、慢性病的社会(和道德)性质的理论、关于羞耻感的有关文献(注意到当前研究与现有文献的相似之处或扩展现有文献的方式;文献也用于解释结果)	是的,但不详细,在整个分析中简单引用了关于慢性疾病和羞耻感的社会学文献
总体而言,这两项研究得出了非常相似的结论（尽管一些相似之处被不同语言和概念的使用以及非常不同的陈述所掩盖——部分是学科差异的结果）,但侧重点不同:史密斯和奥斯本强调慢性疼痛的心理体验;卡麦兹强调个人慢性病经历背后的社会过程		

框 11.7 在扎根理论中开发模型

如果你想要为一个过程（例如 Clifford & Orford, 2007）或一个问题开发解释模型，扎根理论可能会很有用。使用扎根理论精简版分析，你的目标不是发展一个包罗万象的理论，而是提供与你的研究问题相关的对于资料的理论性和概念性解释。对我们来说，这意味着开发一张概念图，说明焦点小组的参与者如何解释社会层面上肥胖的增加，以及个人本身是如何变得肥胖的。通过扎根理论发展的任何模型都需要明确地基于资料、源于资料。然而，它并不直接源于资料，而是涉及分析者的解读。这种解读是为了找出分析中不同的代码、概念和类别是如何"结合在一起"，从而在理论上对感兴趣的现象背后的社会和心理过程做出有见地的解释。在我们发展的模型中（参见图 11.1），参与者并不一定会直接说出这些事情，或者直接建立这些联系；相反，我们在分析过程中询问了他们所说的与变胖有关的事情，并弄清楚了他们确定的不同要素（直接或间接）如何相互关联。因此，扎根理论的解释过程不仅仅是讲述一个关于资料的故事，它还涉及从资料中发展出一种解释。在这方面，扎根理论既不同于主题分析，也不同于解释现象学分析。

我们的模型关注的是被认为影响变胖的因素，它不是关于肥胖的经历（这是我们的解释现象学分析示例的重点，参见第八章和第九章），也不是对肥胖和肥胖流行的理解（这是我们在第八章、第九章和这里发展的主题分析示例的重点）。虽然我们只以图形形式呈现模型，但任何分析都将发展一个包含嵌入资料摘录的完整分析叙述。就像主题分析会按顺序讨论主题一样，围绕这一主题的分析将按顺序描述模型中的不同级别和要素。在这样做的时候，我们还会注意到某些警告或细节，比如在资料中，某些类型的肥胖相当正常，并不被视为完全负面，参与者在个人和社会层面上对一个人变得肥胖的解释不尽相同。虽然这对于扎根理论精简版分析来说已经足够，但是完整的扎根理论还会更进一步。与我们（在第九章和第十章中）阐述的初始（开放）和中期（重点）编码的两个阶段不同，完整的扎根理论需要额外的一个（Birks & Mills, 2011）或两个（Charmaz, 2006）进一步编码的阶段，以及理论抽样（见第三章中的框 3.3），以确保理论发展中所探索的概念达到饱和。

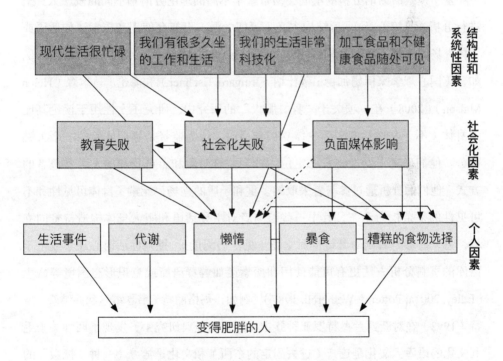

图 11.1　肥胖的解释性因素：扎根理论模型

图例：箭头表示因素之间的关系；箭头方向表示影响方向；在模型中，虚线箭头表示暂定的关系。

所有类型的话语分析都可以被看作是一种对资料进行理论上的批判性分析，它试图识别语言的模式化特征，并将那些在语言理解范围内的特征解释为生产性的和构成性的，是在发挥作用，而不是提供信息。大多数话语分析（例如：Parker, 1992; Potter & Wetherell, 1987; Willig, 2008）的"方法论指南"（Arrias-Ayllon & Walkerdine, 2008: 98）倾向于指出分析者通过"对语言的敏感性"（Parker, 2004: 310）探索或研究语言特征或理论概念，然后探究并解释它们在语言使用中的功能和影响。资料分析实际上要求研究者寻找资料提出的一系列问题的"答案"；分析还需要一个懂得反思的研究者，他不断地问自己："为什么我要以这种方式阅读这篇文章？"（Potter & Wetherell, 1987: 168）

基于模式的话语分析的不同类型带来了不同的理论方向和不同的概念工具来进行分析（见第八章）。后结构主义（福柯学派）可能会使用和探索诸如话语或主体立场等概念（Arrias-Ayllon & Walkerdine, 2008; Parker, 1992; Willig, 2008）。例如，英国心理学家伊姆加德·蒂什纳（Irmgard Tischner）和海伦·马尔森（Helen Malson）（2008）在一项关于"身材肥大"的研究中，研究了女性用于谈论其庞大身体（不）可见性的多个主体立场和话语，认为监督是她们体验的一个关键部分。他们确定了女性将自己定位为社会监督对象和（自我和他人）监督者的方式。他们的分析通过参与者采取的多重和矛盾的立场，探索了身体可见性和不可见性的复杂权力动态，其中一些参与者对主导话语和肥大身体构造持赞同立场，另一些参与者则对其持反对立场（见扩展阅读）。批判性话语心理学或基于语库的资料分析方法更有可能使用和探索诸如解释语库或意识形态困境等概念（Edley, 2001a; Potter & Wetherell, 1987）。例如，玛格丽特·韦瑟雷尔和乔纳森·波特（1992）在对新西兰奥特罗亚种族主义语言的经典研究中，发现了两种关于毛利文化的语库：文化是遗产（过去固定的东西）和文化是治疗（一种"拯救"的形式）。确定这样的语库只是个开始；他们的分析转向考虑这两种模式构建"文化"的截然不同的意识形态含义，对于毛利人来说，对于新西兰社会的种族关系和社会政治组织来说，都是如此。这突出了重要的一点：在基于模式的话语分析中，描述永远不足以进行分析。解释必不可少，语言和语言使用功能和影响的研究和考虑同样必不可少。

做好基于模式的分析

关于做高质量质性研究的问题在第十二章中有更全面的介绍，在这里，我们将简要概述一些良好的（和糟糕的方面，见框11.8）基于模式的分析（参见表11.2）的关键方面。好的分析不仅仅是总结资料，分析还应该是彻底的、合理的、复杂的，最重要的是具有解释性的。我们已经多次提到的解释至关重要，这就是我们理解资料的方式，并为我们为什么应该关注它提供了基础。在分析资料时，你需要带给读者的不仅仅是参与者的话语或二级文本中的话语。想象一下，你有一大堆关于肥胖的资料，如果你感兴趣的是肥胖是如何形成的，你可以整理与之相关的资料，将它们组织成主题（例如，肥胖是基因造成的，肥胖是自我管理失败的结果，肥胖是从文化压力下解放出来的结果），讲述一个关于它们的丰富故事，然后告诉读者为什么他们应该关心这些原因。为什么他们应该关心，这是个很开放性的问题，可以从理论、科学、社会、医学、心理、政治、政策和其他层面来解答。重要的是，你需要提供理由，说明你所讲述的有关资料的故事为什么很重要。

有助于发展解释性分析方向的问题包括：

- 什么样的意义、想法或假设支撑着这种意义形成模式？
- 这种模式对参与者有何影响？
- 这种模式对手头的问题有何影响？
- 这种模式对社会有何影响？
- 这种模式对该领域学术上的知识有何影响？

表 11.2　基于模式分析中的良好分析和糟糕分析

良好分析示例	糟糕分析示例
分析性评论和资料摘录之间有良好平衡（至少一半分析性评论）	太多的资料摘录，很少或根本没有分析性评论，或没有足够的资料示例支持分析性主张
有系统和彻底的分析过程的有力证据；分析性评论提供了对资料意义的独到见解	很少或根本没有做分析工作——分析是基于对资料的表面浏览，只是简单地解释资料，或呈现资料的更明显特征作为主题，并且选择了支持这些主题的资料摘录
资料和分析主张之间有很好的契合性；对资料的解释令人信服，说服力强	资料和分析性主张之间的契合性差：分析性主张没有资料支持，或者没有说服力；其他解释似乎更有说服力
每个主题都有一个清晰的中心组织概念；提出恰当数量的连贯主题；所有主题一起支撑对资料的"深描"；每个主题都进行了足够深入和详细的讨论	主题不连贯，没有一个清晰的中心组织概念；主题太多（主题单薄、杂乱）或主题太少（主题烦琐、复杂）
主题主要是在整个资料集中确定，而不管参与者被问到了什么问题（最佳实践）	主题来源于所问的问题，例如，对每个访谈和调查问题的回答被简单地总结并作为主题呈现
每个主题都是独特的	主题重叠；分析重复
这些主题共同讲述了一个关于资料的故事；在分析过程中，对单个主题以及它们之间的关系给予了同等关注；分析者有信心放弃不适合整体发展中的分析代码或主题	主题之间的关系不清楚（甚至不存在），主题没有形成一个连贯的整体；在形成主题时，很少或根本没有考虑到整体分析
分析是描述性和解释性的，提供了对资料的概念性和理论性分析；借鉴现有的研究和理论概念来深化资料分析	分析仅限于描述和总结资料（简单地让参与者发声）；没有解释；没有什么东能告诉读者它为什么有趣或重要
分析对支撑资料的假设和资料的意义进行了批判性分析	对资料的分析被对资料的争论所取代

续　表

良好分析示例	糟糕分析示例
资料置于更广泛的社会情境中	分析忽略了资料和更广泛的社会情境之间的联系,这些资料是在社会真空中解释的
分析捕捉到资料中的不同故事,并考虑资料的其他合理解释	分析不考虑其他明显的资料解释,也不考虑资料的复杂性和矛盾之处
分析解释了为什么资料有趣而重要,或为什么与研究问题相关的资料重要;可能会在语义或明显的层面,以及更潜在或隐藏的层面上强调这一点	资料的意义被认为是不言而喻的,资料只能"为自己说话"
分析提出论点,通常与理论、概念或其他实证性研究有关	分析只体现了资料的关键特征
分析主张与分析的总体理论立场相吻合,并且一致,例如,围绕肥胖的建构主义分析没有描述人们对肥胖者的态度,也没有描述肥胖者发胖的经历	分析与理论框架矛盾或分析不一致,例如,对肥胖的经验性分析关注的是参与者如何在他们的谈话中构建"肥胖",而不是报告参与者的肥胖经历
分析回答了研究的问题	分析没有回答研究问题,或者没有提供清晰的研究问题

这些问题可以有效地应用于你确定的每个模式和整个分析中(参见 Braun Clarke, 2006, 2012)。例如,继续上面的例子,对于"肥胖是基因造成的"这一主题,我们可能会注意到,这种意义的存在是因为生物医学框架,该框架将体重(包括胖和瘦)视为遗传和新陈代谢的结果,这对肥胖者的影响可能是积极的(没有责备),但也可能是消极的(如果他们想减肥,就会感到徒劳)。如果这是一个具有普遍性理解的、常识性的意义,任何解决这个问题("肥胖流行症")的社会性尝试就都需要考虑这些"外行解释"(Blaxter, 1997),所以你的分析可能会影响政策和卫生专业人员的做法。通过更好地理解日常解释,以及这些解释如何对应到现有的科学框架中(它们是呼应的还是不一致的?),学术

知识将得到增强。

然而，英国健康心理学家卡拉·威利格和温迪·斯坦顿·罗杰斯（Wendy Stainton Rogers）（2008: 9），就质性分析中的解释提出了一个重要的警告：

> 质性研究者面临的挑战是……要超越表象，揭示被隐藏或掩盖的现象的各个方面，同时又要注意不将意义强加于现象，不将其硬性列入预先设想的范畴或理论公式中，不将其简化为基本原因。

这让我们想起质性方法的出现，它可以捕捉日常现实混乱的复杂性、集中参与者的经验和意义、避免硬性套用万能的研究者的解释框架（见第一章）。这并不意味着应该避免解释，而是表明我们不应该无视我们的资料去进行解释。同样，这也不是要求人们只提供尊重资料的分析。

解释是否与更具描述性的研究相关？绝对相关。解释现象学分析（Smith et al., 2009）是一个很好的方法示例，它旨在抓住和解释经验。因此，即使你的目的是抓住发胖的经历，你对共同经历的分析与参与者报告的内容非常接近，而且分析通常是归纳性的和语义性的，你仍然需要理解你报告的模式，你需要解决"所以这能说明什么？"这个问题。这些结合起来，便产生了一种解释性分析，而且它们总是针对你的（潜在发展的）研究问题。仅仅总结和解释资料并不是（好的）质性分析，这只是迈向分析的一步。

不充分的解释也适用于其他形式的分析，如话语分析（参见 Antaki et al., 2002）。这些英国话语心理学家将"分析中"的做法定义为"站队"。我们看到我们的学生正在努力解决的一个相似问题是如何将文本视为资料，而不是争辩的内容。这可能是一个棘手的区别，但当你将文本视为资料时，你的目的不是确定其中包含的内容是真是假，也不是你同意还是不同意该内容，你的目的是组织、解释和报告你识别的模式。根据上述例子，如果大多数参与者认为他们肥胖的原因是政府在过去十年中一直在向自来水中添加高热量但无味的人造甜味剂，那么这将是一个主要主题，一个主要的肥胖"常人理论"。虽然可能有证据表明自来水中含有人造甜味剂（Scheurer, Brauch & Lange, 2009），但如果我们找不到确凿的证据来证明这是一次蓄意的政府行为，我们就认为这种"非专业解释"是错误的。然而，作为一名分析者，你的任务不是直接论证这一点，也不是通过识别他们说法的虚假性，并用证据来支持它，从而来证明你的参与者在他们所相信的事情上是错误的。相反，你的角色是解释，回到那些"所以这能说明什么？"以及"这是什么意思？"的问题上来。你的解释性分析可能会在其他证据（例如，没有证据表明水中的甜味剂是"肥胖流行症"的原因）的背景下对这一常人理论进行评价，但这不会通过不同意资料来实现。因此，你不会直截了当地说："参与者被欺骗了，他们相信自来水中添加了人造甜味剂，因为没有证据表明是这样的（REFS）"，你可能会说这样的话："在关于肥胖原因的科学研究（例如REFS）中，人造甜味剂并不重要，但经常被参与者提及。这一常见的对肥胖的常人解释的潜在含义是……"

表 11.2 提供了基于模式的良好的和糟糕的质性分析的许多其他特性。因为很难想象什么是糟糕的分析，而相应地，这可能会引发焦虑（你怎么知道应该避免什么呢？），我们在框 11.8 中提供了一个糟糕分析的示例。我们使用了与框 11.4 中相同的主题（"锻炼即邪恶"）来提供一个简单而有用的比较点。

框 11.8　对"锻炼即邪恶"这一主题的糟糕分析

"锻炼即邪恶"这一主题指出了人类天生懒惰的观点，这似乎为参与者的谈话提供了信息，也是人类天性隐含的典型特征。其观点是，普通人不喜欢锻炼和活动，也不喜欢做需要消耗能量的事情。例如，丽贝卡谈到了你可以在麦当劳买到的饭菜，并说道：

快餐也很便宜，那么……你不能证明花两英镑的钱做一顿饭是合理的，因为你可以出去花同样的钱去买东西，知道吧，而且你还不必费心洗碗。（丽贝卡）

在这篇摘录中，丽贝卡指出，如果食物的购买成本和制作成本相同，那么上述事情就不合理，特别是你不必"费心洗碗"，而这是一项没人喜欢的活动！所以在这里，人类是"天生懒惰"，因为如果有一种更便宜和更容易的方法来准备食物，他们会选择它。事实上，人们只有在别无选择的情况下才会被描述为从事任何活动。例如，莎莉谈到她的母亲每天要走几英里路才能赶上上班的火车：

我妈妈以前要走两三英里去火车站，再走十英里去上班，你知道的［……］。因为没有公共汽车，所以她不得不步行。（莎莉）

当描述她们自己的生活时，她们通常不参加体育锻炼，这通常被归结为"没有动力"：

我真的加入了健身房，我会去吗？不会。因为如果有人陪我去，我才会有动力去锻炼。（莎莉）

我们的参与者不是锻炼者。她们描述了自己长期以来的懒惰，这可以追溯到学校，当时体育课是课程中令人憎恨的一部分：

我尽可能逃掉每一节体育课。（丽贝卡）

这真是一件苦差事，我过去常常想，"哦，天哪"，你知道，

"不上体育课，哦，我不想那样做"。（莎莉）

这种对体育活动的厌恶在今天的儿童中仍然存在：

就好像我们外面有张蹦床。我得揪着他们的头发把他们从

家里拽出来，让他们爬到蹦床上去，你知道的。（卡拉）

在这里，卡拉描述了她的家庭状况，她的孩子们不想玩一个有趣的童年玩具——蹦床。当然，卡拉不会真的把她的孩子拽出来（如果她这样做了，我们就要打电话给社会服务机构把他们带走！），但他们显然是天生懒惰，当他们可以待在室内玩电脑的时候，他们就不愿意出去玩。因此，卡拉不得不强迫他们到户外去。这表明懒惰在儿童身上存在的方式，从很小的时候就开始了，懒惰不应该只和成年人联系在一起，比如我们样本中的女性。

这些摘录和我们的分析证明了"锻炼即邪恶"这一主题，并通过焦点小组的参与者表明人类天生懒惰。但是，这可能只是反映了她们自己的偏见，因为她们是一个异常懒惰的群体——她们目前都没有进行定期的体育活动。

章节总结

本章主要内容：

- 讨论了质性研究中写作和分析的关系。
- 阐明了基于模式分析的结果。
- 描述并说明了发展和界定主题分析的过程。

- 讨论了基于模式分析的不同类型的不同流程。
- 强调了确保良好的基于模式的分析的关键实践。

问题讨论和课堂练习

1. 为你在编码（第九章）和主题发展（第十章）练习中形成的两个主题写主题定义。

2. 从你之前编写的资料（第九章）和发展的潜在主题（第十章）中选择几个摘录。对每一种资料，写一到两段分析，一次用资料做说明，一次用资料做分析。

3. 以小组为单位，找出主题分析和基于模式的话语分析在分析过程中的关键差异。你认为你分析资料的过程会以什么方式影响分析结果？

4. 看看框 11.8 中的糟糕分析，找出其中的错误之处。找出可以做得更好的方法（参见配套网站的"答案"）。

扩展资源

扩展阅读：

有关在质性研究中使用资料摘录的很好的讨论，请参阅：Sandelowski, M. (1994). The use of quotes in qualitative research. *Research in Nursing & Health, 17,* 479–482。

有关解释性(批判性)主题分析潜力的实例，请参阅：Braun, V. (2008). "She'll be right"? National identity explanations for poor sexual health statistics in Aotearoa/New Zealand. *Social Science & Medicine, 67,* 1817–1825。

有关解释性解释现象学分析研究的实例，请参阅：Smith, J. A. & Osborn, M. (2007). Pain as an assault on the self: an interpretative phenomenological analysis of the psychological impact of chronic benign low back pain. *Psychology & Health, 22,* 517–534。

有关解释性扎根理论研究的实例，请参阅：Rose, L., Mallinson, R. K. & Walton-Moss, B. (2002). A grounded theory of families responding to mental illness. *Western Journal of Nursing Research, 24,* 516–536。

有关简短的后结构主义话语分析研究的实例，请参阅：Tischner, I. & Malson, H. (2008). Exploring the politics of women's in/visible "large" bodies. *Feminism & Psychology, 18,* 260–267。

有关后结构主义话语分析研究的更长的实例，请参阅：Gavey, N. & McPhillips, K. (1999). Subject to romance: heterosexual passivity as an obstacle to women initiating condom use. *Psychology of Women Quarterly, 23,* 349–367。

有关大型"解释性语库"类型的话语分析研究详细实例，请参阅：Wetherell, M. & Potter, J. (1992). *Mapping the Language of Racism: Discourse and the legitimation of exploitation.* Hemel Hempstead, UK: Harvester。

在线资源：

有关以下信息，请参阅配套网站（**www.sagepub.co.uk/braunandclarke**）：

- 与第三部分相关的自测多项选择题。
- 抽认卡词汇表——测试本章中使用的关键术语的定义。
- 糟糕分析练习的答案。
- 关于"锻炼即邪恶"主题的扩展版本（完整的终稿）（框 11.4）。
- 体重和肥胖焦点小组转录本。
- 扩展阅读（来自 Sage 期刊的文章）。

第四部分

成功完成质性研究

SUCCESSFULLY COMPLETING QUALITATIVE RESEARCH

第十二章　质性研究的质量标准和技术

我们应该给这个项目打什么等级？

这个人应该被授予博士学位吗？

这项研究计划书应该得到资助吗？

这篇论文应该发表吗？

我应该根据这些结果改变我的（临床）实践吗？

这些问题说明了评价质性研究的质量、反思良好的和糟糕的实践是非常实际的需要。研究者们已经制定了各种标准来确保和判断所进行的研究的质量。理解这些标准对于进行（良好的）质性研究、反思你的研究是否好、撰写和传播你的研究以及总体评估质性研究都至关重要。在整本书中，我们以许多不同的方式探索和强调质量，例如，关于什么才是一次好的访谈，或者如何最好地展示你的分析。比利时健康研究者卡琳·汉内斯（Karin Hannes）及其同事（Hannes, Lockwood & Pearson, 2010: 1737）对质量标准和技术进行了有益的区分："我们将标准定义为在质性研究中要坚持的理想标准，将技术定义为减少有效性威胁的方法。"在本章中，我们考虑了应该用来确保和判断质性研究质量的更一般标准的问题。

什么是好的质性研究

不幸的是，我们没有绝对的标准来判断一项质性研究是否很好。正如英国社会学家克莱夫·西尔（1999: 471）所指出，质性研究中的"质量"是一种有点难以捉摸的现象，但这并不意味着我们不能区分质量好和质量差的研究。质性研究在这方面有点像电影。影评人（或电影观众）没有一致的标准来判断电影的质量，但作为一个群体，影评人对电影好坏有其内隐知识（implicit knowledge）。大多数影评人都认为获得 1974 年包括"最佳影片"在内的六项奥斯卡奖的《教父2》(The Godfather: Part II) 是一部优秀的电影，而获得 2010 年金酸梅奖（Razzie Awards）最差影片提名的《欲望都市 2》(Sex and the City 2) 是一部糟糕的电影。经验丰富的质性研究者同样经常使用内隐标准来判断质性研究，如果你是质性研究者群体的新成员，则会很难知道和理解这些标准，所以指南会很有用。

《欲望都市 2》的例子强调了我们评判一部电影的不同维度：我们是否喜欢它以及它是否质量高。《欲望都市 2》的高热度导致它被称为"评论免疫"（Pulver, 2010），因为几乎普遍的差评都没有阻止人们成群结队地观看它。将其转化到质性研究领域，我们可以看到，区分我们感兴趣的方法或主题，以及区分我们可以判断为高质量的研究很重要。例如，你不必同意用来评估某项研究是不是扎根理论方法的一个好例子的原则，重要的是你知道应该用什么标准去评判。首先，我们考虑用于评判量化研究的标准是否也适用于质性研究，然后概述质性研究的质量标准和技术。

我们能否将量化的质量标准应用于质性研究

评价量化研究的（正式）标准被广泛认同，通常用作评价所有研究的标准（关于更多非正式标准的讨论，参见 Gilbert & Mulkay, 1984）：良好的研究可靠又有效，目的是将研究推广到样本之外更广泛的人群。这些标准适用于质性研究吗？

可靠性

广义地说，**可靠性**（reliability）指的是当不同的研究者对不同的参与小组采用相同的测量方法时产生相同结果的可能性（Yardley, 2008）。这一点很重要，因为量化研究者通常对发展普遍规律感兴趣，因此他们谋求将研究者的影响降到最低——这被视为错误或偏见的根源。这种模式要求他们的工具不受收集资料者、参与者或资料收集情境的影响。希望你能立即明白质性研究的这个问题。质性研究者承认，研究者不可避免地影响研究过程和产生的知识，他们寻求"最大限度地发挥与研究参与者积极接触的好处"（Yardley, 2008: 237）。正如亚德利（Yardley）（2008: 237）所指出，试图将研究者的影响最小化"会使质性研究的好处难以保留"，例如，通过研究者与参与者的积极个人接触和通过兴趣的现象，可以产生资料和进行分析（McLeod, 2001），这是质性研究的好处之一。另外，在访谈或焦点小组中所说的话，取决于研究者（体现的）的在场情况和技能。同样地，在分析中产生的主题类型或类别取决于研究者的立场和经历。例如，基青格和威尔莫特（2002）在女权主义框架内对多囊卵巢综合征（PCOS，参见第四章中的说明性研究实例 4.1）的女性经历进行了访谈研究；另一组不认同女权主义价值观的研究者则可能对女性的叙述有不同的解释。质性研究者也经常对个体意义和经历感兴趣，并认为情境在创造和影响这些意义方面很重要（Yardley, 2008），因此，他们并不把知识视为理想化地脱离其产生的情境。可靠性（以及与之相伴

的可复制性）也是"植根于通过语言可知的单一外部现实的现实主义观点"（Seale,
1999: 41），而质性方法承认多重现实或现实的语境制约性质（批判性质性方法认
为语言产生而不是反映现实或现实情况，见第二章）。

这意味着可靠性不是判断质性工作的合适标准，并且诸如计算质性编码
的"评价者间信度"之类的程序是有问题的（因为假设编码可以并且应该是客
观的）。计算评价者间信度涉及两个或多个研究者独立编码资料，然后比较他
们的代码；他们代码之间的一致程度是使用科恩（Cohen）的 Kappa 系数计算
的（Kappa 值 >0.80 表示非常好的一致性水平，被认为是可靠的编码）（Yardley,
2008）。然而，如果我们更广泛地将可靠性视为资料收集和分析方法的"可信性"
或"可靠性"（McLeod, 2001），那么某种类型的可靠性是可应用的。正如我们在
下面进一步讨论的那样，质性研究者已经确定了我们可以有意义地评判质性研究
可信度的方法。

有效性

有效性（Validity）可以非常广泛地定义为一项研究证实了其声称要证实的内
容（Goodman, 2008a）。狭义的定义是，衡量标准是否准确地抓住了"现实"，这
在质性研究中显然是有问题的，因为它强调多重现实（见第二章）。有许多不同
形式的有效性可供量化研究者考虑，四种常见的形式包括（Goodman, 2008a）：

- 建构效度，即一个资料收集方法是否能衡量它要衡量的目标。这还包括考虑
  一种衡量标准（例如种族主义量表）的结果是否可以推广到更广泛的建构中
  （例如种族主义态度）。

- 内部效度，即所确定的影响是否确实是由研究的变量引起，而不是其他一些
  混杂的因素引起。

- 外部效度，即研究结果是否可以从样本推广到更广泛的人群。

- 生态效度，即"现实世界"与研究之间的关系，它有时表现为资料收集的情

境是否类似于现实世界的情境（并且对"现实生活"很有意义），有时也表现为结果是否可以适用于现实世界的情境。

前三种被认为是"有效的"（好的）量化研究所必需，最后一种是可取的，但不是必要的。在这四种标准中，生态效度被认为与质性研究最相关。质性研究通常被认为在生态上更有效，因为与量化测量相比它倾向于以不那么脱离现实世界的方式收集资料，尽管情况并不总是如此；访谈并不是与"现实生活"中的人交谈（Fine & Gordon, 1989）。生态效度作为评价质性研究的一种构念，也假定了某种语言观（表述性，见第二章），因此不适用于所有的质性研究。

普适性和可转移性

普适性是指一项研究中产生的结果是否适用于更广泛或不同的人群，例如，我们是否可以假设，通过 600 多名英国女性的样本报告（Toerien, Wilkinson and Choi, 2005），我们可以准确抓住英国女性的体毛去除做法？如果美国和德国的一项合作研究确定了减少男性新性别歧视和现代性别歧视的策略（Becker & Swim, 2011），我们应该将这些策略应用于新西兰、冰岛或巴西吗？在这里，普适性是关于你的研究结果的横向延伸（Stephens, 1982），从本质上说，它的重要性反映了作为研究目的的（普遍）规律的产生。一些研究者认为，由于对质性研究中知识的情境约束性质的假设和对所研究现象的细节的兴趣（Johnson, 1997; Schofield, 1993，另见第二章），普适性并不是质性研究的一个有意义的目标。其他人（Sandelowski, 2004; Stephens, 1982）认为，质性研究结果（可能）具有普适性，只是与量化结果的方式不同。事实上，正如亚德利（2008: 238）所言："如果每种情况都是完全独特的，而且一项研究中的结果与任何其他情况无关，那么做研究就没有什么意义了！"例如，英国话语分析者西蒙·古德曼（Simon Goodman）（2008a: 265）认为，话语分析的结果"可以被认为是普适的，因为它们可以展示一个特定的话语策略是如何产生相同的交互作用结果"。他引用了一种常见的话语策略来说明这一点，即"利用现有的偏见来证明进一步偏见的合理性"，这一策略在不同的背景下得到了证明，比如关于男女同性恋育儿的讨论（Clarke, 2001; Clarke et al., 2004）以及荷兰（Verkuyten, 2005）和希腊（Figgou & Condor, 2006）移民社区的寻求庇护者的权利。在维多利亚和同事（Clarke et al., 2004）的研究中，儿童会受到恐同欺凌（现有偏见）的说法经常被用来证明反对男女同性恋养育（进一步的偏见）的合理性。

古德曼（2008a）关于话语研究普适性的论点与统计普适性无关（例如，如果我的样本中有 70% 的人节食，70% 的人口可以被假定为节食），而是与灵活通用性概念有关。古德曼认为，为了声称具有灵活的通用性，分析者应该能够证明：

- 话语策略具有一定的功能（例如，现有的偏见被用来证明进一步的偏见的合理性）。

- 这一策略在一系列背景中，以及在一系列说话者使用时实现了这一功能（或许这不可能在一项研究中得到证明；研究者可以利用现有的研究来证明这一点）。

因为语言是一种灵活的工具，任何通用的话语策略都可能会发生变化，不太可能永远持续下去，这意味着在话语研究中考虑普适性需要对语境和语言的灵活性敏感。普适性也适用于更广泛的质性研究。

目前已经提出了不同类型的普适性，这可能有助于抓住质性结果更广泛的相关性，包括纵向普适性（Stephens, 1982）和分析性或具体普适性（Sandelowski, 2004），这是关于根据研究的具体情况建立和创建深入的解释性分析，有助于扩大知识。我们将研究与基青格和威尔莫特（2002）对患有多囊卵巢综合征的妇女的研究相关的普适性（参见第四章中的说明性研究实例 4.1）。他们没有对普适性发表任何明确的评论，他们只是指出，鉴于他们的样本规模很小，有必要进行进一步的研究。然而，鉴于他们的中心主题"怪异"如此普遍，我们可以合理地假设，它抓住了女性多囊卵巢综合征经历的一个共同方面（当然是对于与样本特征相同的女性而言）。此外，这一主题与更广泛的性别规范紧密相关（女性在"恰当的"女人味或女性气质的规范方面感觉自己是失败的），这一事实增加了其更广泛相关性的可能性。也就是说，这些结果有力地解释了更广泛的社会情境。作者提出了关于西方文化中标准女性气质的主张，并将参与者关于"恰当的女性气质"的主张与对所谓的"自然"女性的批判性女权主义分析联系在一起，因此这项研究似乎符合某种形式的灵活普适性标准。

与质性（而非量化）研究的"灵活普适性"相关的更常用的一个概念是**可转移性**（transferability）。可转移性源于美国教育研究者伊冯娜·林肯（Yvonna Lincoln）和埃贡·古巴（Egon Guba）（1985）编制的最早的一套质量标准之一，并且它指的是质性结果（各个方面）可以"转移"到其他群体和情境的程度。提高研究可转移性的关键是详细描述研究的具体情境、参与者、背景和环境，以便读者能够评估将结果应用于其他情境或参与者的可能性。在林肯和古巴关于可转移性的表述中，转移结果的责任落在了读者身上：读者必须决定他们的背景和环境是否与原始的研究足够相似、足以保证"安全"转移。

适用于质性研究的质量标准和技术

质性研究者没有从各个类型的量化标准出发，也没有依赖各种的量化标准，而是发展出专门用于或适用于质性研究的质量标准和技术，其中最著名但也是最有争议的两个是成员检查（member checking）和**三角测量**（triangulation）。

成员检查

成员检查（或"成员检验"，Seale, 1999: 61）是指与参与者一起检查分析的做法，它通常包括向一些或所有参与者提交一份书面或口头研究报告草稿，或仅仅是分析报告，并请求他们对所产生内容的可信性或真实性发表评论（有时可能更广泛，见框 12.1 ）。研究者选择这样做有许多原因，包括避免歪曲参与者（尤其是弱势群体或社会边缘群体成员，见第三章）的观点，或者，如果他们的目标是为参与者的经历发声，那么要确保他们对参与者经历的解释和表达与参与者自己对经历的理解之间有较好的一致性。林肯和古巴（1985）将成员检查作为一种可信度检查的类型提出。成员检查可以被视为可靠性的一个质性类型，它的目的是从参与者的角度来确定结果是可信的和可靠的。如果使用此验证步骤，则需要将其纳入研究设计中，并且在招募参与者时，需要告知他们此过程并邀请其加入。

框 12.1　探索在发展你的分析时成员检查的可能性

英国临床心理学家克莱尔·克利福德（Clair Clifford）和吉姆·奥福德（Jim Orford）（2007）基于扎根理论对跨性别者的经历进行了研究，旨在发展一个模型来抓住这一过程。他们邀请参与者协助开发、改进或验证模型。首先，在对 8 名跨性别者进行访谈的基础上，建立了成为跨性别者过程的"传记的、发展的"（p. 199）三阶段初始模型。该临时模型随后呈现给另一组 12 名参与者，这些参与者被邀请思考"模型与自己经历的相关性，并确定模型中不清楚或不符合他们经历的方面"（p. 200 ）。根据他们的反馈，模型中的一些类别被分解或组合；其他的类别则被划分。改进后的三阶段模型随后被提交给另一组 8 名不同的参与者，以"最后检查模型的解释力，并有机会确定任何进一步用于负面案例分析的材料"（p. 201 ）。负面案例分析是一种具有不同意义的高质量技术（例如，参见 Henwood & Pidgeon, 1992，关于扎根理论中的负面案例分析；Potter, 1996，关于话语分析中的异常案例分析 ）。在这种情况下，负面案例分析涉及识别不符合开发模型的案例，并单独报告不符合的资料。作者可以选择在这个阶段进一步完善该模型，以提高其解释力和解释这类负面案例的能力（参见 Henwood & Pidgeon, 1992 ）。

重要的是要区分成员检查（可根据反馈修改分析）和基于伦理或政治原因向参与者"返回研究"（Taylor, 2001 ），后者对一些研究者来说是一项重要的实践，但不是质量控制的一部分。例如，基青格和威尔莫特（2002: 352 ）描述了她们在招募参与者的支持小组会议上展示了她们完成的研究，并指出她们的陈述"非常受欢迎"。她们将此作为她们致力于女权主义研究伦理的证据（将研究结果反馈给参与者），而不是正式的可信度检查。

对于从事强调理解参与者（主观和情境）意义和经历的重要性研究的质性研究者来说，成员检查是建立可信度分析和质量分析的重要途径。在包括成员检查在内的研究设计中，参与者（可以说）在研究过程中发挥更积极的作用，并有机会纠正（感知到的）错误或对他们经历的不恰当的解释。成员检查起源于现象学研究方法（Smith, 1996 ），其目的是尽可能详细地记录个人如何看待某一事物，以及发展更民主和以参与者为中心的研究方法［这种方法仍存在挑战（Fine et al., 2003 ）］。乍一看，成员检查似乎非常明智。如果你的目标是体现一个特定群体（如患有多囊卵巢综合征的女性、跨性别人群）的经历，问他们你是否"做对了"不是很有意义吗？是的，但……对于将成员检查作为一项关键质量标准使用，有一些批评和问题需要考虑。

首先，成员检查中存在潜在的实际问题（McLeod, 2001 ）：

- 一些参与者可能不愿意参与这个过程：他们可能没有时间参与这个额外的过程，或者由于种种原因，认为这样做没有价值。显然，不能强迫参与者参加。但是，在参与者信息表上说明，参与包括资料收集和验证分析，并向参与者解释其为何重要会有助于增加参与度。或者，你可以招募一组额外的（较小的）参与者组来验证分析（见框 12.1 ）。

- 另一个因素是研究者的权力和权威：一些参与者可能不愿意表达对分析可信度的怀疑或批评。这种潜在问题可以在向参与者提供反馈的说明中得到部分解决（例如，通过强调参与者是他们自己经历的"专家"，而研究者需要从他们的角度来理解它）。

- 一些参与者可能更乐于发表评论和批评，但其动机可能不是帮助研究者形成最可信的报告（例如，参与者群体内的争议和紧张），因此他们的评论可能对验证分析没有特别的帮助（例如，因为他们的反馈强烈地反映了他们自己的议题）。

- 如果成员检查产生相互矛盾的反馈，即一些人喜欢这种分析，并相信这是一种真实的反映，另一些人则讨厌它，认为其看不到任何自己的经历，那会发生什么？你将如何解决这种紧张局势？在这种情况下，你对如何解释资料负有最终责任，因此你需要对你分析的内容做出判断。如果发生这种情况，一种解决方案是指出一些参与者赞同了该分析，而另一些参与者却不赞同（如果可能，解释为什么他们不赞同）。

- 如果成员检查过程没有验证分析，会发生什么？你需要做好放弃你的部分或全部分析的准备。如果成员检查不只是一种"质量仪式"（Bloor, 1997），则必须分配足够的时间根据参与者的反馈重新分析，并可能进行第二轮成员检查（超出大多数小项目的范围）。

- 你有足够的时间来完成此过程吗？对于一个小项目，成员检查至少要花费一个月的时间才能完成（例如：参与者阅读和评论你的分析草稿要两周时间；根据他们的评论修改你的分析要两周时间），这需要从一开始就将其包括在你的研究时间表中（见第三章的框 3.7）。你还需要考虑参与者如何反馈他们评论的实际情况（他们会通过发帖子或电子邮件写评论吗？或者你会安排个人见面或小组会议来讨论你的分析吗？）。

- 最后一个重要的实际问题是你什么时候停下来。可信度检查的过程可能是无限的，所以你需要决定什么时候停止这个过程。

还需要考虑支撑成员检查概念的理论和方法假设。成员检查通常假设参与者是其经历的最终权威，并对其经历有完整的了解，因此可以很好地处理经历类型的问题（见第三章）。然而，即使质性研究的目的是为参与者（例如 Smith et al., 2009）发声，我们也不能简单地表达参与者的经历。理解和表达参与者的经历需要解释，这总是取决于我们自己的观念、价值观和信仰。此外，作为研究者，我们从不同的角度看待参与者的经历，从不同的角度去看待他们所做的事情；我们识别和解释他们可能没有完全意识到的经历的各个方面；我们问的问题与他们不同（通常超出常识的理解）。从本体论上讲，成员检查在一个现实主义的框架内进行，因此由一种假设所支撑，即寻求描述参与者经历的"真实情况"是值得的。对于那些目标不是表达参与者经历的质性研究者来说，成员检查问题更大。如果我们从一个较为批判性的角度理解我们的结果，即其是一种以理论（和主观性）为支撑的解释，"没有理由让非学术参与者特别具备验证其资格"（Taylor, 2001: 322）。参与者的认同并不能"证明"或"反驳"分析，因为这不是他们所理解的经历的反映（见第二章）。美国通信研究者萨拉·特蕾西（Sarah Tracy）（2010: 844）提出了一种更广泛的"成员反思"策略（该策略不假设"单一的真实现实"），作为成员检查的替代方案。成员反思需要"与参与者分享和讨论研究结果，并提供提问、批评、反馈、肯定甚至合作的机会"。成员反思可涉及参与者验证，但也可以是对结果进行"自反阐述"的机会，而不是测试研究者是否"做对了"。

关于成员检查的讨论揭示了本章的要点：大多数质量标准在理论上并不是"中立的"。这些标准也是基于对研究目标的假设。理解支撑质量标准的理论和方法假设，并选择那些符合你正在评价的研究目标和框架的假设至关重要。

三角测量

三角测量是一个几千年来用来确定一个物体的距离或位置的数学过程，结合来自不同位置的独立测量结果来提供准确的读数。在研究中，三角测量传统上是指使用两种或两种以上的资料收集或资料来源的方法来检查相同的现象，目的是尽可能接近研究对象的真相。三角测量在质性研究中的应用最早是由美国社会学家诺曼·登津（Norman Denzin）（1970）提出的。一些质性研究者也使用三角测量方法，利用研究团队中研究者的不同立场和观点来分析资料（参见 Lincoln & Guba, 1985）。如果你正在进行一项现实主义的质性研究，假设一个单一的可知的事实，那么三角测量的任何一种观点都是有意义的。但对（大多数）质性研究者来说，两者都相当有问题，他们认为意义与其产生的情境有着根本的联系。如果你不假设一个（客观）可知的真相，那么不同的资料源、方法、途径或分析者，并不会使你更接近真相，因为这样的事情对你来说并不存在。

史密斯（1996）认为，一些质性研究者将三角测量视为一种强化分析主张的方式，是获得更丰富或更完整故事的方式，而不是更准确的方式。这一论点类似于澳大利亚健康心理学家简·尤舍尔（Jane Ussher）（1999: 43）使用拼图隐喻来倡导"多种方法"："只有当我们把拼图的不同部分拼在一起时，我们才能看到更广阔的图景，并对我们研究的复杂性有所了解。"三角测量成了获取与主题相关的多个声音或真相的一种方式，而不是被理解为获取一个正确的结果的方式（Silverman, 1993）。作为这种三角测量的一个例子，史密斯（1996）描述了一项关于校园霸凌的（假设性）研究，在该研究中，一组研究者从教师、儿童和家长那里收集访谈资料，在学校内使用参与式观察，并使用文本方法（日记、情境技术、故事续成任务，参见第六章和**配套网站**）来研究这个问题。这涉及三种形式的三角测量：通过资料（从不同来源收集）；通过方法（使用不同的资料收集方法，可能还有资料分析方法）；通过研究者（使用研究者团队收集和分析资料）（Gliner, 1994；有关一组现象学研究者对质性访谈的"多声部"分析示例，请参见 King et al., 2008）。这种三角测量的方法也可能涉及多个理论透镜的使用（Tracy, 2010）。特蕾西（2010）主张用晶体化（crystallisation，来自后结构主义理论）取代三角测量的意象，它超越了"刚性的、固定的、二维的"（Richardson,

2000: 934）多面晶体的三角形。结晶化的目的是通过多种资料来源、方法、研究者和理论框架"来揭示一个在调查研究中对这个问题的更复杂、更深入但仍然完全片面的理解"（Richardson, 2000: 844）。

质性研究的检查表标准

在我们的主题分析方法中（Braun & Clarke, 2006），我们确定了一个检查表，列出了一个良好的主题分析的 15 项标准（见表 12.1）——其中许多标准可以更广泛地应用于质性研究。其他人则制订了评价质性研究质量的一般标准（有关一些在线评估工具的详细信息，见下文"扩展资源"，有关这些工具的比较和评价，请参见 Hannes et al., 2010），旨在超越与特定质性方法相关的理论假设。例如，北美心理学家罗伯特·埃利奥特（Robert Elliott）、康斯坦斯·费希尔（Constance Fischer）和戴维·伦尼（David Rennie）（1999）综合提出了广泛的有效性标准，并将其称为《心理学和相关领域质性研究发表发展准则》。框 12.2 提供了他们准则的简略版本。尽管这些标准旨在研究发表，但它们不应被视为仅限于此，它们确实提供了有用的标准，以确保你做良好的质性研究。然而，他们的准则一直存在争议。尽管埃利奥特等人的目的是制订可适用于所有形式的质性研究准则，并且他们提到了根据其自身的条件（而不是根据量化研究得出的条件）评估质性研究的重要性，但是一些质性研究者仍然强调了他们的指南未能满足这些愿望的原因。例如，英国社会心理学家史蒂夫·赖彻（Steve Reicher）（2000）认为他们的指南没有考虑话语研究的理论假设，这也许是非常不同的（参见 Elliott et al., 2000，第八章，对赖彻的回应）。赖彻强调质性研究根据本身条件被认为是极其重要的，并建议，鉴于在广泛的领域采用的理论方法的多样性（见第二章和第八章），可能无法制订一套适用于所有形式质性研究的单一指南（有关特定方法标准的讨论，参见 Antaki et al., 2002; Charmaz, 2005; Potter, 1996; Smith et al., 2009）。

表 12.1　关于良好主题分析的 15 项标准的检查表（Braun & Clarke, 2006）

流程	编号	标准
转录	1	已将资料转录到适当的详细程度，并已对照磁带检查转录内容的"准确性"
编码	2	在编码过程中，每个资料项都受到同等重视
	3	主题并不是从几个生动的例子（趣闻逸事）中产生的，相反，编码过程彻底、包容和全面
	4	每个主题的所有相关摘录都已整理完毕
	5	主题间已经进行了相互检查，并返回到原始资料集
	6	主题内部连贯、一致和独特
分析	7	已经对资料进行了分析——解释、理解，而不仅仅是转述或描述
	8	分析和资料相互匹配——摘录说明了分析的主张
	9	分析讲述了关于资料和主题的令人信服且组织良好的故事
	10	在分析性叙述和说明性摘录之间提供了一个很好的平衡
	11	已经分配了足够的时间来充分地完成分析的所有阶段，而不是匆忙地完成一个阶段或对它进行一次过于草率的检查
书面报告	12	对主题分析的假设和具体方法作了明确的说明
	13	在声称你所做的和证明你已做的之间有一个很好的契合，即所描述的方法和所报告的分析一致
	14	报告中使用的语言和概念与分析的认识论立场一致
	15	研究者在研究过程中处于积极状态；主题并不直接出现

框 12.2　罗伯特·埃利奥特、康斯坦斯·费希尔和戴维·伦尼
《心理学和相关领域质性研究发表的发展准则》（1999）

（一）质性方法和量化方法通用的发表标准准则

1.明确的科学背景和目的。手稿详细说明了研究在相关文献中的适用范围，并说明了研究的预期目的或主题。

2. 恰当的方法。所使用的方法和程序恰当，或对研究的预期目的或问题做出回应。

3. 尊重参与者。履行知情同意、保密协议、参与者福利、社会责任和其他伦理原则。研究者创造性地调整他们的程序和报告，以尊重参与者的生活，以及主题的复杂性和模糊性。

4. 方法说明。作者报告收集资料的所有过程，包括向参与者提出的具体问题。详细说明了资料的组织方法和分析方法。这让读者可以看到自己如何进行类似的研究，并自己判断所报告的研究进行得如何。

5. 恰当的讨论。从理论、内容、方法和实践领域的贡献来讨论研究资料和从中得出的理解，并以恰当的试探性和情境化的措辞呈现，同时承认其局限性。

6. 表达清晰。手稿组织良好、条理清晰，并界定了技术术语。

7. 对知识的贡献。手稿在详细阐述一门学科的性质和理解体系方面做出了贡献。

（二）特别与质性研究相关的发表标准准则

1. 拥有自己的观点。作者详细说明他们的理论方向和个人预期，这既是事先知道的，也是在研究过程中变得明朗的。在发展和交流他们对所研究现象的理解时，作者试图认识他们的价值观、兴趣和观念，以及这些方面在理解中所起的作用。这种价值观和观念的透露有助于读者解读研究者的资料和对它们的理解，并考虑可能的替代方案。

2. 定位样本。作者描述了研究参与者的情况和他们的生活环境，以帮助读者判断与这些研究结果可能相关的人和情况的范围。

3. 以实例为基础。作者提供了资料实例来说明在研究中使用的分析程序和根据它们形成的理解，实例可以评估资料与作者对它们的理解之间的契合度，还使读者能构想可能的替代意义和理解。

4.提供可信度检查。研究者可以使用几种方法中的任何一种来检查其类别、主题或描述的可信度。在相关情况下，这些内容可能包括：

（1）与最初的信息提供者或者类似的人核实这些理解；（2）通过多名质性分析者、一名额外的分析"审核员"或原分析者推进"验证步骤"，以审查资料是否存在差异、夸大或错误；（3）比较两个或多个不同的质性观点；或（4）在恰当的情况下，与外部因素（例如结果或恢复）或量化资料进行"三角测量"。

5.一致性。理解是以一种实现一致性和整合的方式表示，同时保留资料中的细微差别。这些理解结合在一起，形成一个基于资料的关于现象或领域的故事或叙述、"地图"、框架或底层结构。

6.完成一般且具体的研究任务。对某一现象的一般理解是基于恰当范围的实例（信息提供者或情况）。明确指出将调查结果扩展到其他情境的限制和信息提供者的局限性。当目标是理解一个具体的实例或案例时，实例或案例已经被系统和全面地研究和描述，足以为读者提供获得这种理解的基础。这类案例研究还解决了将研究结果推广到其他情况的局限性问题。

7.引起读者共鸣。手稿能激发读者或审稿者的共鸣，这意味着材料的呈现方式使读者或审稿者在考虑所有其他准则的情况下，判断出材料准确地反映了主题，或者阐明或扩大了他们对材料的认识和理解。

评估与作者使用的论证逻辑和理论假设相关的质性研究是很重要的（Madill et al., 2000），换句话说，建构主义研究应根据建构主义标准进行评估，经验性研究应该基于经验标准进行。但是，是否有可能制定更通用的标准，使其可以灵活地应用于不同的方向？英国健康心理学家露西·亚德利（Lucy Yardley, 2000, 2008）提出了一套理论上中立的有效性原则（见框12.3），可应用于经验形式（如解释现象学分析）或建构主义形式（如话语分析）的质性研究。她的四个标准中的每一个都可以根据所用的方法以不同的方式进行解释和论证，她指出"任何一项研究都没有必要或甚至不可能展现所有这些品质"（Yardley, 2008: 248）。亚德利的标准开放灵活，代表了发展理论上中立的质量标准的最成功尝试之一，另见8个灵活的、跨理论的标准（Tracy, 2010）。

框 12.3　露西·亚德利（2000, 2008）的"开放的、灵活的"质量原则

1.情境敏感性——质性研究者可以通过以下方法对情境保持敏感性：

- 将研究与相关理论和实证文献相关联。
- 对参与者的观点和社会文化情境保持敏感（在资料收集期间——例如，通过问开放式问题鼓励参与者谈论对他们来说重要的事情——以及在资料分析期间，探讨参与者的社会文化情境如何影响他们的描述）。
- 对伦理问题敏感，如在叙述边缘化或易受伤害的参与者的经历时应承担额外的照顾责任（见第三章）。
- 对资料保持敏感，不要简单地将研究者的意思强加于资料，并对资料的其他解释以及资料中的复杂性和不一致性持开放态度。

2.承诺和严谨——可以通过以下方法证明：

- 全面的资料收集。
- 分析的广度和深度。
- 方法论上的能力和技能。
- 深入探讨主题（包括专业性地和个人性地）。

3. **透明度和一致性**——可以通过展示以下分析来证明：

- 通过有说服力的和令人信服的资料解释来进行清晰有力的描述和论证。

- 适用于研究问题、理论框架、资料收集和分析的方法。

- 对如何收集和分析资料的透明度说明；提供资料摘录，让读者自行判断解释的充分性。

- 自反性，即通过考虑研究者如何完成研究，或使用特定方法完成研究来进行自反（Yardley, 2000: 223）。

4. **影响和重要性**——"只能根据分析的目标、预期的应用以及被认为与结果相关的社区进行评估"。因此，一项研究可能：

- 对特定用户群体或社区，或从业者或决策者产生实际或应用性影响。

- 通过增加我们对某一特定问题的理解或创造新的理解而产生理论影响。

- 通过促进特定群体积极的社会变革而产生社会文化影响。

马迪尔等人（Madill et al., 2000）得出的结论是，质性研究者有责任明确其理论立场和认识论假设，以与该立场和那些假设一致的方式进行研究，并以一种能够对其进行恰当评价的方式展示研究成果。这是因为"归根结底，评价是通过说服学术界来进行的"（Taylor, 2001: 324）；研究者能够而且确实能够说服同行相信他们工作的价值（他们的研究成果会被发表，并被其他期刊文章和学术书籍引用）。表 12.2 提供了对基青格和威尔莫特（2002）研究的评价，其中使用了本章讨论的 10 项适用标准，同时考虑到了学术出版的限制条件（见第十三章）。

表 12.2　使用恰当的质量标准对基青格和威尔莫特（2002）研究进行的评价

标准	评论	评价（差到优秀）
对现有研究和理论背景的敏感性（亚德利）	作者讨论了关于多囊卵巢综合征的已知情况，并提出了一个关于多囊卵巢综合征女性经历的新研究问题	优秀
对参与者的观点和社会文化情境的敏感性（亚德利）	访谈指南"旨在让女性讲述她们自己的故事"（p. 350）；女性的叙述是处于更广泛的"'恰当的'女人味或女性气质规范"社会文化情境下（p. 352）	优秀
拥有自己的观点（埃利奥特等人）	作者承认，这项研究是在"女权主义框架内"进行的（p. 349），并遵循"关注女性经历"（p. 352）和"赋予'社会边缘群体'权力"（p. 352）的女权主义基本原则。他们还承认，组织了所有访谈的第二作者本人也患有多囊卵巢综合征，并对参与者公开了这一点。关于乔·威尔莫特的"内部人士"身份是如何影响资料收集和分析的，两位作者本可以提供更详细的反思	良好
定位样本（埃利奥特等人）	作者对参与者进行了较为详尽的描述，既提供了一般性的社会人口信息（年龄、种族/民族/文化、性倾向、关系状况、就业/职业），也提供了研究的特定信息（他们是否有孩子，如果有，他们是否因为生育治疗而受孕）。他们还指出，参与者代表了典型的多囊卵巢综合征支持小组成员（主要是白人、身体健全、异性恋，年龄在25~34岁之间）。他们本可以通过提供有关社会阶层、能力和地理位置信息，以及考虑样本的英国背景的具体情况，进一步定位样本	良好

标准	评论	评价 （差到优秀）
基于实例（埃利奥特等人）	患有多囊卵巢综合征的女性认为自己是"怪胎"，这一关键发现有很好的资料依据。这些分析性主张得到了生动有力的资料摘录支持	优秀
分析性叙述和资料摘录之间的良好平衡（布劳恩 & 克拉克）	由于资料摘录和分析性评论之间的比例约为60/40，分析性评论还有进一步发展的余地	良好
研究者在这个过程中被定位为积极的(布劳恩 & 克拉克)	作者描述了他们是如何收集和分析资料的；然而，可以提供更多关于"将部分资料组织成反复出现的主题"过程的详细信息（p. 351），如上所述，他们可以反思乔·威尔莫特的多囊卵巢综合征个人经历如何影响"怪异"这一关键主题的分析和发展	良好
可转移性（林肯和古巴）	作者对参与者群体进行了合理的"详细描述"（见上文），以使读者能够对结果的"安全"转移做出判断	良好
对资料的敏感性——（开放地）捕捉资料中的不同故事（亚德利）	作者承认，这些女性有时确实会质疑"恰当的女人味"的观念。他们讨论并提供证据，证明"对社会建构的"正常"女性概念（广告文案和男性幻想中的天生有女人味的无体毛特征，有28天月经周期的女性）存在着某种沉默的抵制和不一致的看法（p. 259）	优秀

续　表

标准	评论	评价 （差到优秀）
影响和重要性（亚德利）	这篇论文首次"表达"了患有多囊卵巢综合征的女性的经历；作者希望"这些研究结果的发表将有助于消除多囊卵巢综合征的污名，影响多囊卵巢综合征女性对自身的理解，并有助于医务人员理解多囊卵巢综合征对女性的影响"（p. 359）。我们如何衡量这些愿望是否已经实现？在谷歌上快速搜索一下，就会发现这篇论文在各种健康信息网站和针对患有多囊卵巢综合征的女性的畅销书中都被引用；它还获得了100多篇的学术引用量——对于一篇社会科学期刊文章来说，这是一个非常令人印象深刻的引用数量，而且有强有力的证据表明，作者已经说服了学术界对其工作价值的认同（Taylor, 2001）	优秀

整体评价：质性研究的一个很好例子。这篇论文是基于乔·威尔莫特的本科心理学项目，表明小型学生研究项目可以达到最高标准！

　　这些准则的制订并没有结束关于如何判断质性研究质量的争论，问题在于如何解释准则；大多数准则都不是绝对的。例如，关于埃利奥特等人（1999）"拥有自己的观点"的标准（参见框12.2），这一过程被描述为可能为无限的，并且考虑到期刊出版中匿名同行评审的主要要求（稿件的审稿人不知道作者的身份），在多大程度上可以"拥有自己的观点"可能存在实际限制（McLeod, 2001）。另一个重要的问题是，我们如何判断是否恰当地拥有和真实地传达了一个观点？谁来决定呢？关键是，质量标准不是衡量一项研究质量的绝对标准，正像质性研究的所有方面一样，它们需要适合于手头研究的积极解释和应用（Meyrick, 2006）。这让我们回到了本章开始时讨论的内隐标准和知识共同体的概念：当你成为一名更有经验的研究者时，你一看就会知道质性研究的质量。

在评价研究成果时，同样重要的是要记住："没有一项研究是完美的，因为所有的研究都会受到批评。"（Taylor, 2001: 317）即总是有改进的空间（我们的学生非常熟悉的一个准则），并且研究报告总是印有创造它们的研究者的印记。正如泰勒（Taylor）（2001: 321）所指出的，许多质量标准让我们注意到"研究报告撰写方式的重要性"，这是研究旅程的最后一步，我们将在下一章中讨论。

章节总结

本章主要内容：

- 讨论了可靠性、有效性的量化标准以及普适性的目的是否适用于质性研究。
- 讨论了质性研究的具体质量标准，包括检查表标准。
- 强调了对任何特定的质性研究都要根据本身的条件进行评价的必要性。

问题讨论和课堂练习

1. 以小组为单位，选择一个小组普遍认为是质性研究好例子的质性研究案例（如本书中的一个例子），并确定支持该研究的主要理论和方法假设。在这些假设的指导下，选择本章中讨论的十项适用于评价研究成果的质量标准，并使用这些标准对研究成果进行批判性评价。这个评价的结果是否与你认为这是质性研究的一个很好的例子的直觉一致？

2. 支持使用"分析审核员"的假设是什么（Elliott et al., 1999）？这种质量技术最适用和最不适用于哪些质性分析方法？

3. 确定十个适用于评价互动式资料的经验性主题分析的质量标准，如访谈或焦点小组。如果你要评价一个二手资料的建构主义主题分析，你可以保留哪些标准，你必须改变哪些标准，你会用什么标准来替换它们？

4.3 名研究者计划在 8 个月内完成一项小型解释现象学分析研究，其参与者小组和资料收集方法是：

（1）有智力障碍的男同性恋者，他们将参加面对面的访谈（参见 Bennett & Coyle, 2007 ）。

（2）地理位置分散的大学生，他们是大量的互联网用户或互联网 "上瘾者"，他们将参加电子邮件访谈（参见 Chou, 2001 ）。

（3）注射毒品使用者，他们将完成日记，然后参加面对面的访谈（参见 Singer et al., 2000 ）。

每个研究者都希望使用成员检查来帮助建立他们的结果的可信度，但他们意识到在与他们的参与者小组一起进行成员检查时可能存在一些实际的（和理论上的）问题。以小组为单位，你会对每个研究者就成员检查的使用提出什么建议？他们可能会遇到哪些实际问题，以及如何处理这些问题？总的来说，你会建议使用成员检查或其他质量技术吗？

扩展资源

扩展阅读：

有关质性研究评价的实例，请参阅：Chapter 2, Narrative analysis. In E. R. Girden (2001), *Evaluating research articles: From start to finish* (2nd ed). Thousand Oaks，CA: Sage。

有关露西·亚德利灵活开放的质量标准的更详细讨论以及这些标准的恰当应用实例，请参阅：Yardley, L. (2008). Demonstrating validity in qualitative psychology. In J. A. Smith (Ed.), *Qualitative psychology: A practical guide to research methods* (pp. 235–251). London: Sage。

有关质性研究的一套替代通用质量标准集，请参阅：Tracy, S. J. (2010). Qualitative quality: eight "Big-Tent" criteria for excellent qualitative research.

Qualitative Inquiry, 16, 837–851。

有关与三种不同认识论框架（现实主义、情境主义和激进建构主义质性研究）相关的评价标准的讨论和比较，请参阅：Madill，A., Jordan, A. & Shirley, C. (2000). Objectivity and reliability in qualitative analysis: realist, contextualist and radical constructionist epistemologies. *British Journal of Psychology, 91*, 1–20。

在线资源：

卫生保健实践研发部门（HCPRDU）质性研究评价工具：http://usir.salford. ac.uk/12970/。

关键评价技能计划（CASP）质性评价工具（10 个问题，以帮助你理解质性研究）：http://www.caspinternational.org/mod_product/uploads/CASP_Qualitative_ Studies%20_Checklist_14.10.10.pdf。

有关以下信息，请参阅**配套网站（www.sagepub.co.uk/braunandclarke）**：

- 与第三部分相关的自测多项选择题。
- 抽认卡词汇表——测试本章中使用的关键术语的定义。
- 扩展阅读（来自 Sage 期刊的文章）。

第十三章 质性研究的写作与交流

概
述

重要的是编辑！

撰写研究报告

关于质性研究报告的文献综述

展示你的研究成果

关于发表事宜

恭喜！你的质性研究之旅已经到了最后阶段：交流你的结果。就像质性分析需要为你的资料设计发展一个令人信服和连贯的故事一样，撰写报告、发表演讲或设计海报也需要讲述一个关于你的研究的故事，把做质性研究的混乱过程变成一个连贯且信息丰富的研究叙事，这需要写作。写作是质性研究的一项基本技能；写作和思考相辅相成。但写作可能是一个令人望而生畏甚至可怕的过程——特别是当你第一次面临写一份 1 万或 2 万字的研究报告时。然而，不必如此害怕，本章旨在教授良好的写作（和编辑）实践，帮助你增强自信（你甚至可能很快就会想知道如何将一切都装进其中——这正是我们在写作中经常遇到的问题，包括写这本书时遇到的问题！）。

重要的是编辑！

对于那些刚开始做研究的人来说，最熟悉的写作模式可能是"静态写作模式"（Richardson, 2000）：你做了一些事情（阅读、思考、计划），然后写下来，以此来传达你已经知道的东西。写作是线性旅途的终点（Cameron et al., 2009: 270）。对于有经验的学者来说，关于（质性）研究的写作更像是"一个将想法变为现实的混乱和反复的过程"（Cameron et al., 2009: 270）、一种思维方式（Howitt, 2010; Miles & Huberman, 1994）。写作是用来产生想法的，而不是简单地公开它们，我们鼓励这种更具创造性的写作风格。正如我们在第十一章中指出的，通过写作，分析性想法得以具体化和得到提炼；我们经常通过起草和重新起草我们的研究成果来"找到我们的论点"（Charmaz, 2006）。这意味着有经验的研究者通常会在稿件提交发表之前撰写多份草稿。我们的写作过程相当典型，首先撰写初稿，之后通过阅读打印件并用评论批注来编辑草稿，然后进行修改。当我们多次重复这个过程以产生第二稿或第三稿（甚至第四稿或第五稿）时，我们可能会将其分发给几个值得信任的同事，以寻求反馈。之后再根据同事们的反馈意见再次修改原稿，只有在这以后才会考虑提交发表。**配套网站**包括我们关于主题分析的一篇论文中某一段落的初稿和终稿的比较，以表明我们在多大程度上会在我们第一次尝试的基础上修改我们的写作。

这个过程证明了写作是一门技能，是一个循环的过程。很少有研究者能够出乎意料地写出一份完美的报告。新西兰文学学者海伦·索德（Helen Sword）（2010）建议学术作家应该"先写，后编辑"。与其边写边编辑，即写完然后（马上）重写每一个句子，让它变得完美，不妨试着一口气写出整段文字，然后在一整节或整篇报告出来后再进行编辑。绝大多数写作时间应该分配给编辑工作而不是撰写初稿（Woods, 1999，建议你将90%的时间用于编辑，这表明编辑的重要性）。编辑作为一个过程涉及重写、改变措辞、重新排序、重新组织结构、调整文本部分内容的位置、添加和删除文本、使文本清晰化……消除歧义、使语法结构更加准确与紧凑、改正语法错误，等等（Woods, 1999: 81）。伍兹（Woods）（1999）建议仔细编辑以解决以下问题（除其他事项外）：

- **语法错误**，如句子不符合语法、句子太长、拼写错误、意思不清楚、标点符号错误或混合使用过去时和现在时（有关语法和标点符号的指导，请参阅：Seely, 2009; Taggart, 2008; Truss, 2003）。

- 文体问题，如重复、使用过多的单词或提供不必要的细节（文本凌乱）、学术来源的引文过多或过长、俚语和口语的不当使用，或表达不一致。
- 结构问题，如章节联系不紧密、结构基本上是一系列观点的罗列而不是发展论点、结尾松散、跨章节重复。

当我们在编辑时，我们会问自己这样的问题："这句话的意思清楚吗？""我们需要在这里提供更多细节吗？""这一节有没有逻辑和连贯的结构？""我在这一节想要表达的要点是什么？""我的总体论点清楚吗？"你应该计划多次起草和重新起草你的报告，在这过程中通过写作和编辑来发展和完善你的想法。

在某种程度上，在你自己的写作中很难"既见树木又见森林"。出于这个原因，你最好给自己一些时间来放下写作，至少放几天也好。还可以考虑将（好的）草稿分发给值得信任的同事以获得反馈（这也可由你的导师提供）。尽管在大学里对学生的正式评估倾向于鼓励独立工作，但这并不能代表许多学者发表文章和出版著作的方式。要最大限度地利用任何反馈（从你的导师或其他人那里），只有当你认为你的报告（或报告的一部分）代表了你最大的努力，并且你看不到任何明显的改进方法时——或者如果你完全卡住时，才要求反馈。当你知道哪些部分需要澄清和加强，或者缺少关键信息时，询问反馈就没有什么意义了；你只会知道你已经知道的事情。反馈的好处在于为你的工作提供了一个全新的（局外人）视角，即这个人可以告诉你，你的句子是否清晰，你是否有足够的细节，分析是否令人信服，等等。让别人知道你需要什么样的反馈很有用（Belcher, 2009），你可以使用 Microsoft Word 中的批注功能来询问有关你的报告的特定方面的问题。理想情况下，你收到的反馈，尤其是来自导师的反馈，应该被视为显著提高你的写作和学术水平的跳板。试着了解给出的反馈背后的一般原则，而不是把反馈直接应用到报告中的某个特定位置。

学术写作技能

澳大利亚人文地理学家珍妮·卡梅伦和她的同事们（Cameron et al., 2009）认为，以下知识和技能是学术写作的必要组成部分：

- 创造性技能，比如将你的想法变成文字，找到你自己的观点，包括意识到你应当做出自己的贡献。

- 关键技能，使你能够修改页面上的文字。

- 技术性写作技能，如知道如何构建句子和段落、组织论点、写作清晰，何时使用被动语态和主动语态（例如，"资料已被收集"和"我收集了资料"）。

- 程序性写作技能，包括理解写作是循环的，知道如何处理写作障碍，知道如何在阅读、写作和思考之间转换，理解严格遵守写作计划的重要性以及休息和锻炼的重要性，还要明白偏题和失败不是错误，而是循环写作过程中不可避免的一部分。

我们要明白，重要的是，对于新的和最有经验的研究者（Cameron et al., 2009）来说，理解写作是一种情绪化过程，它可以引起不同的情绪——自我怀疑就是一种可怕的情绪。即使在成功的学者中，也很少有人"发现写作过程很容易"（Sword, 2010: 1）——很少有学者会将写作视为一个完全积极、没有挣扎和消极情绪的过程。扎根理论家凯茜·卡麦兹（2006）的扎根理论写作技能在学习撰写质性研究报告时很有用。我们特别喜欢的一个方法是"自由写作"练习，它可以帮助克服恐惧或焦虑可能导致的写作瘫痪。"自由写作"练习可以帮助你找到属于你自己的声音，产生新的材料，克服你的恐惧（见框 13.1）。

框 13.1　自由写作练习（CHARMAZ, 2006）

如果你正处于写作瓶颈期，或者难以表达你的想法，那么就花 10 分钟写下你脑海中浮现的任何内容（与你的分析报告相关），请遵循以下指导方针：

- 为自己写作（不要为读者写作）。
- 不用担心语法、句子结构和组织问题。
- 允许自己写得不好。
- 写得越快越好。
- 像在（对自己）说话一样地写作。

避免写作中的歧视性语言

为了符合良好的伦理研究实践（参见第三章），我们的写作（和陈述）应该避免出现性别歧视、种族主义、恐同、异性恋主义和其他贬义语言和假设（Schwartz, Landrum & Gurung, 2012）。虽然种族主义、性别歧视和恐同这些术语已被广泛理解，但异性恋主义就不那么为人所熟知。它指的是每个人都是或应该是异性恋的假设（Braun, 2000）：所有参与者都是异性恋，所有的伴侣关系都是男性和女性之间的关系，以及异性恋的价值观和行为是正常的。

避免一切形式的贬义性语言和假设"不能完全简化为做什么和不做什么的清单"（Howitt & Cramer, 2008: 74）。语言是一种流动而灵活的工具，你可能会在无意中和没有使用明显冒犯性语言的情况下冒犯别人。然而，有一些有用的规则包括：

- 避免使用"he-man"语言：这不是指美国卡通系列《宇宙的巨人希曼》（*He-Man and the Masters of the Universe*）中主人公的名字，而是指诸如"他"（he）、"人"（man）、"人类"（mankind）、"主席"（chairman）、"人造"（man-made）等词语，它们被当作一般的、中性的词汇来使用。然而研究表明，这些词语不会让人想到男人和女人，而只会让人想到男人，并且这些词语将男性视为"规范者"并使女性成为隐形人（Crawford & Unger, 2004）。中性代词

和像 "people"（人）和 "humankind"（人类）这样的词就很合适。还要避免使用诸如 "male nurse"（男护士）和 "lady doctor"（女医生）之类的刻板称呼，除非此人的性别与之相关。 想想当占主导地位的群体在名单或配对中排在首位时所蕴含的假设，比如 "men and women"（男性和女性）（参见 Hegarty, Watson, Fletcher & McQueen, 2011），"straight and gay"（异性恋和同性恋）等。

● 使用社会边缘群体用来描述自己的词语：例如，"gay man"（男同性恋者）、"lesbian"（女同性恋者）或 "bisexual woman"（女双性恋者）等词语是大多数非异性恋者用来描述自己的词语，而不是 "homosexual"（同性恋者）——不应该使用这个词语，因为它很模糊（参见 Schwartz et al., 2012），它与偏差行为、精神疾病和犯罪行为有关（Committee on Lesbian and Gay Concerns, 1991）。"Non-heterosexual"（非异性恋者）和 "LGB 人群"是 "homosexual"（同性恋者）很好的替代词。

● 对种族／族群的了解要准确（并在文化上有针对性）：美国心理学协会建议尽可能准确地了解参与者的种族／族群认同（Schwartz et al., 2012），但要避免牺牲匿名性。重要的是要意识到，种族／族群／文化认同类别具有令人难以置信的文化差异，具有本地化的用法和意义（英国社会学协会，2005）。例如，在奥特亚罗瓦／新西兰，"Europea"（欧洲人）或 "New Zeal and European"（新西兰欧洲人）是种族（白人）身份的简称，在英国，"European"欧洲人的意思可能完全不同。 许多新西兰白人更喜欢使用土著毛利语中的 Pākehā（新西兰白人）来指代他们的种族／族群／文化身份，因为它具有社会政治和地理特征（Bell, 1996）并且有其意义；其他人不会这样做，或者会拒绝标签。同样，在英国，"Asian"（亚洲人）这一广义类别通常是指来自印度和巴基斯坦等南亚国家的人；在奥特亚罗瓦／新西兰，"Asian"通常指称来自东南亚的人。一般来说，最好更具体一些，并提及特定的国家认同，例如印度人或越南人。

● 以人为本：这意味着不要用经历或条件来定义人。例如，不要给人们贴上

"schizophrenic"（精神分裂症）或 "autistic"（自闭症）的标签，而是将人放在病情之前，把他们称为 "people with a diagnosis of schizophrenia"（被诊断为精神分裂症的人）或 "people with autism"（自闭症患者）（Schwartz et al., 2012）。在使用 "the schizophrenic sample"（精神分裂症样本）或 "the black sample"（黑人样本）等词语时，你将人们的身体状况或种族作为他们最相关和最重要的特征，像 "the sample of people with schizophrenia"（精神分裂症患者样本）这样的说法会更可取。但是，请注意，这种方法并未得到普遍支持。有些人，例如患有阿斯伯格综合征的英国作家克莱尔·塞恩斯伯里（Clare Sainsbury, 2009），认为这种 "以人为本" 的语言强化了与病情相关的羞耻感，并将其视为与人分开的对象，就像附属物一样。

- 避免内隐的（规范的）道德判断：避免使用将某些社会安排（例如异性恋）定位为 "正常的" 语言，因为它们要么很常见，要么被认为是理所当然。"normal"（正常的）一词的用法意指不同的社会安排（例如，除了异性恋以外的任何安排）都是不正常的 。相反，"normative"（规范的）一词是指在占主导地位的社会或心理价值观中被视为正常或作为 "规范" 存在的东西。我们常用的许多表达都有内在的假设，例如，短语 "fatherless families"（无父家庭）［与 "single-parent or lesbian families"（单亲或女同性恋家庭）相对］或 "childless women"（无子女女性）［与 "child-free"（无孩子）相对］（Denmark et al., 1988）将没有父亲的家庭或没有孩子视为不正常和不受欢迎。考虑到几乎总是有另一种方式来描述某人或某事，想想你正在使用的词语中嵌入了哪些假设和含义。有时这些反映了语言的起源，我们可能会选择不使用带有负面社会价值的词语。例如，我们的一位博士生导师告诉我们，常用的 "denigrate"（诋毁）一词源于拉丁语 dénigrâre，意思是 "变黑"（http://en.wiktionary.org/wiki/denigrate），因此可以理解为重申种族主义价值观。

如果你不确定如何使用准确的词语，请咨询你的导师或查阅已发布的关于非性别歧视（Stark-Adamec & Kimball, 1984）、非种族主义（British Sociological

Association, 2005）、非残疾歧视（British Sociological Association, 2004; Committee on Disability Issues in Psychology, 1992; *Guidelines for reporting and writing about people with disabilities*，2008）、非年龄歧视（Schaie, 1993）和非异性恋（Clarke et al., 2010; Committee on Lesbian and Gay Concerns, 1991）语言，你也可以寻求一般性的建议（American Psychological Association, 2010; Kessler & McDonald, 2012; Schwartz et al., 2012）。

计划写作

海伦·索德（2010）提出了一些有用的时间规划策略来开始、进行和完成写作项目：

- 设定短期写作目标：我今天要写什么？
- 还要设定更长期的写作目标：这周 / 这个月我要写什么？

总而言之，这些有利于保持写作的正常进行。以每天或每周的目标或大量的写作来看待你的项目，而不是把项目看成一个庞大的报告，也有助于管理你的恐惧和焦虑。索德还建议避免"疯狂写作"，比如试着在一周内写完整份报告。同时因为写作是你研究中不可或缺的一部分，所以经常保持少量的写作，而不是写很多或者不经常写，有助于保持对你的报告做持续投入。她还建议留出时间来进行反思、思考、绘制和重新绘制思维导图，或者干脆就盯着窗外看。我们完全同意。通常，当我们离开电脑时，想法会突然成形。没有压力的思考时间的好处难以估量。

撰写研究报告

在本节中，我们将目光聚焦于英国的情况，尤其是英国人对本科心理学项目报告的要求。其中一些内容可以用于其他社会背景。写报告时最重要的是对报告的具体要求有一个清晰的理解（无论是本科项目、博士项目还是期刊稿件）。

什么是好的研究报告

英国心理学家布伦丹·高夫及其同事们（Gough et al., 2003）借鉴了 50 位监督质性研究项目的心理学家的观点，以确定一个好的质性研究项目的特征。前五大特征是：

- 认识到了量化范式和质性范式之间的差异，并从认识论上奠定所选方法的基础。
- 提出具有独创性并与更广泛的社会情境相关的研究问题。
- 从描述和总结到概念分析的质性分析。
- 努力做到自反性（见框 13.2）。
- 对整个项目进行"连贯的叙述"。

我们一致认为"连贯的叙述"至关重要。报告的所有不同部分都应该围绕一个中心故事情节（White, Woodfield & Ritchie, 2003）组织起来；"你做了什么"和"你发现了什么"应该以逻辑清晰的方式呈现出来。如果你把你的研究过程与已发表的质性研究报告中描述的过程进行比较，你可能会认为"我的研究过程比他们的研究过程混乱得多"。事实上，他们的过程可能和你的过程一样"混乱"，如果不是"更混乱"的话，连贯性是在撰写研究报告的过程中发展起来的。这并不是说专业研究者不诚实，只是在撰写他们的研究报告时，研究者通常会删掉杂乱无章的内容并专注于故事的主要元素（主要是因为这是学术惯例要求）。正如卡梅伦等人（2009: 271）注意到的，学生们：

> 看到的是最完整的学术作品，发表的经评审的期刊文章或出版的书籍中所有关于写作的循环性（一篇写作通常经过的无数次反复）的证据都已被抹掉。因此，当独自工作，并以他人发表和出版的作品为标准时，许多新手变得充满自我怀疑也就不足为奇。他们经历了自己写作中的凌乱，而他们正在阅读的作品似乎完全成形于纸上。

为了实现这种连贯性，你是否需要以线性方式撰写你的报告？简而言之，答案是否定的！如果你查阅第三章框 3.7 中的研究项目时间表，你会发现我们鼓励你马上开始写作，在项目的第一个月就开始起草你的文献综述和导言。我们还从实践的角度讨论了写作在质性研究过程中的重要性，例如在扎根理论中写研究日记或写备忘录（见第九章）。这意味着当你真正撰写你的研究报告时，你已经写了很多东西，虽然你的报告涉及更多（新的）写作，但它也是一个整合和编辑的过程，而不是完全从头开始写一份比如 1 万字的报告，包括重新起草你的文献综述和导言以符合分析，强调对你的分析很重要的现有研究和理论。

框 13.2　要不要自反？

在这本书中，我们一直强调研究者在研究过程和构建知识过程中的积极作用，以及我们每个人都有塑造我们研究的价值观、兴趣和观点的事实。从广义上讲，自反性研究是研究者承认并反思这一角色的研究。自反性的概念意味着一个人"曲折返回"或"转回"自我认知的能力（McLeod, 2001: 195）；在实践中，这种"回转"往往是相当小的（例如，研究者可能会注意到她是白人和中产阶级，因为她认为她的身份的这些方面与研究有关）。出于期刊和其他学术出版物限制的实际原因，通常很少有空间对自反性进行扩展讨论。扩展讨论也可能存在这样的风险，即研究者的反思成为研究的焦点，虽然这可能有助于探索自反性（例如 Rice, 2009），但在实际报告研究结果时可能会导致研究瘫痪。

你应该在你的研究项目中自反吗？尽管一些研究者对诸如"我是一个白人、中产阶级、异性恋女性……"之类的陈述持批评态度，但我们认为，即使是"拥有你的观点"（Elliot et al., 1999）的这种有限的自反性陈述也很重要——提供关于参与者的信息，以"定位你的样本"，而不是关于你自己，这似乎很奇怪。如果你身份的某一方面与研究主题特别相关，那么确定你的立场尤其重要（了解我们对 Kitzinger & Willmott's，2002 的评价，见第十二章表 12.2 中的"多囊卵巢综合征女性经历研究"）。然而，这是一个相当大的问题，自反性写作很难做好。如果不仔细思考，学生项目中的"自反部分"可能会显得轻率或轻浮（Howitt，2010），自反性写作通常要么过于随意和口语化，要么过于生硬和正式。一般来说，我们建议不要在你的报告中设计单独的自反部分（尽管有些课程可能需要这样的部分），因为将你的（个人）反思贯穿于报告的相关部分（如导论、方法、讨论）总是更有效。

维多利亚的一个学生埃莱妮·德米特里乌，在她的本科研究项目中，对与女同性恋、男同性恋或变性父或母（或父母）一起长大的成年人的经历进行了研究，为自反性写作提供了一个良好的实践例子，在她的方法部分，她承认自己作为一个同性恋父亲的女儿在这个主题上的个人投入，并讨论了她如何向参与者透露自己的局内人身份，以及在访谈中经常借鉴自己的个人经历。在报告的讨论部分对研究进行评价时，埃莱妮进一步探讨了自己的"亲历者"身份对于研究过程的影响，并指出"我很难不从自己的亲身经历来看待参与者的故事"（Demetriou, 2011: 27）。她还讨论了她对同性恋家庭的反同性恋偏见的第一手经历如何使她渴望探索异性恋正统主义对参与者体验的影响。埃莱妮的自反性观察贯穿于她的报告中，与她研究的描述和评价高度相关，并以恰当的个人但学术的风格撰写。有关自反性写作的更多例子，请参见弗吉尼亚在其关于阴道的焦点小组研究（Braun，2000）中对她和她的参与者的异性恋的自反性分析，维多利亚对她的"局内人"身份如何影响她对女同性恋和男同性恋育儿的研究的探索（Clarke et al., 2004），以及新西兰女权主义心理学家默里·伯恩对访谈的具体化性质的讨论（Burns, 2003, 2006）。

回到连贯的叙述或论点的问题上，衡量你是否做到了这一点的一个很好测试是，你是否能用几句话对你的项目进行概括，并讲给一个对它一无所知的人（你能很容易地确定你的项目的主要优势或贡献吗？）。如果是，那么用扎根理论家凯茜·卡麦兹（2006）的话来说，你就是"找到了你的论点"。如果不是，那么你需要做更多的写作和思考。撰写报告时要记住的另一件事是理由，理由，理由！尽管坚持良好的（伦理）研究实践很重要，但只要你对在进行研究时所做的选择有明确的理由，你就可以保持独创性并做出不寻常的选择。事实上，你研究的每一个方面（从你选择的抽样策略到你的分析方法）都应该在你的报告中得到证明。在一些心理学系，你使用质性方法本身就可能需要理由（与你的导师讨论这一点）。

看看已发表的质性研究的例子，最好是来自定期发表质性研究文章的期刊，如《心理学质性研究》和《女权主义与心理学》（*Feminism & Psychology*），把它们作为你报告的基础模范，那些使用与你的方法类似的文章尤其有帮助（Howitt, 2010）。你会注意到一个特别的特点，那就是质性研究经常使用与量化研究完全不同的语言，我们在框 13.3 中注意到一些显著的不同之处。

框 13.3　质性研究报告（和陈述）中的语言

由于质性分析的性质，在写分析时，我们建议使用这样的语言："identify"（识别/确定）、"categorise"（分类）和"report"（报告）。这些词语承认研究者在分析中发挥着积极的作用。例如，使用这样的句子："我们在资料中确定了两种话语……""我们将资料分类为五个主要主题""我们在分析中报告的模式……"。如果你足够精明，你会发现所有这些都是用第一人称写的。质性研究中的写作通常涉及将自己置于文本中并以第一人称写作。下面提供了在量化和质性范式中使用的不同类型的语言和写作方法的一些示例。 同样重要的是要记住，你也是为特定目的而写作，因此请检查报告的具体要求。

量化范式	质性范式
假设（hypotheses）	研究问题 (research questions)
实验（experiment）	研究 / 项目 (study/project)
受试者（subject）	参与者 (participant)
发现（found）	确定（例如主题）[identified (e.g. theme)]
结论 / 结果（findings/result）	分析 / 结果 (analyses/result)
重要的（significant）	值得注意的 / 关键的 / 重要的 (noteworthy/key/important)
第三人称	第一人称
被动语态	主动语态
书面文章中不出现研究者	书面文章中出现研究者；第一人称语言

研究报告中的要素

一般而言，质性研究的学生报告应包含下列要素。我们的建议基于一份 1 万字的报告，其中包括所有资料摘录，但不包括参考文献列表和任何附录；根据你自己的要求进行调整（例如，如果是 12500 字，则将主要部分的长度增加 25%）。

扉 页

扉页中应该包括你报告的标题和你的姓名。一个好的标题告诉读者你的研究主题（你的关键成果）和你的方法，使用适合质性研究的语言和概念，并且尽可能短，避免冗余的词，如"对……的研究"（Howitt，2010）（框 13.4 有关于标题和其他信息的建议，具体适用于解释现象学分析项目）。一个很好的例子是：《学生对跨国收养的理解：故事续成法研究》。它简明扼要地说明了研究主题、样本和方法。一个反例是：《学生对老外收养的态度》。社会认知概念"态度"的使用以及没有具体说明一种质性方法，表明这是一个量化研究项目。此外，"老外"一词的使用带有贬损的语气，如上所述，确保我们在研究报告中使用尊重性的语言很重要。质性报告标题通常由两部分组成：标题和副标题（用冒号连接）。能抓住你研究成果的关键方面的一个简短资料引用，可以使标题生动有趣，例如《"真正的男人不节食"：对当今报纸上关于男性、食品和健康表述的分析》（Gough，2007）。

致　谢

致谢可以是非正式的，也可以是正式的，可以随心（没有标明），但记住要感谢任何在你的项目中帮助过你的人（无论他们的贡献有多小），包括你的导师和参与者。许多人还选择感谢那些较少提供与研究直接相关的支持者，例如他们的伴侣、家人和朋友。

摘要（100~200 字）

你的摘要应该介绍一般研究主题、研究问题和研究目的，解释资料收集和分析的方法，包括描述样本、概述你的结果（例如有关你的主题），你认为它们意味着什么，以及它们对心理学理论、研究或实践的意义。在学术期刊文章中，摘要的一个关键功能是让读者决定是否阅读完整的期刊文章——你是在为对你的项目一无所知的人总结你的研究，你想"吸引他们"。因此，第一句写出与研究主题相关的吸引人的内容可能是个好主意，比如"我们应该把修女看作是受压迫的还是自由能动的？"（Brock，2010：473）。

目　录

目录可以只列出报告的主要部分（现在讨论的部分）和相关页码，也可以包括各部分中的任何副标题。如果你有图表或其他图示，则需要单独列出它们的目录列表。

导言（2000~3000 字）

导言的目的是对研究进行背景分析，并为你的研究提供理论基础。它应该提供相关文献的讨论（见下面的"关于质性研究报告的文献综述"），但不仅仅是文献综述。如果相关，导言还应该将你的研究主题与更广泛的社会情境联系起来，并解释为什么研究主题是一个重要的（社会、健康等）问题。导言还应该具体说明和证明你的研究目标和研究问题，通常还有你的广泛的方法论和理论方法（根据你报告的性质，稍后在方法部分的开始，在方法部分的副标题下体现这些信息可能会更合适）。通过在导言部分透露你的价值观、兴趣和看法，以及它们在研究你选择的主题中所起的作用，你可以"拥有自己的观点"（Elliott et al., 1999；参见第十二章）。你希望读者在阅读了导言之后，对你的项目为什么重要和有趣、它与我们已经知道的主题有什么关联，以及它将如何提供新的内容有一个深刻的认识。一些（基于主题的）副标题对于组织导言很有用。一般来说，导言的撰写应该从更广泛的情境到"与你的研究最相关的特定考虑因素"（Crowley, 2010: 233），并使用过去时（Banister, 1994）。这一部分可以结合被动语态和主动语态的写作风格（Crowley, 2010）：在讨论相关文献时用被动语态，在描述研究问题（和方法）时用主动语态。

方法部分（1000~1500 字）

方法部分的目的是告诉读者你做了什么，你是如何做的，为什么做。本节需要做一系列的事情（排序不分先后）：

- 整体介绍并解释用于收集和分析资料的方法（以及方法论、研究问题和研究目的，如果在导言中没有讨论）。这部分应该解释你是如何使用资料收集工具的，如访谈指南或故事续写任务，以及如何准备资料以便进行分析，例如，转录音频资料或打字和整合调查资料。

- "定位样本"（Elliott et al., 1999），详细描述样本的具体情况，以及如何获得样本，并具体说明选择和招募过程。如果你的样本为参与者，则应提供人口统计信息的概要（在报告诸如参与者的年龄等数字时提供范围和平均值，但要避免标准偏差和百分比）。

- 解释资料是如何收集的，包括向参与者提供了哪些信息（如果相关）。

- 记录机构对于伦理的批准情况（对于某些类型的二手资料，这可能不是必需的，参见第三章和第六章），并讨论所遵循的伦理准则和程序。如果你的研究产生了特别有趣或棘手的伦理问题，则需要对伦理问题进行更广泛的讨论（Howitt, 2010）。

- 通过反思你的价值观和兴趣在收集和分析你的资料的过程中所扮演的角色（如果你在导言中没有包括这一点）来"拥有自己的观点"（Elliott et al., 1999）。

- 最后，如果合适的话，讨论使用的任何质量技术（例如成员检查或审核，参见第十二章）。

副标题对于组织本部分内容很有用；避免使用量化报告中使用的传统副标题（例如"材料""程序"），除非它们合适。质性报告的有用副标题包括"参与者和招募""资料收集"（或针对你选择的方法的内容，例如，"收集焦点小组资料"）和"资料分析"。总体而言，方法部分应提供恰当的详细信息，同时简洁且重点突出。和导言一样，这部分一般应该用过去时态（Banister, 1994），可以根据喜好被动地或主动地撰写，并且应该充分使用参考文献（例如，资料收集和分析方法的参考文献、伦理的参考文献）。

成果和讨论可以通过以下两种方式之一呈现，我们将在下面进一步讨论（另见第十一章）：

1. 一个综合的研究成果和讨论部分（其中的成果被呈现并与更广泛的文献相关联），然后是一个较长的结论（其中总结了总体研究成果，对研究进行了评价，并对未来的研究提出建议）。

2. 成果部分（展示成果的部分）、讨论部分（总结成果并将其与更广泛的文献相关联，评价研究成果并为未来的研究提出建议）和一个简短的结论（其中提供研究的整体总结）。

成果部分（4000~5000 字）或综合性的成果和讨论部分（5000~6000 字）

本部分是你报告中最长的部分，最好从成果概述开始，可以是你的主题的简单列表，也可以是汇总表、模型或表格（参见第十一章）。然后，你应该为正在讨论的每个关键主题（或分析模式）设置一个小节：使用主题名称作为副标题。对于某些项目，将成果部分和讨论部分结合起来效果最好。在这个适合许多质性研究（特别是批判性方法，参见第十一章）的模型中，将你的成果与相关文献联系起来，将你的解释扩展到资料之外（下一段落将进一步解释）。对于其他项目，采用更传统的模式，将成果部分和讨论部分分开效果最好（了解针对解释现象学分析项目的具体建议请见框 13.4）。正如我们在第十一章中提到的，如果你不断发现你的分析和更广泛的文献之间的联系，想要使用现有的研究和理论概念来深化你对资料的分析，那么就把你的成果和讨论结合起来，这部分可以用现在时或过去时撰写，这取决于个人喜好。（这部分也可能被命名为分析或分析和讨论。）

框 13.4　撰写解释现象学分析：
来自史密斯等人（2009）的提示和技巧

- 为解释现象学分析项目命名的常用方法是：成果的概括（标题）和方法（副标题）。例如，对于一个关于害羞的项目，可以这样写：《害羞是什么：一种解释现象学分析》。使用简短的资料引用作为标题很合适，但前提是引用"确实包含了……你想说的最重要的事情"（p. 111）。

- 成果部分可用对成果的总结性介绍开头，要么以小组主题的简略表格的形式（在附录中提供完整表格），要么通过图示对主题加以介绍（如第十章中的主题示意图）。

- 通过简要描述该主题开始讨论，然后说明为何该主题适用于样本中的每个参与者（这是主题分析方法中的情况；对于解释现象学分析，有时可能适合对参与者进行优先排序，并使用案例内主题的分析方法，其中对于每位参与者的各个主题将一起讨论）。

- 一份完成的解释现象学分析报告是由"P"（参与者摘录）和"I"（你的分析性评论）交织而成的。相对较快地草拟的分析文本，然后在闲暇时进行编辑和修改可能会很好。质性研究新手撰写的初稿往往具有较为明显的描述性，有大量的P（资料引用）和很少的I（分析性评论）。修订后的文稿应该更具解释性，但分析性主张仍应得到资料证据的支撑。

- 在解释现象学分析报告中通常会将成果和讨论分开。成果部分应提供参与者经历的详细解读，而无须参考更广泛的文献。在讨论部分，你应该考虑你的成果与现有文献的关系，以及现有的研究和理论如何有助于你阐明自己的成果（在讨论中引入新的文献来实现这一点是可以接受的）。在这里你需要有选择性——你无法将你的研究与所有相关文献联系起来。

讨论（最多 1500 字）

讨论部分应提供清晰的总体成果总结，纵览所有主题以突出整体研究的要点（示例见框 13.5），如果在成果部分和讨论部分中未涉及这些，则应将你的研究与现有文献联系起来，讨论其如何补充、丰富、扩展或挑战我们已经知道的有关主题的内容。问问自己：我的成果与导言中讨论的成果有什么相似之处？我的成果是否以某种方式挑战了现有的研究？为什么会这样？反思你的研究成果的更广泛影响——阅读已发表的质性报告的一些讨论部分，你会注意到经验丰富的质性研究者避免对他们的成果做出宏大的断言（例如"这项研究彻底改变了我们对⋯⋯的理解"），好的学术写作是带有相当的尝试性和谨慎的，只提出有充分证据和正当理由的主张。回顾我们在第十二章中对质性研究成果的普适性（或可转移性）的讨论，并仔细考虑你可以合理地为你的成果提出哪些主张。你还应该评价你的研究的优势和劣势（在质性的基础上，参见第十二章），并探索如何改进和扩大你的研究（Marvasti, 2011），这是另一个通过反思你的价值观和兴趣如何影响研究来"拥有自己的观点"的机会。对未来研究的任何建议都应该来自你的研究和你的成果。我们阅读了许多报告，其中对未来研究的建议通常与所报告的项目完全无关，或将量化标准应用于质性研究（例如，认为样本越大越好）。你对未来的研究提供的某个建议可能来自你的样本——假设你的项目是关于女性对自己身体的感受与媒体关系。如果你只与 20 多岁的年轻女性交谈过，那么与年龄较大的女性群体交谈是否合适？是否有证据（研究和传闻）表明这些群体可能有不同的观点和经历？或者你的一些参与者提到了一些有趣的事情，但是你没有足够的资料来形成一个连贯的主题？这个问题有可能是未来研究的重点。你可能已经对一些需要进一步探索的事情做出了尝试性的解释或得出了谨慎的结论（参见框 13.5）。

框 13.5　研究成果整体概括和解释示例

英国社会心理学家汉娜·弗里思和凯特·格利森（2004）在男性着装习惯的主题分析方面提供了一个可以恰当地总结结果且为未来的研究提出有意义的建议的很好的例子（参见第六章中的说明性研究实例 6.1 以总结

她们的四个主要主题），在她们论文的讨论部分，她们将结果总结如下：

- 参与者有意并策略性地使用服装来"操纵自己的外表，以满足男性气质的文化理想"（Frith & Gleeson, 2004: 45）。

- 许多男人对他们身体的某些方面表示不满，他们试图通过衣着来掩饰、掩盖或降低自己身体的不足。

- 男性认为他们应该对服装和外表表示出不感兴趣。

这些结论并不完全对应于论文中提出的四个主题；相反，对主题的讨论会得出关于男性与服装关系的总体结论。她们的主要论点是，男人用服装来操纵自己的外表，这种方式在传统上更多地与女性联系在一起。当弗里思和格利森认为男性对服装的兴趣低于女性时（见框 13.6），这一论点便有可能在导言中提出。她们的分析做出了重要贡献，因为它挑战了人们对着装、外表和男性气质的认知，但仍然存在并引发了进一步的问题。她们对未来的研究提出了以下建议：

- 探索符合理想男性身材的压力，以及表现出对自己外表漠不关心的压力，如何与男性身份的其他方面，如年龄、种族、阶级、性取向与身体的"病态"（与"正常"相对）关系交织在一起。

- 研究男性对自己身体的主观体验，以及"身体形象"如何不是固定的、内在的，而是"流动的、矛盾的、不断重新协商的"（Frith & Gleeson, 2004: 45）。

- 了解男性的具体着装习惯和外表制度（购买衣服，时尚杂志、伴侣和朋友的作用），以及这些与身份的其他方面相交叉的方式。

- 请注意，这些建议要么与研究设计的限制（例如样本的局限性，即大多数是白人、年轻人、中产阶级、异性恋、"普通"男性）有关，要么与资料中明显存在的问题有关，而这些问题无法得到更充分的探索。

结论（如果成果和讨论是分开的，最多300字；如果成果和讨论相结合，500~1000字）

这部分应该包含你的主要成果的一个简短的（一段或两段）总结，还应该讨论其影响，给读者留下一个清晰的"带回家"的信息（关键信息），并充分结合研究的"所以这能说明什么？"的信息。现在不是介绍新材料和新思想的时候，但是如果合适的话，你仍然应该在本节中参考这样的做法。如果你把你的成果和讨论结合起来，你的评价、对未来研究的建议和总体结论都应该纳入结论中。

参考文献列表（至少40个来源）

参考文献列表需要包括你在报告中引用的所有（且仅限于）参考文献。格式应该一致采用恰当的格式，包含所有必要的信息，并且没有错误。

附　录

报告的附录包括在主要报告正文中提到的一系列补充材料，例如，"参与者被要求签署一份同意书（见附录B）……"，这些补充材料为读者提供了更多信息。如果有很多，最好在附录中包含一个目录页。理想情况下，它们应该按照它们在报告中引用的顺序进行组织：第一次让读者参阅附录时，将其称为附录A；第二次称为附录B；等等。然后按该顺序整理并清楚地标注每个附录：附录A、附录B……附录中的大部分材料将与你在方法部分中所讨论的内容相关，并包括研究材料，如招聘材料副本、参与者信息表、知情同意书、资料收集工具（如访谈指南、调查）以及展示你的分析论文线索的材料，例如编码的证据、整理的代码、主题示意图和主题定义（但请注意，附录在期刊文章中很少出现）。有时，你可能需要附加资料的副本，如果是这样，你必须得到参与者的许可（这应该包括在伦理申请和参与者信息表中，见第三章）。

除了撰写学术报告外，许多质性研究者还将他们的研究成果以简短的（一到两页A4纸）书面总结或简短的陈述的形式返给参与者，或返给帮助他们进行研究的个人和组织。考虑一下这是否合适或必要；如果你答应了，你就必须兑现承诺！

关于质性研究报告的文献综述

报告的一个关键方面首先是综述，然后将你的成果与相关文献联系起来。量化研究报告中文献综述的目的是讲述科学研究的"上山"故事（Rorty, 1979），即当前的研究在先前研究的基础上建立和改进，直到我们达到科学理解的顶峰。量化报告中的文献综述主要针对以下问题：我们知道什么？ 现有知识的局限性是什么（是否存在矛盾的结果）？现有研究的方法论缺陷是什么（样本结构不良，结构效度弱）？我的研究将如何填补文献中的空白并克服现有研究的缺陷？在质性研究报告中，这不是一个合适的文献综述设计，因为它是基于（后）实证主义科学研究设计的。

质性研究报告中的文献综述主要有两种类型：

- 相对常规的文献综述，旨在对现有研究进行全面概述（显然，在报告篇幅限制的范围内）。这种类型的文献综述需要确定关键成果并讨论现有理解的局限性，它在我们目前所知的差距和不足的基础上，为所报告的研究"提供了理由"。这在心理学应用领域的质性研究报告中更为常见（见框13.6）。

- 一篇特别质性的、批判性的文献综述。这一类型是在形成有理论根据的、构成分析框架的论证的背景下讨论相关文献。该综述在一个重要的、有趣的、与情境相关的问题的基础上，为所报告的研究"提供了一个理由"。例如，在对一个主要以其他方式研究过的主题采取话语分析方法时，文献综述将被用于为话语分析方法提供理论依据，并概述话语分析方法如何以及为什么会以不同于量化和经验性质性方法的方式看待该主题（有关很好的示例，请参见 Speer & Potter, 2000），从而为你的研究提供一个明确的理由（见框13.7）。

不管你写的是哪种类型的文献综述，无论是质性的还是量化的，你都应该讨论最相关的研究，尽管我们通常会更多地强调质性的研究。将你的研究置于情境中；如果相关的话，你不应该仅仅基于其方法论而忽视研究。你也可以将主要学科之外的研究包括在内，因为质性研究通常比量化研究更具跨学科性质。

框 13.6　一个更常规的文献综述好示例：
男性对自己身体的感觉如何影响他们的着装习惯

　　这篇论文发表在一份不完全赞同质性研究的期刊上，因此弗里思和格利森（2004）提供了更常规的文献综述。导言为研究提供了框架和理论基础，使作者能够在她们的结论中提出某些论点（见框 13.5）。首先，她们确定了为什么一个看似微不足道的主题，一个心理学家通常不感兴趣的主题——男性的具体着装习惯——是有趣和重要的。她们提供的证据表明，着装习惯是外表制度的重要组成部分，并且男性正在与穿着衣服的自己建立新的关系。导言的其余部分分为两个主要的主题部分："着装习惯"和"外表和身体形象"（这两个领域被认为与她们选择的主题和研究问题最相关）。在"着装习惯"项下，她们（再次）注意到心理学中外表和服装研究的边缘化，以及大多数服装研究关注他人如何看待服装这一事实。本节主要关注少数研究身体形象和服装（女性）之间的关系。她们在这些文献中确定了两个关键主题：（1）女性使用服装来管理自己的外表；（2）大多数研究集中在身体满意度和穿着习惯的个体差异上。她们强调了文献中相互矛盾的研究结果，以及男性对服装不感兴趣的假设，并在本节结束时主张有必要对男性和服装进行研究。在"外表和身体形象"项下，她们指出，关于这个主题的大多数研究都集中在女性身上，并且发现女性会改变自己的身体和外表以符合文化理

想。她们讨论了越来越大的压力迫使男性遵循文化理想的证据（越来越多的男性对自己的身体不满意）以及衡量男性不满程度的问题（现有的女性标准强调瘦）。她们概述了男性采取的外表管理类型。最后，她们为自己的研究提供了直接的理由，并指出目前还没有关于男性着装习惯的研究，这是一种普通的外表管理形式，但可能比其他极端形式更普遍。

框 13.7　一个不太常规的文献综述的范例：异性恋者对性交的解释

新西兰女权主义心理学家妮古拉·加维及其同事（Gavey, McPhillips & Braun, 1999）通过简短的导言（他们 30 页的文章中这部分内容只有两页多）开始了他们解释异性恋者为何要进行性交的质性访谈研究，这为他们的研究提供了理论和政治框架。在女权主义研究的基础上，他们首先强调了阴茎在阴道内性交的被视为占据理所当然的地位。然后，他们提出了一个问题，这是他们研究的框架："尽管男性和女性都以各种复杂的方式描述了'喜欢'性交……我们提出这样一个问题，它总是值得吗？"（Gavey et al., 1999: 35）他们概述了由女权主义研究者发现的与性交相关的对男性尤其是对女性的风险（艾滋病毒／艾滋病和其他性传播感染、避孕和意外怀孕对健康的负面影响）。他们列举了一个质性访谈研究的例子，该研究阐明了曾经生活在罗马尼亚的妇女的状况：避孕是非法的；堕胎对 40 岁以下的妇女是非法的；许多妇女死于与非法堕胎相关的并发症。他们认为这是说明"性交命令"（coital imperative，一种女权主义概念，它抓住并批判了性交在性生活中不可或缺的规范观念）力量的一个极端例子。其次，他们对女性"在是否发生性行为上总是有真正的选择权"这一观念提出质疑（p. 37），强调女性作为男性性欲的被动接受者的普遍社会代表性，并使用强奸和性暴力这些词语来描述对性拒绝的惩罚。然后他们清楚地陈述了他们的研究问题，以及文章的重点（异性恋者给出了什么理由进行性行为？）以及支撑他们研究方法的理论假设（性是以话语形式构成的）。最后，他们简要讨论并质疑了形成异性恋性行为的话语，如英国女权主义心理学家温迪·霍尔韦（Wendy Hollway）（1984, 1989）的"男性性欲"和"放纵"话语。虽然他们的介绍非常简短，但这项研究显然是一种女权主义的、批判性的、建构主义的／话语式的（质性）性交研究，它将关于异性性行为和异性性欲的批判性女权主义的研究发展和推进了一小步，与普通女性（和男性）的生活具有更广泛的相关性，并对促进性健康具有实际意义。

偶尔，你会研究一些全新的内容，一个以前没有人（用质性方法）研究过的主题（例如，据我们所知，我们对跨性别父母认知的故事续成法研究——参见第六章——是这类研究的第一次），这就引出了你应该讨论什么文献的问题。同样的原则——"给出理由"——也适用，你通常希望讨论与你的研究问题（更广泛）的主题和方法最密切相关的内容。对于我们跨性别父母的研究，这包括：跨性别父母的心理学研究及其对儿童的影响；对跨性别恐惧症的量化态度研究；对男女同性恋父母认知的批判性质性研究。表 13.1 提供了撰写质性文献综述时需要注意和避免的事项的额外提示。

表 13.1　文献综述中好的和差的做法概述

好的做法示例	差的做法示例
确定相关文献中的关键主题和争论，并利用这些主题和争论来组织文献综述；利用文献进行论证并为你的研究提供理论框架	在长长的列表中描述一个又一个研究的成果，例如，克拉克和基青格（2004）发现……里格斯（Riggs, 2006）发现……，希克斯（Hicks, 2005）发现……
根据自身条件评价质性研究（参见第十二章）	使用量化标准对质性研究进行评价，例如，批评质性研究的偏见、不具代表性的样本、有限的普适性……
有逻辑地组织文献讨论（使用关键主题领域作为副标题），从最广泛相关的领域开始，以最直接相关的领域结束	写出缺乏连贯组织和整体结构的文献综述
文献综述传达了对相关文献的透彻理解；重点放在最直接相关的研究上	文献的选择很随意，无法对文献有透彻的了解；重要的研究被遗漏

展示你的研究成果

除了为评估（和出版，参见下文）而写作，研究成果还经常在学术会议、研讨会和学生评估中展示。有两种主要的展示研究成果形式（我们的讨论基于心理学会议）：（1）口头陈述——对研究的口头陈述，通常附有 Microsoft PowerPoint 幻灯片，一般持续 15~20 分钟，另外留 5~10 分钟给观众提问；（2）海报展示——对研究的陈述（印刷版），通常在指定的时间与其他海报一起在一个大房间里展示，在此期间，作者将站在他们的海报旁边，回答其他会议代表就他们的研究提出的问题。要将丰富而复杂的质性研究叙述压缩到这两种形式中的任何一种都可能是一个挑战！

口头陈述

通常，口头陈述的结构和书面报告的结构大致相同。为了说明这一点，我们提供并讨论了弗吉尼亚在新西兰的性健康研究的一个例子（书面报告参见 Braun，2008），该研究在英国心理学会社会心理学部分年会上陈述（面向更一般而非专家观众）（参见材料示例 13.1，**请参见配套网站**的全彩内容，以及进一步的口头陈述示例）。

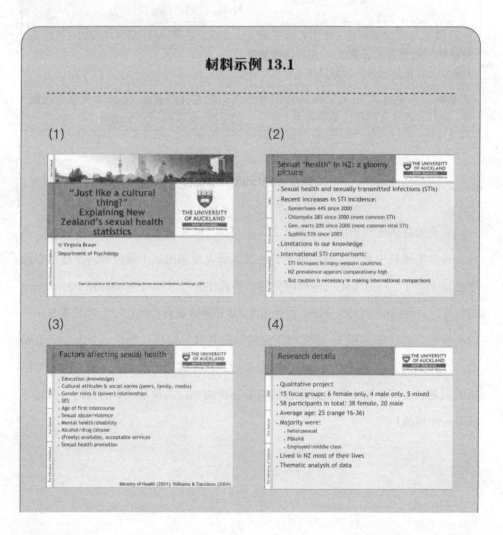

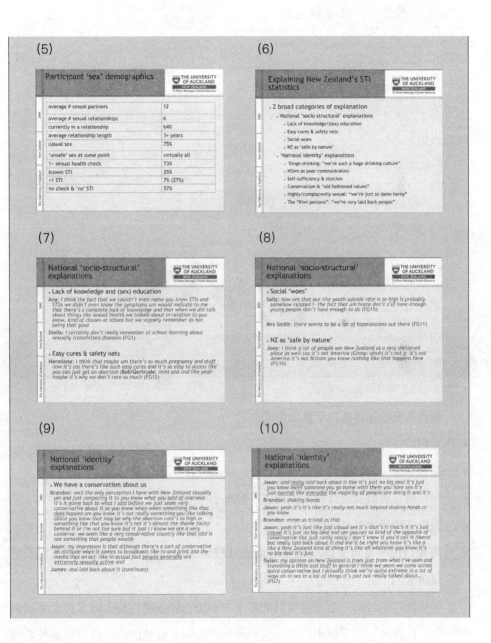

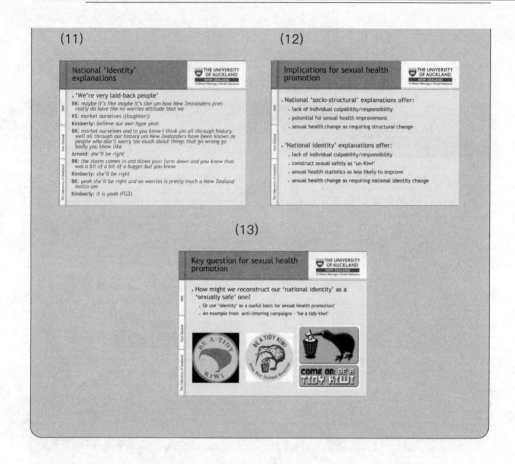

弗吉尼亚的陈述由以下部分组成：

- 标题幻灯片。

- 简短介绍（将研究与现有研究和更广泛的社会情境联系起来）。

- 同样简短的研究设计和方法概述（侧重于样本的特点）。

- 分析（陈述中最长的部分）。

- 简短讨论（重点是这项研究对促进性健康的影响，以及未来研究和实践的问题）。

口头陈述的目的并不是对项目的各个方面进行详细的讨论，而是关于缩减你的研究，以讲述一个围绕中心论点组织的简明故事。陈述的内容应该根据特定的受众群体来确定——哪些信息对这些受众至关重要，哪些信息可以忽略？在弗吉尼亚的陈述中，理论和方法论路径几乎没有被提及，她是在向熟悉这些路径的听众讲述，所以没有必要详细解释。对于专业的性健康听众来说，应该包括更多的方法论，少一些主题背景信息。

你可以根据你的听众，对你的成果做一个总体概述，或者你可以深入地研究分析中的其中一个方面。你如何呈现和讨论分析取决于你的分析风格。如果你以说明性的方式使用资料（请参阅第十一章），你可以在讨论你的主题、类别、论述时将资料摘录和分析性评论编在一起，在恰当的时候展示和阅读每个摘录，或者对于每个主题、类别、论述，你可以进行简要介绍，展示和阅读一些说明性摘录，然后更详细地讨论主题。如果你用分析性的方法来处理资料（请参阅第十一章），选择一些摘录，在陈述中详细介绍，先阅读每个摘录，然后介绍你对它的分析。经过数月的分析，对你来说显而易见的内容可能对第一次看到你的资料的人来说并非显而易见，所以你需要考虑做多少解释是必要的。

如今，Microsoft PowerPoint 几乎是一种必备工具，它提供了一个极好的视觉工具来组织和加强你的陈述。在弗吉尼亚的陈述中，PowerPoint 被用来组织整个陈述、突出显示关键信息和展示资料摘录（她在每张幻灯片的基础上阐述了更多的内容，而不仅仅是重复幻灯片中的内容）。有效使用 Microsoft PowerPoint 的一般原则是：

- 文本字号大小合适（从大房间后面也能轻松阅读），标题比正文字体大，字体易于阅读，深色字体放在浅色背景上（比深色背景上的深色字体或浅色背景上的浅色字体更容易阅读）。
- 每张幻灯片上都有恰当数量的信息——幻灯片没有被塞满，但也没有太多空白。
- 颜色使用要谨慎、一致且效果好——背景为浅蓝色，标题为亮蓝色和深蓝色，紫色用于突出资料引用（见**配套网站**上的彩色版本）。
- 最后一张幻灯片图片是重点（参见 Boynton, 2005）。
- 20 分钟的陈述总共有 15 张幻灯片。

本示例中三分之一的幻灯片是资料摘录。资料摘录可以很好地展示——它们生动地传达了资料的内容，并为读者理解你的分析提供了基础。然而，质性研究者经常犯的一个错误是，期望人们在他们进行分析的同时，阅读和理解资料摘录（通常是为了节省时间），这对听众的期望太高。你可以计划自己把资料读出来，或暂停讲话，给听众时间阅读摘录（同时自己也有时间喝一口水）。

进行口头陈述

口头陈述不只是内容和内容的视觉呈现，关键还在于你如何陈述："你通过说话的节奏和语速、情感的细微差别和热情、肢体语言，以及与听众的眼神交流来传达意义。"（Charmaz, 2006: 155）因此，想一想你自己的陈述风格的要素，以及它们对有效陈述有何帮助或阻碍。斟酌一下你的自然语速：如果你是一个语速很快的人（比如维多利亚），你可能需要放慢一点语速；如果你是一个语速较慢的人（比如弗吉尼亚），你可能需要加快一点语速。练习不同的语速、音量和语调来突出特定要点，并标出从陈述的一个部分到另一个部分的转换。手势是强调特定要点和转换的另一种方式，但应谨慎使用（有关有效口头陈述的一般建议，请参阅：Bradbury, 2006; Chivers & Shoolbred, 2007; Van Emden & Becker, 2010）。

练习对进行有效陈述至关重要。在观众（值得信任的同伴、家人、你的小狗……）面前练习，并仔细安排你的陈述时间。我们再怎么强调你陈述的时间安排也不为过！质性研究者总是喜欢塞进太多细节，然后因此耗尽时间，这是我们的经验之谈，我们总是要在经过第一次练习之后将我们的演讲内容修改得精简得体——有时是大量的精简。但是，在准备和安排时间时，也要注意这样一个事实：紧张的时候我们可能会说得更快（在家里说得慢的时候，一个精确到 15 分钟的陈述可能会在紧张时 12 分钟内就能完成）。如果你认为你会说得太快，你可以在你的陈述笔记中给自己写一个提示，检查你的节奏，如果你说得太快，就深呼吸，放慢速度。在我们所看到的数百个质性研究报告中，我们几乎从未见过一个太短的报告，即使是时间恰到好处的报告也很少见。尽管我们尽了最大的努力来掌握时间，但仍然有相当一部分陈述时间太长——我们自己偶尔也会为此感到内疚。"即兴创作"和"当场"添加材料的倾向是罪魁祸首。要尽量避免这种情况，因为这是一个很容易掉进去的陷阱，它会让你无法完成你的陈述（或无法让你留出空余时间）。计时笔记（一张幻灯片或一节内容应该需要多长时间才能讲完）非常方便，可以让你保持在正轨上。最后，练习在陈述中回答问题很有用（显然，你需要一个真的听众）。

你应该写下陈述的全文，还是只是笔记呢？这取决于你——我们有不同的偏好（弗吉尼亚写的是全文，而维多利亚写的只是笔记）——但不管你做什么，你必须记住，这是一个面向听众的陈述，而不是在一个有人的房间读出书面文本（或对着你的笔记，对着投影仪或电脑屏幕说话）。你应该直接向听众做陈述，如果你真的感到紧张，可以借用戏剧演员所用的技巧，在你陈述时朝向后面那面墙上的一个点，就在听众的头顶上方。如果你把你所讲内容写下来了（这可以在一定程度上缓解你的紧张情绪），那么切忌在没有与听众任何眼神交流的情况下生硬地念，并且在一种快速的、"令人恐惧的"状态中陈述——这样的陈述不会引人入胜！

最后，如果口头陈述会让你感到害怕，那么请记住，即使是最有经验的学者在做陈述时也会感到紧张——很少有人能够在陈述之前和陈述过程中不感到紧张，或者没有肾上腺素分泌。对大多数人来说，一旦他们开始讲话，这些紧张神经很快就会平静，并全神贯注于陈述。

海报展示

海报展示对于质性研究者来说是一种更具挑战性的形式，并且没有一种"正确的方法"（Russell, Gregory & Gates, 1996: 551）来制作质性海报。正如威尔逊和哈钦森（Wilson & Hutchinson, 1997: 65）所说：

如果一篇篇幅有限的文章的限制对通过科学期刊媒介报告质性工作造成了障碍，那么研究海报对质性研究者来说就是一个更大的挑战，因为海报的定义是简洁的和可视的，而不是过于详细和依赖于语言。

海报的诀窍在于吸引观众的眼球，通常，它是在与许多其他海报竞争注意力（Russell et al., 1996）。一张海报应该是独立的，不需要展示者提供任何额外的信息（Russell et al., 1996）。有效的质性海报包括：有明确的信息；使观看者易于跟随信息，易于阅读和理解所呈现的信息；尽量将字数减少到最少；使用视觉效果来帮助观众理解呈现的文本信息（参见框 13.8 以获得进一步的指导；Ellerbee, 2006; MacIntosh-Murray, 2007; Russell et al., 1996; Wilson & Hutchinson, 1997）。海报设计的主要挑战之一是缩减内容（MacIntosh-Murray, 2007）。决定你的关键信息，尽可能缩小重点，并"简单、清晰、简洁"地展示信息（Russell et al., 1996: 544）。亦如口头陈述一样，你应该分配一半的海报空间来展示你的成果。你需要仔细考虑如何展示你的成果：用表格或简单的主题示意图的形式来简要概述主题，并选择几个主题进行更详细的阐述，这样做效果会很好；用简短和生动的引述来说明主题（Wilson & Hutchinson, 1997）。

框 13.8 一些相对常规的海报设计准则

内 容

- 标题要简短——同时也要包含研究问题和研究方法的信息——而且要吸引人（例如："讲师应该在教室里穿同性恋标语 T 恤吗？"）。
- 尽量减少信息，同时保持整体信息清晰——只需 30 秒就能获取关键信息（阅读大部分或全部海报内容不超过 5 分钟）。
- 海报应作为一个独立的信息包——避免信息太少或太多。
- 注意细节——在打印前检查有无排版、语法、拼写错误，不能在海报上手写修改。

文 本

- 浅色背景上的深色字体通常更容易阅读。

- 主标题和副标题应在 1~2 米之外可见，正文应在 0.5~1 米之外可见。

- 副标题使用稍大的字体，主标题使用大得多的字体。

- 强调内容时使用斜体、下划线、大写、粗体；相反的情况最好使用常规字体（颜色的选择也有助于强调内容）。

- 只使用一种或两种不同的字体（谨慎使用一种字体来强调）。

- 避免花哨的字体，如 Franklin Gothic Medium 和 Segoe Script。衬线字体，如 Times New Roman 更适合用于主文本，更容易阅读；无衬线字体（如 Arial 和 Verdana）适合用于小标题和标题；人文主义风格的无衬线字体 Calibri 现在是 Microsoft Word 和 PowerPoint 的默认字体，十分全能。

色彩和视觉元素

- 避免使用烦琐的背景。

- 使用一种或两种背景颜色，并在正文和副标题中使用一种或两种颜色来突出背景颜色。有些人看不清红色和绿色，所以要谨慎使用。暖色（红色或黄色）传达力量和快乐；冷色（蓝色、米色和浅色）令人舒缓和放松。色轮可以帮助选择互补色或对比色。避免荧光色，以及刺眼的颜色和混合色；避免单调的配色方案（不是黑色和白色！）。

- 使用视觉元素来引人关注并强调重要区域——表格（呈现人口统计信息）、图形（简单的主题示意图）、剪贴画、图像、照片［检查你打算使用的任何图像的版权状态；拍摄自己的照片——正如我们在本章和**配套网站**上为海报所做的那样——可以（有趣）地避免版权问题］。

- 任何的视觉材料都应该具有意义（并明确与主题相关）和吸引力。人物形象尤其有利于营造温馨氛围和具有吸引力。避免使用刻板化的图像。

- "少即多"："太多的字体和太多的颜色和设计会削弱你试图传达的信息"（Ellerbee, 2006: 167）；视觉元素不应该抢夺海报本身的风头，避免过多的视觉材料，或放置不当的视觉材料，或过小的视觉材料。
- 确保表格和图形都有清楚的文字说明。

文 本

- 避免太长的文字块和一行文字过多：保持行长在 50~70 个字符，包括空格和标点；任何段落都要简短。
- 使用短句或短语（和短词）；项目符号、列表和短文字块（删除不必要的文本，尽可能压缩信息）。
- 通过在海报副标题、文字块和视觉材料周围适当留白以避免让人感觉凌乱和繁杂。

编 排

- 材料应按易于理解的顺序放置，内容应在海报的每个部分从上到下（和从左到右）排列；使用序列号或箭头提示读者从一个部分到下一个部分（颜色在这里也很有用）。
- 板块之间应该排列整齐。
- 文本只能左对齐。左右对齐的文字之间的间距参差不齐，给阅读带来了很大困难。
- 将最重要的材料放置于与视线持平的位置。

海报的主要组成部分与书面报告（或口头陈述）大致相似，每一部分信息都清晰而简洁：

- 标题、作者姓名和所属单位。

- 研究介绍和目的，包括一句关于理论和方法框架的话。

- 收集和分析资料的方法、研究设计、样本或参与者的详细信息。

- 研究成果。

- 结论和启示——拉塞尔（Russell）等人发现，这一部分是质性海报中最常被遗漏的部分，但通常是人们最先阅读的部分，以决定是否要阅读海报的其余部分，这有点像发表的报告中的摘要。

- 也可以包括致谢（如对导师、参与者）。

在准备海报时，要把内容和整体设计和编排放在同等重要的位置。正如布希（Bushy，1991: 11）所说："一个好的海报不能挽救一个糟糕的想法，但一个糟糕的海报很容易毁掉最好的想法以及观众对作者的印象。"海报包含以下视觉元素（概括自 Russell et al., 1996; Wilson & Hutchinson, 1997）：

- 文本（使用何种字体、字号，是否使用斜体、粗体或下划线）。

- 编排（信息流动）。

- 视觉材料（与主题相关）。

- 配色方案。

材料示例 13.2 展示的海报给我们提供了一个优秀的海报设计例子。海报标题使用大号字体，简洁明了、朗朗上口。与主题明确相关的图像产生温暖感和视觉吸引力。总体编排和组织结构可理解、合乎逻辑；设计美观、平衡。研究成果部分使用了略微不同的背景颜色，这吸引了读者对最重要信息的注意（参见**配套网站**的全色版本）。即使使用了完整的句子和文字块，海报的视觉可读性仍然很强（段落被有效地用来组织内容）。研究的目的非常明确，方法部分简明扼要，成果部分介绍了三个主题（每段一个主题），所有主题在该部分的开头都做了简要介绍。相比之下，**配套网站**上的其他一些海报使用了项目符号和列表，而不是完整的句子和段落。需要注意的是，海报设计的规则并不是完全常规的（因此才有了框 13.8 的标题）；打破一些规则，仍然可以制作出一张有效的海报。

材料示例 13.2

关于发表事宜

可以发表学生所做的小型质性项目吗？当然可以。小型学生项目有时会发表，或许他们能达到最高的学术水平（参见第十二章表 12.2 ）。但不太可能所有的学生作品都能发表，而且学生报告和准备提交的手稿之间通常会有很大的差距（尤其是因为手稿通常需要更短，而且它们是为了不同的目的而写的）。由于导师通常在学生项目的形成和发展中发挥着重要作用，并且在写作发表方面具有专业知识，因此任何基于学生项目的发表刊物通常都是与导师合著的。小型（本科）学生项目的发表通常是由导师组织的。但是，如果你想考虑发表问题，不要害羞去问你的导师：最糟糕的情况是，他们会说"不"。

作者身份是早期非常重要的话题。学术论文的作者顺序可能是一件复杂的事情，但通常在很大程度上取决于谁是论文的主笔；资料收集等活动通常被认为在决定作者顺序方面不那么重要。导师通常会牵头从一个小的（本科）项目中撰写一份出版物，并经常对资料的分析进行实质性的修改，甚至重做。在这种情况下，导师通常是第一作者（Clarke & Spence, in press; Clarke & Turner, 2007; Gavey & Braun, 1997; Kitzinger & Frith, 1999; Kitzinger & Willmott, 2002）。在其他情况下，如果学生主导撰写他们的研究成果，而导师并没有实质性地修改分析，那么学生通常会是第一作者。对于完成研究生学习的学生来说，情况几乎总是这样（例如：Adams et al., 2007; Hayfield & Clarke, 2012; Huxley et al., 2011; Terry & Braun, 2011c）；偶尔，发表的本科生项目学生可能会是第一作者（例如 Willmott, 2000）。

章节总结

本章主要内容：

- 提供了写作方面的指导，并强调了编辑工作对高质量研究报告至关重要。

- 为撰写质性研究报告提供指导，包括关于如何精心安排和组织报告以及在每个主要部分中应包含哪些信息的提示和技巧。

- 讨论了质性研究报告中文献综述的两种不同模式。

- 以口头陈述和海报的形式提供展示质性研究成果的建议。

- 简要概述了与发表（学生）研究项目有关的事宜。

问题讨论和课堂练习

1.选择一篇你真正喜欢的质性学术论文，仔细思考你为什么喜欢它。以小组为单位，讨论你选择的作品以及你喜欢它们的原因。对于所有或大部分论文来

说，好的学术写作有哪些特点？（这项练习基于 Cameron et al., 2009）

2. 带一小段（2~4页）你自己的学术作品（理想情况下，是你的项目报告的一部分草稿）与一个小组分享。假设没有一篇作品是完美的（总有改进的余地），阅读彼此的作品，并且每次阅读一篇，对作者的作品提出"建设性的批评"。例如，与其说"这段话不清楚"，不如说"这段话的清晰度可以通过……来提高"，并就如何改进该段提出具体建议。当阅读别人的作品时，问问自己以下几种问题：整篇作品写得清楚吗？这句话或这段话清楚吗？结构和组织能否改进？有没有关键的信息缺失？是否需要进一步解释关键概念和术语？请注意，这可能是一项具有挑战性的练习，但也是值得的。（这项练习基于 Cameron et al., 2009）

3. 在**配套网站**上查看"质量很差的质性研究海报"。以小组为单位，找出这张海报的所有问题。然后，讨论你将如何改进它，使它变成一个"真正好的质性研究海报"的示例，你将很容易回答威尔逊和哈钦森（1997）关于海报的四个问题：（1）我在哪里可以找到海报的内容？（2）我在哪里可以找到关键信息？（3）我从哪里开始阅读？（4）我进行到哪一步了？

4. 找出第十二章中的主要论点（提示：我们在某个地方非常明确地说明了这一点）。把第十二章作为一个整体来看，找出第十二章的各个章节和组成部分是如何促成和发展这一论点的。

5. 卡梅伦等人（Cameron et al., 2009）曾写过关于写作中的情感挑战。以小组为单位，集思广益，讨论写作中遇到的挑战（写作中最糟糕的部分是什么？你对写作最大的恐惧是什么？）。现在找出写作的一些积极方面。你觉得哪个更容易找出？你认为这是为什么？最后，群策群力，探讨应对你所确定的写作挑战的策略。你从这次练习中学到了什么？

6. 阅读下面这段写得很糟糕的段落，它来自一个使用电子邮件访谈和在线质性调查项目的质性报告的假设方法部分。找出段落中存在的问题，以解决问题和减少字数为目标重写它，这样使段落既简洁又经济，同时还能提供所有关键的细节。

　　资料是通过电子邮件访谈收集的。电子邮件访谈涉及研究者和参与者之间通过电子邮件的对话：通过电子邮件向参与者提出问题，参与者通过电子邮件回复这些问题。电子邮件文本被剪切并粘贴到一个 Word 文件中。5 个人参加了电子邮件访谈。参与者被问到 10 个初始问题；我们还向他们询问了后续问题，以澄清理解并进一步了解他们的经验和对问题的理解。其余 10 名参与者参加了使用 Qualtrics 构建的在线调查。在调查和电子邮件访谈中使用了相同的问题，但在电子邮件访谈中，问题是根据每个参与者的个人情况量身定制的。这意味着共有 20 人参与了这项研究，其中 10 人是进行电子邮件访谈，10 人是进行在线调查。电子邮件访谈指南和在线调查问题的设计是基于对相关文献的回顾和我们自己进行研究的兴趣，为了解决参与者对参与匿名性的担忧，参与者可以选择是参加电子邮件访谈还是在线调查，在线调查的参与者是完全匿名（无法追踪参与者的身份）的，而电子邮件访谈的参与者只是部分匿名，我们知道参与者的姓名以及他们的电子邮件地址。

扩展资源

扩展阅读：

有关编辑质性报告的出色讨论（以及在一页报告上的手写编辑的示例），请参阅：Chapter 5, Editing. In P. Woods (1999). *Successful writing for qualitative researchers*. London: Routledge。

有关撰写质性研究报告的详细讨论，包括优秀报告的特点，请参阅：Chapter 13, Writing a qualitative report. In D. Howitt (2010). *Introduction to qualitative methods in psychology*. Harlow, UK: Pearson Education。

有关陈述技巧的一般建议，请参阅：Chivers, B. & Shoolbred, M. (2007). *A student's guide to presentations: Making your presentation count*. London: Sage。

有关评估海报的相关工具（30 项），请参阅：Bushy, A. (1991). A rating scale to evaluate research posters. *Nurse Educator, 16*, 11–15。

有关十项内容的简化版本，请参阅：Garrison, A. &Bushy, A. (2004). The research poster appraisal tool (R-PAT-II): designing and evaluating poster displays. *JHQ Online, July/August*. www.nahq.org/uploads/researchposter.pdf。

在线资源：

有关心理学方面的写作和参考建议，请看美国心理学协会提供的在线建议：www.apastyle.org/index.aspx。

有关以下信息，请参阅**配套网站**（**www.sagepub.co.uk/braunandclarke**）：

- 与第四部分相关的自测多项选择题。
- 抽认卡词汇表——测试本章中使用的关键术语的定义。
- 我们的一篇论文的第一段和最后一段——说明了编辑的重要性。
- 更多海报和微软 PowerPoint 演示文稿的例子。
- 评价海报和口头陈述的工具。
- 质性研究项目清单。
- 练习 3 中出现的"质量很差的质性研究海报"。
- 扩展阅读（来自 Sage 期刊的文章）。

Bias　偏见：与实证研究相关，偏见指的是我们的研究或资料可能会因我们缺乏客观性而受损。偏见作为一个概念并不适用于对质性研究的有效批评。(参见 *Subjective; Subjectivity*)

Big Q qualitative research　大 Q 质性研究：将资料收集和分析的质性方法应用于质性范式，而不是实证主义范式。(参见 *Small q qualitative research*)

CAQDAS　计算机辅助质性资料分析软件。

Central organising concept　中心组织概念：主题分析中主题的本质；捕捉资料中连贯而有意义的模式，并为研究问题提供简洁答案的想法或概念。

Coding　编码：检查资料、识别和记录与研究问题相关方面的过程。编码可以是完整的，即对整个资料集进行编码，也可以是选择性的，即只对感兴趣的材料进行选择和编码。

Construct　构念：指特定的社会产物或对象，是分析或兴趣的焦点。与社会建构主义的立场相吻合，意义不是被视为对象固有的，而是社会产生的。例如，考虑"孩子"这个构念：西方人现在理解的童年的本质和意义与 200 年前所赋予的意义大不相同；围绕儿童的政策和做法亦不相同。(参见 *Construction; Social constructionism*)

Construction　建构：既可以指过程，也可以指结果。作为一个过程，它是通过语言、表述和其他社会过程产生意义和现实，例如围绕"肥胖"产生意义。作为一种结果，它指的是通过这一过程产生的某一特别的或特定的目的或意义，"肥胖"就是一种建构（或构念）的好例子。(参见 *Social constructionism*)

Contextualism　情境主义：一种提供质性研究的理论方法，它假定意义与产生意义的情境有关。

Constructivism　建构主义：一种理论方法，有时用来代替建构主义（Constructionism），或与建构主义互换，关注（由人）产生意义。虽然相关，但这些方法有所不同，在不同的领域应用的方式也不同；可以比建构主义更个性化、更注重心理。(参见 *Social constructionism*)

Convenience sampling　便利抽样：一种非常常见的抽样方式，参与者或资料的选择基于容易接触到而非其他标准。（参见 *Purposive sampling; Snowball sampling; Theoretical sampling*）

Conversation analysis（CA） 会话分析：一种质性分析形式，试图描述日常会话或机构（正式）谈话中互动的有序性、结构和顺序模式。

Critical psychology 批判心理学：对挑战主流心理学核心假设的一系列不同方法的总称。批判性研究的关键组成部分是质疑关于主观性、经验和世界方式的理所当然的真理，并认识到形成经验的文化、政治和历史因素。

Critical realism 批判现实主义：一种假设终极现实的理论方法，但声称现实的体验和解释方式受文化、语言和政治利益的影响。

Critical qualitative research 批判性质性研究：不以资料的表面价值为依据，其对资料所表达的意义采取质疑的态度，并剖析与之相关的思想和概念；通常与更广泛的社会意义相关联。

Data 资料：收集或产生的经分析的资料。

Data-derived code 资料派生代码：与资料的显性或语义内容密切相关；提供资料某个方面的简明摘要。也称为描述性代码或语义代码。（参见 *Researcher-derived code*）

Data item 资料项：一个单独的资料单位（例如一次访谈，一个报纸故事）。

Dataset 资料集：为某一特定研究或分析收集的所有资料项。

Deconstruction 解构：一种批判性的分析形式（也是一种哲学），它关注揭露毋庸置疑的假设和内在矛盾。

Descriptive code 描述性代码：参见 *Data-derived code*。

Descriptive analysis 描述性分析：一种语义分析方法，旨在调查、记录和描述某个问题的性质。

Discourse 话语：一个具有多种含义的词。广义而言，它指的是口语或书面语中的模式化意义；指的是意义和话语系统，这些系统形成了解释或理解世界上特定对象或一组对象的易于识别的方式，这些对象或一组对象通过理论创造了现实。（参见 *Power; Subject position*）

Discourse analysis（DA） 话语分析：一系列质性分析形式，集中于对文本中意义模式的详细研究，以及特定意义模式的影响和含义。从理论上讲，语言创造意义和现实，而不是反映它。

Discursive psychology（DP） 话语心理学：将话语分析应用于心理现象，与话语分析的"细粒度"方法和文本资料的详细分析相关联。

Email interview 电子邮件访谈：一种互动的资料收集方法，由研究者和参与者通过电子邮件进行。（参见 *Interview; Telephone interview; Virtual interview*）

Emergent theme 突现主题：在解释现象学分析中用于描述最初的低级别主题。"突现"表明这些主题是初始的，而不是从转录本中"出现"的。

Empiricism 经验主义：通过观察、实验或经验研究揭示真理的理论立场。

Epistemology 认识论：一种知识理论，它决定什么是有效的或被接受的知识，以及我们如何获得或产生这种知识。

Essentialist 本质主义：认为事件是由不受社会情境影响的"内在"人（本质）的固定品质造成。与生物学不同，但在解释人类行为时经常与生物学密切相关。

Ethics　伦理：确保我们以道德和无害的方式进行研究的理论、规范和实践。

Experiential qualitative research　经验性质性研究：旨在理解人们自己的观点、意义和经验。

Feminism　女权主义：以妇女权利为核心的广泛的理论和政治方法。

Field notes　现场笔记：在资料收集之后（或期间）很快记录的笔记，记录对资料收集过程的评论和反思以及分析的想法。

Focus group　焦点小组：一种收集资料的方法，一组参与者在主持人的指导下，面对面或虚拟地讨论感兴趣的话题。这种方法的一个关键和独特的方面是小组成员之间的互动和对话。（参见 *Virtual focus group*）

Focus group moderator　焦点小组主持人：在焦点小组中指导讨论并调节小组访谈动态的人。有时，一个预先存在的小组成员，而不是研究者，可以承担这一角色。

Framework　框架：参见 *Methodology*。

Generalisability　普适性：将研究结果应用于更广泛人群的能力；与量化研究密切相关。（参见 *Transferability*）

Grounded theory　扎根理论：一种质性的方法论，它提供了一种以资料为基础的理论发展方法。随着理论在整个研究过程中的发展，资料分析和收集紧密相关。通常以"精简"的方式使用，没有完整的理论发展。

Hard to engage populations　难以参与人群：可能感觉不到与研究有密切联系、对研究没有投入或了解，或者过去可能有非常负面的研究经历，或参与研究可能会给他们带来风险的群体。（参见 *Hidden populations; Vulnerable groups*）

Hermeneutics　诠释学：解释的理论与实践。

Heteronormativity　异性恋正统主义：在酷儿理论中发展起来的一个概念，它描述了异性恋的社会特权，并假设异性恋是唯一自然和正常的性行为。

Heterosexism　异性恋主义：假设个人是异性恋；对异性恋的优待和推崇凌驾于其他性行为之上，注入个人和机构实践。

Hidden populations　隐藏人群：其群体成员身份不一定很明显，或者可能在某种程度上被污名化，所以他们不太可能很容易被识别为该群体的成员。（参见 *Hard to engage populations; Vulnerable groups*）

Idiographic　具体法：基于具体和个人的知识生产方法（例如案例研究方法），而不是基于共享和可概括的方法（例如量化调查方法）。

Ideology　意识形态：有组织的思想集合；一种看待事物的方式。

Interview　访谈：一对一收集质性资料的方法，参与者回答研究者的问题。传统上是亲自进行，但也可以虚拟进行。（参见 *Email interview; Telephone interview; Virtual interview*）

Insider researcher　局内研究者：属于他们正在研究的群体/社区的研究者。

Interpretation　解释：理解和理论化资料含义的过程；不仅总结了资料的明显语义内容，还围绕资料建立了一个解释框架。

Interpretative Phenomenological Analysis（IPA）　解释现象学分析：一种质性研究方法，理解

"情境中的人"的经历；优先考虑参与者的经历和他们对这些经历的解释。该理论由现象学和解释学发展而来。

Interpretative repertoire　解释性语库：话语分析中的概念，指的是在谈论对象或概念时模式化的、相对连贯的意义。（参见 *Discourse*）

In vivo code　见实代码：扎根理论中的概念，本质上是一种资料衍生代码。

Language practice　语言实践：语言被用来创造特定类型的现实的方式。

Latent meaning　内隐含义：资料中不明显的含义；支撑资料中明确陈述内容的想法、假设或概念。代码和分析都可以集中在潜在或语义层面。（参见 *Semantic meaning*）

Linguistic comment　语言性评论：解释现象学分析中的一种代码类型，主要关注参与者用来传达其经验意义的语言。

Member checking　成员检查：与参与者一起检查你的分析，以确保它不会歪曲他们的经历；通常被视为质性分析中的一种验证形式。

Memo　备忘录：扎根理论中的分析工具；研究者为记录和发展与编码和分析有关的想法而记的笔记。

Method　方法：用于资料收集或分析的技术或工具；常与*方法论*混淆。

Methodology　方法论：关于研究如何进行的理论，包括对*方法*、参与者和研究者的角色、伦理等的考虑。

Mixed method　混合方法：在一项研究中结合不同的资料收集和资料分析方法，经常结合质性和量化方法。通常在*现实主义*框架内进行；混合方法中的质性研究很少是*大 Q 质性研究*。

Narrative　叙事：对事件或多个事件的叙述，以某种结构（在西方文化中通常是暂时的）和其他故事元素为特征。

Narrative analysis　叙事分析：以人为分析单位，在人的叙述中寻找意义；分析可以将多个故事中的元素结合起来，构建一个总体叙事。

Naturalistic data　自然主义的资料：世界上存在的资料（如报纸报道或医患互动），而不是专门为研究目的而收集的资料。

Ontology　本体论：指对存在的研究，关注世界的状态 / 本质；关于世界和我们人类对世界的理解和解释之间存在着什么，以及存在着什么关系的问题。

Orthographic transcript　正字法转录本：在音频或视听资料中记录口语和其他语言话语。（参见 *Transcript*）

Outsider researcher　局外研究者：不属于他们所研究的群体或社区的研究者。

Overarching theme　总主题：可以用来组织和构建主题分析；往往不包含自己的代码或资料，而是简单地捕捉包含在多个主题中的想法。（参见 *Subtheme; Superordinate theme*）

Paradigm　范式：构建科学（和其他）理论并进行科学实践的概念框架。思想和实践的重大变化被称为范式转变。

Paralinguistic　副语言：言语的非语言特征，如咳嗽、笑声、停顿；将这些特征记录在*转录本*中可以提供更丰富的信息传达细节，这种转录通常用于*会话分析*和*话语心理学*。

Participant **参与者**：参与研究的人。

Participant information sheet（PIS） **参与者信息表**：提供给潜在参与者的书面信息，说明研究的参数和他们可能参与的范围，包括潜在的风险和益处。

Participatory method **参与式方法**：让参与者或研究涉及的社区作为研究的积极成员，甚至作为共同研究者。

Pattern–based discourse analysis **基于模式的话语分析**：话语分析的不同类型，主要侧重于识别语言的模式化特征；通常对语言的内容（而不仅仅是对它的功能）保持一定的兴趣。

Phenomenology **现象学**：质性研究中颇具影响力的哲学。现象学有很多种，但从广义上讲，它与理解人的主观经验有关。

Positioning **定位**：通过语言调动话语中主体位置的过程；指的是个体（包括研究者）在关于特定对象的表述系统中的定位。

Positivism **实证主义**：一种理解世界的理论框架，它假设一个独立于我们认识它的方式而存在的世界，如果我们正确地观察它，就能发现世界的现实。

Postmodernism **后现代主义**：众所周知，后现代主义反对定义（其本身是反定义的），它是一种世界观，挑战现代主义所推动的线性和"逐步发展"的世界模式。相反，它提供了一种看待社会和知识的方法，强调知识的不确定性和多重真理的存在。将个人经历理论化为碎片性和多重性，而不是连贯性和线性。它通常被视为具有讽刺意味和自我意识。

Postpositivism **后实证主义**：超越实证主义的一种理论立场，它承认研究者受到他们所处情境的影响，但仍然寻求（未受污染的）关于世界真实本质的知识。

Poststructuralism **后结构主义**：指 20 世纪 60 年代法国从结构主义语言理论发展而来的各种理论立场（和分析方法）的松散集合。这些被称为后结构主义的不同方法都有关于语言、意义和主观性的假设。语言（话语）被视为世界的构成、社会的组织和个人的主观性。因此，意义是在语言和话语中产生和创造的。

Power **权力**：后结构主义观点认为权力是一种生产力，而不仅仅是一种压迫性的力量，这意味着它是创造而不是压制；与话语理论和语言作为生产性的理论相联系。

Practices **实践**：这个术语涵盖了人们所做的各种不同的事情；在批评心理学研究中经常用来代替"行为"一词，但在概念上比对行为的传统理解要宽泛得多，因为它包括了语言运用之类的内容。

Pseudonyms **化名**：用假名代替真名，以保护参与者的匿名性。

Purposive sampling **目的抽样**：一种典型的质性研究抽样模式；包括根据参与者的某些特征或经验选择参与者或资料。（参见 *Convenience sampling; Snowball sampling; Theoretical sampling*）

Qualitative survey **质性调查**：一种质性资料收集方法，由一系列开放式问题组成，参与者写下回答。

Rapport **融洽**：人与人之间积极的情感联系；通常与互动式资料收集有关；让参与者感到轻松，创造一个让他们感到放松、开放和愿意回答问题的环境。

Raw data **原始资料**：原始形式的资料，如转录前的音频资料。

Realism **现实主义**：一种本体论和认识论的立场，它假定世界有一个通过经验和研究发现的可知和真实的本质；我们"认识"一个对象是因为我们可以感知和理解它的内在事实。

Reflexivity 自反性：自反性有很多含义，但在这里，它涉及对研究的批判性反思，包括作为过程和实践的反思，是对自己作为研究者的角色，以及对自己与知识的关系的反思。自反性研究承认研究者在知识生产中的作用，研究者反思他们的不同立场以及这些立场可能影响资料收集和分析的方式。

Relativism 相对主义：一种理论立场，认为存在多重的、建构的现实，而不是单一的、可知的现实；认为我们所拥有的一切都是对现实的表述或描述，并且，至少在认识论上，所有的描述都具有同等的理论价值（即使基于其他标准，它们可能不具有同等的理论价值）；宣称某种类型的现实比另一类型的现实更真实和更正确是没有根据的。（参见 *Ontology*）

Reliability 可靠性：所产生的结果能够再次产生的程度（例如，由另一位研究者在另一个情境中，在另一个时间产生……）；实证主义研究的一个关键组成部分。

Representation 表述：指的是在撰写研究报告时，陈述参与者的想法、感受、话语、观念等的过程；表述是我们在研究中所做的。作为质性研究的一种形式，指对形成或创造意义的因素的兴趣，以及对特定情境中特定意义模式的影响和含义的兴趣。

Research design 研究设计：有效地规划一项研究将涉及什么，以及如何进行。理想情况下，它应该包含研究目标、理论框架、研究问题、伦理以及生成和分析资料的方法。

Research object 研究对象：我们正在研究的东西；我们想要更多了解的东西。可以是理论上的，也可以是概念性的（爱情、创造力），也可以是更具体的（癌症、饮食）。

Researcher-derived code 研究者派生代码：超越资料的显性内容，识别资料中潜在或隐含的含义；受研究者理论和概念知识的驱动；有时被称为潜在代码或概念代码。（参见 *Latent meaning*）

Rich data 丰富的资料：提供关于研究对象的详细、复杂和矛盾的描述的资料。（参见 *Thick description*）

Safety buddy 安全伙伴：知道你正在从谁那里收集资料、何时何地以及你在完成资料收集之前和之后与谁登记确认的第三方。

Saturation 饱和：新资料不再产生任何实质性的新想法的点；由扎根理论发展而来 / 与扎根理论相关。

Secondary source (of data) 二手资料：为研究以外的目的而产生的信息，但可以用作实证研究的资料，如议会辩论或博客。

Small q qualitative research 小 q 质性研究：在实证主义或本质主义范式中使用资料收集的质性方法；在主要量化的资料收集方法中偶尔使用质性问题。（参见 *Big Q qualitative research*）

Snowball sampling 雪球抽样：一种抽样方法，从已经参加过的人的网络中邀请新的参与者。（参见 *Convenience sampling; Purposive sampling; Theoretical sampling*）

Social constructionism 社会建构主义：一种广泛的理论框架，在质性研究中很流行，它拒绝单一的终极真理。相反，它认为世界，以及我们对世界的了解，是通过语言、表述和其他社会过程产生（构建）的，而不是被发现的。理解世界的术语被视为与特定的社会政治、文化、历史情境相关，而意义被视为社会人工制品，由社会互动产生，而不是关于现实本质的某些固有真理。

Story-completion task　故事续成任务：一种资料收集方法，参与者被告知故事的开始，并被要求完成（或继续）故事。

Story cue　故事线索：故事续成任务的一个最"基本"的场景。（参见 *Story stem*）

Story stem　故事主干：故事的开始，包括一个假设的场景和角色，这是故事续成任务方法的一部分。（参见 *Story cue*）

Subject positions　主体地位：实际上是一种由话语创造的个体可以采取的"存在方式"或身份认同；主体立场提供了与世界相关的思考自己的方式，并界定了可供行动的选项。（参见 *Subjectivity*）

Subjective　主观的：研究者将其个人和文化历史、价值观、假设、观点和习惯带到他们的研究中，这些不可避免地影响着研究，使研究成为主观的，而不是客观的；被大多数质性研究者视为一种优势。（参见 *Bias; Subjectivity*）

Subjectivity　主观性：人们对自己的感觉；他们在世界中的存在方式，以及与世界相关的方式。在后结构主义（和后现代）思想中，个体是一个矛盾的、支离破碎的主体，其身份是在话语中并通过话语构成。

Subtheme　子主题：在主题分析中，子主题捕捉并发展一个主题的一个显著的特定方面，但共享该主题的中心组织概念。（参见 *Overarching theme*）

Telephone interview　电话访谈：研究者和参与者之间通过电话进行的一种交互式资料收集方法。（参见 *Email interview; Interview; Virtual interview*）

Thematic analysis　主题分析：一种以主题为分析单位的分析形式，通过查看来自许多不同来源的资料来确定主题。

Theme　主题：整个资料集的模式化意义，捕捉与研究问题相关的资料的一些重要内容，围绕一个中心组织概念进行组织。（参见 *Overarching theme; Subtheme*）

Theoretical sampling　理论抽样：一种与扎根理论最相关的抽样方法，其中不断发展的分析决定后续资料的选择；抽样由理论考虑驱动。（参见 *Convenience sampling; Purposive sampling; Snowball sampling*）

Thick description　深度描述：最初指的是描述行为背景的资料；现在常用来指详细、复杂、矛盾的资料。（参见 *Rich data*）

Transcript　转录本：通过转录过程产生的音频或视听资料的文本类型。（参见 *Orthographic transcript*）

Transcription　转录：通过写下所说的话（如果是视听材料，则写下所做的事），以及在某些情况下是如何说的，将音频或视听资料转化为书面文本（转录本）的过程，以便对资料进行系统编码和分析。

Transferability　可转移性：质性研究成果可以"转移"到其他人群或情境的程度。（参见 *Generalisability*）

Triangulation　三角测量：使用两个或两个以上的资料源、方法或研究者，试图对一个主题获得更全面或多方面的理解。

The usual suspects　通常嫌疑人：最常被西方心理学作为样本的人：白人、中产阶级、异性恋、身体健全（过去是男性）的人；通常是心理学专业的学生。

Validity 有效性：最基本的是指研究是否真正显示了其声称显示的内容。效度有不同的形式，生态效度是质性研究中最常用的形式。生态效度是关于研究是否以一种与现实生活情况密切相关的方式捕捉了意义。

Vignette 情境技术：一个简短的假设场景；作为一种质性资料收集的方法，情境技术通常在一系列"阶段"向参与者展示，在此之后，他们回答一系列与情境技术相关的开放式问题。（参见配套网站）

Virtual focus group 虚拟焦点小组：使用某种形式的媒介（如互联网或电话）交流，而不是面对面进行的焦点小组。

Virtual interview 虚拟访谈：通过互联网、电子邮件或电话进行的访谈，而不是面对面的访谈。

Vulnerable groups 弱势群体：在社会中被边缘化，或有可能受到伤害的群体。（参见 *Hard to engage* 和 *Hidden populations*）